第二辑

中国出版纪录小康文库

待到山花烂漫时：
中国减贫故事

东方为甫 编著

中国出版集团
研究出版社

图书在版编目（CIP）数据

待到山花烂漫时：中国减贫故事 / 东方为甫编著
. -- 北京：研究出版社, 2022.12
（中国出版纪录小康文库. 第二辑）
ISBN 978-7-5199-1335-9

Ⅰ.①待… Ⅱ.①东… Ⅲ.①扶贫—工作概况—中国
Ⅳ.①F126

中国版本图书馆CIP数据核字(2022)第176467号

权利保留，侵权必究。

中国出版纪录小康文库·第二辑
待到山花烂漫时：中国减贫故事
东方为甫 编著

研究出版社出版
责任编辑 张立明 范存刚
北京市东城区灯市口大街 100 号华腾商务楼（100006）
研究出版社 发行
北京建宏印刷有限公司印刷
ISBN 978 - 7 - 5199 - 1335 - 9

2022 年 12 月第 1 版　　　　开本 710×1000　1/16
2023 年 2 月第 1 次印刷　　　印张 41.75
定价：92.00 元

"中国出版纪录小康文库"出版前言

　　党的十八大以来，以习近平同志为核心的党中央把脱贫攻坚摆在治国理政的突出位置，统筹推进经济、政治、文化、社会、生态文明建设，决胜全面建成小康社会取得决定性成就。在庆祝中国共产党成立100周年大会上，习近平总书记代表党和人民庄严宣告：经过全党全国各族人民持续奋斗，我们实现了第一个百年奋斗目标，在中华大地上全面建成了小康社会，历史性地解决了绝对贫困问题，正在意气风发向着全面建成社会主义现代化强国的第二个百年奋斗目标迈进。

　　在全面建成小康社会的奋斗历程中，涌现出丰富的实践和精神成果，具有非凡的纪录和出版价值。为全面展现和生动反映以习近平同志为核心的党中央团结带领全国各族人民顽强奋斗、如期全面建成小康社会的伟大历程和辉煌成就，落实中央领导同志在全国宣传部长会议上的重要讲话精神，中国出版集团勇于承担出版"国家队"的职责使命，决定紧紧扣住全面建成小康社会这一主题，遴选所属多家出版单位的优质图书品种，集萃推出"中国出版纪录小康文库"，以期用全方位、立体化丛书形式，展现新时代中国脱贫攻坚、全面小康的奋斗历程，彰显伟大时代的中国精神、中国价值和中国力量。

"中国出版纪录小康文库"所收书籍包括学术、文学、艺术等不同类别图书，既有学术探讨，又有文学表达，还有实践总结，并以传统出版兼融媒体的方式进行传播。

　　商务印书馆出版的《习近平扶贫故事》一书，真切地讲述了习近平同志始终把人民放在最高位置、关心困难群众生产生活、指引困难群众脱贫致富的感人故事，展现了习近平同志高度重视扶贫开发、锲而不舍推进脱贫攻坚的领袖风范，使人深切感受到他的思想力量、人格力量和语言力量。为此，特将《习近平扶贫故事》列入"中国出版纪录小康文库"，作为特别致敬图书单元，隆重推出。

　　"中国出版纪录小康文库"由中国出版集团策划并组织实施。遴选书目以集团所属的各出版单位已出版的书籍为主要基础。其中有一部分图书系经过作者修订增补的。所有书目由"中国出版纪录小康文库"编辑委员会审定，文库书籍装帧形态由文库编辑委员会确定，统一文库标识，统一开本与装帧风格，统一印制材料和标准，旨在确保这项重大出版工程能高质量圆满完成。

　　中国出版集团向来以出版代表中国出版业水平的精品图书为己任，我们希望这套文库能将反映我集团出版的全面建成小康社会伟大历程的精品图书尽收其中，展现中华大地实现全面小康的新面貌、新气象，以满足时代和社会的需求，不负广大读者的期待。

"中国出版纪录小康文库"编辑委员会

《待到山花烂漫时：中国减贫故事》编委会

主　编　东方为甫

副主编　杨志海　大　潘

成　员　（按姓氏笔画排序）

　　　　大　潘　王习梅　东方为甫　许　是

　　　　苏风屏　杨志海　赵　捷　　郭俊玲

　　　　冀永生

村暖花开

　　每一位扶贫人的面前，都有一座高山。他们大多来自城市，来自机关，虽然他们有的曾经从农村、山区走出，但那里只是他们曾经的一部分，而再次来到这里，这里成了他们的全部。扶贫，像一座高山摆在他们的面前，压在他们的肩上，但他们一刻也没有停止登攀。

　　每一位扶贫人的心中，都有一幅蓝图。他们想象着农村的未来和未来的农村，想象着农民的幸福和幸福的农民，想象着农业的发展和如何发展农业，他们把人民对美好生活的向往融入想象的蓝图，他们努力把蓝图变成工作，把工作变成实践，并努力为之奋斗。

　　每一位扶贫人的脚上，都沾满了泥土。他们扎根一线，俯下身子苦干，开动脑筋巧干，撸起袖子加油干；他们蹚过流水最急的河，走过最险的路，去过最偏远的村寨，住过最穷的人家；他们用脚赢得群众的信任，用脚缩短脱贫的距离，用脚夯实致富的砝码。

　　一个个扶贫项目落地生根，一个个发展难题相继破解，一个个贫困县脱贫摘帽，一个个脱贫户喜笑颜开。现行标准下 9899 万农村贫困人口全部脱贫，832 个贫困县全部摘帽，12.8 万个贫困村全部出列……这一串令人震撼的数字背后，是无数扶贫人的心血和汗水。

每一位扶贫人都是一粒种子。多年的努力，他们把产业根植在了当地，把工作方法教给当地干部，把情怀浸入当地文化，把作风刻入人们口碑，把友谊融入了彼此血脉，把论文写在了那块土地上。多年之后，这粒种子就会在农村的田野，在城市的天空，在共和国建设的各个角落生根、发芽、开花、结果。

每一位扶贫人都如一缕清风。他们说，行好事莫问前程；他们说，无问西东只求深耕；他们说，我来过、我无愧、我无悔；他们说，我们都是人民的学生；他们说，此心安处是吾乡；他们说，只要群众能脱贫，俺脱层皮也值；他们捂得住眼睛捂不住泪，他们有太多的未完之事，他们挥一挥手，什么也不带走。

每一位扶贫人都有一份渴望。脱贫摘帽不是终点，而是新生活、新奋斗的起点。他们渴望贫困的高山不再出现，他们渴望发展的蓝图能一直描绘下去，他们渴望乡村的泥土永远散发着芬芳。他们渴望每一粒种子都能破土而长，发展壮大；他们渴望每缕清风拂过那村庄，那山岗；他们渴望乡村振兴，村暖花开，山花烂漫的时节……

待到那时，他们一定会露出欣慰的笑容。

为甫记于京华

2021 年 2 月 25 日夜

风雨送春归——为了美好的向往

俏也不争春——只寄得相思一点

DDSH
LMS

风雨送春归

——为了美好的向往

何玉岚烂漫时

我知道，对于甘南的那个小镇冶力关，以及生活在那里的人们，从此都将与我的生命息息相关。每当我想到那里，我的内心安静又温暖，我会永远怀念那段岁月，我也将永远祝福那里所有的一切。

陈　涛：现在中国作家协会工作。2015年7月至2017年7月，在甘肃省临潭县池沟村任第一书记。2021年，被评为"全国脱贫攻坚先进个人"。

当我孤身一人在那个名为冶力关的小镇时，当我不得不面对起初因思维、环境、语言、饮食带来的诸种不适时，我曾经这样问过自己："促使我最终选择到这个小山村来的原因是什么呢？"

在群山之间

陈　涛

在人生的道路上，我们会有无数个决定，但总会有那么几个决定将你引向难以预知却又充满独特魅力的旅途。

多年之后，我依然会记得自己动身离京前的那些瞬间以及附着的情绪，它们都已经深深地印刻在我的脑海里。在那些瞬间中，有抉择时的煎熬与焦虑，也有抉择后对远方的渴望，以及时时袭来的不舍与忧愁。记得那天在我最终决定到甘肃省一个村任职"第一书记"后，我整理完办公室的所有东西，于黄昏中慢慢走回家，途中雨落下来，而我在细雨中走了很久。

当我孤身一人在那个名为冶力关的小镇时，当我不得不面对起初因思维、环境、语言、饮食带来的诸种不适时，我曾经这样问过自己："促使我最终选择到这个小山村来的原因是什么呢？"是因为在固化的生活轨道中太久，难以忍受循规蹈矩、日复一日的庸常生活从而选择的跳脱吗？是认为作为一个从事文学工作的人，如果不积极融入社会，不去从社会这个大课堂中汲取营养，就无法做好文学工作吗？还是觉得如果不懂乡村就难以了解中国，因此才将自己放置于乡野之间，试图在这个群山连绵的角落中，通过乡村来读懂中国。这些原因都曾经在我的脑海中闪现过，直到我的《山中岁月》一书出版时，读到李一鸣老师给我写的文章，他在文中引用了这样一段话：

"从影片《第一书记》中，我看到了理想与担当。令人振奋，又引人思量。这份理想，是个人价值实现的理想，是天下为公的理想，是为人民服务的理想，是一份追求美好、坚守信仰的理想。人人有理想，理想的实现定要有担当。我喜欢有担当的人。我为沈浩鼓掌。"

这是我十年前观看影片《第一书记》后写下的一段话，我发在博客上，李一鸣老师有心，翻出来给我。我突然明白我苦苦思索的那个答案是什么了。原来，有些东西始终存在并早已融入我们的血液中，它会在某个时刻跳出来，促使你做出那个必然的选择。

我去任职"第一书记"的地方是甘南藏族自治州临潭县冶力关

俯瞰冶力关镇

镇池沟村。地处青藏高原末端，海拔 2300—2600 米，因为海拔较高，全年气温较低，当地人戏称这里只有两个季节，一个是冬季，一个是大约在冬季。待到冬日来临，大雪飘飘洒洒落下时，与外界断了交通，这里便成了一个越发静谧的山村角落。一个当地的年轻朋友曾在大雪中问我有没有一种与世隔绝之感，没待我回答，他接着说感觉自己被世界遗弃了。与恶劣环境形成鲜明对比的是当地壮美的山水风光，这里有山，高低起伏、连绵不绝的山，但这山并不普通，白石山高耸入云，是我国秦岭山脉的起点，镇中心不远处那条狭长幽深的山谷，其内岩石多姿，洞穴奇特，如大火过处一片赭红，这丹霞地貌在灰石青黛中格外夺目。小镇有水，一是流动的冶木河，从冶木峡深处缓缓而出，最终形成宽阔的水面穿镇而过，终日不息；二是静深的冶海天池，由高山雪水汇聚而成，湛蓝净澈，它是安多藏区三大圣湖之一，常年经幡舞动，桑烟袅袅，接受着来自全国各地藏民的祭拜。小镇有林，有国家级森林公园，在山顶观望，大片大片的林，云杉、冷杉、油松、白桦、杜鹃层层叠叠，一如绵厚的地毯将大山铺满，尤其夏日时分，色彩斑斓的东峡，令人难以想象，那里鹿群隐现，孤狼逐行。当然还有无限蔓延的高山草场，牛群、羊群漫无目的意吃吃停停。

离京前，领导找我谈话，交代叮嘱，还讲述了自己多次奔赴西藏工作的经历，其情殷殷，其言谆谆，他送了我八个字，"量力而行，尽力而为"。我记在了心里。回望两年多的任职生活，虽没有做出什么特别有影响的事情，但也算是兢兢业业、尽职尽责，我并未愧对自己两年的时光。在这段工作里，留下印象的人与事有很多，他们共同见证了我的山中岁月。我喜欢与村镇的人交流，尤其喜爱与年轻人谈天，而他们也愿意在我空闲的时刻跟我分享他们的喜乐哀愁。许多次，我兴奋于他们成长中的进步与收获，同样我也会陷入跟他们同样的束手无策，每当这时我便会内疚于自己的无能为力。我也会走访慰问村里的那些老党员，听他们的意见建议，有次一个老党员卧病在床，我去看他，他跟我聊天时用力握住我的手，久久不曾松开。

在小镇的两年，我深刻体会到乡村教育的重要性。教化之本，出自学校。不懂农村，难以了解中国，不注重乡村教育，则难以从根本与长远上发展农村。2019 年 9 月，习近平总书记在河南省光山县考察时再次强调，扶贫同扶智扶志相结合。对乡村孩童而言，他们未来的人生离不开教育的影响，正所谓"求木之长，必固其根；欲流之远，必浚其源"。但对冶力关的孩子们而言，乡村教育则具有了另外一重意义，因父母失位而不能给予的亲情，除去长辈的照顾，他们更多需要学校、老师的教育与关爱。于是，除去在村里工作外，我先后多次去了六所村小学与三所村幼儿园。这些学校有些条件好一些，有些则差一些，有些学生多一些，有些则少一些。但这 300 多个孩子有着许多共同之处：他们多是留守儿童、缺乏真正适合孩子阅读的图书、玩具匮乏，等等。在走访中，我无数次与师生沟通交流，了解他们的诉求。最后在单位以及全国广大作家的关爱下，我在八个月里为这些学校创建、完善了图书室，送去了大量的教学物资以及学生们需要的文具、玩具。当我将一个足球送到小男孩的怀中时，我看到他眼睛里闪现出快乐的光，它从心底瞬间涌出，仿佛带着清脆的声响，以及可以纯净我们灵魂的力量。十年树木，百年树人。很难讲可以产生立竿见影的效果，如若有影响，也要待以后才会显现，唯愿所做的这些，如同那个孩子眼神中快乐的光亮，照耀他们的人生之路，愿他们有朝一日走出大山，有更多完成精彩人生的可能，开创属于自己的未来。

我也清晰记得帮高山上的村子安装好太阳能路灯后的那个夜晚，

和村小学的孩子们在一起

我们在一团漆黑中沿着环绕的盘山路进村，行至拐弯处，抬头就看到远方高高的山腰处有一盏灯，灯光温暖明亮，再一个拐弯，满目光亮，黑暗被彻底甩在了身后。"天上的街灯亮了"，脑海中反复回响这一句。所谓的蛮荒之地，所谓的穷乡僻壤，究其本质，都与黑暗紧紧牵连在一起。如今，光亮洒满了这个高山的村落。抬起头，望向布满星辰的浩瀚夜空，群星明亮硕大，站立于街口，是难以自控的欣喜，同样夹杂着丝丝难言的酸楚。

不管是任职中，还是结束任职后，我都常与一些"第一书记"交流，分享彼此的心得与经验，并相互鼓励。2016年4月，在中央组织部与国务院扶贫办主办的七省区"第一书记"示范培训班上，一个同事在台上讲到他有次下村差点连人带车掉入深谷，他把这事告知自己的爱人，当他讲到爱人因为担心而在电话那头疯狂大骂他时，一个大男人竟突然红了眼眶。后来中央和国家机关工委编写了一本《中央和国家机关驻村第一书记扶贫典型案例集》，我知道这是一本并不那么简单的案例集，书中记录了我们这群人在任职"第一书记"的时光中完成了任务，磨砺了品格，提升了能力，获得了成长，同时还承载了我们的青春、理想、收获，以及血泪，在这一切的背后，是我们国家在脱贫攻坚过程中所展示出的磅礴力量。

回望这两年的时光，我想我真正把自己融入这段生活中，我从来没有如此融入人群，也从未如此贴近自己的内心。从此以后，"深入生活，扎根人民"不再是简单的口号与肤浅的认知，是这段岁月让我对生活有了更深层的体悟，我抛弃了那些想象与幻想；我从未像这两年一样努力生活，并在孤独与熬煎中慢慢变得坦然；我终于穿透生活的表面，学会如何在生活的内部去生活，并在深切的体悟中懂得了思考的方向与人生的意义。在这两年当中，我见识到生活带给我们的苦难，但也欣喜地看到艰难背后的乐观与阳光。很庆幸在自己的生命中有这样一段刻骨铭心的时光，淬炼了我的青春与品格，让整个人生充满越发丰盈、辽阔的可能。我又想起任职结束返京的那个湿漉漉的清晨，镇政府的小院里一块块低洼地面雨水仍存，亮晶晶的。村镇的朋友们帮我把行李从二楼的房间拎下来放到车上，我们在车前一一握手、拥抱，空气越发潮湿了。车载我出镇，山路两侧熟悉的建筑、林木、河流慢慢离去，或者说是我正从它们的躯体中逐渐剥离，我用胳膊靠住车窗，一路无言。但我知道，不管怎样，从此以后的那个远方，以及那些远方的人们，都与我有关了。

何当山花烂漫时

当你穿越贫瘠大地的山野丛地，你会渴望长出鲜艳的花朵；当你走过废弃的农田房舍，你多想这里生出的袅袅炊烟；当你看到留守儿童满脸盲从的目光，你会更加坚定自己脚下的道路。

我是一名普通的保利扶贫干部，我的夙愿是用我的力量让乡村变得更加美好。

王　凯：现在中国保利集团有限公司工作。2016年11月至2018年12月，在内蒙古自治区喀喇沁旗挂职任副旗长。

这是我到喀喇沁以来资助的第三个孩子。前两个，一个考上了内蒙古医科大学，一个考上了当地的重点高中。在这儿待了两年，割舍不下，挂职快结束的时候，我选了这个年龄小点的孩子，准备长期资助，也算我对喀喇沁扶贫工作的一种延续吧。

行好事莫问前程

王　凯

2018年夏，喀喇沁旗美林镇美林村，我在村书记带领下走进李海波家。

5年前，在采石场打工时，李海波摔伤了脊椎，用尽家里所有的积蓄，身体还是落下残疾，作为家里唯一的男劳力，李海波至今不能干重活。媳妇望着一贫如洗的家，悄无声息地走了，留下一个不到3岁的女儿，家里的担子全部压在了年过六旬的奶奶身上。国家实施精准扶贫以来，当地政府给他家翻新了房子，对李海波的日常用药进行了兜底保障，加上每年的资产性扶贫收益及低保补贴，李家的日子过得比前几年好些。眼看着孩子到了上学的年龄，本不多的学杂费却成了家里沉重的负担，了解了李家的情况后，我对李海波说："以后这个孩子上学的费用就由我来承担吧。"

　　来挂职之前，我在北京已经工作生活了十几年，每日在熟悉的环境里工作，时时都能够与家人共享天伦之乐，过着相对安逸的城市生活，但有时也会遇到一些不开心的事情，每当此时，"汝辈小小年纪，恰值此数年来无端度虚荣之岁月，真是此生一险运"，梁任公这句告诫其子的话总是出现在耳边，让我惊觉，内心那种不甘平庸、迎接新的挑战、丰富人生经历、永葆不厌不倦的精神的渴望，却更加强烈。

　　至今我仍清晰地记得挂职前组织部门领导找我谈话时的场景，领导说："要派你到贫困旗县内蒙古喀喇沁旗挂职锻炼两年，征求一下你的意见。"那是我生平第一次听说"喀喇沁"三个字，我没有任何犹豫地回答道："服从组织安排。"但回到家中，看到刚做完手术的母亲和两个年幼的孩子，我却不知如何对妻子开口，吞吞吐吐说出组织的决定后，善解人意的妻子说："你想去就去吧，家里的事有我。"

内蒙古喀喇沁旗概貌

来到喀喇沁旗后，旗领导向我介绍了喀旗的基本情况。面积3050平方公里，75 万亩耕地，35 万人。山多地少、干旱少雨，是国家扶贫开发重点旗。截至 2017 年底，全旗档内贫困人口 11481 户 26145 人，贫困发生率为 7.45%。这些沉甸甸的数字，并没有使我退缩，反而燃起我迎难而上的斗志。

然而，理想很丰满，现实很骨感。挂职之前，我意气风发，想着广阔天地，大有可为；来到后，困难重重，自以为完美的扶贫方案报给主要领导后往往就没有下文了。初到时的满腔热情被现实的一盆冷水浇灭，这让我一度觉得当地干部思维保守，观念落后，总之一身毛病。现在回过头来想，问题出在自己身上，从北京过来的我，自然而然地以发达地区的眼光来看欠发达地区，我只是在谋一隅，而他们在顾全局；我只发现了机会，而他们却看到了风险；我只看到了经济的发展，但他们同时看到安全、环保，如此等等。

幸好我很快调整了自己的心态，我坚信"坚其志，苦其心，劳其力，事无大小，必有所成"，我来这里不是为了镀金的，身负扶贫任务，就应该牢记使命，把挫折看成磨炼自己的绝佳机会。心中激情重新燃起，挂职锻炼的过程便不再让我感觉苦，更不为苦所窘。

扶贫工作，不是说在嘴上的，也不是画在纸上的。空有激情却不了解实际是做不好扶贫工作的。只有俯下身子、放下架子、走进贫困户真实的生活，才能使措施更贴近基层实际、更接地气。刚来时的碰壁使我深刻地理解了这一道理。而后的三个月内，我跑遍了全旗 9 个乡镇、2 个街道的 88 个贫困村和一些非贫困村，走访贫困户 200 多户。每逢双休日，我便自己开车到一些偏远山村，走进贫困户的家里，用当地话和他们拉家常，详细了解贫困状况、致贫原因等，尝试像与亲人和朋友一样，交流无障碍、说话不隔心。通过详细的调研，我对全旗的贫困状况有了最直观的认识和深入的了解，对于如何开展帮扶工作，我在自己工作笔记本的扉页上写下这么几句话：精准，所有的帮扶措施尽可能用在贫困户身上，尤其是用于解决贫困户的"三不愁，两保障"问题；高效，所有的帮扶措施尽可能用于发掘贫困户的内生动力上，变"输血"为"造血"；补缺，所有的帮扶措施尽可能用于解决当地政府在扶贫工作中难以发力的地方。

喀喇沁人均耕地两亩，绝大部分是"望天收"，平常就只能种玉米和高粱，玉米亩产750公斤左右，2017年价格每公斤1.2元，种子、化肥成本400元，纯收入500元一亩；高粱亩产250公斤左右，2017年价格每公斤2.8元，种子、化肥成本300元，纯收入400元一亩，这还不算人工成本。老百姓靠传统方式种地真养活不了自己，不是不想富，是不知道该怎么富，培育一个好的产业，可以有效增加贫困户收入，乃至促进一个地区的发展。

喀喇沁旗王爷府镇兴隆村，是全旗深度贫困村，水资源缺乏、土地瘠薄、没有主导产业、群众增收途径单一。我与驻村工作队认真调研分析后得出结论，兴隆村相对封闭，以种植业为主不缺饲料，可以重点发展养殖业。我牵头组建合作社，实施种鸭繁育场项目，为解决建设资金问题，我积极向保利集团争取帮扶资金，到财政部门争取项目资金。项目投产后的第一年，兴隆村249名贫困户每人分红3000元，实现村贫困户全部脱贫。

宫营子村是喀喇沁旗西桥镇的一个小山村，调研中我发现，邻村乡村旅游搞得风生水起，宫营子村却只能靠着玉米、小米等作物勉强度日。我推动宫营子村依托邻近马鞍山旅游景区和雷营子旅游景区的优势，建设采摘园，现村里相继建成了400亩的榛子园和

喀喇沁旗扶贫产业工作现场

200 亩的山葡萄香瓜园，实现年收入 300 余万元。

如果说产业扶贫是促进贫困户增收，巩固长期脱贫成果的有效举措，那么教育扶贫就是拔穷根，阻断贫困代际相传的重要途径。教育扶贫可大可小，是最容易被社会各界广泛接受并积极参与的一种扶贫方式。2017 年，由我倡议的"爱心托起贫困孩子的希望"助学活动在保利集团内部悄然展开，我为公司员工提供受助人资料，并倡议员工自行选择受助人，根据自身情况结成"一对一""一对多"或"多对一"的资助对子。2018 年，这些受资助的孩子中有 18 个考上大学。同时我还发动身边的爱心人士参与到助学活动中，到目前为止，喀喇沁旗共有 500 余名学生受益，其中有不少结成了长期资助对子。其实很多人都有资助贫困学生的想法，只是苦于没有信任的渠道，而我就给他们打通了这个渠道；还有一些人有些犹豫，总感觉缺点外力，那我就从背后推他一下，现在我已回到北京，但助学活动依然在持续进行中。

两年的扶贫经历，使我对"扶贫"这个词有了自己的理解。在我看来，扶贫包含着两层含义，一是"扶他之贫"。就是要帮助当地百姓寻求脱贫致富之路，就是因地制宜，播撒致富的种子，利用各种资源，春风化雨，让这种子尽快生根发芽，帮助当地百姓摘掉贫穷的帽子，走上可持续发展的致富之路。二是"扶己之贫"。"人生莫惧少年贫"，这个贫，是指物质上的贫穷并不可怕，它可能是一时的，而作为80后的年轻人，更重要、更紧要的，是给自己的精神"脱贫"，这才是我们一生都要做的功课。

在喀喇沁旗工作期间，两类"老师"让我常怀感恩之心。第一师是"民"，就是当地群众，从他们身上，我学到乐观、勤奋、感恩，在绝望中寻找希望。第二师是"友"，就是我在喀喇沁的同事们，从他们身上我学到了利他、谦虚、敬畏、脚踏实地、久久为功，功成不必在我的精神和品质。

2017年底，我走访村里贫困户李芳玉的家，他家有四口人，分别是李芳玉和他妻子、儿子和孙子，李芳玉妻子因病基本丧失劳动能力，儿子2012年患上精神病，住院几年后现在在家仍间歇性发病，无劳动能力且需长期治疗，儿媳妇已和儿子离婚，孙子目前上小学五年级，巨大的负担并没有压垮李芳玉，他依靠养牛、务工、低保，积极、坚强地支撑着这个家。挂职干部没有硬性的包户任务，但我仍把这个贫困户当成我的包户任务。而后我又帮他协调了村里的公益岗位，逢年过节给他家送些米面粮油等生活用品，到现在他家里的牛已经由1只增加到了7只，年收入4万多元，日子一天天地变好了。2018年8月底，保利集团党委书记徐念沙来喀喇沁调研扶贫工作，其中慰问贫困户就选了李芳玉家，李芳玉媳妇握着徐书记的手含着眼泪对我一个劲地夸。

一个个实实在在的扶贫举措，一张张脱贫后幸福和激动的笑脸，是对我付出的最好回报，更是对我工作的最高认可。两年时间，对于人的一生而言，也许并不算久，但对我而言，却是一生中最宝贵的财富。

2018年底，喀喇沁旗实现脱贫摘帽，能够成为这一历史时刻的见证者，我感到无比光荣和骄傲。挂职已经结束，但是我和喀喇沁的缘分却不会结束，我关心、服务喀喇沁的工作不会结束，以后每年我都会回来看看我的老朋友，看看这个我曾经工作、生活、战斗过的地方，这里就是我的第二故乡。

何山花烂漫时

把责任扛起来、把心沉下来。亲历脱贫攻坚这项伟大的事业，意义非凡。所有的困难和经历都将化成幸福的回忆和前行的动力。「熊山不墨千秋画，洛水无弦万古琴」，海关关徽的金色光芒定会为莘川大地带来新的生机。

王晓骞： 现在海关总署工作。2020年9月至2021年9月，在河南省卢氏县吴家沟村任第一书记。2021年，先后被评为"河南省脱贫攻坚先进个人""河南省优秀驻村第一书记"，三门峡市人民政府记二等功一次。

"这么多年了，我们没有一点儿小军的消息，他爹的最后一面他都没见上！我心里埋怨他，但我更想他啊……"老屋房子里传来母亲的哭诉。

樱桃花开

王晓骞

2019年9月24日，是我到吴家沟村的第5天，在入户走访过程中，一场大雨不期而至。雨水冲刷过的泥土在我的鞋底糊了厚厚的一层，怎么甩也甩不掉，陪我入户的老党员树礼叔说："王书记，明年咱村里樱桃熟的时候，要是下起雨，这樱桃算是运不出去了。"

架桥铺路，农商对接，我自筹资金带着乡里乡亲提高樱桃品质，寻找专业技术人员打造特色品牌，开展产品宣传活动，顶着压力一次又一次与企业沟通交涉……经过半年的努力，我不仅学习了樱桃种植的相关知识，也广泛借鉴农产品"走出去"成功经验，探索新的产业发展模式。

截至2020年4月，我们已与20多家国内知名生鲜企业成功对接，"莘川吴家"微电商平台也正式上线。

这一年，大樱桃产业带给村集体经济收入80余万元！眼见着不断走出大山的物流包裹和乡亲们鼓起来的钱袋子，我深受鼓舞，喜极而泣。

一

慈亲倚堂门，不见萱草花。

"这么多年了，我们没有一点儿小军的消息，他爹的最后一面他都没见上！我心里埋怨他，但我更想他啊……"老屋房子里传来母亲的哭诉，在场的每一个人都为之动容。这是 2020 年的中秋前夕，在家家户户即将团圆的日子里，我真切感受到了一位老母亲面对家庭破碎的痛苦。

事情还要从小军离家出走前说起。翟家长子翟大军常年在外打工，补贴家用；次子曾在矿山打工，后遭遇矿难不幸去世；幼子因原生家庭生养负担过重，不得已过继给他人抚养。翟父和翟大军的打工收入成了翟家的主要经济来源。然而家中人口多，负担较重，生活依旧拮据，贫穷的阴霾时常笼罩在翟家每个人的心头。

翟小军是家中最小的孩子，对学习提不起多大兴趣的他年纪轻轻便外出务工，工作之余网络游戏成了他的精神寄托。小军无法与家人进行有效的沟通交流，离家越远时间越久隔阂越大，家庭关系趋于冷淡。2016 年，小军带女友回家，与家人发生口角后，觉得丢了面子的他离家出走，自此杳无音信。2018 年，翟父去世，家中少了一名重要劳动力，养家的重担完全落到了大军肩上，致贫风险陡然增加。同时，翟母对小儿子的思念之情越发深重，想到情难自禁时总会以泪洗面。家人多次试图搜寻他的踪迹，但因消息闭塞、交

樱桃丰收喜开颜

通不便，皆以失败告终。

"我晚上做梦经常梦到他吃不饱、睡不暖，惊醒之后整宿整宿睡不着觉。尤其是他爸走了之后，我总在想，如果当年我们没吵那次架，是不是小军就不会走，我后悔呀……我们也想着寻他，可就是寻不着啊！"环顾四周破旧的房屋，我眼见翟母痛彻心扉的哭诉，看着她布满泪水的面庞和皱裂的双手，也不禁感同身受，几欲垂泪。

不能不管！我紧握双拳暗下决心，一定要想办法帮助翟家团圆！

我掏出兜里的纸巾递给翟母，"大娘，您别难过，帮助咱们村里的乡亲们解决问题就是我的工作，我们一定会想办法帮您找到小军的！您别着急，您还记得小军最后一次联系您是什么时候吗？"我一边耐心询问，一边记录关键信息。

"这，这也是好多年前的事情了……"

翟母能够提供的信息简直少之又少，而我目前已知的，只有翟家小儿的姓名和曾经可能打工的地点。

走下翟家的土坡，我回首望去，硬化路面的尽头仿佛笼罩着沉重的悲伤气息。

二

我要尽最大的努力找回小军。

然而，摆在我面前的，是时间久远、线索难寻的困难。我多次走访翟家，询问了不少小军曾经的同学，设法与小军曾经工作的企业取得联系，结果令人失望，他们都和小军断了联系。但有一条线索引起了我的注意，一次和翟家人聊天时，家人表示小军以前透露过有意前往江苏发展。一筹莫展之际，我只能顺着这条"可能"的消息往下找找看。有了大概方向，如何将寻找小军的消息传播开来呢？我最先想到的是通过海关系统的力量进行寻找，我联系了江苏各关区的同事，请他们帮忙留意。为了提高找到的概率，我积极发动自己战友、同学，向他们发布寻人启事。

寻人的消息一次次地发出去了，却久久没有音讯。村里的脱贫攻坚任务也到了最关键的时刻，那时这个位于豫西山区的小村子还未脱贫，马上就要迎来省市县的全面考核，能否成功脱贫，是检验多年来工作成效的试金石。村里亟须解决的问题、待补足的短板、准备发展的产业、脱贫户的巩固、未脱贫户的增收等一系列工作让驻村的同志们夜以继日，连续奋战。我一边推广销售大樱桃，一边推进食用菌扶贫基地建设，工作间隙持续和同事、战友跟进寻人进展，也定期主动向翟家人反馈寻人情况，我的坚持和负责不仅收获了翟家人的感谢，也使寻人迈上正轨。

三

功夫不负有心人，2021年3月，我终于获知了翟小军目前工作的地点。我和翟大军决定立刻前往当地寻找小军，争取能让他回家看看母亲。大军显得有些紧张，一路上不知问了多少遍："王书记，你说他愿意跟咱们回家吗？"我安慰道："等见了他，咱们动之以情晓之以理，一定好好劝劝他，刚过了年，他肯定也想家，也思念亲人，相信他会听劝的。"

一路上，我们讨论了见到小军后会出现的种种情况，商量了互相沟通中的种种措辞。但当兄弟俩真正见面的那一刻，一切提前准备好的言语都显得那么苍白无力，大军瞬间红了眼眶，眼泪几乎止不住地往下滑落，他想要上前握住久未谋面的弟弟的手，却还是忍住了。小军不可置信地看着眼前既陌生又熟悉的面庞，一时愣在原地。

眼看着兄弟二人相顾无言，陷入尴尬，我不得不开口打破了这凝固的气氛："请问你就是翟小军吧？"

"我是。"

"我是吴家沟村的第一书记王晓骞，之前了解了你们家的情况，一直在找你，你的家里人都很想念你。我们下了很大的功夫才找到你，今天带着大军过来见到你也很不容易，我们找个地方聊聊吧。"

翟小军犹豫了片刻，赌气般答道："没什么好聊的，我不想回去。"说罢他便扭头走开了。

虽然只有短短几句话的交流，但我感觉到，面前的这个年轻人，心里依旧存在对家人的怨，情绪中有些排斥。该怎么和小军交流，解除他的心结呢？无论多困难，来到这里的目的只有一个，就是让翟家人团圆。想到临行前翟母期盼的眼神，我知道，我必须尽力而为。

在和小军同事交谈的过程中，我得知，小军最近几年工作生活并不如意，他性格懒散，一直没有一份固定的工作，也没攒下多少钱。小军也不是不想家，有时聊起天来还会提及河南老家。但因为没挣到钱，担心家里人更加嫌弃他，因此不愿回家。我意识到，帮助小军恢复同家里的联系，不仅要解除他的心结，还要引导他重拾

节前雪日入户进行法律援助

对生活的热情。

之后的几天，我一直锲而不舍地登门拜访，试图多与小军进行一些沟通。也许是被我这种坚持的精神打动，也许心里还存在对家的眷恋，小军最终同意一起谈谈。我讲述了翟父去世、翟母思念儿子经常以泪洗面、翟家从非贫困户到边缘易致贫户转变的种种境况。提及之前的家庭矛盾，大军解释道，父亲经常训他是因为对他抱有很高的期望，但没想到给他带来了那么大的痛苦。这些年来，他们也时常反思，对当年的教育方式深感自责。如今他们全家都愿意用爱来弥补之前对小军造成的伤害。听到这儿，小军想到没能见上最后一面的父亲和日夜思念他的亲人们，已泣不成声。

待小军的情绪稍稍平复，我又推心置腹地对小军的情况进行一番分析：现在国家乡村振兴战略开始启动，回到家乡和家人共同劳动致富很有希望，家庭需要他挑起担子，根治返贫风险，创造美好生活。村里现在发展了许多产业，村"两委"班子也会有针对性地给予帮助，无论是种植樱桃树还是栽培食用菌，只要大家心往一处想，劲往一块使，一定能够克服困难，渡过难关。

最终，小军同意回家。

那个正值樱桃花开的季节，我们一起坐上了回家的火车。

何当岭花烂漫时

在过去第一个百年奋斗目标的奋斗历程中，康巴儿女心向党、奔小康。在第二个百年奋斗目标新征程中，祝愿作为康巴文化中心的德格县，在中华民族伟大复兴路上越来越好，越来越美！

鲍金虎： 现在国家广电总局工作。2019 年 6 月至 2021 年 6 月，在四川省德格县挂职任副县长。2021 年，被评为"全国脱贫攻坚先进个人"。

在回城的途中，望着窗外的牦牛成群结队，游荡穹顶之下，我还在想，八色村到底在哪里？

在通往夏季牧场的天使路，也在有温情的脱贫攻坚奔康路。

醒在您的奋斗中

鲍金虎

一

娘家又来人了。

这回来的是超级亲友团，有总局机关科技司、财务司、人事司的同事，也有总局卫星直播中心和广科院的厅级领导和同行的技术团队。

娘家来人，一贯不变的作风，风尘仆仆，一到就直奔结对帮扶村投入工作，决不让"高反"成为放慢脚步的理由。

来了，不管是厅级还是处级，都是"村官"，挤进同一辆车。一数，一车装了五人，算上司机就六人，很显然我们的司机师傅超载了，娘家来人总是这样超负荷去走家串户拉家常的，挤在一起，已是家常便饭，对我这不周的礼数也没太放在心上。

我们赶到第一站玉隆乡火燃村已是上午11点半了，由于职业习惯，进老乡的门，第一件事就是测测室外的"户户通"灵不灵，看看室内的电视机有没有信号。

一面"天锅"，就是一面旗帜。顺着户户通"天锅"的方向，我们一路奔波到了玉隆乡百日二村、窝公乡曲西村和格公村。在海拔4000米上挨家挨户找"锅"装"锅"测信号，缺氧不缺爱。这群亲友团，爱上藏区老乡，也爱上高原广电事业。他们帮老乡细心找频道，一个指头一个按键地教只会讲藏语的藏区老奶奶找康巴卫视，遥控器上康巴卫视对应按键"482"成了我们这一行的对接暗语。

和广电总局同事到贫困村结对帮扶

在高原上，电信移动信号"高不可测"是常事，到窝公乡格公村时我们的手机就失灵了，毫无信号。但老乡家的电视信号丝毫不受影响，康巴卫视还在，一刷屏加载，还可以看到刚新增的冬奥频道。"户户通"通万家，作为广电人，我带着点"小自满"，走出老乡的家门去找"天锅"，正好看到黄主任拿着没有信号的手机在拍有信号的"天锅"。这位来自主抓全国"户户通"工作的卫星直播中心的主官，也被我给抓拍了。

看来此行广播电视精准扶贫把目光对准"天锅"是精准的。这次娘家来人，带来了人给德格搞了个户户通培训班，也带来了"户户通"设备在德格搞了个捐赠。杜国柱副院长是位爱琢磨事儿的领导，我们聊起了广电有线、无线、卫星和 IPTV 的几种覆盖方式，说到了广电精准扶贫也需要广电覆盖政策的微调。这一路下来，包括第二天我们去的更庆镇杨西村，都有个同感，高原"天路"还是要靠广电"天锅"。

高原"天路"，之前多是听歌里唱的，音乐总是很动听。但来了高原，常常体验到天路之远、天路之高、天路之险。看着娘家人在天路上一路颠簸，我实在过意不去了，我跟四川省水利厅同来挂职的李彦富副书记（以下简称"老李"）打了个电话，他有辆"专车"，我让他的"专车"来救援一下，他马上派司机到了现场（挂职干部的作风都是这么硬朗）。行在"天路"上，总有这样一批硬朗的人同行，真的很幸运，也很感激。

二

昨天，周六，我也追随老李赶到八帮乡泽池村找"亲戚"去。

这些"亲戚"的位置很高，都在海拔 4000 米以上；他们在老李心中的地位也很高，老李对他们的家境也如数家珍；老乡对老李也很放心，会如实告诉老李自家的牦牛有几只。就因为这个，老李说，都是自家人了，老乡已把自家最重要的秘密告诉你了。

老乡把自家的牦牛视为藏家宝，却不吝啬自家的牛肉干，伴着他内敛的笑容端出来让我们品尝。乡长说，八帮牛肉是一宝。确实味道不错，我连吃了好几片，老乡还让吃。又吃了好几片，真是好味道。

好味道，还在老李跟老乡拉家常的笑语中。我听不懂他们说什么，只能看，看老李说话时的手势和高兴的表情，看老乡喜悦的眼神和略显激动的神情，看得出他们聊得相当好。也看得出，老李做群众工作，还是有一套的。"套来"了群众的情，也开始套住了我的心。

跟着老李的手势，我们来到帐篷前。这儿人多，老李的手势也多了起来。人越聚越多，老李的手势也越来越丰富，话说得越来越高昂，老乡们聆听的画面也越来越美。

身处此境，我真有种自己来到群众中的感觉，也发现老李是天生的高原草甸演说家，太接地气了，也很攒人气。他这样子"爬雪山过草地"已十多年了，算是做群众工作的老革命了。

而我，是德格善地的新兵，来德格还没两个月，很多情况很不熟悉，对于藏语更是门外汉。说实话，老李这一路跟老乡说的藏语我没听懂多少，只觉得他很受欢迎。回德格路上，我很好奇地问老李，你这一路都说啥了，人气这么旺。他说，能说啥，就是脱贫攻坚推进会上，嘎书记和黄县长布置的那些任务。

真是"老革命"，又是我熟悉的手势，只不过，这次总算知道他说了啥。

昨晚回到德格，发现好多人周六都在下乡，还没回来，看来在德格，像老李这样的"老革命"不少。

当然，"新革命"也不少，而且"新革命"中女同志也不少，更攒人气。我们来的泽池村第一书记唐富琴就是来八帮乡工作已超过八年的年轻女同志，还有同行的美女德吉在八帮乡的上八坞村当第一书记好多年，肯干也能干。她们说八帮乡驻村第一书记有四位女同胞。整个八帮乡才九个村3000多人，巾帼不让须眉啊。可见，德

与藏族同胞"脱贫大决战"

格的红色基因不分性别，更不分民族，如今都投入到脱贫攻坚的大决战中来了。

红旗飘起来，战袍披起来。不是这儿的口号，而是眼前的画面。

三

在高原上，今天这样的季节已算是初秋了。竹庆镇八色村的牧民还留恋海拔4000米的夏季牧场，不愿入秋。据说他们要候到9月14日才下到冬季牧场。我掐指一算，正是中秋过后的第一天，花好月圆时再拔寨回营过冬来。

回营还是回到八色村的势力范围。沿路而来，我一直在问驻村干部李晓波，八色村在哪里？

原先的八色村地处德格县与石渠县国营牧场交界处，看来我今天跑得够远，马上要出了德格到太阳部落石渠县。太阳部落？看来，今天跑得也够高的了。

如今八色村已散居在"四面八方"，特别是易地移民搬迁47户205人，已占全村总户数189户957人的四分之一。竹庆镇书记土登尼玛介绍竹庆镇脱贫攻坚的一大亮点就是易地移民搬迁。

听他这么一说，如果你问八色村在哪里？很显然，有八色村人在的地方都算得上是八色村了。其势力版图已不仅限于冬季牧场和夏季牧场，还有"奔康温泉酒店"，一个由九个行政村共同拥有的集体经济协作体。镇长四郎仁青说如今这个协作体效益不错。看来，找时间我也要来体验一把，把自己泡成"八色村人"，感受一下温泉里脱贫攻坚的温情。

温情也是八色村势力版图的"地标"。找到了温情，也就找到了八色村。尼美拉姆算得上是一个有温情的八色村姑娘，在南充一个专科学校刚毕业回乡，这些日子一直奔波于八色村的幼儿园，为这个牧场 60 多位高原小天使操心。在牧场看到那些学龄前儿童的面容，我马上意识到教育的使命，她们就是高原的天使。

跟她一样有使命感的，就是带我来的驻村干部李晓波，是四川省水利厅派来的。夏季牧场的藏族妈妈叫不上他的中文名字，但都说认得他，上次来过，还特别强调他来的时候正下雨。看来，在藏族同胞眼里，他的出现就是财运来，连后来我们去拜访的那位 82 岁高龄的特困户，对他也是充满好感，经常夸奖。看来，四川省水利厅干部在德格的精准扶贫很得民心，上次我去的龚垭乡血呷村驻村干部李坤洲也是来自省水利厅，他们俩有个共性，那就是都被百姓夸好。

在脱贫攻坚的路上，温情总会在传递，好人好事永不止这些。我今天赶到这儿，就是为了总局无线局的温情。上周无线局戈晨书记来电问我些对接村八色村的情况，我答不上来，就到八色村去找答案，在来的路上，又接到戈晨书记和吕东工会主席的电话，总是这样满满正能量相伴而行。

在回城的途中，望着窗外的牦牛成群结队，游荡于穹顶之下，我还在想，八色村到底在哪里？

在通往夏季牧场的天使路上，也在有温情的脱贫攻坚奔小康路上。

何岭花烂漫时

作为一名焦裕禄精神的践行者，在扶贫过程中，深刻理解到扶贫工作不是走过场，不是送袋面、给桶油就完了，要找准『穷根子』，了解村民的真正需求，开对『药方子』才能让村民彻底脱贫致富。

郭俊玲： 现在深圳宇泽公益基金会工作。2015 年，在兰考县栗西村驻村参加扶贫工作。2016 年，被兰考县记三等功一次。

记不清是哪位先哲说过：青春，是一段珍贵时光，当青春远去，便不再回来。而我，青春没有花前月下的倩影，没有落英铺织的浪漫，有的只是泥土的芬芳，有的只是扶贫过程中的焦灼、泪奔，快感、喜悦。

我的青春

郭俊玲

那是 2015 年 1 月，我主动向组织申请下乡扶贫。要说理由，那是因为奶奶曾任焦裕禄陵园讲解员，小时候常听爷爷奶奶讲述《县委书记的榜样——焦裕禄》的故事，印象最深的是焦裕禄对贫苦群众说："我是你的儿子。"这是那个时代的声音，也是当下社会最需要的精神，更是中国共产党"不忘初心、牢记使命"的时代强音。

然而，当我走进焦裕禄曾驻点过的兰考县谷营镇栗西村、坐在李大爷炕头时，一种莫名的惆怅挤上眉头，涌上心头。71 岁的李大爷无儿、无女，一间不足 30 平方米的破旧房子算是他的避风港，房屋的一角堆着一床近似渔网的破棉被，房屋中间，用几块石头撑起、扭曲变形的铝锅中残留着玉米面的稀渣。

他穿着一件由政府救助的棉袄，腰上扎着一根绳子，脸上胡子拉碴的,听说我是来驻村扶贫的,李大爷笑呵呵地说:"干部驻村,可别当真,走形式,摆架子,骗人!"

李大爷极不信任的面孔和刺耳的话一直深深刺痛着我,是啊,我们解放了这块土地,又不知道这块土地的秉性;我们建设这块土地,又不知道从何处下手。直到今天,勤劳的李大爷仍住在这样的土房里,他能理解我这个远方来的女孩子吗?

兰考,今夜无眠;女儿我,彻夜无眠。一个又一个硕大的问号在脑际浮现,一个又一个脱贫致富的蓝图就在眼前,然而当理想对抗现实时,导致我每前行一步都十分艰辛,万分艰难。

经过一夜的思想斗争后,我决定留下,并重新调整心态,再树信心、再列计划,下定决心,干出一个样子来。

次日一早,我就来到村东头最困难的王大妈家,时年50岁的王

村民们喜庆脱贫

大妈有三个儿子，应该说三个劳动力靠劳动致富是能够娶上媳妇，不至于成为贫困户的，原因是王大妈老伴早年因病去世，家中有高额的医疗费用，加之过去的旧债压得她喘不过气来，更可叹的是，三个儿子由于欠缺教育均不同程度地染上了好逸恶劳、赌博等不良习气。

扶贫在于精准，如何针对王大妈的三个儿子制订一个快速脱贫的计划是当务之急。

尽管我创新性地制作了便民联系卡，把名字、照片、联系电话、单位名称印在卡片上；尽管我走村串户把每户的贫困原因做了详细的记录，但摸清底子、找准穷根儿都是手段，不是目的，其目的是能够及时帮助群众脱贫。

对于我的焦灼、无助，当时中国证监会在兰考挂职扶贫的副县长杨志海看在心里，十分诚恳地对我说："俊玲呀，你组织召开各类扶贫工作座谈会32次，建立因病、因学、缺技术、缺资金四大类型贫困户分类指导机制，采取一对一的帮扶模式的方式是对的，但你有没有想过，这种纸上谈兵的事不能再干了，要干，必须有一个贫困户看得见、摸得着的东西，只有这样，他们才会从心里觉察到我们扶贫的诚意，当他们看到实惠后才会理解我们的扶贫工作。"

或许是我年轻没有工作经验，或许是我性格倔强，抑或是骨子里就有一股不服输的精神，对杨县长的好心，我不但没有感激，反而不服气地说，你以为这些我不知道呀，你以为我没有想法吗？扶贫也好，帮助村民发展也罢，都需要资金，我上哪里找到一笔可以授之以渔的资金？

"找我呀，我之所以一开始没有给你许诺，原因是你的调查摸底工作没有做完，现在我可以坦率地告诉你，你的'三位一体'金融扶贫新模式我全力支持。"

在杨县长的大力支持下，在全村发放扶贫资金60万元，带动33户贫困户在村里办了小型灯饰加工厂；还发展16家乐器加工厂、17家养鸭场、21户种植蔬菜大棚。这些扶贫新举措，真正由"输血"变成了"造血"，由授之以鱼变成授之以渔。

机遇只偏爱那些有准备的人。王大妈的三个儿子，在我多次批评、劝说、鼓励下，一改赌博、懒散、酗酒等不良行为，大儿子在家里办起了乐器加工厂，二儿子开办了养鸭场，三儿子成了种植大户。

看到我实实在在扶贫的身影，王大妈逢人便说，我村有一个好干部，我家有了一个好闺女。

伴随着扶贫资金的到位，伴随着村民脱贫积极性的提高，一个棘手的问题凸显：村民增产不增收。

是我们在扶贫过程中没有做好市场调研？是我们供大于求？是我们的销售网络不畅，还是压根儿就没有建立起来？

乐器大都是手工精工制作，非大规模生产；养殖业的年产出也不是很大；种植业的产量也极为有限。为何销售不出去呀？对此，我没有做过多的思考，一个极为直观的问题就浮出了水面，那就是长期花钱靠贷款、面朝黄土背朝天的村民缺少市场经济背景下的销售理念，更别说实践了。

于是，我在刻苦钻研的基础上，再度创新扶贫模式，利用"互联网+"助推脱贫攻坚，把探寻的视角延伸到兰考县、至开封市、直到共和国的地图。先是创办了兰考脱贫奔小康微信圈、兰考脱贫攻坚微信圈。在县委、县政府、县委组织部的支持下，把我们县委书记、县长、县委常委四大班子领导、各局委一把手、各乡镇书记、镇长、主管扶贫的副书记以及全县扶贫干部全部拉到一个群里，在这个群里开展有声有色的扶贫工作，可以以图片、定位等方式汇报工作，也可以把工作中的难点、疑点发送本群，更是把全村滞销的产品发到群里，请各位领导、群友转发。果然，也就在微信发出的第十天，不仅我村生产的古筝、三弦、琵琶销售一空，还先后收到 23 份新订单。村民的种植、养殖产品也随着网络推广全部销售出去。

"你有点傻，你有点笨，有点感性，有点疯狂。"这是一位大学同学对我的评价、总结。事实上说我傻的人何止是这位大学同学，还有我的闺密。对此，我心依旧；对此，我心无悔。

随着村办企业、家庭作坊、种植、养殖业的兴起，村中通往外界的唯一土路仍然坑坑洼洼、泥泞不堪，装好村民土鸡蛋的车辆尽管开得很慢，还是因为道路坑洼上下跳动、左右摇晃，且不说鸡蛋、鸭蛋破损严重，就连村民种植的萝卜、白菜都很难幸免。

修路？资金从何而来？不足 3 公里的干道预算需要 120 多万元。120 万元，对国家重点工程来说，不算什么，可对一个自然村来说，不能不说是一个天文数字。在万般无奈之际，我拿出自己的工资做抵押，先是给即将倒闭的鸣乐乐器厂和豫东轻体门厂分别贷款 20 万元和 25 万元。接着，以这两个厂家为主体，协调项目资金 120 余万元，不仅修通了村里的主干道而且还安装路灯 199 盏。再度筹集资金 7.5 万元，为村民建设占地面积达 800 平方米的文化广场，硬化背街小巷 2200 平方米。还带头为贫困大学生岳奥洁捐款 5700 元，解决了她无钱上学的问题。

诸如此类，在我驻栗西村扶贫的过程中可以说是屡见不鲜。一位记者问我：你作为一名 80 后的干部，是什么力量促使你能扎根农村，能与村民打成一片，你哪来的这股干劲，我笑了笑说："一种精神，一种焦裕禄的精神，我只是做了一个党员干部应该做的事，只是接过共产党员不忘初心的接力棒，把焦裕禄的精神做了一个传承而已。"

事实上，记者看到的只是我光鲜的一面，殊不知，我也有内心的痛楚和难以言表的孤独。

应该说，在我驻村扶贫的那些岁月里，牺牲的不仅是青春，还有爱情。一位比我早一届的研究生同学曾多次向我抛出橄榄枝，我俩就前途、理想、人生、未来聊得很是火热。然而，当他驾驶着宝马车来到我扶贫的村庄，见我一身农妇打扮正在指导村民种植时，伸出的手想与我相握，凝视半天后还是收了回去。

女孩的羞涩导致我下意识地将手背到身后，但我心里明白，那双纤纤素手业已变得粗糙、那张洁白的脸庞早已变成古铜色。

相见，无语；对视，无言。

彼此都读懂了对方的心思。于我而言，假如不是恰同学少年时的情意相投，也许没有日后的漫长思念；假如没有这样一份另类的约会，我还会念着从前的情感，痛着流泪，笑着想念。

在他心里，岁月的洪流，卷走了我的青春，卷走了我的年华，剩下的只是一个被岁月刻下累累伤痕的躯壳。

他走了，一头钻进驾驶室，发动汽车，没有从反光镜中窥视，是那样的义无反顾……

我有婀娜多姿、亭亭玉立的独立之姿；也有泛舟湖上，烟雨缥缈，雾霭朦胧的孤独；更有在拥抱之间俘获他心的情感愿望。然而，当命运将青春的一叶小舟推向这片古老、苦难的土地时，我最终找到了生活的乐趣。

这一夜，我没有失眠，没有眼泪，白天一天的劳累让我睡得很香甜。事实上，在驻点扶贫的日子里，我完全可以不那么卖力气，没日没夜地为贫困户东奔西走，也完全可以在花前月下互吐爱慕。可是，每当我看到乡亲的窘迫生活，每当看到他们渴望幸福的眼神，看到他们改变家境的期望后，那种与生俱来的儿女情长在扶贫这个大局中变得那么渺小甚至微不足道。

人来到世间，每走一步就是给生命的一条留言，在这条偶然与必然相伴的道路中需要选择，而选择就会有得失，成败不在一时，得失不在一事。于我而言，爱情失去了，但党和人民给了我较高的荣誉。在人民日报、中央电视台、人民网、中国乡村振兴杂志等主流媒体相继报道后，2016 年 5 月，我被评为第一批驻村工作标兵，2016 年 6 月被提拔到谷营镇任党委委员、组织委员，到任后仍然分管组织和脱贫攻坚工作。

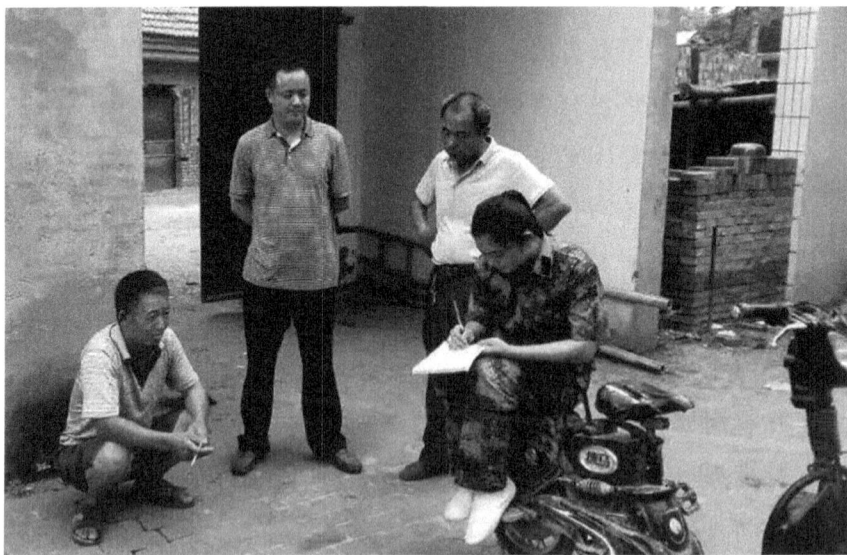

扶贫期间入户调研

在谷营镇脱贫工作期间，我边学习、边探索、边总结，先后撰写心得体会、扶贫感言等稿件 20 余篇 10 多万字。通过各种扶贫方式，使全镇 12 个贫困村顺利退出贫困序列，成绩在全县名列前茅。为此，荣获了个人三等功一次。

兰考脱贫之日，就是我脱单之时，这是我驻村扶贫时立下的誓言。

2017 年 3 月 27 日，兰考县退出贫困县序列并成为全国学习的榜样。

本以为我就此离开扶贫工作岗位，不承想，就一个扶贫单位接着一个扶贫单位、一个扶贫岗位接着一个岗位……

时间到了 2022 年，不安分的我还在不断奔跑，这一次我找到了自己的使命，正式加入深圳市宇泽公益基金会担任秘书长，乡村振兴的路很长，我希望在公益事业中让青春之火伴随乡村振兴永远燃烧。

何当山花烂漫时

云南，彩云之南美丽的大山深处，也是我国曾经贫困人口最集中的地区之一，近十年来正在发生着日新月异的变化。希望山区的人们和优秀的特产走出去，希望外面的人们多进来走一走，感知和体验云南的魅力，让更多人了解和分享云南的人情和物产。

黄　伟：现在云南能投集团工作。2018 年 9 月至 2020 年 3 月，在云南省昭通市参加昭阳区红路易地扶贫安置点建设工作。工作期间，积极为山村村民搭建农产品销售渠道，使云南省农特产品走出云南。

筇竹林在更高的地方，郁郁葱葱，木耳花似曾相识，粉红的花瓣点缀在绿叶丛中。我那时不知道永胜有很多大山，也不可能知道其中有个山叫"他留山"。

行走在彩云之南

黄　伟

四年多以前，从首都北京来到云南工作。在1000多个日子里，由于工作的原因，行走在"彩云之南"的广袤大地上，穿越崇山峻岭，在国家脱贫攻坚主战场感受每一个环节的每一份细微的努力，这些努力再从一个偏远的乡村，汇聚成溪流，汇入江河湖海；每一个参与脱贫攻坚的战士，都默默地奉献着，让我感动。云南的扶贫工作也牵动着省外每一个朋友的爱心，外面的世界和这群山里面，通过各种绿色有机食品联系在一起。这里记录了不同地区、不同民族的自强不息的几个扶贫故事，他们在改变着一个个贫困的乡村。云南这个如此美丽、神奇的地方，在众人的努力下，终将会成为人们幸福和谐生活的美好家园。

一

大关县属于昭通市，群山起伏，五河纵贯。北面有历史上著名的唐代袁滋题记摩崖石刻的"豆沙关"。木杆镇则是这些大山深处离"豆沙关"较近的一个古镇，因为在昭通结识了一位朋友小芹，所以我会来到这里。

坐着小芹的车，欣赏着沿途美丽的山水，我向木杆镇进发。小芹说：这不算什么，里面的山越来越大，越来越漂亮。果然，过了一段高速之后，驶进了国道，沿着一条清澈的小溪，顺着陡峭的岩壁，山越来越大，景色真的越来越好。

又开了一个多小时的山路，前面出现一个群山包围的小镇，我知道木杆镇到了。车停下来，小进在家门口的门市里忙着做一张不锈钢桌子，我笑着指了指街边问小芹：这就是你坐在满车的甘蔗上吃甘蔗的地方吧？就是。

从街上下去一层楼，才是客厅和厨房。客厅的窗外是郁郁葱葱的森林，好不惬意。家里早已准备好了豆花、凉拌笻竹笋、腊肉香肠，真是一顿美美的午餐。

吃完饭，我才慢慢打量这座别致的楼房。前面是镇上的大街，后面是森林，楼房一共四层，一层是厨房、客厅和父母居住的地方，二层是门市，三层两兄弟一人半层，四层两姐妹一人半层，屋顶种了许多果树，有李子、桃子和柿子，厨房下面还有一层，是露天的鸡舍，养着二三十只鸡，我惊喜地从草篮子里捡起两个鸡蛋。弟弟小进说，这里每天都可以捡到七八个鸡蛋，吃不完。小进还告诉我这片森林原来是毁林开荒的土地，现在是退耕还林的森林。当年种着这片开荒的土地，家里也不见得有多少多余粮食，如今没有土地

了，生活反而觉得更滋润了。也是，没有土地，会开拓思路开发其
他的经济产品，苹果、蜂蜜、竹笋都是，听说最近姐弟俩和同学一
起张罗一个筇竹工艺品生产厂，把坚韧的竹节鲜明的筇竹打造成毛
笔、手杖、家具等精美的产品。我非常赞赏他们的创业之举。

　　这个竹工艺制品厂也是政府倡导的易地扶贫搬迁产业之一，要
将过去单一的竹笋加工发展成竹产业，成为这个"筇竹之乡"的拳
头产品，还有很长的路要走。在简易的加工厂里，我见到一堆堆从
山上砍下来的筇竹竿，一个简易的锅炉和烟熏炉用来进行前期处理，
以防竹子干燥开裂。两个老农民在一边把烟熏过的竹子调直、打磨，
再根据客户的要求切割成段，就成了半成品。再把半成品送到城里
的加工厂制作成精美的工艺品，这些在山里值不了什么钱的竹竿，
就变成了城里人桌上和茶几上的文玩。小芹告诉我，这两个农民原

昭通红路易地安置点入住

来在家里没什么收入，属于贫困户，现在一个月可以有 2000 多元的收入，工作卖力极了。今后正式的工厂建好，还会招收更多的工人。我非常赞赏这姐弟俩从山村走出来又返回山村引导乡村人民共同发展脱贫的精神。半年下来，姐弟俩一起研发产品、推销产品，已经小有收获，小芹打电话告诉我她在深圳展销会上签了 10 多万元的订单，说明他们走在正确的路上！

为了支持乡村企业的发展，我下了 100 多个筇竹打火机的订单，让他们的产品通过我的朋友们宣传出去。

终于要去看筇竹林了，路上经过了他们的八月瓜种植基地和蜂蜜基地，里面有我认养的一箱蜜蜂。到秋天，我就可以品尝到今年结果的八月瓜，喝到我自己认养的蜂箱产出的蜂蜜了。

筇竹林在更高的地方，郁郁葱葱，不细看犹如一片树林。下车细看，那些鲜明的竹节和棕黄色新箭伴着风吹竹叶的沙沙声，我终于见到听过多少遍的筇竹林了。

木杆镇筇竹资源丰富，占有世界上筇竹资源的四分之一，筇竹多生长在 1700 米以上的高山，竹筒短，竹节鲜明，竹笋尤其出名，笋肉鲜嫩，是出口佳品，每年还没出产就一订而空。大量的竹笋采伐对筇竹是一场灾难，近年的筇竹笋已开始减产。在政府的主导下，开始规划出一些禁止采伐的区域以保护筇竹的恢复性生产。在这样的保护区，我看到的筇竹竹竿明显比采伐区的竹子要粗壮得多。一根筇竹的自然生命只有五年，筇竹死亡是自然枯竭，从竹节处断开。三岁左右的竹子最强壮，适合用于竹加工。筇竹林里流着一股股的清水，他们称为"竹根水"，我捧起喝了一口，清澈甘甜，沁人心脾。

筇竹除了带来美味的竹笋和强韧的竹竿，还给山里人带来更多的快乐。每年春天有一个开笋节，全镇上的人聚在一起比赛，比谁在同样的时间里打到更多的筇竹笋。每年春天的筇竹笋也是全镇人经济的希望，丰收的时候，一个人一天能够打到价值三四百元的笋子卖给收购的商贩。筇竹还带来很多山里人的故事，筇竹林里野兽很多，竹鸡、野猪、野熊（也叫大佬熊），每年打笋子的季节都会听到关于野熊伤人的故事，而野熊每每到了这个季节，都会躲到更高更远的山上，以免它们的小熊崽受到威胁。曾经有不良的山民假借打笋子偷猎小熊崽，以四五万元的高价卖到城里。还有一个故事，一个不认得小熊崽的少年，把在打笋子路上遇到的一只小熊崽当成小狗带回了家，父亲回来见了惊恐万分，赶紧抱着小熊崽去了镇上报警，镇上派了十多个人原路返回把这只幼崽送回老家。

沿途我还见到了当地的易地扶贫安置点，与我们在昭阳城里建设的林立的高楼不同，这里是一栋栋两层的小木楼，极有民族特色又适合居住。

到了下午的高山上，山风吹来，带着丝丝寒冷的雾气，我深深地呼吸着这清新的带着泥土芬芳、带着筇竹清香的空气，望着远方层层叠叠的青山，心里希望这里的环境永远这样保留下去，给人类和各种生物留下美好的家园……

二

宁边村是昭通市昭阳区小龙洞乡大山上的一个小村。1995 年时任国务院副总理的朱镕基曾到此视察，他听到村民杨长才说一天三顿都只能吃土豆，眼里流下了泪水。

一次在一家盐津菜馆吃饭，老板推荐了一款野菜叫木耳花。木耳花炒出来厚厚的脆脆的，一股清香。可惜我却不知道木耳花长什么样，又是生长在什么地方。

周末，听说小龙洞的木耳花开了，就想去那里看看。打了个出租车，司机说：太远，你不划算，我送你去一个公交车站，两元的车票就到小龙洞了。于是司机把我送到元宝山13路车站，果然终点就是小龙洞。

公共汽车上从开始就我一个人，到陆陆续续坐满。我听见车上有人在议论木耳花，说已经漫山开遍。也听见有人问车为什么这么挤，一个人说：周末呀，上山的人多。昨天星期五还要挤，光山上在山下上学周末回家的学生就挤了几车。

车上很挤，我基本上没地方落脚，只好用力扶着立杆在摇摇晃晃的车厢内维持身体的平衡。身旁是一个背着小孩的妇女，一个座位上的中年男人要为她让座，她说：背着孩子坐着还不如站着。我问了背孩子的妇女一句：这看木耳花的地方还有多远啊？"不远，还有半个小时就到了。就在我家附近。""那你是来这里赶集吗？""不是，我在城里一个网吧上班，这是下班回家呢。没事可以去我家里坐坐，我家里有荞麦面，我可以便宜一点卖给你。"我关心木耳花，并不关心荞麦面。继续聊下去，才知道背上背的是妇女的外孙，女儿在网吧做会计，家里没人带孩子，这个孩子就跟着外婆上班下班、上山下山。妇女家里除了种荞麦，还种了些红蒜，红蒜成熟了，这次回来她准备把红蒜挖出来。

说到红蒜，我倒有了兴趣。前段时间，一个昭通的朋友给我推荐了她的朋友在东川自己种的红蒜，只送不卖，我朋友给我在成都的母亲寄了三瓶做成糖蒜的东川红蒜。回家探望母亲的时候，母亲告诉我蒜特别香，又嫩又脆，哥哥特别喜欢吃。我尝了一下，果真如此。反馈给朋友，朋友又让东川的朋友寄了三瓶到昆明、再多寄三瓶到成都给母亲。感激之余，我也对红蒜产生了兴趣。我对背小孩的大姐说：我想去看看你家的红蒜。

约莫过了 20 分钟，车来到另一个牌坊，车上一个人指着路边一株开着粉白色花朵的小树告诉我，那就是木耳花。木耳花似曾相识，粉红的花瓣点缀在绿叶丛中，远远地从车上也看不清楚。

又过了一站，大姐说：我家到了。家里没人，大姐老公生病去医院了，大儿子去街上卖红蒜，小儿子在昆明上学。一开门，墙上挂着的一排腊肉映入我的视线。大姐说：过年杀的猪，家里吃不完，又不好卖。家里很乱，堆满了工具和杂物，从一个门进去，穿过另一个门，就是厨房了，厨房里更乱。家里没有院子，只有简单的家具、陈旧的沙发，我心里有些难受，觉得不该来。

大姐把背上的小孩放下来，小孩已经能走了，大概是三岁的样子，我从包里找出前几天同事给我的口香糖，拿给小孩。大姐一进门，就开始张罗着给我烙荞麦饼，她边做边说：外面的荞麦面，都掺了东西，你尝尝纯的，我给你的价格一定比给贩子还便宜。

大姐姓李，和我母亲同姓，我心里不禁多了几分亲近。没过多久，大姐把在外面卖蒜的儿子叫回来，大儿子年纪看着不大，骑着摩托车，车上驮着一把台秤和一麻袋红蒜。我第一次看见地里刚挖出来的红蒜，黑黑的泥土外表下面露着红衣，大姐家的红蒜个大还饱满。大姐说：我什么肥和农药都没用过，还是长得好。儿子有些不好意思地跟母亲说：今天蒜不好卖，我三元一斤卖了一些。母亲说：这孩子就是老实。

一会儿饼已经烙好，大姐拿来蜂蜜，让我蘸着吃，我叫过来小外孙一起吃。大姐又开始做荞面饭，说：我蒸点腊肉、炒一个土豆，你将就着吃一顿，吃过让我儿子带你去山上看木耳朵花。

吃完荞麦饼，我拿了小板凳坐在门口，望着远处的大山，望着满眼绿色郁郁葱葱的土地，纳闷这里的人家怎么这么贫穷。大姐说：种的蒜自家吃不了，又卖不出去，家家都有。我突然想起 2018 年帮永胜大山卖土豆的事，告诉大姐：你测算一下邮寄到昆明要多少钱，我帮你卖。我把大姐的红蒜图片传到朋友群里，很多朋友和我一样喜欢，发了订单给我，要买了做糖蒜。我给大姐一说，大姐马上让儿子去库房取一些红蒜摊在太阳底下晒一下，一会儿就打了包去小龙洞找快递公司寄。

大姐又去房屋背后采了些野青菜，她说：早知道家里要来贵客，应该在街上多买些菜回来。其实大姐不知道，这些山野菜正是我喜欢的东西。熟悉了以后，大姐跟我聊了很多。家里是建档立卡贫困户，每年政府补助的 3000 多块钱，连小儿子上学费用的一半都不够。家里每年的收入就用来供儿子读书，经常还要到外面借钱，就希望儿子毕业以后能有出息，改变家里的境况。大姐和姐夫是表兄妹，近亲结婚，大儿子智力发育很晚，12 岁才会讲话，进过聋哑学校读到四年级，人很老实，也很听话，就是文化不高。前年家里花了几万块钱娶了个媳妇，还没领证，那女的就跑了，儿子气得几天没吃饭。女儿前些年出门到浙江打工，遇到现在的女婿，生了现在这个聪明的外孙，但日子也不幸福。因为女儿经常挨打，所以跑回家里来住。大姐伸出一个残缺的手指，对我说，这就是前些天那个缺德的女婿打上门来被门夹断的。我心里一紧，这样手伤未愈的大姐还在热情地为我做午餐，真是惭愧。

午餐很可口，荞面饭、煎土鸡蛋、新鲜红蒜炒腊肉、干海椒炒土豆、野青菜汤。大姐一边喂外孙，一边给我夹菜。即使是这样的美味，我也没有心情享受。

吃完饭，大姐的儿子骑着摩托，带着我上山。他告诉我，上山的人很多，一到周末，十元的进山门票村里一天要收 8000 块钱。果然，继续往山上走，路边停的车越来越多，有在草坪上野炊的，也有在路边照相的，更多的人，拿着口袋往山上走，去采木耳朵花。

山上绿树中间，点缀着星星点点的木耳朵花。走近看，紫的、红的、白的竞相绽放，既是美景，也是上天馈赠的美食。路边，农民们把采摘下来的一麻袋一麻袋的木耳朵花搬上货车，准备运到山下。

我不禁感叹：木耳朵花漫山斜，无数游人把春踏。他人只道风光好，不识道边穷人家。

大姐把医院里的姐夫也叫了回来，那也是一个言语不多的老实人，还要我留下来吃晚饭，我委婉地拒绝了，我实在不想给这个负担沉重的家庭再增加负担。

下山的公交车上，堆满了用麻袋装好的木耳朵花，以及笑容满面的农民。

那些将要运到山下的红蒜，那些将要运到山下的木耳朵花，承载了大山里贫苦农民的希望，也承载了我的希望……

我没想到，20 多年前朱总理流下泪水的地方，如今依然还是贫穷到让我落泪。从这一年开始，每年李大姐家里的红蒜，都会被我的同学和朋友一抢而空，大姐和她一家人的情况，时时让我和朋友们牵挂。

三

他留山，在丽江市永胜县六德镇，那里生活着彝族的分支——他留人。

来云南以前，我还不知道永胜这个神奇的地方，也不知道那里有美丽的高原湖泊——程海，不知道毛氏祖先曾经在那里屯边，不知道永胜县有三川坝万亩良田。更不知道永胜城边灵源箐的观音庙里有刻在石壁上几百年的"吴道子观音"，据说这是中国古代观音画像的鼻祖，广东、闽南的画师们都知道"永北观音"，因为改了地名，所以很少人知道永北究竟是什么地方；我那时更不知道永胜有很多大山，也不可能知道其中有个山叫"他留山"。

2017年夏天，我陪客人一起去他留山参加盛大的他留节日——粑粑节。这一天，所有的他留人都会带着他们为祖先精心准备的粑粑一起祭祖，同时在山顶的坝子里载歌载舞，尽情欢乐。记得第一个节目还没演完，他们的愿望成真，雨神到来，几千人在坝子里顶着雨伞看演出的盛景，我至今记忆犹新。雨伞很小，不相识的人拥在一起避雨，场景令人感动。雨水从伞上流到我的头上、脸上，流进我的眼睛，流到我的背上。那天我在微信里写下："你为他留情，湿透了衣背。分不清，脸上流下的，是雨水还是热泪。"

大山里的人热情、真实，那里物产丰富，却因为交通不便、物流不畅而贫穷。他们没有任何抱怨，以积极的心态面对一切，喜迎天下来客。我一直想为他们做点什么，却一直没想好能做什么，只有积极地向外面的朋友宣传这个美丽的山村。

2018年夏天，因为公路塌方，我改道途经永胜返回昆明。经过永胜的时候正值中午，突然想起"他留乌骨鸡"。于是，与在他留山结识的小双联系，再见到的时候，她和先生正在店里等我们，和热腾腾的他留乌骨鸡一起上桌的还有他留粑粑，以及一筐小小的圆土豆。他留鸡我已吃过多次，段总已经在昆明和其他城市开起了连锁店，那不起眼的水煮的小小的圆土豆却是第一次吃，撕开外面的皮，里面粉红粉红的，咬一口嫩且粉，回味无穷。同事也对这土豆赞叹不已，吃完把筐里剩下的土豆也打包带走了。小双见我们喜欢，叫小妹装了一袋送到车上。回到昆明，送了一些给朋友品尝，均是一片赞美声。我从昆明回成都送女儿上学，带了剩下的一些土豆回去，妻子用来烧肉，更是一绝，嫩粉而不掉渣，女儿特别喜欢。于是有一天突发奇想，小双在永胜送我的土豆一定来自离城不远的山村，如果能把山里美味的土豆送出去，让更多的人品尝和了解大山里的故事，岂不是可以帮帮这里淳朴的村民吗？我把这个想法给荷花说了，又在朋友群里给大家说了，一拍即合，荷花、老师、同学、朋友、亲人们……38个热心的亲友组成了一个土豆众筹组，大家筹款为大山里的土豆搭建一个快速通道，让永胜美味的土豆走向千家万户。

第二天，沈总就带着大家的期望走进了他留山，走进了比他留山还要高的双山坪，村民们热情地带着他去

走访哈尼族老人

挖土豆。拍回来的视频里，土豆蒸在锅里，热气腾腾。村民家里简陋至极，家里除了一堆堆土豆，没有像样的家具，但他们开心的样子，让我觉得心酸。政府每年都会免费发给村民们土豆种子，几十个铜钱大的种子会长出几百斤土豆，自己吃不完，又有谁会关心村民家里一堆堆土豆的去向？

我们把第一批采购的土豆命名为"状元红"，土豆是红色，据船长说杨慎杨状元（明代文学家）来过永胜，倒不如叫状元红土豆，既简单又高雅。大家一致同意，今后还会推出更多品种，名字都想好了，红心土豆叫"女儿红"，黄心土豆叫"金玉满堂"……我们也把这土豆称作"爱心土豆"。得知我们要把大山的土豆送出来，当地的邮政单位非常支持，主动上门服务帮忙包装；村民们更是高兴，本来就快乐的生活又多了一份期待。我们在城市里享用大山土豆的朋友们，也会因为土豆带着大山的味道，带着淳朴的村民手心的温暖，带着船长、荷花和众多亲友的爱心，而更加珍惜吧！

何如山花烂漫时

略阳，曾经的『小香港』！我坚定地相信，在乡村振兴大好政策背景下，在脱贫攻坚的基础上，能再次实现成长和发展，创造更多辉煌。让我们一起努力！

潘祝华： 现在国家国防科工局工作。2016 年 10 月至 2019 年 1 月，在陕西省略阳县挂职任副县长。2018 年，被陕西省汉中市评为"扶贫工作先进个人"；2019 年，陕西省委宣传部立项，以其扶贫故事为原型拍摄电影《雏凤新声》。

手机三倍变焦，我拍下这张就在眼前的"水墨画"，直指里面的那户人家，发朋友圈问大家：你住这儿，会是种什么体验？

新年第一天，我们在一起

潘祝华

2019年新年的第一天，略阳县委、县政府正常上班，很多领导干部都去了乡下，跟贫困的群众在一起，跟脱贫攻坚一线的扶贫干部、驻村第一书记在一起。

我的这一天，过得也很有意义。

一

三面都是几十米深的悬崖，灌木丛生，树枝斜伸，一直跟过来的脚印也"奇迹"般消失了。走了两个多小时，虽然手脚并用，摔了很多跤，吃了不少苦，但却是有信心的。因为枯叶上覆盖着5—10厘米厚的大雪，至少能看到脚印。现在，脚印消失了，要走出这片密林，我们只能回头。

　　回头就意味着失败，显然我们5个人心里都不愿意。一看表，已经下午4点多了，再走两个多小时，天就黑了，地就冻了。

　　前面三分之一的路，都是宽敞的4.5米大路，但越往里走，路就变成了3米宽的拖拉机路、1米宽的山间道路，路的质量也由原来的石子路，变为沙土路、土路。

　　走了两三个小时，好不容易走到山顶。老余说他上次见过更漂亮的地方，就在前面。王姐说已是下午一点半，就掏出手机，订好了待会儿去吃的鱼火锅。

　　王姐的鱼火锅，没有成为我们的午餐。取而代之的，是他们两家背包里的面包、蛋糕、麻花、饼干、糖果（自制）、大橘子、小橘子、矿泉水、袋装牛奶……王姐递我一个大橘子，吸取上次教训，

2019年元旦将要离开略阳县时登高遥望县城全景

我接过来又放回去了。太凉了！小英一看这情形，说她还带了热水，于是从包里变魔术般拿出个旅行用热水壶，还拿出一沓一次性杯子。

我顿感一股暖意。

一块蛋糕，就着一杯热水，在略阳的"珠穆朗玛峰"上，一眼从南望到北，整个县城尽收眼底。

赞成了老余的建议，王姐也跟了上来。老余指了指前面高压电线杆，说就在那儿。大家顺着他指的方向，一路向前。积雪也越来越深，坡也越来越陡，我的保暖登山鞋有点硬，感觉两个脚后跟碰得有点儿疼，于是倒着爬坡走了一段。小英提醒，雪下有深坑，也有小水沟。刚说完没多久，老余就踩上了，把我吓得也不敢那样走了。

消除疼痛最好的方式，就是找到比疼痛更有意思的事情做。

我选择了拍照、录像，然后发朋友圈。

第一个发的是视频：先拍双脚交替挪动的画面，再将镜头拉向层峦叠嶂的群山，让大家看看从山顶望过去，是何等的壮美。本来想将标题写成：绿水青山就是金山银山！想了想，用了"既扶贫，又看景"。接下来，又发了积雪没鞋的视频，引起了很多人问："这是哪儿？好美啊！"

接下来，我们翻过山顶，看到了山那边的景。白雪、树木、青黄草点缀下的山里人家，真像是略阳画家笔下的水墨山水！

2019年新年的第一天，略阳县委、县政府正常上班，很多领导干部都去了乡下，跟贫困的群众在一起，跟脱贫攻坚一线的扶贫干部、驻村第一书记在一起。

"水墨江山""真像一幅素描画"，来自全国的朋友都在点评。"天寒白屋贫"的点评，是看到贫穷。汉中某兄弟的留言"追梦人最美"，其实是看出了我想借此宣传略阳民宿旅游的用意。

略阳民宿旅游，是我一直坚持推进的产业扶贫方向。为此，我找了中国扶贫基金会，到重庆调研特色小镇，到苏州体验民宿，到北京找投资商，联系过发改委小城镇中心及其管理机关司处级领导，尝试过"文化 PPP 模式"，接触过华夏幸福、中铁任之、华夏通凭等实力派企业。

其中最有诚意的是华夏通凭。他们在民宿康养、小城镇建设上很有经验，产业投资基金规模达数十亿元。

最近，他们又给县里来了邀请函，年初到北京参加集团公司的年会，届时将展示他们投资的项目，项目所在地区的领导也会参加。我觉得，他们就是想透明化，让客户直接交流，在一个平台上将项目价值透明化展示。

二

老余在不远处停住了："上次我们只走到这儿，再往前没走过，或许有路，或许没有。"我环顾四周，发现我们站在山脊上，前面确实没有正儿八经的道路，隐隐约约只有一排脚印。

"你再往前走几步，循着那些脚印看一看。"2019 年第一天就走回头路，多少有点难以接受。

"有脚印，而且是迎面走过来的脚印，应该能从前面走下山！"

我胳膊往前一伸：走！有脚印就说明能走，他们能走，我们也一定能走！

王姐一边走，一边用拐杖扒开枯叶上的积雪，深怕我们踩偏或踩滑。但她走着走着，突然提出一个假设：如果脚印是猎人的，猎人进山只是放陷阱，逮野鸡、野兔，根本没有下山的路，我们怎么办？这个假设，让老余有点紧张，但他口头仍然不松劲。王姐真的紧张了："老余，回家后我再找你算账！"老余听了哼哼哈哈地笑，我感觉到他的紧张程度加深了几分，但还处于能承受的范围。因为，他依然一边给我们拍照，一边还不忘夸一夸：在前面开路的人，竟然是两名女士。

来略阳两年两个月零六天，我感受到略阳山水的人杰地灵。北京朋友分析说，因为略阳处于终南山的分支，肯定有灵气。

后来，我接触到武则天造字的灵岩寺，长江流域保存最为完整的文化遗产江神庙、紫云宫，李白种的两棵银杏树，现在还枝繁叶茂矗立在铁佛寺旁。还有很多《三国演义》里的故事，茶马古道的遗迹；有时突然发现，名不见经传的古村落里，还有保存完好的、有几百年历史的宰相府第；还有灵岩寺里书法登峰造极的郙阁颂，各种摩崖石刻，最早的交通法规——仪制令；等等。

一口气列了这么多，还有很多我不知道的。"不重样体验，你需要扎扎实实走两天才行"，当地一个文化干部的自信，也传递了我对这片土地的喜爱。而兰花，是最显性的标志。我发朋友圈不久，北京、南京等地的朋友就建议我挖了，说他们喜欢。军工同事立刻发微信提醒我，"挖掘某些野生兰草，有可能违法"。我就回复他们，来略阳吧！他们说，成本太高了。有人终于说，一直想来略阳，原因之一就是想看兰花。

小王一直是垫后的，每次小英叫他，他大部分时候都在拍照。背包也一直是他在背着。同样背背包的，还有老余。他不知道什么时候，跑到最前面开路去了。但偏偏是他引路时，我们就"行到路穷处"了。老余像是个犯错的孩子，甚至有了幻觉："我明明看到前面有脚印的，只是到另一面研究了被动过的地面而已，怎么突然脚印就没了呢？"我听他嘟囔了好几遍。

"岩石后边有路"，小英叫老余下来，我们继续横侧着身子往下挪，然后像没事人一样的，走过岩石，继续往前。

这时路更陡了，也更滑了。前面走的两个女人连续跌跤，走在最前面的小王眼镜都跌掉了，找了半天才摸着。我的手划破了，衣服弄脏了，屁股跌痛了，鞋子也全湿了。

就在这儿，我们遇到了迎面来接我们的小英二舅。

见到他，大家欢呼起来，终于走出来了！再往下走几步，就踏上了梯田。

2017年春节慰问贫困户时和大家围着火炉拉家常

小英二舅把我们引到他家里烤火，小英坐二舅的摩托车，到前面停车场取车。十几分钟后，我们上车回略阳，经过山沟仰望山顶，发现一路过来，征服了好几个山头。

三

从山上下来，吴老师要带我去吃庖汤。庖汤是略阳的一种风俗，就是过年杀年猪，主人请了全村人来吃，人来得越多，主人越高兴。有时候人来得多，一顿庖汤要吃掉半头猪。

这就是略阳老百姓的纯朴和好客。今天要去的这一家，后来我才知道，是脱贫致富的一家，姐夫和小舅子合作搞养殖业脱贫了。他们感恩扶贫政策，请了很多帮扶干部去吃庖汤。

我以为他迎出来接我们，应该离家不会远，走几步就到了。结果一路爬坡拐了好几个弯，经过好几处修路点，再经过并排有三间的平房，透着些许气味的羊圈。迎面走至开阔地才看见参差建了些砖瓦房，最前面一家，门口站了不少人，我心想肯定就这家了。

看着一路上的风景，我已经拍了好多照片。特别是看到被挖掘机"梳"出来的一片片石头，黑乎乎的，像刀片一样斜露在外面。我突然想起一份报告里，说略阳矿产资源丰富，地下储量约千亿元规模，被誉为"中国的乌拉尔"。

于是，我凑到跟前，利用手机微距拍了10秒钟特写，还用手指掰了掰那些黑乎乎的"刀片"，原来以为特别硬，没想到一掰就断了，像枯老又被浸湿的老厚树皮。有人解释说，这些石粉，原先中医上是能入药的。

我就更好奇了，石头还能入药治病？我的朋友圈跟我一样好奇，有领导就直接问我那是什么？有什么工业开采价值？立刻就有朋友留言，解释那是滑石粉，药用辅料，做糖衣片的包衣用。因为含石棉致癌，现在用得少了。还有朋友让我告知准确的地理位置，他们要亲自来考察。

像不像是在网上搞了个路演？

我专门请教过投资人，他们参加投资路演，项目成功率仅为百分之十几。他们提出，如果我十分了解县里的资源禀赋、投资环境和人文历史等信息，可以将其整理成路演资料，放到网上去。通过高速、即时的移动互联网来路演，24 小时对外展示，实时用手机与各家投资商进行沟通，那不就真正实现《长尾理论》一书中阐述的"互联网生存模式"了吗？而且成本极低。

我对驻村干部有一份特殊的感情，可能是缘于共同的挂职经历吧。老李好像也有同样的感觉，坐下来几口菜下肚，他端起一次性杯子，里面盛满茶水，要敬我一杯。

我想不起来老李具体说什么了，只记得"青白石村、钉钉、乌鸡，我们支持你，常回来看看"等字眼。他说话的时候，我盯着他看，看到了他的诚恳和眼里的尊重。

我仔细打量他的房子，室内还没粉刷，楼板块还依稀可见，但大窗户、大防盗门，让家里有了城里的亮堂。和我两年前来时随处可见的黑屋土墙已大为不同。

后来，他能说会道的姐夫出现了，给我看了 400 多斤重的大肥猪和杀完的一大筐肉。还给我看了他的羊圈，今年已经卖了几十头，挣了 3 万块钱。

让我意外的是，他还知道，央视略阳乌鸡广告是县委书记和我一起到北京争取来的，他们俩明年开始大力养殖乌鸡，彻底脱贫致富。更让我佩服的是，他还将我的"1+2+N"的扶贫发展思路说了个大概。"1"是我们都用上互联网，"2"是将乌鸡产业作为突破性产业来抓，最后一个"N"他没说，可能是有点紧张吧。

"感谢政府，向政策看齐。"他说这句话，我印象很深。因为吴老师反问他，应该向领导看齐才对啊？他说："更应该向政策看齐，不知道政策，就得不到支持。胡乱搞一通，最后受损失的还是自己。"

第二天，我专门问了下他俩的情况：小学文化，在外打工难，听说家乡扶贫政策好，就回来建合作社，带领村民一起创业。

我问了猪肉价格，得知每斤才12元，养了两年，全饲料喂的，但这些肉就是卖不出去。我拍了个特写视频，发到朋友圈。立刻有人要买10斤，而且只要送到略阳县城，他从汉中来取。算上路费，其实价格翻倍了。有人评论："不贵啊，超市贵一倍还是饲料的。"我岳母指示我买点回来，按50元每斤算。她说北京的黑毛猪肉38元一斤呢。还有朋友留言：就是不能外卖，可惜了！

"有肉吃，没钱花，这就是贫困县农民的现状。"我在朋友圈抛出了这样的观点。有人纳闷，"把肉卖出去，不就有钱了吗？"关键是，这儿的互联网才启蒙，他们不知道怎么卖。发个朋友圈是小打小闹的做法，谁来做诚信背书，谁能做售后服务呢？如果这些做不到位，那卖出去产生的问题，远比不卖要严重得多。

"12元每斤太便宜了，如果作为商品，不符合市场规律。"朋友的评论单纯是站在猪肉单价来说的。如果北京人想拿到，需要支付快递物流和包装保鲜等费用，那价格就起来了。

对于略阳乌鸡产业化的探索，我咨询过很多专家，探讨过很多模式。今天的调研给了我更进一步的启发，能不能这样：农户卖 12 元，物流和包装钱消费者出，政府出资成立平台公司，负责收购、检验检疫和售后服务等工作，只收取成本费。这样，两头的问题就都解决了。

听着熟悉吧？这就是略阳乌鸡产业正在实践的发展模式。

吃完庖汤，他们俩和驻村干部们一直送出去老远。

回到家，发现鞋和袜子都湿透了。我赶紧冲了个热水澡，一头闷进被窝，先睡会儿再说。

2 小时后，我突然醒来，赶紧记下了上面的文字。再一觉醒来，打开微信，数了数，我当天在朋友圈发了 16 条信息，获得点赞 676 次，留言 270 条，加起来共 946 次（条），保守估计的话，3 个人中有 1 个人点赞或评论，那关注过略阳县的人就有将近 3000 人。

新年的第一天，很忙很累也很有趣，更有意义。不单是我们与群众和扶贫干部在一起，更重要的是通过我们，我们身边的朋友都能在一起，在一起共商共济共享扶贫大业！

何当山花烂漫时

乡村振兴责任重大、使命光荣，任务更加艰巨繁重。我在积极投身打赢脱贫攻坚战后，接续参加谱写乡村振兴新篇章。振兴不必在我，振兴必定有我。

秦　纲：现在光大集团工作。2019年11月至今，在湖南省古丈县挂职任县委常委、副县长。2021年，先后被评为湘西自治州2020年度中央单位定点扶贫工作先进个人、光大集团脱贫攻坚先进个人。

在妙古金有机茶山500多年的古茶树前，夕阳的余晖映照着正在查看茶树叶子的两个男人，古茶树巨大的树冠上闪动着他们金色的身影，这两个男人一个是我，另一个就是古丈的"茶疯子"——土家族汉子向功平。

古丈的人　古丈的茶

秦　纲

这是一个有故事并且正在发生着历史巨变的村子。

我第一次来翁草村结识的第一个村民，是位苗族小伙，叫石泽辉。记得当时，我们蹲在翁草村"白叶一号"的茶叶基地里，一边为白茶苗除草培土，一边聊起家常，听他讲述家乡和自己的故事。

翁草村是个纯苗族聚居村，世代居住在这里已经有700多年的历史，以前交通闭塞，发展落后，2008年修建了一条通往外界的土路，车子一路颠簸才可以进入这个不为外人所知的美丽苗寨。是的，以前这个苗寨被群山环绕，自然环境优美，但是山高路陡、交通不便、耕地少而贫瘠，是无支柱产业、无集体收入、无发展方向的"三无"村，曾被称为"最穷、最落后的村庄"。就像石泽辉所说，2008年才开通的入村路破烂不堪，没有停车场，没有自来水，没有产业路，劳作依靠"背篓背"。居住环境差，污粪横流，垃圾随处可见。劳动力常年在外务工，老人和儿童留守苗寨。1997年出生在这个苗寨的石泽辉，2013年读完高一就跟村里其他年轻人一样，背井离乡到深圳打工赚钱养家。

2018年4月，千里之外的浙江省安吉县黄杜村20名党员写给习近平总书记的信打破了这个小山村的寂静，150万株致富的白茶苗在习近平总书记的关心和批示下，捐赠给了翁草村，在县委县政府统筹治理和中国光大集团倾心尽力的帮扶下，建设成立了"白叶一号"的白茶基地，让这个百年未变的村庄快速发生了巨大改变，这个古老的苗寨短短一年多就旧貌换新颜：入村路宽了平了，变成了沥青路；家家户户用上了洁净的自来水；苗寨搞环境整治，栽花种草，变漂亮了。"白叶一号"让村里有了自己的主导产业，在家的

人文民俗照：秦纲与古丈县少数民族干部群众一同在茶园采茶

乡亲在"白叶一号"基地务工，都有了一份丰厚的收入。

石泽辉比我早几个月从深圳返回古丈，他被村子的"神奇"变化深深地触动。用他自己的话说：回来之后就看到了变化，特别是白茶基地这一块感触更大。我们小时候玩的地方现在都有路了，都种上了白茶。以前杂草丛生的地方，现在都像"白叶一号"茶叶一样长出了新希望。我蹲在茶苗旁，加了他的微信，留了电话，此后，经常和他沟通思想，鼓励他积极靠近党组织，在村党支部带领下，当好翁草村首届"建设与发展委员会"委员，努力为村里工作，并鼓励他探索"茶旅融合"的新路子，做好民宿乡村旅游开发工作，有什么困难，随时可以给我发微信打电话。

车子顺着旁边的山路继续驶向"银山"的山顶。这两年只要我在古丈，几乎每周都要来翁草村看看白茶苗的长势；到贫困户家里揭开锅盖儿看看他们是否吃得饱；跟苗族粟奶奶学习说苗话、打花带、绣苗服；坐在家门口的小竹凳上和村民们聊家常；"银山"就是和他们聊出来的，因为白茶树到了春天叶子由绿变白，远远望去就像山坡上铺满了白花花的银子，所以这"白叶一号"茶叶基地就有了"银山"的美名。

车子一到山顶，就看见茶园里很多村民正在做培管工作，没等我下车，石泽辉和苗族大姐洪丁凤就从人群当中笑盈盈地奔过来，泽辉说："秦县，欢迎到家，你来了不止几十次嘞。"丁凤说："秦县已经成了我们翁草村的人呢。"我一边和他们走进茶园，一边笑着问："丁凤今年家里收入有多少啊？"她兴高采烈地说："我之前在外打工，现在回到村里在银山做工每天收入 100 元，一个月就能有 2000 多元的收入，解决了家里生活费的问题，我还把老房子提供给村集体经济做民宿，每月也有不少收入，今年我们家能增收几万元哪。"

泽辉拉着我的手，走到山顶停车场旁边高高耸立的茶叶加工厂房前说："感谢光大集团给我们捐赠几百万元援建的自动化茶叶加工厂，按照三年采摘、五年丰产的生长规律，白茶进入采摘期后，我们村每个人都能享受村集体分红，满满的幸福感呢。"他又拉着我的手走到山崖边，指着山下美丽的一座座苗家吊脚楼说："我们村的民宿旅游已经做起来了，尤其是《向往的生活》在蘑菇屋拍摄和《向往的村播》网络扶贫大使选拔抖音直播决赛在蘑菇屋举办之后，到村里自驾游的人更多了，我们已经累计接待了 7000 多名游客，为村里创造了 15 万多元的毛收入。"

在下山的路上，泽辉告诉我，村党支部已经吸纳他为预备党员了，看着他脸上的笑容，我回想起每次来翁草村都要去村部坐坐，有时参加村党支部的会议，经常讲到翁草村的脱贫攻坚要始终坚持抓党建促脱贫，将党建引领和支部建设放在首要位置，党支部要发挥扶贫工作"定盘星"和"导航仪"的作用，要把致富带头人、扶贫合作社领办人发展成党员，吸纳进支部，要用问题导向鲜活党建。翁草村的党员不讲价钱带头流转土地、带头支持人居环境改造、带头开展"互助五兴"，成了脱贫攻坚的鲜红旗帜。2018 年以来新增 6 名 30 岁左右的入党积极分子，培养 2 名入党发展推荐对象，泽辉就是其中的一员。我深深地体会到：党中央的"密切联系群众、以人民为中心、以问题为导向"工作原则，从不是一句空话，而是做好基层农村工作的最有效方法，也是我们做好所有工作的根本举措。翁草村在党组织的带领下，2019 年退出深度贫困村，2020 年贫困发生率降至零，今后将继续巩固脱贫攻坚成果，迈向致富小康，拓展乡村振兴的新征程。

另外一个故事是关于"茶疯子"。

2020 年 6 月末，在妙古金有机茶山 500 多年的古茶树前，夕阳的余晖映照着正在查看茶树叶子的两个男人，古茶树巨大的树冠上闪动着他们金色的身影，这两个男人一个是我，另一个就是古丈的"茶疯子"——土家族汉子向功平。他是湘西春秋有机茶业公司和专业合作社的负责人，妙古金品牌的创始人，国家认监委聘请的"有机认证扶贫专家"。

我已经不记得这是第几次来有机茶山了，但是我清晰地记得和他在茶山上第一次见面时的场景：那天我坐车从县城出发在盘山路上转了两个小时，到高峰镇岩坳村高望界等 3 个国家级自然保护区环绕的大山里去找寻"茶疯子"。一进到湘西春秋有机茶业加工厂，就看见厂房的外墙上迎面而来的八个大字——"做世界上最好的茶"。一名正在工作的茶农对我说："向总在对面山上的一号茶园里，我带

秦纲在古丈县茶园接受中央电视总台农业农村频道采访

你去找他。"当我们驱车奔向一号茶园，远远地就看见一个精壮的汉子手持水枪似的东西在给茶树浇灌乳黄色的液体。茶农指着那个人说，他就是我们的向总。他关掉水枪向我走来。我迎上前去和他握手，来不及寒暄，就急切地问道："功平，你浇灌的是什么啊？水可不是这种颜色的。"功平哈哈大笑对我说："我们的茶树都是喝着这种豆奶长大的，是用土黄豆、红糖、土鸡蛋和山泉水放在大桶里发酵而来的豆奶。"说着，他把水枪递给我，教我朝向一排茶树的根部浇灌特制豆奶。他说，这种豆奶含有氮磷钾比有机肥还要多还要好，让我确实见识到了喝豆奶长大的茶树是什么样子的。他指着茶树叶子上的虫眼，双手挥舞着划过漫山遍野的茶树和正在除草的茶农们，满怀自豪地说："秦县，我投资建设的 2500 多亩有机茶山已经 9 年了，从来不施化肥和农药，不打杀虫剂和除草剂，不种植转基因作物，不使用转基因产品，所以我们是欧盟和中国有机双认证的高山有机云雾茶。"

后来，功平又带我回到了茶叶加工厂房，给我介绍每一台茶叶加工机械设备和详细讲解每一道加工工序，让我学到了很多茶叶加工知识。我发现厂房一侧有一顶支起的帐篷，里面还有被褥，我问："这顶帐篷是做什么的？"功平回答说："我是学冶金工科出身的，生产茶叶时我就住在这个帐篷里，每隔半个小时我都要检测温度和湿度，并进行记载和对比，来找出制作最好茶叶的方法呀。"我们一见如故，促膝长谈到了第二天天亮，基本了解他的情况之后，我不禁感慨"茶疯子"绰号的含义：他 10 多年前放弃上海的高薪高管职业返回古丈，自己投入巨资疯狂建设有机茶山；对加工茶叶技术疯狂追求到极致的态度；为了建设好家乡、带动村民增收脱贫、生产世界上最好的茶的情怀和梦想而疯狂拼搏，这些都是被人称作"茶疯子"的原因吧。

我们滔滔不绝聊了一宿，交流了很多想法，最后有两点想法几乎是不谋而合。他提出了要继续上新技术和新设备，不断提升妙古金茶的品质。我特别支持，因为这是进一步提升扶贫产业发展质量和水平的需要。我们的产业要从低端种植等产前基础性工作向高端加工、品牌打造等产后链条延伸。只有将扶贫产业的产业链拉长，才能提高产品附加值，将更多就业机会留给乡亲们，真正实现贫困群众从改善生活到增加收入，再到追求美好生活的深刻转变。这也是符合国家脱贫攻坚和乡村振兴战略有效衔接大方向的。第二个想法，我跟功平说要建立公司党支部，由党组织带领多上几个项目，进一步扩大企业生产规模以便带动更多的乡亲们增收脱贫致富。我们要想推进贫困地区的产业扶贫和产业振兴，重点是要培育壮大农村新型经营主体，进一步完善联农带贫机制。这与国家乡村振兴战略第一个主要任务产业兴旺是相符合的。县政府认定湘西春秋有机茶业公司带动贫困人口 1500 人，妙古金有机茶成为国务院批准的第一批扶贫产品。对这样的龙头企业和新型经营主体就是要大力扶持和培育壮大一批，通过他们建立更加稳定的利益联结带贫机制，确保贫困群众持续稳定增收，激发贫困群众的内生动力，增强贫困群众的参与感、获得感、幸福感。

愿樟坡村脱贫攻坚的探索，为乡村振兴提供有益的参考；愿樟坡村民，向着更高品质的美好生活再出发！

邱　孝：现在中国证监会湖南监管局工作。2018年3月至2021年5月，在湖南省凤凰县樟坡村任第一书记。2019年，荣获全国证券期货监管系统"五一劳动奖章"；2020年，被评为湖南省"百名最美扶贫人物"；2021年，被评为湖南省脱贫攻坚先进个人。

当拿到种药材赚来的第一笔钱时，他做了一件事，就是到镇上买了国旗和旗杆，唱着山歌，走走停停，26 里长的山坡路，他硬是一个人把百余斤的旗杆扛回了家。

大山深处国旗红

邱 孝

2018 年 3 月 20 日，我的驻村帮扶生活拉开序幕。

刚到凤凰县樟坡村不久，我尝试着填了一首词：

请命赴樟坡，奔波乡间路。借势东风擂战鼓，脱贫攻坚故。

夜卧听蛙声，晨起观山雾。且将田园当故土，他年常眷顾。

尽管词里有豪情万丈，有诗情画意，但现实还是有三个困难让我没有想到。

想到困难群众苦，没有想到这么苦。

想到工作开展难，没有想到这么难。

想到责任压力大，没有想到这么大。

驻村帮扶，原本以为只要能吃苦、守纪律、做实事、有情怀就行了，经历后才知道这些远远不够。

一

　　村支书胡家宝，是做农活的好手。工作队刚来时，就有村民反映他家的电脑、电视等都是村里的办公用品，跟他说了几次，光口头答应就是不见行动，我只好带着工作队上门将村里的办公用品搬回了村部。

　　相处一段时间后，我发现村支书变了。村里开例会，村干部因为也要做农活，没有时间观念，定在晚上7点开会，他们往往晚上8点以后才陆陆续续到达。后来经支村"两委"研究定了一个制度：如果没有特殊情况，无故不到会或开会迟到一次罚款100元。结果制度公开后的第一次例会，胡支书就迟到了一刻钟，另外一个村干部则是无故不到。当时一圈村干部都在看，胡支书连忙表态，郑重其事地说："对不起，我迟到了，还有一个没请假不来的，都扣积

樟坡村罗汉果基地

分。按规矩办。"扣积分，意味着年终分红也相应减少，扣一分就是100块钱，类似于罚款。

那次会后，类似的事情再没有发生过，村干部的集体参与意识和纪律观念明显增强。

2019年水泥柱涨价，搭罗汉果的架子被迫改成竹子。胡支书积极行动，带领党员干部去其他乡镇砍竹子，起早贪黑用了15天，砍了2万多根，并优先送给周边4个村的种植户。酸辣椒成品发货时，他带着12个村民去县城进行物流打包处理，从早上6点集合统一出发，晚上12点才回村，连续干了两天，辛苦是肯定的，任务却没有完成。原来，两天时间内他们需要打开3000多件酸辣椒包装，重新进行防暴力物流处理，第二天还剩下100多件的时候，有人反映有几个人干得少，这100多件留给他们做。村支书就同意了，带着其他人回了村。

任务没有完成，后果可想而知，不仅事关村子的信誉，更影响村干部在村民中的形象。第二天开会的时候，村支书主动公开道歉并自愿扣了1个积分，这可是他干一天活的全部工钱。我问他委屈吗？他说：作为村支书，没有给群众带好头，该罚！

他的回答很朴实，言辞诚恳。

随着班子作风的整顿，我们赢得了群众的信任。刚开始驻村的时候，路上遇见村民，我们喊声"老乡"，村民就跑了。为什么？不信任。后来，随着产业的发展，干群关系融洽了，老乡不再把我们当外人了，门口遇见了，拉着我们到家里坐，也愿意把心里话说给我们听。和村民走近了，当地苗语我们也能听懂了，工作也好开展了。

二

脱贫致富是贫困户龙自省最大的愿望。每到周末，他就带着两个孩子在罗汉果地里起早贪黑地干，掐芽、扶枝，粗糙的手触碰罗汉果的叶子时，带着父亲般的慈祥。"这 10 亩地，是我翻身的最大本钱。"他说，"老婆风湿病、心脏病需要治，我从来不心疼钱。我花了 3000 元学开车，那是我这几十年里用的最大的一笔钱。考驾照时人家说我很拼，这跟种罗汉果一样，对自己的要求只许成功，失败不起。结果，驾照考试一次就过。我要买车，按照目前经济状况，根本养不起，但我要有养车的压力，这样才能有更大动力，抓住'天上掉下来的'工作队，抓住一个个好政策，把产业做得比别人都好，也让我仔的人生起点更高。"

在龙自省眼里，工作队就是"天上掉下来的"，是上天派来帮助他摆脱贫困的。

但是之前的龙自省不是这样的。2017 年，外地施工队来村修建机耕道，他收取施工队很高的餐饮住宿费及"协调管理"费，施工队中途跑路，一分钱没付。当时正赶上工作队驻村，他就闹到村部要求村里解决。当得知他妻子病了多年、家庭负担沉重、实在没钱才出此下策时，我一方面给他宣讲帮扶政策，引导他参加罗汉果试种；另一方面资助他两个孩子上学，送他妻子下山看病。并以此为契机，把全村需要资助的孩子和需要住院治疗的病人做了统计，建立了教育、医疗两个基金。

我们只是做了分内之事，却让龙自省非常感动。他主动找到工作队，了解有关产业扶持政策，表情温和了，语气缓和了，神情里有了自信，好像看到了生活的希望，全力以赴投入产业发展中。当年，他试种的罗汉果果然比别人产量都高，更让他产生了彻底摆脱贫困的信心。现在，龙自省在村里就是一个样板，对其他贫困户有很强的说服力和影响力。在他的带动下，有 7 户贫困户跟着他一起种起了罗汉果，家庭收入明显提高。不但如此，他还以党员"自居"，干啥都冲在前面。村里发展产业需要用劳动力，有的贫困户不愿意参与，他就协助村干部去做工作，告诉村民：没有村集体大家强，哪来村民小家好？

我们向他表示感谢，他给我们提出请求，认真地说："从工作队身上，我看到共产党最好！我最大的心愿就是加入共产党。"

现在，龙自省已经发展成为入党积极分子，在他的影响下，越来越多的村民积极投入脱贫攻坚，想过好日子的精神头越来越足。

以前，下雨天在家坐坐，就是梯岩寨 31 岁贫困户龙良平的全部娱乐。他平时不看电视，很少玩手机，也没有女朋友，就喜欢坐在破旧的老房子门口，黑黑的脸仰望亮亮的月亮。他没有上过学，没有文化，也没有技术，脱不了贫也脱不了单。

自从工作队来了以后，看着不少村民种辣椒和罗汉果都挣了钱，龙良平坐不住了，他向工作队说出喜欢种药材的心愿，希望工作队能帮助他。

工作队就是要带领群众发展产业、脱贫致富的。龙良平勤劳有主见，也是一个"最懂得感恩的产业带头人"。我们就帮助他申请落实小额贷款，给他提供种子化肥。龙良平的中药材种上了，从此，他一头扎进了药材地，不识字的他，把专家的讲课录到手机里反复听；人手少，他半夜都打着手电筒在地里干活。可以说，除了把产业做好他别无所求。功夫不负有心人，第一年他就赚了 15000 元。当拿到种药材赚来的第一笔钱时，他做了一件事，就是到镇上买了国旗和旗杆。他唱着山歌，走走停停，26 里长的山坡路，硬是一个人把百余斤的旗杆扛回了家。第二天一大早，他就把工作队和乡亲们请到自己家，举行了隆重而庄严的升国旗仪式。当国歌唱响、国旗冉冉升起的时候，我发现他的眼里饱含热泪。我相信此时的他，满怀对未来生活的希望。

从那以后，定期组织村民升国旗，成了龙良平雷打不动的"动作"，也成了樟坡村的一道美丽风景线。

如今，龙良平的 100 多亩药材长势很好，预估价值 400 余万元，他成了村里的产业能手，还指导本村和邻近村民种植药材近 500 亩，他不仅脱了贫，更脱了单，只上过小学一年级的他，用了五个晚上，

和村支书、村民龙良平等交流药材基地成长情况

写了入党申请书。他说：我想加入共产党，我要带着村民一起发展产业，带着村民一起走上致富路。

三

工作队员曾李是我们从方正证券选派参与驻村扶贫的，主要工作是协助推进村里的 8 个扶贫产业，我对他说得最多的是"只能成功，不能失败"。也许是压力大，28 岁的他早生华发，不止一次发出感叹："干了一年多脱贫攻坚，感觉劳动强度顶普通岗位三年。"

曾李告诉我，来到村里的第一天，他的心就凉了，没想到这里这么穷，山高路远，缺水少地，啥产业都没有，怎么脱贫？

话虽这么说，但他从没有后悔过，也没有流露出畏难情绪。曾李说："再困难，我也不能打退堂鼓。如果那样，就成了脱贫攻坚战场上的逃兵。"

他说，驻村一年多来许多人和事考验着他，他的心里，也保存着许多善良的面孔，每每想起他们，就会产生战胜困难的信心和力量。第一张面孔是贫困户龙和显的妈妈。老奶奶家徒四壁，年纪大了，啥也做不了，也没有收入。曾李就经常上门看望她，帮她解决一些生产生活上的困难。当了解到她前些年种了一些猕猴桃，因为品种问题没有销路年年都烂在地里的情况后，曾李第一时间向我汇报，并建议工作队把老人家的猕猴桃买下来。我当场同意，和几个年轻力壮的村民一起到她家地里采摘，又用车拖回村部，让村支书广播通知村民们来领取、品尝龙大妈的猕猴桃。第二天，当我们把卖猕猴桃的 320 元钱送给龙大妈的时候，她又激动又高兴，拉着曾李的手好久不松。送我们出门时，她一直在笑，但是，我看到她笑着笑着就哭了。

一回头，我发现曾李也在抹眼泪。

要知道，曾李从来没有在大庭广众之下如此动情流泪过，包括他得知父亲生病住院自己驻村扶贫不能床前尽孝时，都是背着我们暗自伤心。

但是我明白，即使流泪，也是一个男人的担当。

如今的樟坡村，产业发展起来了，村民们主动找市场、闯市场的理念有了，老百姓增收的渠道多了，日子越来越红火了。对我们工作队来说，收获了肯定，也收获了驻村帮扶新经验，这就是"用改革的办法来解决问题"。三年来，我们以党建为引领，孵化了酸辣椒、罗汉果等四个产业党小组，充分发挥党组织战斗堡垒作用和党员先锋模范带头作用，重点培育公司董事和产业带头人，顺利实现了交接班，为村里打造了一支"永不走的工作队"。

扶贫实艰辛，唯有真情和付出。有人曾问我为什么选择扶贫工作？我的回答是：当我们老去的时候，可以回想年轻时做过的一些有意义的事情，内心会更加宁静。

何处山花烂漫时

桑植，我时常在梦中见到她。脱贫摘帽那天，大雨骤歇，青山连绵，山尖云雾缭绕，两山之间，澧水碧绿无瑕，一叶扁舟静静驶向落日。我更加期待乡村振兴，这绝美的画卷，又该变得多么绚丽多姿。

时　　鹏：现在国家知识产权局工作。2017年2月至2021年3月，先后在湖南省张家界市桑植县二户田村和仓关峪村任第一书记。2020年，被评为"中央和国家机关脱贫攻坚优秀个人"；2021年，被评为"全国脱贫攻坚先进个人"。

> 二楼的栏杆，早已换新；楼下的溪水，变得清澈；从吴伯家门口到外面大道上，崭新的水泥路，横穿溪水上那座翻新的小桥。

夜空里的星光

时　鹏

漫天黑夜，四周静谧，唯有遥远星辰，如呼吸般闪烁。星光微弱，但在这寒冷的冬夜，似乎分外有力。

在脱贫攻坚几年间，我遇到形形色色的人，每个人心中都有着一部自来到人世间就开始以身构写的长篇创作，里面有着温暖，但更多的是残酷。本以为听得多了、见得多了，自己的内心早已麻木。但当听到村里吴伯讲述他的故事时，我意识到自己终是小看了他们，小看了这些用自己悲苦的人生对这个最好的时代所做淋漓尽致诠释的人。他们的经历，犹如星光，弱小但穿透内心。

吴伯，1946 年生人，从出生就住在仓关峪村半溪片区，取名时立。从他的名字中能隐约感觉到父辈对他寄予的某种厚望。而他贫困户档案的文化程度上写着的小学毕业，也印证了这一点。那个年代的人，能认字写字，已算是知识分子。文化的具备，使他能够更加敏锐和深入地感知这个乡村的细微变化，但却也无限放大了往后岁月里，落在他身上的悲苦命运带来的剧痛。

年长一些后，他学会了泥瓦工，这门手艺，让他较早地能够端一碗饭吃，从而把破旧的吊脚楼改造成在当时高档大气的二层砖瓦楼房。这间他自己肩挑背驮、一砖一瓦亲手盖起来的房子的远处是青山白云，前面是田畦溪流。此时，吴伯似乎将整个时代揣在怀里，身上有着用不完的力量。

他顺利地娶妻。

我走进房子里，昏暗中摸索着逼仄的楼梯到达二层。面对溪水的方向，是个外廊，残破的栏杆上，有着一些简单的雕花。这应该是吴伯年轻时，对于自己的文化和审美的自信表达。能够想象，他年轻时，和妻子站在这里，看村里的炊烟散入暮霭，看归鸦倦鸟投林，看牛羊啃吃野草，场景简单自然，却蕴含着无限生机。如同眼前从未断流的小溪，水从更高的山上来，到更远的河里去，承载的是深沉的希望。

但谁能想到，楼下这条细小的无名的小溪，对于吴伯来说，注定是那片土地上的一线泪痕，里面堆满了他的泪水，弥漫着心酸和痛苦。

婚后多年，吴伯他

村里的星空

们一直没有孩子。这在追求多子多福的山村，是不可接受的现实。

稍有文化的吴伯，在万般无奈之下，终于对迷信低下了头：他们抱养了一名女婴，用来接引自己的孩子。

他们对女婴视为己出。女婴5岁的时候，他们居然奇迹般地有了一个自己的儿子，家里热闹起来。吴伯相信是自己的善良，终于求得了命运的眷顾。他似乎看到了将来的希望，他无比满足，甚至积极响应计划生育政策，第一时间做了男性结扎。讲到这里，他混浊的眼睛里闪着光。

谁能料到，吴伯认为的命运对他的恩顾，却是为了蓄积对他更为沉重的打击。

1995年的一天，儿子突然生病。几乎未离开过这大山的吴伯，疯了般带儿子辗转几家医院，最后的结果让他迷茫和崩溃——儿子被诊断为精神突然严重障碍。吴伯胸腔里有着破碎的声音：为什么命运会如此之早地把孩子的未来绝断！吴伯身上缭绕着由内而外的苦痛，他的内心，如眼前亘古流淌的小溪，成为一道永难愈合的伤口。

而且，让他没有想到的是，这伤口，居然会像发洪水时的溪流一样，由潺潺细流瞬间变为一条溢出岸界的狂龙。

带儿子看病的经历，让他了解到了外面的世界。为了筹集到足够的药费，他要外出打工。他说，儿子生病了，我的命就变得沉重，我一个人的命，要两个人用。我50多岁，要当成30来岁去拼。

他的女儿，为了减轻家里的负担，早早嫁到了隔壁的肖家桥村，但家里同样一贫如洗。

命运关闭一扇门，同时会打开一扇窗。但吴伯似乎从不受命运的眷顾，反而遭受持续的厄运。

仓关峪村贫困户冯冬芝跟扶贫干部交流

外出务工不到两年，突然收到同乡的口信，妻子在家里干活时，因劳累过度，不慎摔倒，断了三根肋骨。他含泪赶回了家。

此刻正值飞霜之时，秋水如刀，寒气渐沉。在如血的落日中，吴伯老泪纵横，低声悲泣。

这幢曾经彰显自己殷实之力的二层小房，内里空荡如风。当初盖起这个主体，就已经耗尽了吴伯的全部财力，但还未开始赚到装修的钱，他似乎就享尽了一生的幸福。之后命运的锤击，让他的内心犹如剥洋葱，直接被粗暴地切开了最里层，里面全是人世间的艰难和无奈，需要他用整个余生去面对。

面对家里的惨状，吴伯忧心如焚，或许人世间的极致惨痛，也不过如此了。没有希望，自己要创造希望！

没过多久，他千方百计筹到了 3000 棵杉树苗，种在了自己的山地里。等这些树苗成材，一棵能卖近 100 块钱，3000 棵，不少了。这是他的希望，是留给重病痴傻的儿子，留给穷困潦倒的女儿，留给那个自从嫁给他没享受几天好日子就跟他一起经历这坎坷备尽生活的妻子。

岁月的年轮，如磨盘，压弯了吴伯的腰。有天黑夜，无法入眠的吴伯，一个人站在那片渐渐长高的杉树林里，想到病情越来越重的儿子，在贫困中挣扎的女儿，跟自己一起老迈无力的妻子，他在想，自己的身体是否能够撑到这些树木成材而回报家里的那一天。

自己将这片林子看作唯一的希望，但为何前方的路依旧被黑暗笼罩。

他仰头看着阴沉的夜空，云缝里有若隐若现的星光闪烁。

吴伯的命运无疑是极为悲苦的，这样的个体，赶上了一个好时代，却在备受温暖的眷顾时而遭遇命运的突然转弯。

2014 年，吴伯家和他女儿家都按照程序进入了建档立卡户。2018 年，通过村民民主评议，吴伯的儿子又被纳入五保户，而吴伯夫妇也由兜底一类转为全额兜底户。

吴伯家里经常来人，比以前那么多年加起来都多。有时是乖巧的女娃，跟他讲很多政策；有时是吃着烟的男人，来了帮忙干活。

看着他们，吴伯那千疮百孔的内心，如同有温煦的阳光照进来。

吴伯的杉树林，也要成

时鹏驻村工作照

材了。希望的收取，绝对比栽种希望时有着更大的幸福。

木材厂的老板找到他，老吴啊，那个杉树差不多可以用了，先给我 50 兜（棵）吧，按照市价就行。

吴伯笑了，笑得很大声，然后，他突然用手捂住脸，嘴里传出呜咽的声响，泪水顺着脸上刀刻般的皱纹，在树皮一样苍老的手指缝间滚滚而落。

那一片杉树林啊，静默在大山上，在吴伯的心里，早已变成时光的堤坝，所有的撕心裂肺，都被固守在里面，他无时不刻不在期盼它们能够早一天长大，好能为他分担生活的诸般忧愁。此时，在林木成材的时候，情感的堤坝却是开了口子。半个多世纪的苦痛，顺着眼泪倾泻而出。

好一会儿，他才抬起头来，满是泪水的脸上堆满了歉意。

"这片林子，长得有我那二层楼高了。自栽下那天算起，它们一直是我最紧要的希望。但我现在，已经不需要靠它了。我们全家人，都是党给养起来了。但我心里有愧啊，我这大半生，活得没有个样子，不承想，到了现在，却受到党和国家的诸般照顾，我老吴凭什么，我老吴，无以为报啊。这 3000 兜杉树，不卖了，等我百年以后，捐给国家，多少算是我的一点心意。"

二楼的栏杆，早已换新；楼下的溪水，变得清澈；从吴伯家门口到外面大道上，崭新的水泥路，横穿溪水上那座翻新的小桥。

黑夜再次来临，旁边的路灯亮起，灯光似乎在晚风中无声摇曳。吴伯坐在二楼，抬首寻觅夜空里的星光，虽然微弱，但却永远照亮此后的命途。

何处杜鹃花烂漫时

中旗两年，一生受益，感恩『荣誉市民』的幸福，中旗人民最大的支持认可，一颗心一辈子永不离。北疆的春讯触手可及，脚下的土地广袤坚实，身边的亲人勤劳坚韧。祝福您，中旗的父老乡亲！祝福您，中旗明天更美好！

谭安东： 现在中央宣传部工作。2017 年 12 月至 2019 年 12 月，在内蒙古自治区科尔沁右翼中旗哈吐布其嘎查村任第一书记。2020 年，被评为"中央和国家机关脱贫攻坚优秀个人"。

我曾无数次梦回中旗，立于五角枫下，那时风儿轻吟，鸟儿唱歌，人群熙熙攘攘、载歌载舞，好不开心！这情景，与我想象中的"风乎舞雩，咏而归"，何其神似！

五角枫下

谭安东

"天空已无飞鸟，而我悠然飞过。"若非前世因缘，哪得今生相见？而立之年，赴内蒙古科右中旗脱贫攻坚，那是肩上的使命，也是心中的夙愿。

"挥一挥衣袖，不带走一片云彩。"转身时的潇洒，只因面对时的坦然。此间山水、风土和人情，尽入胸次、烙在心底，成一生的眷恋和回顾——一次乡土寻根之行，一回心灵朝圣之旅，一条思想升华之路。

一

冬天的科尔沁，寒风照例是不请自到的常客，太阳被推进厚厚的云层，但仍然在云的罅隙处倔强地显示存在感。一束清冷的斜光打在身上，激起浑身无数战栗，丝毫驱不散裹挟的寒气。不到内蒙古不知寒，我不觉又紧了紧偏大的羽绒服。

嘎查（村的蒙古语）书记领着我进了屋，初次见面，他持重少语，慢吞吞地说这村部之前是小学校，30多年了，疏于维护，也无钱翻新。他的脸上似乎充满歉意，大约觉着屋子简陋，让我这北京来的客人受苦了。我虽然没有"君子居之，何陋之有"那样高尚的情怀，但也并不介意，从小习惯了吃苦，这点并不算什么。于是我友好地拍拍他的肩膀，二人相视一笑，却并不说话，那意思很明显，不必刻意介怀。

我四下慢慢打量，屋顶是一张薄薄的彩钢皮，没有附着保温层，屋子里烧着锅炉，依然感到寒气透过屋顶逼人而来。墙壁好几处墙皮剥落，"墙瘢"处裂缝龇牙咧嘴，教唆窗外寒风助纣为虐。

我婉拒了苏木（乡镇的蒙古语）安排的宿舍，严格按要求吃住在村。黑漆漆的夜，星月隐了形迹，四下静悄悄，偶闻犬吠如豹，此时此际，最易勾起怀乡之思，辗转至天明，半梦半醒间，头脑昏

中旗风景照（五角枫景区）

沉沉，原来彻夜未眠，寒气忧心交攻，开始发起烧来。

那时村部房屋不仅破旧，而且极紧缺，村支书办公室腾出来给我当宿舍了，日常办公、大小会议、村民活动只好全部移到另一间稍大的办公室，一旦忙起来，相互掣肘，一团杂乱。元旦举办文艺晚会，村民热情高涨，一下来了80多人，拥挤在30平方米不到的房间里。我的心情异常沉重，我对乡亲们郑重承诺：一定要新建村部！乡亲们热烈鼓掌，如激电绕身，我真真切切感受到了理想的崇高、使命的庄严。

一言既出，唯竭力践诺。这时始觉事情复杂：没有设计图纸，没有施工队伍，审批过程冗长，最大的难题是没有建设经费。后来几经努力，上下求助，四处"化缘"，在盟、旗主要领导关心过问下，同意项目立项并将长沙县援助科右中旗"携手奔小康"资金划拨给项目。那段时间，我浑身上下有股使不完的劲儿：带着村"两委"一遍遍跑立项审批，一遍遍跑建材市场，一遍遍跑家具城，只为项目早一天开工、多省一块钱、质量好一分。我与施工队一道，起早贪黑，披星戴月，亲自上工地监督，人瘦了，脸黑了，但群众对我更亲切、更信任、更敬重了。短短两个月时间，新村部竣工，建成各类用房650平方米、文体广场4200平方米、村部庭院经济试验基地种果树200余株。村部焕然一新，启用时旗领导出席，盟电视台拍摄采访，乡亲们说："两个月呀！房子立起来了，广场整起来了，院墙围起来了，真不敢相信，变魔术似的！"

那时，我到哈吐布其已近8个月，已经完全融入大家，相处得非常愉快。村部落成当天，大伙儿都特高兴，嚷嚷着晚上在村部小食堂"燎锅"。大块大块热气腾腾的猪肉摆上桌子，这是吉林白乙拉大叔刚杀了猪急急送来的；清晨出网的鱼和粉嫩的羔羊肉就着咸盐在清水中一煮，啥也不放，只在起锅时晃悠悠到屋外随意揪把沙葱还有一些不知名的野菜丢进汤里，顿时异香满屋，那滋味儿，嗬，怎一个"鲜"字了得！

二

直到现在，我一直清晰记得嘎查书记带我登上村北沙坨地的那个下午。

那天是端午节。到嘎查近半年了，我还是第一次来这里。晴空万里无云，沁凉的风吹拂着，却不觉冷，很是舒服。书记告诉我，这里就是"哈吐布其"，意为门槛，据说与蒙格罕山南支相连，是山的入口。这里占据了嘎查制高点，四下眺望，一览无余，目力所及范围内，约莫2000亩地，全是茫茫沙地，有的地方形成风蚀蘑菇、岩石、驼羊等奇特形状，有的地方是流沙，一脚踩下，鞋子陷进大半，沙子像水一样涓涓流动。

书记不无感伤地说，以前这里满山满坡翁翁郁郁的山杏林，托长生天的福，那些年风调雨顺，家给人足，大家日子都好过。1998年特大洪水，中旗大范围受灾，这里也遭了殃。自那以后，天气变坏了，冬天特别冷，老百姓明里暗里伐薪取暖，树砍光了，土地也就渐渐沙化了。他顿了顿，又半开玩笑半认真地说，这里是嘎查风水林，自从生态破坏后，一年不如一年，嘎查都成深度贫困村了，这是长生天发怒了，对我们的惩罚啊。

我听后良久伫立、静默无言，我想，人负青山，青山负人，这真是个活生生、血淋淋的教训啊！放眼四望，光秃秃一片，唯有一棵树冠特大的蒙古黄榆，旁枝横逸，树皮如铁线蟒皮，久经沙砾扬击，裸露着大段疤节。印象尤深的是，它粗壮的根系如章鱼之足伸展铺张，从根须上又生出两棵稍小的榆树，形成母子连根、枝叶交盖的奇观，它们就这样紧紧相依，扼守脚下的土地，对抗风沙的肆虐。

"这地方能救！"我指着那三棵榆树，坚毅而自信地说。书记用力地点着头，长时间期许地望着我，从重修村部那时起，他知道我这后生想干事、能成事。

兔走乌飞，白驹过隙，两年时间转瞬即到，我的挂职期限满了，书记再次带我越过沙丘，我们在这里久久驻足、深情凝望：成行成垄的沙棘在风中摇曳招展，有的还挂着串串玛瑙似的黄色小浆果，一派生机勃勃、绿意盎然。中宣部干部职工在部长和部务会亲自倡导带动下，捐款 100 万元，在沙坨地种了 1500 亩沙棘。曾经黄沙弥野，蒙蒙扑面，现在轻轻诉说绿与风沙的缠绵：那飘忽不定的风沙，如今温柔地伏在沙棘脚下，默默守候那抹欣欣绿意。

村党支部党员和扶贫工作队员主题党日活动

三

2019 年国庆节，整个巴彦茫哈苏木沸腾了，那天人们载歌载舞，喜气洋洋，人们用盛大的民族歌舞迎接新中国 70 周年华诞，在欢声笑语中度过最开心、最难忘的一天。就在那天，人们苦苦期盼的苏木政府到 G111 国道连接线开通了，那是一条高等级的油漆路县道，是苏木去往县城最便捷的通道。今后去县城，再不用忍受旧道的碎石坑洼、泥泞不堪了，再不用害怕行车刮坏底盘、扎破轮胎了，再不用担心猪马牛羊、玉米大豆卖不出了，再不用忧虑旅游观光、考察投资进不来了。

上任伊始，我就听苏木的同志说过，原先的水泥路是 2006 年修筑的，长期在中旗生活的人都知道，这里冬夏温差大，水泥路面受热胀冷缩影响极易开裂，路面保养维护不到位，很快就会坏，坏掉的水泥路比沙石路更危险、更难走。从 2010 年开始，苏木每年向旗"两会"提建议、交议案，但由于旗财政紧张，实在拨不出钱修这条路，加上路的使用期限不到，也就一拖再拖，悬而未决。这条路是苏木的主干道，是整个苏木的交通大动脉，路不修好，发展也无从谈起，修路成为苏木政府当务之急。

我担任哈吐布其嘎查驻村第一书记，同时挂任巴彦茫哈苏木党委副书记。我想，既然在苏木领了职务，就不该"尸位素餐"，凡事只想嘎查那点"细碎账、小算盘"，也要为苏木发展尽一份力量。既要立足嘎查看嘎查，更要跳出嘎查看嘎查，只有整个片区生产生活条件改善，嘎查才有坚实保障，才能借势发展；如果只是嘎查发展而整个片区仍旧落后，嘎查不可能作壁上观、独善其身，虽能保持一时领先，但终究会被拖后腿。任何事情，如果孤立、片面、割裂去看，那就很容易画地为牢、故步自封，最终难有大的突破。必须坚持系统观念、统筹谋划，必须树立全局观念、大局意识。

因此，我利用一切机会，向中宣部和自治区、盟、旗各级领导反映苏木诉求，指出苏木修路的必要性、紧迫性。虽然一开始处处碰壁，但我始终没有灰心丧气，经过几个月不懈努力，在中宣部和自治区党委宣传部协调下，自治区交通厅同意拨付专款，工程得以顺利启动。

路真的修成啦！群众欢欣鼓舞，奔走相告，本届苏木党委政府威望空前提高，人民信心满满、纷纷点赞，夸奖党委政府给老百姓办了件大好事、大实事。这条路，不仅是通向外界的凿空路，更是紧密团结党和人民的同心路。

四

多少次，我无限深情地想念哈吐布其的一切：那充满欢乐的村部，那并肩战斗过的兄弟们还在否，他们会不会偶尔想起我？那凝结着中宣部深情厚谊的沙棘林，它们是否茁壮成长，那沙棘果可被调皮的鸟儿啄食？那全苏木人民感激振奋的油漆路，是否保养得宜，变成乡亲们的致富路？那念兹在兹的沙岛湖，是否绽放了新颜，成为广受欢迎的度假村？

思念一旦被勾起，便如决堤之春水，让我心潮泛滥：草布斯台新屯北那片景观林成活率如何，是否被牛羊啃掉皮？嘎查的村民刺绣车间办得怎样，那些绣娘们是否"绣"出美好新生活？集体经济合作社现在有多少头牛，是否养得膘肥体壮，养殖效益如何？嘎查的牛产业发展怎样，村民们的青贮窖、草料库等基础设施缺乏问题是否解决？禁牧工作抓得怎样，退耕还林还草保持得如何，生态补贴有没有发放到位？几户因病因残的低保户现在过得怎样，那些徘徊在贫困线周围的边缘户是否消除了致贫隐患……

我想起在嘎查住过的房间，窗外的风景、房间的摆设、床板的尺寸、被子的颜色都历历在目。房间并不大，但我却很满意，我想，眼内有尘三界窄，心头无事一床宽。弱水三千，我只取一瓢饮；广厦万间，我只眠七尺。一个人只要心胸宽广，就可以思接千载、视通万里，小小房间哪能牢笼你的胸怀？我曾多少次对着窗外的老榆树出神，那树残躯斜卧、斑驳陆离，却自有一股不屈不挠的劲、自带一种悲壮朴素的美。我想，人如树，树如人，人的一生也要多些阅历和锻造，生命才更显厚重和充实。

我甚至想起一只奇特的羊，那羊长有四只角！当时我和同事都很好奇，纷纷拍照，那羊却掉头不顾、昂首阔步，带着一群羊咩咩叫着渐行渐远。我不禁为之一震、耸然动容：这只羊，敢于解放思想，敢于野蛮生长，敢"长"敢"当"，去执破障，所以成为天生的头羊！

我曾无数次梦回中旗，立于五角枫下，那时风儿轻吟，鸟儿歌唱，人群熙熙攘攘、载歌载舞，好不开心！这情景，与我想象中的"风乎舞雩，咏而归"，何其神似！

两年前，我去往内蒙古，"和谐号"从北京西站驶出的一刹那，看着鳞次栉比的高楼在眼中飞速地后退，我离北京越来越远，诗人食指那首《这是四点零八分的北京》在脑海闪现，情不自禁生出一种异世同悲、惺惺相惜之慨，我的眼角一片湿润。两年后离别内蒙古，我已不再浮躁、纠结、疑虑和彷徨，变得更加自信、博爱、坦荡和坚韧，投身滚滚时代洪流，与时代脉搏同频共振，在乡村舞台塑造新的形象，在草原大地书写新的人生。脱贫攻坚，不枉此行！两年的摸爬滚打，我终于体悟到——人生在世，吃苦是福，人的五官两眉横草、双目垂泉、鼻为悬胆、下有阔口，凑起来正是一个"苦"字。

人生在世，不能以成就小我为满足，以物质享受为追求，人的胸襟、境界、格局体现在他帮助了多少人、造福了多少人、影响了多少人。

何如山花烂漫时

『维桑与梓，必恭敬止。』挂职扶贫的过程是我进一步认识家乡的过程，也让我越来越深爱这片土地。于是，我调回了安庆市工作，和家乡人并肩努力建设好家乡。我觉得生命更有意义！

唐　翔：现在安徽省安庆市驻京联络处工作。2019年2月至2021年2月，由国家知识产权局选派在安徽省太湖县人民政府挂职任党组成员、副县长。2021年，被安庆市评为"三八红旗手"。

> 资助孩子们受高等教育的目的，不是让他们摆脱贫困的家乡，而是让家乡摆脱贫困。"维桑与梓，必恭敬止。有匪君子，明德笃行。"这是我贴在送给高考毕业生行李箱上的话。

助学总能遇见奇妙的事情

唐　翔

我刚到安徽太湖县挂职时，一位师兄让我帮他找个孩子来资助，就像当年他父亲资助一对姐弟到成才一样。趁着暑假，我去江塘乡看望贫困生，炙热的阳光烤在皮肤上，火辣辣地疼，汗水流过像是被浇上了热油。

我和乡长在龙寨村村书记的指引下来到兵兵家，却发现大门紧锁。村书记对着那栋一层的楼房喊了很久，才出来一位80多岁的老人。老人满头白发，步履蹒跚，颤颤巍巍拿着钥匙打开门上的锁，铁门发出沉闷的吱呀声。

刚进屋做完介绍，老人"扑通"一声跪下了。这一跪，我像弹簧一般跳了起来，心里像是被什么东西重重地击中了，震撼了！这该是遇到了怎样的困难啊！而此刻，我却在她的眼中看到了光，看到了温暖，看到了喜悦，看到了希望。我缓过神来，赶忙扶起老人，

安徽省太湖县花亭湖风景区之湖外湖

握着她的手更加亲切地跟她拉家常。七岁的兵兵躲在奶奶身后，睁着大眼睛打量着我们，眼神里有看得出的腼腆。孩子长得白白净净，一小撮胎发在脑后编着细长的辫子，足见奶奶对他的疼爱。

兵兵是个苦命的孩子，妈妈在他一岁多的时候，嫌弃家里贫穷离家出走了，再也没有回来过。当时家里几间平房年久失修，爸爸正到处借债翻盖房子。妈妈的出走，让这个家雪上加霜。爸爸也顾不得盖房子，到处去寻找孩子妈妈，但一直没有找到。屋漏偏逢连夜雨，2019 年，孩子爸爸又患肺癌去世了，治病花了很多钱，这个家摇摇欲坠。兵兵和奶奶住在一个小房间里，衣服用旧纸箱装着，床上的被褥很旧，床单打着补丁，洗得发白。

听奶奶说，兵兵是一个非常懂事的孩子，每天放学回家还主动帮助她做家务；每次奶奶生病，他都是端茶倒水，细心得很。真是穷人的孩子早当家呀！奶奶说自己年迈多病，家里就剩这一个小孙子，怕丢了，便常把门反锁着。

奶奶还说，兵兵非常喜欢读书，但没有人辅导。我翻开桌上的作业本，暑假刚开始，作业已经快做完了，字写得很认真，但有许多错误。看着兵兵那纯净的眼神，我一边抚摸着他的头，一边暗暗下决心：一定要尽我所能，好好帮助这个孩子。

我将兵兵家的情况发到自己建的助学群里，马上有很多朋友发来鼓励的话语，并表示愿意帮助孩子。朋友赵先生说兵兵和他儿子一样大，愿意结对资助他每月 500 元的生活费，并给他寄出了他想要的蓝色书包和文具。

帮助一个贫困家庭孩子走出贫困的生活，便是给一个孩子搭起了一座通往美好明天的桥梁，同时也会在他们的心里种下爱的种子。我常常这样跟受到资助的孩子们说：对于叔叔阿姨的帮助，虽然他们不一定要求我们回报，但我们要学会感恩，感恩这个美好的社会，感恩人们的善良，不惧困难，健康成长，通过好好学习改变命运，等以后有能力的时候，也能去帮助更多的人，把这份绵绵爱意传递下去。

小宫村的小芳是小宫村推荐给我的贫困生。她同样命运多舛。十几年前，一个女婴被丢弃在一户老年夫妇门口，两位老人都 60 多岁，几乎丧失了劳动能力，但他们还是抱起女婴并养活了她，这个女婴就是小芳。她勤奋好学，刻苦认真，考取了省重点高中——太湖中学，又以优异的成绩考取了大学。但拿到录取通知书的那一刻，小芳抱着养母哭了，因为养父早已过世，家里根本没有能力再供她上大学。每个学期的学费，每个月的生活费，对于她来说都是天文数字。她怯生生地告诉我，想利用暑假时间去杭州打工挣点钱。

我一边记着她的情况，一边默默地为这个文静的小姑娘点赞，从她身上，我看到一种坚韧的力量，散发着质朴、活泼的光芒。这时，我突然想到了兵兵，忙问小芳是否愿意利用暑假的时间去给兵兵补课。她问了下兵兵的情况后，立刻答应下来。而养母则担心地在旁边说：伢呀，你连自行车都不会骑，两个村之间好几公里的路呢。她说她看看有没有村际公交，大不了步行走过去。我忙说我会找到资助人，来解决她辅导兵兵的补课费，她红着脸摇摇头。这是个多么善良的孩子。

助学群的北京群友李女士和景先生得知小芳的情况后，结对资助了她每月 1000 元，并打算根据大学情况调整，承诺一直资助到她逐步有经济能力能够独立生活的那一天，并和她保持精神沟通，也希望她在遇到各种困难时及时和他们联系。

给孩子送去想要的书包

县里有个本地企业家李玉中，在公司安排了专人负责助学济困，多年来资助了全国各地数以百计的贫困生。当他听到我说的情况后，马上表示愿意资助小芳和兵兵。

小芳从小宫村家里到龙寨村兵兵家，步行需要一个小时左右。我担心路太远不安全、不方便，她则对我说："都有那么远的人帮助我，我也要克服路远去帮助别人。"于是，我向村主任打听从小宫村到兵兵家怎么走。而村主任却说："既然那个女孩有爱心来给兵兵补课，那我就开车去接她到兵兵家里吧。"第一天，由村主任带小芳认识路以后，她便每天独自在毒辣的阳光下单程步行五六十分钟去给兵兵补课。而李玉中，也在小芳上大学前，趁她辅导时去兵兵家里看望俩孩子，以较高的价格支付了暑假辅导费并预支了寒假辅导费。

小芳要去上大学了，那兵兵平时的辅导谁负责呢？我想起在龙寨村里，离兵兵家不算远的地方，住着特别好学但家境贫寒的初三学生娟娟。我与她的结对资助者朱女士商量，在她的资助款中每月拿出200元作为每个周末给兵兵辅导半天功课的报酬，趁此机会也让孩子感受自食其力和爱心传递。之前我推荐一个企业在娟娟所在的江塘中学设立了奖助学金，娟娟因为成绩优异刚好也是奖学金获得者。给那批孩子发放第三季度助学款时，我问娟娟和她母亲是否愿意，娟娟爽快地答应了下来。我说要么让兵兵奶奶带着他去你家吧？她那通情达理教育出三个品学兼优孩子的母亲立即表示不需要，她会每周末骑电瓶车送娟娟去给兵兵辅导。那眼神，坚定得我没法拒绝。

目前我已走访百余村组，为100多个贫困学生找到了结对资助者，这项工作也还正在进行中。我一直认为，资助孩子们受高等教育的目的，不是让他们摆脱贫困的家乡，而是让家乡摆脱贫困。"维桑与梓，必恭敬止。有匪君子，明德笃行。"这是我贴在送给高考毕业生行李箱上的话。非常感谢这么多的社会爱心人士，他们有的甚至是从未谋面的群友，给我转账或寄来文具和书籍，支持我把他们的爱心送到孩子们手中。而更奇妙的是，一次我在助学群里发布了一个孩子的信息，马上有个新群友说：我来资助。而师兄惊奇地联系我：你知道吗？那个资助者就是当初我爸爸资助的姐姐，她现在已经是某大学的副院长。所以，爱是会传递的，对吗？贫困与爱的距离有多远？在这些资助者身上，我看到了阳光，而这阳光照耀到了每个角落；在这些可爱的孩子身上，我看到了希望，这希望使孩子们把爱的种子不断播撒到了远方。原来，有爱就没有贫困，只要心与心相依相伴，便会有冬日暖阳、夏日清凉。

何玉山花烂漫时

一次援疆路，一生援疆情。这里有我亲爱的同事、朋友、亲戚；有善良好客、热爱生活、勤劳勇敢的各族人民；这里有银水、金山，这里春天百花盛开，夏季牛羊成群，秋叶漫山金黄，冬季银装素裹，使人向往，令人难忘！

杨茂春： 现在维吾尔中国广核集团工作。2017年7月至2020年9月，在新疆自治区阿勒泰地区挂职任行署副专员（援疆）。2020年，被新疆维吾尔自治区授予中央机关第九批援疆"优秀援疆干部"称号。

像我这样与不同民族的村民对口"结亲戚"交流交融交心的故事每天都在新疆的土地上上演着，民族团结的种子已植入各族人民的心田，生根、开花、结果。

走亲戚

杨茂春

两年来，我和哈萨克族亲戚巴依劳乌汗家的交往交流交融经历仍历历在目。

9月的一天，听地方干部介绍亲戚夫妻两个已经从山上的夏牧场下来了，大约到了春秋牧场。我准备了一些礼物去看望亲戚。从阿勒泰市开车三个多小时，才到达200公里以外的村委会办公室，从村委会再一路向北，我记得很长一段路是在荒漠化严重的草场里面，吉普车沿着荒漠上的牧道一直往里面走。当时已经进入了深秋季节，牧草稀疏且枯黄。草原里面不时出现一片片铁丝网做成的围栏，陪同的哈萨克干部乌兰告诉我这是为了草牧平衡。我印象最深的是，用于固定围栏的柱子上经常会站着老鹰。后来从乌兰那里知道，由于2017年比较干旱，鼠害比较严重，这一片草场老鹰比较多。老鹰是牧民的好朋友，有的牧民为了吸引老鹰，会在自己的草

2020 年 7 月，在阿勒泰禾木村推进 5G 基站建设工作途中，手机拍摄的清晨山村景色

原里面或堆一个土堆或竖一根柱子或放一些石块，牧民叫鹰台，便于老鹰站在高处观察捕鼠。

行车一个多小时后，终于到了亲戚家。我第一次看到了巴依劳乌汗，他看起来比实际年龄显得大一些，两年前得了脑血栓，差一点要了命，这两年恢复得还不错，拄着拐杖，步履蹒跚。他的妻子小心地跟在后面，非常憨厚朴实。除了夫妻二人外，家里还有两个女儿和一个儿子。大女儿在山东上内高班，二女儿读初中，儿子读小学三年级。在阿勒泰地区，这个年龄的牧民一般来说都不能听说普通话，我们的交流还需要翻译，好在我的驾驶员小范略通哈萨克语，我们住户时派上了大用场。由于患病后的巴依劳乌汗不能骑马，他妻子娘家的远房哥哥过来帮他们放牧。他们住的是两间瓦房，在草原里面孤零零的，比较简陋。亲戚告诉我这还不是他自己的房子，是游牧中暂时借住在朋友家的草场和房子里面，他是搭车从山上下来的。我们一起喝茶，吃羊肉，相互教学普通话和哈萨克语。亲戚很高兴，想多跟我们喝几杯，我们几个考虑到他的身体情况，都尽量控制他的量。当地牧民由于饮食等原因，高血压高血脂的比例比较高，陪同我们的村第一书记何平同志来自卫生系统，经常利用入户机会给牧民们宣传饮食控盐少油的道理。

第一次住在牧民家里，又是在大草原里面，有点不习惯。屋子里没有厕所，晚上从屋子里出来，看到繁星满天，北斗七星、织女星、牵牛星……都很清晰。夜晚的气温在 0 摄氏度左右，还不算太低。当时没有感到生活条件特别艰苦，反而觉得有点儿诗意。后来我知道这个地方叫北沙窝。

第二次去亲戚家，是当年 11 月底。联系何平书记得知亲戚已经到了冬牧场。我问何书记给亲戚家里带什么东西实用，他说冬牧场离县城很远，出门很不方便，可以带一些蔬菜过去。我就买了土豆、胡萝卜、洋葱、包菜、白菜各 10 公斤，还有清油、面粉、茶叶，等等。冬牧场在吉木乃县西南面的萨吾尔山里面。

阿勒泰的牧民们一年四季过着游牧的生活。每年夏天 7 月初到 9 月中旬，他们在阿勒泰北部高山的夏牧场放牧，9 月中旬从山上下来，一路向南，在中间的牧道和春秋牧场游牧两个月，距离远的长达 500 公里，一直到 11 月中旬才能到达冬牧场。冬牧场一般选在南部山区背风向阳的山沟，那是相对比较温暖的地方，便于牛羊过冬。他们在这里大约待四个月的时间。第二年的 4 月初，随着春天的脚步到来，他们再从冬牧场出发，一路向北，再次经过两个多月的长途跋涉，穿过春秋牧场，6 月底 7 月初才能到达北部高山的夏牧场。

阿勒泰每年 10 月就开始下雪了，11 月底温度在零下 20 摄氏度左右。我们从村委会开了大约一小时车才进入亲戚附近的山沟，山沟里都是雪，只有越野车才能通过，又走了大约 4 公里才到达亲戚家。

整条山沟里只有亲戚巴依劳乌汗和他哥哥两家人，两栋房子。每栋房子都是两间瓦房，房子边上是羊圈和牛棚。这里距中哈边境线只有3公里，但是与距离最近的邻居至少有5公里。巴依劳乌汗的哥哥60多岁，和老伴一样都患有比较严重的高血压病，身体都很不好，儿子当协警，很少有时间照顾家里。亲戚见我来了非常高兴，准备了很多点心，又是倒茶，又是煮肉。倒茶前，嫂子把我们的茶碗在地上的一个水盆里洗了洗。后来到吃饭的时候了，嫂子又把我们喝茶的碗在水盆里洗了洗。驾驶员小范悄悄告诉我"专员，那个盆子里的水已经洗了几次碗了，都没有换过"。我走过去打开水缸，发现水缸里面几乎没有水了。一问嫂子才知道，因为附近没有水井，他们只能到5公里以外的牧办，用马拉耙犁拉水回来喝。我给巴依劳乌汗说，"趁现在天还不黑，我们拉水去，把你家和哥哥家所有的水桶都集中起来，嫂子给我们洗一棵白菜，我们回来放到肉汤里面煮一煮当青菜吃。"等我们40分钟以后把大桶小桶的水装满拉回来，发现因为煮的时间过长，白菜已经几乎融化在肉汤里面了。除了土豆、胡萝卜和洋葱，牧民平时很少吃青菜，他们不咋会烹饪青菜。

目前牧民在冬牧场做饭和取暖的燃料主要还是用上一年留下来的干牛粪，无烟、易燃而且热值高。前半夜燃料比较足，房间里比较暖和，后半夜由于没有加火，房间凉多了。我们几个人睡在一个炕上，我睡的位置靠火炉近一些，所以家里的猫一直睡在我的边上。在那样的环境下，能够有水刷牙，有水擦擦脸就不错了，洗澡洗脚是不可能的。亲戚家的冬窝子距离电力线路很远，过去没有电力，照明都是油灯，更不要说使用其他电力设备了。2015年，国家实施无电地区农牧民的"金太阳"工程，在中广核集团支持下，给阿勒泰地区全部的6197户无电地区农牧民发放了户用太阳能发电设备。从此以后，农牧民才用得上电灯、看得上电视，手机才能充电，享受到现代社会的生活。我后来注意到，亲戚和其他牧民无论走到夏牧场、春秋牧场还是冬窝子，都带着这套设备。山沟里面完全没有手机信号，我举着手机爬到山顶，发现在某一处或者某一个角度，偶尔有不稳定的信号。我就通知行署办公室，有事就用短信联系我。我定时会上山顶接收短信息。

第二天一大早，嫂子把羊圈门开得小小的，羊一只一只地出去，她拿个小棍子一个一个地数。晚上，又把羊圈门开得小小的，也是拿个小棍儿一只一只地数。那天晚上，我看到他们夫妻俩和远房大舅子嘀嘀咕咕的，就问出了什么事儿。小范翻译说少了两只羊，可能是迷路了，也可能是被狼吃了，明天放羊的时候找找看看。我看他们几个说这事儿的时候显得很平静。

巴依劳乌汗和哥哥两家共同住在一条山沟，尽管房子和牛圈羊圈是分开的，但牛羊是在一起放牧的。哥弟两家人互相帮助、互相依靠、相处融洽。后来我才知道，哈萨克族是一个没有乞丐的民族，由于地广人稀，自然环境恶劣，老百姓之间必须帮扶互助。入冬的时候，老百姓要出去把自家在山上的马找回来，晚上不一定能赶回到家。哈萨克族的习俗是，见到任何一个帐篷都可以进去，主人必须好好款待，晚上还必须住下来。主人如果拒绝的话，传出去这家人就没法在当地混了。因为求助的人可能会被冻死或者被狼吃掉。今天是你帮别人，明天可能就是别人帮你。

第三次去亲戚家，已经快到元旦了。因为上一次我看到亲戚的腿脚不灵便，他不时地把腿跷到一个梯子的横梁上磨来磨去按摩。考虑到他的腿需要保暖，肌肉要祛湿气，这次我给他带了一个热水袋和一个拔火罐器，还有公司发给我的急救包，便于携带和心脑血管病的急救，并给他们夫妻两人各买了一套棉衣。问起上一次丢的羊找到没有，他们说第二天找到了羊的尸骨，应该是被狼吃了。他们说起来还是很平静。

第四次去亲戚家，是 2018 年春节后的一个周末，还是在冬牧场。那次见到了他的儿子，两个女儿在外面寄宿上学，没有回来。巴依劳乌汗告诉我，他十来岁就跟着他父亲到山上放牧，非常苦，尤其是在春天转场的路上，经常遇到暴风雪。从那个时候他就发誓要让儿女好好上学，不要再过他那样的生活。哈萨克族是一个非常热爱学习、尊重知识分子的民族。现在国家有非常好的教育辅助政策，农牧民的孩子从幼儿园到初中享受完全免费的教育。高中到大学阶段的教育，国家对农牧民特别是建档立卡贫困户的孩子有很多优惠助学政策，极大地减轻了农牧民家庭的教育负担，农牧区的孩子基本上普及了高中教育，升入大中专的学生比例也很高。最近几年，国家从幼儿园开始进行双语教育，孩子们的普通话讲得都很好，都是我们的小翻译。

因为牧民们很快就要离开冬牧场去春秋牧场，需要清理打扫羊圈和牛圈。积累了一个冬天的羊粪和牛粪有十几厘米厚，这是下一年整个冬天取暖和做饭的燃料。我们几个一起把地上板结的羊粪和牛粪用铁锹切成一块一块的，拉到院墙边垒起来。可能是草原上空气流动比较好的缘故，尽管羊粪和牛粪积累了一个冬天，味道却并不算太大。亲戚觉得让我和他一起拉牛粪，很过意不去，我倒是觉得这是我应该做的。

第五次去亲戚家，是 2018 年 5 月底，那个时候他们已经游牧到了春秋牧场，要在这里停留两周左右。春天的羊羔子大部分在这个时间出生，一两周后强壮起来的小羊才能够跟得上游牧的羊群。亲戚家的春秋牧场是在山边的一片荒滩上，在那里建了一座简易的房子。我给孩子带去了一套运动服，孩子住校没有回来，暂时还穿不上。亲戚告诉我，他们 7 月初就要到夏牧场了，在喀纳斯景区入口贾登峪附近的山上，骑马下山只需要 50 分钟，风景特别好。他邀请我那时候一定要过去，到时候一定宰只肥羊。为此我还专门咨询了乌兰，他告诉我，从贾登峪附近上山的路很陡，我们骑马太危险。从山西面的山区牧道上去，有 30 多公里牧道，开车大约需要 4 个小时。由于分管的工作特别忙，整个夏天一直没能抽出时间上山。直到那年 9 月亲戚从夏牧场下来，才在春秋牧场以及冬窝子几次去看望他们。他们再次热情邀请我明年去他们的夏牧场。

2019 年 7 月 25 日，我又备了几十公斤蔬菜和各种礼物，还有一些酒，决定到亲戚家的夏牧场好好住两天，我知道亲戚已经宰好了羊等着我。为了节省时间，我们第一天晚上就赶到亲戚所在的吉木乃县住下，第二天一早即在村干部乌兰陪同下开车上山。全程估计有 150 公里，包括 30 多公里的山地牧道。县乡道路很顺，几十公里牧道的难度远超我的估计。我们走了 9 个小时，一直到晚上 7 点多的时候才到了亲戚所在村牧民的牧场范围，但距离亲戚的夏牧场还有 13 公里，后面的道路都是斜坡，比爬山更难。这时山上突然下起了雨和冰雹，冰雹像花生米那么大，打得汽车叮当作响，气温从 20 多摄氏度剧降到只有 7 摄氏度。由于雨后的斜坡山路更湿滑、更危险，在多次等待天气转晴、咨询附近牧民、联系亲戚后只能遗憾地选择返程。下山路上由于坡陡路险，我们的车滑了 50 多米，差一点发生事故。两个小时后，我们还困在山上，而天已经黑了，只能选择就近的一个牧民的帐篷里晚餐和避雨。这一次的夏牧场走亲戚未能如愿成行。

最近一次见到亲戚是 2019 年 9 月 21 日下午，距离他们 9 月 11 日从夏牧场下来有十来天了，赶着牛羊到了额尔齐斯河北面的一片荒漠草场上。在那么偏的荒漠上找到他们真不容易！由于是在游牧途中，亲戚夫妻吃住都在一个简易的帐篷里，仅够两个人居住，帐篷外面只有一些简单的生活用具。亲戚显得很抱歉，说这就是游牧生活，太简陋了，没法好好招待我。我们几个人就挤在一起，喝着奶茶，吃着奶疙瘩，还有油炸的包尔萨克，说着笑着，别有一番风味。巴依劳乌汗已经能说一些简单的普通话，嫂子的普通话水平进步更快一些。巴依劳乌汗的腿康复得不错，能够自己骑马了，不用雇人放牛羊了。他告诉我，大女儿考上了乌鲁木齐的大学，二女儿今年高中考得不太理想，被地区的卫生技术学校录取了。国家补助建设的牧民定居房，他选择建在吉木乃县城，已经差不多完工了，今年冬天就可以用上。另外，今年的牛羊价格特别好，春天的羊羔子，秋天从山上下来就可以卖 1000 多块钱。前几年，由于看病需要钱，他家的牛羊卖了不少。现在党和政府的惠民政策特别好，政府对新建的牛羊圈补贴 6000 块钱。他准备向政府申请在冬窝子新建牛棚和羊圈，扩大再生产，增加牛羊的数量。我从巴依劳乌汗和嫂子坚定的目光里，看到了他们对奔小康充满希望的光芒。

在新疆各民族之间相互结亲，实现党员干部对农

2020 年 3 月，在亲戚家的冬窝子里

牧民结对认亲全覆盖，这是推进民族团结、帮扶脱贫、增进不同民族对中华文化认同、感恩党和政府的一项具有战略意义的举措。像我这样与不同民族的亲戚交流交融交心的故事每天都在新疆的土地上上演着，民族团结的种子已植入各族人民的心田，生根、开花、结果。

未来的日子还很长，我和我的哈萨克族兄弟巴依劳乌汗家永远是亲戚！

何当山花烂漫时

青春无悔志驰骋，圆梦鲁山育新城！您有古老丰厚的文化底蕴，有魅力十足的旖旎风光，有百万勤劳善良的人民。在这片充满勃勃生机的热土上，我甘愿为您抛洒辛勤汗水，愿与您共同谱写一曲新时代的壮丽赞歌，迎接鲁山更加美好的明天！

王　岚： 现在海关总署工作。2015 年 7 月至 2017 年 9 月，在河南省鲁山县挂职任副县长。2017 年，被平顶山市记个人二等功一次。

相由心生，外在的容貌隐含着一个人读过的书、走过的路和经历的事。看着孩子们穿上校服的开心劲儿，阅读捐赠图书的认真劲儿，领到新书包的兴奋劲儿……让我更加认识到支教扶贫的价值和意义，也让我重新找回自信和找到人生的价值所在……

我与支教共成长

王　岚

2015 年 7 月至 2017 年 8 月，海关总署向定点扶贫的两个国家级贫困县派出 4 名扶贫干部。我们 4 个扶贫干部互通有无、相互支持，不断尝试产业扶贫、教育扶贫、文化扶贫、消费扶贫、就业扶贫、电商扶贫、体育扶贫等精准扶贫新路径。其中，让我们最引以为豪、在当地最有影响力的扶贫举措当属支教扶贫。

初到县城，人生地不熟，空闲之余难免思家。想家的时候自然会想孩子。作为一个 5 岁孩子的母亲，这里孩子们的教育问题自然成了我心头的牵挂。

一个秋天，我遇到一位这样的山村教师。他叫任宗毓，在当地非常知名，他是一个村学点唯一的老师，不但要给学生们上语文、数学课，还要上美术、音乐、体育、品德课。18 名不同年级的学生集合在一间教室里上课。给一个年级讲课，其他年级学生自习，任老师就是这样交替进行着"复式教学"。他身患残疾，行动不便，他不是公职教师，却在山区坚守教书育人 30 余年。孩子们朗朗的读书声，贴在墙上的绘画作品，书架上码放得整整齐齐的图书，以及任老师干净整洁的陋室，无处不在的细节，由内而外散发着知识的自信，对孩子们的自信。走访中，我还了解到，县里特别是深山区的学校，教师资源严重不足，像上面一个教学点只有一名教师的情况并不罕见，一位教师带着二三十名孩子学习语文、数学、英语，偶而还得客串体育老师。不少深山区的教师几十年没有走出过大山，带着一身病坚持教学的情况更是比比皆是。其中有一位乡村老师患有严重的腰椎间盘突出，这边做完手术出院，那边就立刻重返讲坛。由于不能久站，她便在教室一隅搁置了一张板床，支撑不住时就趴

2017 年 4 月 24 日，首届世界汉字节在鲁山县仓头乡开幕。与海关总署派驻鲁山县的支教老师孙淑燕共同组织千名学生在仓头中学，举办"千子共书中国梦"活动，弘扬中国书法传统文化

在板床上批改作业和教学。这个时候，支教，这个词开始在我的脑海里呈现。

2015年9月，我深入董周乡第九小学调研时，初次体验了支教扶贫的魅力。

"董周九小"是海关总署早期援建的希望小学，全校有7个班级200多名学生，虽然教学硬件设施有了不少提升，但长期面临着师资短缺的问题。自2014年9月起，郑州海关机关团委主动作为，积极策划，组织开展了"金秋支教"志愿服务活动，通过在全关干部职工中公开征集选拔志愿者，采取爱心接力的方式分批前往该校开展义务支教。海关支教志愿者们走进学校、走上讲台，协助该校二三年级数学、三年级英语和体音美课程教学，中午留校协助看护学生，缓解了该校教学困境，受到孩子们的热烈欢迎。

以前只在报纸或者电视上见过的爱心志愿者，此刻正在国家级贫困县山区小学传播着人间大爱。这些相熟或不相熟的同事们，用实际行动弘扬着社会主义核心价值观，践行着雷锋精神，他们真挚的情怀深深感动了这里的老师和学生，也极大震撼了初来乍到的我。校长在给郑州海关的感谢信中动情地写道：一群海关老师用心编织着秋天的童话。

百年大计，教育为本。少年强则国强。习近平总书记曾说过："让贫困地区的孩子们接受良好教育，是扶贫开发的重要任务，也是阻断贫困代际传递的重要途径。""教育扶贫"能让贫困地区的孩子掌握知识、改变命运、造福家庭，是最根本、最持久的精准脱贫、防止返贫之举。支教活动深受董周九小老师和孩子们的喜爱，说明该扶贫项目在当地有群众基础，具备推广的地利条件。海关系统人才云集，且多才多艺，这是支教活动的人力资源优势。那一瞬间，我萌生了扩大支教规模的想法。

很幸运，上级主管部门采纳了我的建议：推广郑州海关"金秋支教"扶贫经验，从全国海关系统大规模遴选具有音、体、美专长的支教志愿者，派驻海关总署定点帮扶的鲁山县和卢氏县开展支教工作。郑州海关"金秋支教"的"试验版"升级为海关总署支教扶贫活动的"豪华版"，"地方版"支教活动推广为"全国版"扶贫项目，人员保障、组织保障、后勤保障随之得到大大的提升。这项占据天时地利人和的支教扶贫项目获准实施后，我还是小激动了一把，憧憬着将董周九小孩子们的欢乐复制到更多山区孩子小脸上的美好场景。

任何一个项目的落实都不是一帆风顺的。"全国版"与"地方

2016 年 11 月 7 日，与海关总署派驻鲁山县第一批支教老师拜访赵村乡堂沟村小学教师任宗毓。身患残疾、家境贫寒的任老师坚守山区讲台 30 余年，从他身上我们深切领悟到了教育的纯粹和无私……

版"在很多方面都存在差异。来自各个海关的志愿者必须入驻山区小学，吃住在校，支教活动持续整整一个学期，而郑州海关的志愿者住宿在外，一期支教活动仅持续两周。相比郑州海关的支教活动，"全国版"支持扶贫面临复杂的人员管理等问题。为打消当地学校的顾虑，总署对支教志愿者提出明确工作要求，即吃住在校，接受入驻学校和当地海关定点扶贫工作组的双重管理，遵守学校的各项规定和纪律，服从学校的教学安排。

海关志愿者入驻山区小学，能够很大程度上缓解当地师资不足的供需矛盾，主管教育的李副县长以及县教体局对此项目非常支持，

下乡时遇到的山区小女孩。她干净纯净的眼神，和青山绿水一样通透。在远离喧闹大城市的偏僻小山村，还有许许多多这样的孩子渴望被知识浸润和滋养

积极向扶贫工作组推荐入驻的备选小学。但是志愿者管理问题也使得部分申请学校顾虑重重，举棋不定。有的学校和县级层面一致，非常欢迎支教志愿者入驻，但受制于教师住宿房源紧张，无法提供扶贫工作组要求的住宿条件；有的学校则担心大城市来的支教志愿者难以管理，可能会影响学校的教学管理秩序，因此不太愿意接受支教志愿者；还有的学校表现出模棱两可，既想接受支教志愿者入驻，又担心未来的人员管理问题。为解决上述矛盾，我在选择入驻学校时，首

先考虑的是住宿条件问题，即确保入驻的海关志愿者有独立的住宿房间，学校要提供基本的生活日用品，如桌子、柜子、椅子、床等。对具备生活基本条件且有意愿接收志愿者的学校，我们再做学校管理者的思想工作，承诺将配合学校做好人员管理工作，努力打消学校方面的顾虑。

找到合适的学校后，支教活动才真正落地实施。海关系统的人才优势在基层广阔天地发挥得淋漓尽致。他们坚守山村学校，克服生活、语言、环境等各种困难，与孩子们朝夕相处，一起上晚自习，经常在晚上主动加课。他们发挥特长为孩子讲授"国学"和中国传统礼仪文化，为山区孩子们谱写歌曲，手把手教他们写字、画画、打球、锻炼；他们发动所在单位和亲朋好友捐赠衣物、图书、文具，帮助山区小学建立图书阅览室、体育器械室等基础设施和制度；他们利用假期制作围巾发夹，亲手戴在孩子们的头上，被孩子们亲切地称为"海关爸爸、海关妈妈"。

海关支教活动开展时间不长，就取得了显著的支教效果和社会效益。一是让贫困山区的孩子们开阔了眼界，音体美课程给孩子们带去了从未有过的新奇和快乐。支教志愿者们更是发挥音、体、美在品德心理健康方面的积极作用，以"爱心、真心、耐心、细心、恒心"的"五心"精神对待支教工作，培养孩子们热爱文体活动和健康良好的生活习惯以及对未来美好生活的向往。二是支教志愿者们除完成正常的教学任务，还主动组织和参加村、乡、县的各种文体活动，帮助校方完善教学管理制度，去周边山区小学送教送温暖，他们的教学理念得到了所在学校及两个县教育部门的充分肯定，同时，支教活动也开启了当地山区小学素质教育的新模式。三是海关支教志愿者们在扶贫一线得到锻炼和磨炼，他们深切体会到贫困山区生活和教育方面的落后和欠缺，强烈感受到山区孩子们对知识和美好生活的渴望和追求，更加认识到精准扶贫的历史使命和重大意义。山区孩子们对制服小哥哥小姐姐们的崇拜眼神，让这些支教志愿者们成就感十足，增加了海关职业的荣誉感，以及自己所从事海关职业的崇高使命感。

自2016年9月至2022年2月，海关总署先后遴选11批共79名志愿者赴山区中小学承担音体美教学及心理咨询与辅导等任务。目前，爱心接力棒还在传递……推动支教活动在山区遍地开花这段经历，是我人生中一笔极为宝贵的财富，是刻骨铭心的一段人生，更是让我成长的人生历练。爱因斯坦说过："一个人的价值，应当看他贡献什么，而不应当看他取得什么。"

美丽中国，乡村振兴，我参与，我自豪！

何当山花烂漫时

近半年的相处，却是永远的牵挂。愿孩子们能够记得我曾来过，愿校园里栽下的幼苗早日绿树成荫，愿打开的那扇窗一直通向外面的世界，愿播下的希望种子生根发芽、开花结果，愿爱的光芒照亮你们的人生……

梁冰河： 现在珠海拱北海关缉私局工作。2017年2月至7月，在河南省鲁山县梁洼镇第五小学任支教老师。组建的学校足球队获鲁山县首届"县长杯"小学生足球赛优秀奖。

5月的阳光照耀着青青的草地，天已经很热了。球场上，队员们奋力奔跑着，今天的比赛再没有前面大胜时的轻松，一次次的进攻防守，一次次的拼抢争夺，无论在精神上还是体力上都达到了极限，他们都在拼命坚持。

让梦再次飞翔

梁冰河

2016年5月，得知海关总署招募志愿者到河南支教，我毫不犹豫报了名。支教地点在鲁山县，紧邻我的家乡，与20年前我曾教书的学校相距不过百里。

20年前我刚满20岁，师范毕业回到家乡中学做了一名语文老师。那时，年轻萌动的心总是无法抑制地飞向外面的精彩世界，三年后真正离开外出求学时，并没有从这段乡村教师的经历中学习和感受到更多的东西，每每回想，都有遗憾。如今又要回到与20年前相似的地方，做相同的工作，感觉就像做梦一般，既亲切又有点生疏。

我要去的学校是梁洼五小。校园依半山而建，由台阶分成上下两个部分，院子里没有几棵树，又正值冬季，显得非常萧瑟。教学楼外墙斑驳，教室的门窗也破损得厉害，教室里的桌椅半新不旧。我仿佛看到了当年所在学校的样子。

我的住所是一个空置的教室，一块木板从中间隔开成两个宿舍，每个宿舍里安放一床、一桌、一椅，与 20 年前我蜗居的那个小屋非常相似，虽简陋，却让我感到亲切。

一

因为师资缺乏，原来的体育老师改教二年级数学，所以学校安排我教体育课，而且是全校 6 个年级、300 多名学生唯一的体育老师。

梁冰河上体育课

学校已经好长时间没有体育课了。在没有体育课的时间里，一年级到六年级所有的孩子们，一天七八节课只能待在教室里，上课下课、下课上课，他们对体育课的渴望就像笼中的小鸟想要飞出来一般。这一点，我从第一节课就强烈地感受到了。

那节体育课是一年级的，我站到教室门外一声："集合，上体育课！"全班孩子欢声雷动，又蹦又跳，呼啦一下都跑到门外。

我先按照个子高低排四个队，一年级的孩子们很激动，也有他们的想法，有的不想站太前，有的不想站太后，有的不想让某某站在自己前面或者后面，推推搡搡、吵吵闹闹，十多分钟才勉强排成队，而排好的队伍只管一次，下一节课他们又不记得自己的位置了。

通往二楼的楼梯间里面，散落着几副球拍和两三个瘪气的篮球，落满厚厚的尘土，这就是学校的全部体育器材。我仔细搜寻，在角落处发现一个积满灰尘的纸箱，打开一看竟然是一箱全新的实心球。我大喜过望，总算有一样可用的运动器材了。

我把低年级的孩子分成四人一组，每组一个球，第一个项目是抛接球，每人抛接三次，换下一个人。游戏很简单，孩子非常兴奋，欢叫声此起彼伏。对五六年级学生，我教他们练习真正的投掷，让孩子们明白投掷实心球不像扔石头一把甩出去就行，而是要双手持球，举过头顶，用力抛出，很专业的动作。每个孩子都很认真，努力做出规范的动作来，可惜球不听使唤，有的奋力一抛，球却落在了身后，有的球没有抛出，自己却跌到了沙坑里，引来一片欢笑。

就这样，沉寂的校园因为一箱实心球热闹起来，很久没上过体育课的孩子们，热烈欢迎我这个体育老师。对他们来说，体育课是一个惊喜，每一个体育项目都像雨水一样滋润着他们活泼好动的身体。

回想 20 年前当老师时，只觉得是一份工作，现在我却更多地感受到了责任。这些山村孩子的渴望推动着我全身心投入，钻研课程、队列训练、长跑短跑、跳高跳远。因陋就简，我与孩子们一起欢快地奔跑嬉戏，努力做一个合格的体育老师。

作为支教发起人，海关总署选推挂职干部王岚副县长及时总结第一批支教老师的工作经验，给予我们更多的关注和支持。她几乎每周都会来参加学校活动，争取外界帮助，扩大支教的影响力。在她的努力下，天津海关捐来书籍给梁洼五小建起了阅览室，郑州海关联系航空公司给孩子们每人每天发一份航空食品，宁波海关给每个班级捐助了电扇……

这些来自社会的关心，为封闭的校园和孩子们的心扉打开了一扇扇窗口，校园里充满欢声笑语，天空都明朗了许多。

二

支教生活唤起了我曾经的记忆，也在弥补 20 年前的遗憾。而组建足球队参加比赛，则是一个更加直接的考验和锻炼。

3 月的一天，忽然接到通知，各乡镇小学要成立足球队，参加全县首届"县长杯"五人足球比赛。县里把通知发到了镇里，镇里把任务交给了梁洼五小。

组建小学足球队、全县比赛！这在鲁山县的历史上是首次，更别说梁洼五小了，全校没有一个同学踢过足球，学校甚至连一个足球都没有。而我只能算一个球迷，并没有多少上场踢球的实战经验，现在却要组建、训练一支球队参加比赛！可是作为梁洼五小唯一的体育老师，又舍我其谁呢？

当一切都没有时，却能给人以开创的勇气。我决定迎难而上。

教学楼一端有一块宽十来米、长二三十米的空地，先用挖掘机挖起上面一米深的乱石并运走，再运来沙土填上，就算是足球场了。

四年级以上100多个学生，愿意来的都算数，男队有十几个报名，一番动员，又来了十个女生。

球场有了，队员有了，但是没有球鞋，没有足球，没有球衣！发动单位募集捐款，紧急购买了20个足球和20套球衣球鞋。于是在一个阳光明媚的早上，在新落成的沙土地球场上，男女两支球队排成两列，球衣球鞋每人一套，足球每人一个。正儿八经两支足球队，简直梦幻一般啊！

由于时间紧迫，球队每天早上上课前和下午放学后都要训练。队员们都非常认真，就算下雨了也要来问我能不能练。小个子前锋申鹏是最为皮实的一个，他周末爬树擦伤膝盖，刚刚结了痂，训练中一番冲杀，旧伤被踢中，当时就冒出血来。我叫他赶紧去校长室拿酒精消毒包扎，他却大声说："没事，没毒，不用消！"

三

比赛时间终于到了，我把大家召集起来再交代一番。虽然从未参加过正式比赛，但是队员们非常淡定，嘻嘻哈哈一如往常。

比赛开始，女队实力有限，第一场比赛就遭遇惨败，有几个队员都伤心地哭了。接下来男队上场，轻松5：0大胜。赢了球的男队员们兴致高昂，午饭时围着我又说又笑。

梁洼五小足球队晨练

接下来的比赛中，女队仍连战不胜，我的心情有些低落，个子最小的队员朱果反而过来安慰我，全队都表示下一场一定努力，至少进一球。这个场景让我想起参加世界杯的中国男足。果然，最后一场比赛中，女队在先失一球的情况下扳回一球，实现了进一球得一分的目标。

最大的考验来了，男队最后一场要面对公认实力最强的观音寺乡代表队，赢则出线，输则出局。我觉得我们胜面不大，不料被前几场胜利刺激着的男队员们完全无视我的分析，个个都说要打败观音寺乡队。作为一个资深球迷，我当然知道"足球是圆的"，并不是强队就一定能赢，虽然我们队也不弱！我的求胜欲望也被大大激发起来，不禁为之前早早就觉得必输的"理性"感到惭愧，更为即将迎来一场真正的较量而激动。

我派出了最强首发阵容，5个小伙子一个个面无惧色蹦蹦跳跳地上场了。但是上场一看，差距就出来了，对方队员个个身材高大，一碰撞我们的队员就被挤到一边去了。个头最小的前锋申鹏，虽然动作敏捷，速度很快，前几场进了好几个球，但是面对高出自己一大截的对手，很难拿住球获得射门机会。好在对方攻到我们门前也都被表现出色的守门员屡屡化解掉，僵持的局面进行到上半场即将结束时，对方一个大个子刚过中场没多远一脚大力射门，打了我们守门员一个措手不及，0∶1落后。情况不妙，我立即把打后卫的队长梁锋往前推，加强进攻。

5月的阳光照耀着青青的草地，天已经很热了。球场上，队员们奋力奔跑着，今天的比赛再没有前面大胜时的轻松，一次次的进攻防守，一次次的拼抢争夺，无论在精神上还是体力上都达到了极限，他们都在拼命坚持。很快，加强进攻的效果显现出来了，在一次门前混战中，梁锋抓住机会一脚攻门，球进了，场内场外一片欢呼。一番苦战，落后又艰难扳平，所有人的心情都无比激动，刚刚进了球的梁锋，更是激动得热泪盈眶。

比赛剩余的时间不多了，队员们筋疲力尽，仍在苦苦支撑。对方在一次门前争夺中抢得机会，又进一球，我们回天无力，遗憾地以1∶2输掉了比赛。

结果并不重要，三个月的组队训练比赛，从对足球的一无所知到赛场上的拼搏争战，孩子们的收获远远超过了比赛本身。经过训练和比赛，个个都好像长大了许多。在他们身上，我感受到了山村孩子对新知的渴望、对困难的无畏和生机勃勃的生命力。

比赛结束时，我看到一直在背后强力支持着我的王岚副县长静静地站在赛场边，相信她的心并不平静。无论是她来自哪里还是我将回到哪里，我们都在竭尽所能地帮助别人，也在不经意间收获着感动。这种润物无声的滋养，会在今后许多年里一直温暖自己的人生。

何当山花烂漫时

对马叔的回忆，也是对淅川父老乡亲、对丹江水伏牛山的回忆。在淅奋战 37 个月，回头看来，总觉得时间太短，有很多事还没做完、还没做好。一地一业的振兴，还需一茬又一茬地接续奋斗。愿淅有山川，绵延千年质朴的味道终能香飘南北；瓦房星空，点滴创造汇聚的星光足以照亮丹江。

方松海： 现在国务院研究室工作。2016 年 11 月至 2019 年 12 月，在河南省淅川县挂职任县委常委、副县长。2020 年，被评为"中央和国家机关脱贫攻坚优秀个人"。

他耿直、执拗，爱为大伙操心，喜欢仗义执言，也有自己的喜怒哀乐和一点小私心。他是瓦房这个曾经与世隔绝的山村坚定的一员。

马老三

方松海

2020 年 5 月 21 日的北京，白昼如夜，电闪雷鸣，暴雨倾盆。

那天的手机，被暴雨信息刷屏。

微信忽然弹出瓦房联席会议群的一条消息，我不禁多看了一眼。瓦房是河南淅川丹江口水库库区深处的一个小山村，也是我挂职扶贫时联系的贫困村。虽然结束挂职已有半年，但通过微信群牵挂着那里已成习惯。

那是村医发的通知，让强直性脊柱炎患者到县医院参加健康筛查，后面缀了一句"马老三已去世，不用通知"。这几字有如窗外闪电，我鼻子一酸，赶忙打通村支书电话，才知马叔两个多月前就已去世。

默默望着雨帘，眼眶阵阵温热。

马叔是河南省淅川县盛湾镇瓦房村人，1950 年生，建档立卡贫困人口，因家里兄弟排行第三，所以乡亲们叫他马老三。他患有严重的强直性脊柱炎，常年弓着背，几乎成90度，属典型的因病致贫。2017年4月27日，我第一次到瓦房村，与扶贫工作队、村干部见面，马叔也在其中。他特殊的体形让人印象深刻，也让人心酸。两年多的时间，我和马叔频繁互动，了解他的质朴也深知他的倔强，时常被他拖着病体一心服务乡亲所感动，有时也被他不听劝气得够呛。他是贫困山村一个真实而又丰满的存在。马叔去世时正值疫情防控关键期，丧葬一切从简。他悄无声息地离去，一如他在丹江边那个不起眼的村落里悄无声息地生活了70年。但马叔是幸运的，正如他多次跟我说，这辈子没想到能赶上这样的好政策，能看到这样的好光景。

瓦房村是淅川59个深度贫困村之一，位于丹江"小三峡"中间地带，小三峡大桥建成前，当地人说那里几乎"与世隔绝"。全村148户有71户是建档立卡贫困户，其中37户因病致贫，长期受着各种病痛困扰。村干部队伍很多人身体情况也不太好，老支书因患胃癌几乎切除了整个胃，5个队长中有3个年近七旬且疾病缠身，马叔就是其中之一。他担任队长多年，深受乡亲们信赖。老支书说马老三做事公道，队里的人就服他。收医保等各种费用，他亲自登门，进度比别的队都快。2017年，镇里给他们这些老队长颁发了荣誉证书，马叔高兴了好多天，把证书摆在客厅最显眼的位置，见到我就说这是政府对他工作的认可。2018年村里曾动议换一下各队队长，让年轻一点的顶上来，各队自己选，结果他们队选出来的还是他。一个弓着背、直不起腰的老人，以他特有的倔强，服务着父老乡亲几十年，直到他去世的那一天。

马叔没法直立，不能长时间坐在凳子上，在村里开会，经常坐

丹江"小三峡"，淅川丹江湖最狭长的一段，许多贫困村就在群山之间

着坐着就改成蹲着。他药不离身，这几年还时不时地住院理疗。马叔常跟我说，县里那家外地人开的医院可好了，看得起山里人，把你当亲人对待，真的是为老百姓服务。村里患强直性脊柱炎的村民有好几个，长期的弯腰劳作、潮湿的环境是重要诱因。因病致贫的群众，以前只能各家默默扛着，直到出了大事才成为这条沟那个庄的家长里短。健康扶贫让各家各户的病痛浮出了水面，政府和社会各界通过多种方式助力解困。马叔说的那家私立医院，也是搭上了健康扶贫的班车。许多人不知道，为了让他们能更方便、更安心地看病，国家往医保基金里注入了多少资金，但乡亲们都知道，免费的健康体检每个贫困人口都破天荒地做了一遍，每个贫困户史无前例地有了签约家庭医生，村部旁边也盖起了崭新的卫生室。今年疫情形势好转后，县里统一组织强直性脊柱炎诊疗，村里好几个村民参加，马叔却享受不到了。

马叔好喝酒。这让他的老伴时阿姨很担心，"那烈酒喝着伤身体啊，方县长你劝劝他，你说话他听"。我几次试图跟他讲道理，可马叔说，有时骨头疼啊，喝酒就不疼了。酒是他止痛的麻醉剂，但喝起来可不限于疼痛的时候，心情不好喝，高兴也喝，喝完了就打电话，不管多晚、不管给谁。我有几次在晚上 12 点多的时候接到他的电话。其中一次是前年 5 月的大雨天，那时他的老房还没进行危房改造，马叔带着哭腔，说房子里下雨了，没法睡。我安慰几句，赶紧打电话给村干部和他的弟弟马老四，让他们马上去查看房子是否安全，若有危险迅速转移。后来双方都回电说，房子漏了点水，没事，他喝酒了，一喝酒就来劲。我明白，马叔喝的是愁，酒后倾诉是无奈，也是信赖。

因为那次大雨，危房改造的事显得更加急迫。马叔的老房之前进行过一次 C 级改造，那时脱贫攻坚刚起步，缺乏现成经验，各乡镇只能自己摸索。不少 C 级危房是因为漏雨，但房子结构没问题，就在屋顶加盖彩钢瓦，一套几千元。后来危房改造政策下来了，彩钢瓦方案不被认可。再后来出了个折中方案，允许在此基础上接着修缮，加固改厨改厕改电改窗。经过 2018 年 2 月 9 日一次 4.3 级地震和 5 月 19 日一场 60 年一遇的大雨，很多进行过 C 级改造的房子包括马叔家的，又出现了结构性问题，于是又得申请 D 级改造。但村里不敢报，镇里不敢批，因为这属于重复改造，不被允许。马叔和其他乡亲一见到我就反映这事，激动时还抹眼泪。后来根据乡亲们的意见，全县对此类问题统一核查、重新鉴定，允许进行过 C 级改造后因灾又出问题的房子申报 D 级改造。

按照贫困户建档立卡信息和危房改造标准，马叔家可以盖一套 100 平方米的危改房，验收合格能拿到 7 万元补贴。盖新房那段时间，马叔和时阿姨心情格外好，我每次去他们都很高兴地跟我介绍新房的布局、下一步的想法。马叔总说，我救了他一命。刚开始我认为他不过是在说客套话，后来我逐渐明白为什么他把这件事看得那么重要。原先 C 级改造补贴迟迟未批，他一直担心向别人借的几千元还不上，哪天突然撒手人寰，债务留给老伴怎么办？后来持续的暴雨又让房子变得弱不禁风，如果不能进行 D 级改造，自己又无力自建，房子突然塌了压着老两口怎么办？对他来说，这些都是天大的事，解决起来比登天还难。现在心上的大石头被搬开了，马叔笑逐颜开。可等到新房盖得差不多了，马叔却有了自己的小九九。他拉着我说，希望女儿女婿能回来住，他和女婿合不来，老房子别扒，老两口还住那。我耐着性子解释，盖新房扒老房，这是规定，新房是冲着老两口住房安全盖的，如果不给老两口住，天理不容，我这关也过不去。哪天搬新房，哪天拆旧房，没有商量余地。马叔沉默了。后来听村里说，拆旧房时，马老三很配合。马叔搬进新房后，我又去了几次，他说做梦都想不到能住这么好的房子，现在下再大的雨都不用怕了。我在易地扶贫搬迁安置点看望乔迁老人时，他们也都由衷地感叹和感激，脸上洋溢着发自内心的幸福和喜悦。住房安全有保障，这是确保贫困群众安全生活的基础。我们投入了大量资金，下了很大功夫，可以说成效卓著。至少，经过本轮脱贫攻坚的易地扶贫搬迁和危房改造，消除了许多贫困家庭的住房安全隐患，遇到大风大雨天，睡觉可以更踏实更安稳。马叔的新房子留有一个大卧室，是为女儿女婿准备的。

马叔还有个心病，就是工作队要取消他的五保户待遇。他只有一个女儿，虽说招了上门女婿，但一直没在一起生活。女儿一家靠着女婿在外打零工养着 3 个孩子，生活比较拮据，顾不上老两口。多年前，村里体谅他家里的实际困难，让他享受了五保户待遇，每月能领几百元，这成了他的主要生活来源。这次建档立卡精准识别，把问题暴露出来了。他的户口本上含女儿一家，建档立卡时被认定为 7 人户，危房改造等扶贫政策也是按此标准执行，若再享受"五保"，逻辑上、政策上都行不通。但取消"五保"，马叔思想上转不过弯来，他不敢指望女儿女婿照顾，自己身体又不争气，不能干重活，每月都得买药，没了这几百元老两口日子不知道该怎么过。他很委屈，想不通就打电话，打我的电话，也打上访电话。我和工作队的同志几次专门就此事做他的思想工作，劝说老队长顾全大局，该他享受的政策，一个也不会少，动之以情、晓之以理，最后还是把他的"五保"取消，改为低保。

马叔性格倔强，认定的东西他非理出个子丑寅卯来。村里每月5 日晚上的联席会议，只要身体吃得消，他肯定参加，坐在角落里，

到危房改造的贫困户家中作核查调研

有时一言不发，有时狠厉地批评一些村干部打小算盘、劲不往一起使。有时在家里，他跟我细细地唠叨这个村干部的优点，那个同志的不足，这个年轻人的潜力，那个小伙子的弱点。他打心眼儿里希望能够选出一个做事正派，能为乡亲们着想、有思路的好带头人，希望村领导班子能够沿着定好的方向走下去，带领乡亲们改变山沟的面貌，共同致富。他会说哪个小伙子下雪天开着自己的铲车疏通了村里的主干道，哪个对自己的事想得多、对村里的发展想得少。他倔强，也会对他误以为正确的事持续地固执，比如他被取消了的"五保"。

2019 年 12 月 9 日，我刚离开淅川，瓦房村就被省里的脱贫摘帽验收评估组随机抽中，作为评估淅川工作的样本点之一，马叔是被普查的贫困户之一。验收评估结束后，驻村工作队同志给我打电话说，全村就马老三向评估组反映问题，对五保户被取消很不满。镇村同志都很紧张，生怕有不良影响，抹杀几年来的辛苦工作。我安慰他们，这件事我们没做错，不用担心。后来，镇里同志跟我说，瓦房村脱贫攻坚评估结果在全县名列前茅，给镇里和县里都争了光。

从 2016 年 11 月到 2019 年 12 月，我在淅川挂职扶贫 37 个月，这期间有 32 个月与瓦房紧密联系在一起。12 月 7 日上午，返京前我再回一趟瓦房，看看曾经并肩作战的工作队和乡亲们。到马叔家已是午后，他刚吃完午饭坐在客厅休息，看到我就高兴地扶着桌子站起来，还是那句经典的口头禅，"我的爷啊，方县长来了"，赶紧让时阿姨给我们搬凳子倒茶水。简单问问他身体情况，介绍了接替我的同事，跟他和阿姨说，我今天就回北京了。看到两位老人家眼圈瞬间红了，我不敢多说，也不敢多待，生怕自己也控制不住，匆匆迈出大门，匆匆说句"保重"，匆匆上车，挥手道别，踏上了返京的行程。

一路上任由泪水飘洒，思绪万千。瓦房，这个地处水库深处，因南水北调中线工程而几乎与世隔绝的山村，若非脱贫攻坚，我可能一辈子都不会知道这里，更别说来过。因为脱贫攻坚，这里成了我的联系点和检验政策落地成效的试验田。多少个日日夜夜，与并肩作战的同事们为乡亲们脱贫摘帽跑遍每个山头、每条山沟、每家每户，与乡亲们共议瓦房发展之路，和大家一起挥洒汗水为瓦房添砖加瓦，也许这将成为我一辈子魂牵梦萦的牵挂。这两年多时间里，村里有4位老人先后离世。我们在扶贫，在努力地让山里的贫困群众能过上好一点的生活，但对于贫困老人，我不知道我们努力创造的好一点的日子，他们还能享受到几分。对他们而言，这不仅是一场脱贫攻坚的战役，更是一场生命与时间的赛跑。返京前的瓦房之行，同事陪我再次走访了几位年过七旬的老人。在我们眼中，他们都是为这片土地耕耘了一辈子的长者；在他们眼中，我们既是后生仔，更代表着党和政府的形象。马叔常说："你是中央派来的，你说的话我信。"不知这次离开，何时再来，来时你们还在不在？

回京后我习惯了通过微信群了解村里大事小情，乡亲们也越来越习惯用这种新方式沟通。新冠肺炎疫情暴发后，联席会议微信群更是成了服务群众的重要平台。老队长马老三不会用微信，也没在群里。他知道我的联系方式是工作电话，不知道这期间他有没有试图给我打过电话，那电话春节后就已停机。村支书说，马老三是3月9日去世的，在睡梦中离开，很安详。他家是脱贫攻坚的直接受益者，盖了新房，享受了教育、健康、产业扶贫的各类补贴，虽然摘掉了"五保"，但有了名正言顺的低保。年初他家脱贫摘帽了，新房子很结实很亮堂，再也不用担心刮风下雨了。听说，最近女儿一家回来和母亲一起住了；弟弟马老四也成了新的队长。

马老三是贫困山区一个普通得不能再普通的农民。他耿直、执拗，爱为大伙操心，喜欢仗义执言，也有自己的喜怒哀乐和一点小私心，他是瓦房这个曾经与世隔绝的山村坚定的一员。脱贫攻坚激发了秀美山村的灵气，启动起来的村庄不会因为谁的离去而停下前进的步伐。下次回瓦房，那一方山水应该更美丽，父老乡亲生活应该更富足，瓦房星空应该更迷人。但那个弓着背，倔强的老马队长却再也见不到了。或许他已化身一只山雀，天天巡视着这个凝结了他一辈子汗水和情感的山村；或许他已变成天上某颗不起眼的星，闪着微光，看着"星空瓦房"一天天持续不断地改变。

何处山花烂漫时

略阳县乌鸡产业的供应链建设在扶贫期间打赢了脱贫攻坚战，在乡村振兴期间要打赢进攻战。愿我们顶风冒雪，无畏向前，每一个小小的成就都是乡村产业发展的台阶。愿青山绿水间融合科技绿色发展，愿略阳乌鸡产业越做越好，引导老百姓迎来一个又一个大订单。

侯　宁： 现在智云天地农业信息技术（北京）有限公司工作。不是挂职扶贫干部，却与挂职扶贫干部一道，有幸参与打赢一场贫困地区生鲜电商供应链体系标准化建设的攻坚战。

> 到了略阳已经是深夜，直到第二天才见到忙得两眼乌黑的大潘，他马不停蹄地带我去看乌鸡的养殖基地和新建成还没有投产的屠宰场。看着新建的还透着油漆味儿的略显简陋的屠宰场，说实在的我还是觉得大潘要做的这个事很难。

先来个大订单试试

侯　宁

　　忘了是什么时候，在什么地方，怎么认识了在略阳县挂职的大潘县长，可能扶贫人的交集无处不在。

　　2017年春天的一个午后，接到大潘县长的电话，邀请我参加国防科工局在北京召开的"略阳乌鸡"扶贫对接交流会，当时参加对接研讨的有政府领导，略阳本地养殖龙头企业、资本企业、供应链企业、电商企业和技术企业。那是第一次谈起略阳乌鸡，当时大潘县长在介绍的时候说："略阳乌鸡是四大乌鸡之首……"我说："等等，我只知道泰和乌鸡（我当时真的只知道泰和乌鸡，问这个问题确实是技术人员对未知问题答案的求知欲），谁给略阳乌鸡封的乌鸡之首，是品质之首还是数量规模之首？"大潘县长略显尴尬之后开始介绍"略阳乌鸡"的种种好处和特点，这次对接会决定了我和略阳乌鸡的不解之缘。

　　会议之后，大潘县长花了很长时间跟我探讨怎样才能更好地发展"略阳乌鸡"产业，并不时跟我分享一下他想出的好主意。相对大潘满满的信心，我当时并不看好略阳乌鸡的产业化发展之路。在贫困地区发展一个产业，尤其是供应链特别复杂、特别长的养殖产业，其实非常难。先不说屠宰加工销售的供应链管控问题，仅仅是一个养殖的标准化问题，很多基础很好的养殖大县都做不好，更何况在一个贫困的边远县城？交通不方便、缺乏硬件设备设施、缺乏屠宰加工技术、缺乏专业的团队和人才，怎么想都觉得大潘选了一条极其难走的路。更难的是，他还要做电商，想通过电商渠道把略阳乌鸡卖出去，卖出名声、卖出品牌！

略阳调研时

我，作为一个农产品供应链体系建设的老兵，听了他"雄心壮志"的理想，不禁为他的选择感到头疼。这些年，我一直跟农产品供应链上不同环节的各种机构打交道，从政府部门、农业科研院所到农业企业／合作社、农产品贸易企业、物流企业、农产品零售分销商、电商企业及服务机构。时间长了，对农产品的生产、流通、销售全过程都很熟悉，深知这件事在"略阳"这个贫困县做起来有多难。我劝大潘，给他讲很多地方扶贫产业发展失败的案例，比如，有一个北京老总在全国各地做水果生鲜贸易，近几年也响应国家号召，销售贫困地区的农产品，从广西的杧果香蕉、陕西苹果到新疆哈密瓜，品质稍好的什么都做。作为贸易商收购初期都会垫付资金，并承担全部的气候风险、储藏风险和物流风险，跟农民都是现金交易，从没欠过农民一分钱。但自从开始发展农村电子商务以来，当地农民并未获得实际利益，相反，水果却越卖越便宜，不仅价格便宜还包邮，几乎让当地的生产企业和合作社无法生存，不到两年，北京的老总终止了他在很多贫困地区的业务，造成了很大的损失。生鲜贸易里面包含着很大学问，如何把产品卖出去，让农民赚到钱，对产业发展来说是客观存在的、需要解决的关键问题。农产品难卖问题一直是我国农业产业发展的主要瓶颈。长期以来，我国农产品面临着总体产量巨大与单产规模较低、品种相对丰富但产品品质差异较大的两大矛盾。没有标准化的生产管理和品质分级，也就无法制定标准的价格体系，农产品的优质优价也就无从实现。没有优质优价农产品，品牌建设也就成了空中楼阁，只能靠讲故事来维持其影响力。

"大潘，你有这个信心去做这么大的一个工程吗？值得吗？"大潘郑重地点了点头，问我可不可以去略阳看看乌鸡产业，给点建议。

接着，他略带羞涩并兴奋地说："我们没有费用，你得自费来。不过，第一条略阳乌鸡屠宰生产线已经建成了！"

相隔不到两天，我就自费去了大潘县长挂职所在的略阳县，从北京到略阳要在北京南苑机场乘联航的飞机到陕西汉中，然后还有100多公里的路程，好在有高速公路，路不难走。我去的那天是雷雨天，联航飞行员战斗机般的降落操作，把乘客都吓白了脸，我轻声嘀咕了一句："可真是吃饱了撑的，忙得要死，还跑来看乌鸡！"到了略阳已经是深夜，直到第二天才见到忙得两眼乌黑的大潘，他马不停蹄地带我去看乌鸡的养殖基地和新建成还没有投产的屠宰场。看着新建的还透着油漆味儿的略显简陋的屠宰场，说实在的我还是觉得大潘要做的这个事很难。看着大潘为乌鸡熬出来的黑眼圈，我跟大潘说：要不先做个大订单试试看！

大潘县长很实干，真的就张罗了起来。如果要组织一个大的订单，首先要梳理产业基础，了解能卖的乌鸡到底有多少只？确定符合什么样的质量标准的产品能够满足订单要求，每只多少钱收购，卖多少钱不赔钱，如何能够实现性价比最高？乌鸡都在哪些合作社、农户、贫困户手里？如何把这些乌鸡统一收集到一起？乌鸡的屠宰包装、物流运输、销售服务都由谁来负责？等等。一个大订单做完，自己具备什么条件和优势、欠缺什么就都知道了。知道了真实的问题才能一个一个地去解决问题，做事的过

略阳工厂旁边找到的

程也就是解决问题的过程。

通过一段时间的准备，2018 年的"99 公益日"，大潘县长跟阿里合作，在淘宝平台发起了消费扶贫略阳乌鸡的众筹活动，活动众筹金额是 500 万元，定价 150 元一只略阳乌鸡，这样算起来差不多订单规模是 3.5 万只鸡，符合大潘县长前期调研的数据，基本可以满足供应。比起原来产业宣传的年出栏量几十万只少了很多，却是实实在在能做到的。活动很成功！跟大潘县长聊起来的时候他很诚恳地说，通过众筹活动果然发现了很多迫切需要解决和必须解决的问题，比如货源组织环节，真卖货的时候发现能卖的符合要求的产品并不多；又比如在屠宰包装、销售服务和公益活动方面，存在发货慢、包装有偏差、物流查询困难、售后缺失、订单错发漏发多发等问题。因为管理软实力的缺失，让本来的利润变成了成本。幸运的是，"略阳乌鸡"品质确实过硬，消费者也包容了这些问题。但未来要真的推向市场，大量订单的服务不及时、售后缺失、包装缺陷的赔付有可能造成一家企业直接破产，做得越大，亏损越多。这就是农业产业链所面临的实际问题。怎么有效地去解决这些困难和问题是留给略阳乌鸡产业发展下一步需要思考和扎实解决的。

"略阳需要培育一个供应链服务的专业企业，也就是下一个小目标。"大潘说。

思考大潘的扶贫尝试，这个大订单的路子走对了，通过一次众筹活动发现本地产业发展的具体问题和薄弱环节，有针对性地制定适合的解决方案，打造一个本地化的专业服务团队，让这个产业持续发展下去，创造经济价值，让老百姓都富起来。电商扶贫的初衷就是希望通过互联网打通信息壁垒，通过各种专业团队的参与解决贫困地区产业持续发展需要的标准化建设、组织体系建设、产品品牌建设和硬件设施建设。

作为一个扶贫人，这些年我走了很多青山绿水的贫困县，也认识了很多像大潘县长那样的扶贫好干部，他们在扶贫一线默默地努力发展扶贫产业。产业是否做得好，数据是唯一的证明。因为只有真的做过，赤裸裸地面对过市场，才能做出真正适销对路的农产品。

行不行，先来个大订单试试。发展才是硬道理！

何当山花烂漫时

春夏秋冬，四季轮转。朝思暮想，心潮澎湃。山还是那座山，水还是那湖水。然而万水千山，最美却是方山。

刘博联： 现在北京理工大学工作。2016年2月至2018年2月，在山西省方山县挂职任副县长。2018年，被评为"中央和国家机关脱贫攻坚优秀个人"。

马金莲一直以来坚定这样的信念:"只要你敢想,就没有实现不了的梦想。只要你敢做,就没有做不成的事。"

吕梁山护工

刘博联

人说山西好风光,地肥水美五谷香。左手一指是太行,右手一指是吕梁。吕梁山西麓腹地,沟壑连绵,地广人稀。在深度贫困地区,有这样一群铿锵玫瑰,曾经的她们围着锅台、老公、孩子转,被称为"三转婆姨"。而现在的她们,成为吕梁山一张亮丽的名片——"吕梁山护工"。

2016年2月29日,正月廿二,星期一,天气晴。

这是我来吕梁方山县的第29天,其间回北京和家人过了一个简单的春节。对比发现,北京的冬天干冷,雪迟迟不来,干燥的空气弥漫着冬日的寒冷。而此刻的吕梁山,天气阴冷,皑皑白雪覆盖着大地山川,风沿着北川河嗖嗖刮个不停,风中还夹杂着些许残雪。这一天,吕梁山护工走出大山脱贫致富事迹巡展在方山举办。

这是我第一次接触吕梁山护工。

巡展专场在方山一中大礼堂举行,场面宏大,热情洋溢,与屋

方山县县城全景

外冷冽的北风形成鲜明对比。当天感受颇多，翻开曾经的扶贫日记，一切仿佛就在昨天，感动事迹，历历在目，久久不能忘怀。"吕梁山护工，摒弃旧观念，坚强地扛起家庭重担，奔波于北京、太原等地，用他们勤劳的双手，用他们朴实的性格征服了家政市场，打造出吕梁山护工品牌。他们不忘政府培训之恩，带动邻居共同致富。他们的脸上洋溢着幸福的笑容，自豪的笑容。"

曾有人说，脱贫攻坚战是人类的"第三次世界大战"，是人类向贫穷发起的最终挑战。而我是一名扶贫战场的新兵，在扶贫一线如何作战，进攻的方向在哪里？怎样才能帮助贫困百姓脱贫致富？这些问题一直在困扰着我。这次巡展，让我接触到"吕梁山护工"，许多感人事迹似乎给我打开一扇窗：劳务输出或许就是一条出路。那么这条出路的难点在哪里？

随着扶贫工作的深入，通过调研、走访和学习，慢慢了解到"吕梁山护工（护理）"就业培训的价值所在，但也同时感受到此项扶贫举措要取得实效并非那么容易。吕梁山的婆姨（妇女）从传统的观念上就是"三转婆姨"，围着锅台转、围着老公转、围着孩子转，要走出大山，就要过"三关"，老公关、亲戚关和自己关。吕梁山百姓思想上相对比较保守，婆姨出山家人最大的担心就是怕她们一走了之。因为，在吕梁山娶到媳妇本身就是一件不容易的事情，万一在她们在大城市待久了，不愿意回来了怎么办？解决此类思想问题最有力的措施便是宣传引领，用典型事例来感染和影响贫困群众，同时还要一户一策，重点动员。吕梁市自 2015 年开始，提出了"三个一"扶贫行动计划（吕梁山片区 100 万亩经济林提质增效、100 万千瓦光伏发电、10 万贫困人口护理培训），把护工（护理）培训就业工作作为精准脱贫的一个重要抓手，着力打造"吕梁山护工"品牌，通过吕梁山护工外出务工可以解放思想、更新观念、走出大山、走向城市，通过靠自己的勤劳和智慧创造美好的生活，实现一人就业、全家脱贫。目前来看，体现了扶贫和扶智、扶志的结合，效果是明显的。

树立"吕梁山护工"品牌，需要做三方面工作，即具体需求、有效供给和供需平台打造。而最关键的便是供需平台建设，平台可以收集具体需求和提高供给水平。吕梁市也逐步开始在北京、天津、太原等地建立就业服务站，引进市场机制，提供就业服务。而我与马金莲和她的公司便是在此背景下通过政府的牵线搭桥认识的。

2016 年 9 月，我在吕梁市离石区参加挂职干部座谈交流会，有幸认识了吕梁市人社局的领导，为了推动吕梁山护工在北京高校落地，人社局领导向我推荐了马金莲。初识马金莲，印象一般，穿着普通，感觉不是非常干练。经过人社局领导介绍和沟通，惊叹于她的工作经历和勤奋努力程度。她摆过地摊，卖过水果，开过服装店、旅馆，参加过护工培训，在北京爱侬家政服务工作过，正筹备开一个家政公司，帮助姐妹们一起走出大山。就是这样一个年轻人，在家人不理解不支持的情况下，为了新的生活，为了乡亲姐妹过上幸福生活，突破困难险阻，各种艰难拼搏。她通过人社局领导找到我，主要是想通过我在北京理工大学打开市场，并由此扩展到其他高校。

说实话，刚开始，我并不看好她，因为之前吕梁市两三家公司都找过我。这些公司的规模、经验和底蕴比她丰富，选择和她合作，过程可能会比较艰辛，结果或许没有预期的好。但最终我却选择了和她合作，她不相信命运，她认为命运掌握在自己手里。这一点，我有同感，如果屈服于命运，我或许连大学也上不了，更谈不上在大学工作。因此，一个坚定的信念悄然萌发，我要尽我所能支持她，帮助她。之后，我们深入交流、共同谋划，推广吕梁山护工，推动吕梁山护工走进北京高校。

马金莲一直以来坚定这样的信念："只要你敢想，就没有实现不了的梦想。只要你敢做，就没有做不成的事。"刚开始的推介，困难重重，文稿宣传、拟定合同、上户跟踪、心理疏导等一切都需要从零开始，没有专业人员，就亲自上阵，没有经验就摸索经验。进社区、发传单、赶场宣传推介，等等。2016 年 11 月，吕梁市懿星家政服务有限公司成立。2017 年 8 月，吕梁山护工北理工就业服务站成立。组织机构逐步健全，招兵买马、宣传推介，做好每一位护理护工的上户工作。方山县峪口镇吉家庄村张小平想外出务工从事家政服务，但是她没有接受过完整的培训，她找到我，我推荐给马金莲，马金莲全程陪同，陪张小平深夜坐火车入京，为消除她的顾虑，在就业服务站，手把手教她各种电器使用，传授与人沟通的技巧和方法，慢慢融入北京大城市生活。

2017 年 11 月，新一轮吕梁山护工先进事迹报告会在方山县巡展，马金莲作为主讲嘉宾披红戴花在主席台就座，而此刻的她，脸上充满了自信，没有之前我刚见到时的拘谨，显得大方得体、信心满满。其间，她向我投来感谢的目光。而她发言中的一句话，更让我铭记在心，也让现场的妇女们心潮澎湃，她说："走不出去，家是你的世界；走出去，世界就是你的家。"

时间如飞梭，2018年2月，我又回到了北京理工大学工作。但是我没有忘记吕梁山护工，朋友圈里依旧宣传吕梁山护工。很多朋友、同事和同学都联系我，我再通过马金莲帮忙找到合适的护工。吕梁山护工以诚实、守信、超高性价比赢得了客户的认可。

2019年9月，因要去吕梁洽谈业务，顺便约了一下马金莲，想当面见见她，看看她发展如何，还需要我做点啥。她在柳林县，从吕梁市驱车前往需要1个小时，去的途中，电话那头是她激动的声音，时不时问我到哪里了。到了相约的地点，映入眼帘的是一张醒目的牌子：懿星职业培训学校。她热情地招呼我，主动给我介绍，这是培训教室，那是育婴培训室，这是护工培训室，那是厨师培训

刘博联同方山县峪口镇桥构村村民共话丰收喜悦

室，这是员工宿舍，那是党建活动室，等等。600多平方米的地方被她规划得井井有条，吸引我的还是墙上的字——"本事随身子，如同娘跟着""我有手和脑，不靠人养老"。而这些都是她根据本地方言、俗语编写制作的，生动，入心，入脑。交流中，她显得有些激动，也有些自豪。为了拓展业务，2018年5月，她成立吕梁市懿星养老服务中心，2018年8月，成立懿星职业培训学校。曾经反对她走出来的老公，经过她的熏陶和组织推荐，远赴日本，成为"吕梁山护工"海外一员。而她本人，也被当作典型，获得很多荣誉，如"感动吕梁"2017脱贫攻坚年度人物提名奖，山西省"三八红旗手"，山西省脱贫攻坚奋进奖等。她获得了很多人的支持和帮助，为了跑业务，她分期贷款购买了一辆车。当问及她还有什么困难时，她坦言，很多姐妹跟着她干，特别是和她一起创业的，她还没有付工资给她们，现在公司还不赚钱，因为介绍费很低，有时候为了拓展业务，会打折或者免收。但是她坚信，明年养老中心运营步入正轨后，情况会好很多。

作为曾经的护工学员，马金莲走出了大山，用自己的双手创造价值，为了帮助更多的姐妹实现脱贫致富，她选择回到家乡创业，帮助更多的人走出大山，她是"吕梁山护工"的杰出代表，也是精准扶贫"吕梁山护工"就业培训取得成功的一个缩影。

截至2018年12月，吕梁市共培训21期36376名"吕梁山护工"，其中贫困人口16764人，占总培训人数的46.09%；实现就业18961人，占总培训人数的52.13%；贫困人口就业7243人，占总培训贫困人数的43.21%。就业人员主要从事医疗陪护、养老陪护、月嫂育儿嫂、家居保洁等家政服务工作，就业区域辐射北京、天津、山东、山西、陕西、内蒙古等6个省（直辖市、自治区）20余个城市。吕梁市将继续坚定不移地做好"吕梁山护工"这篇文章，着力抓好宣传发动、技能培训、跟踪服务"三个重点"和激发内生动力、文化品牌培育"两个环节"，坚持扶贫和扶智、扶志相结合，让更多的吕梁山老百姓加入"吕梁山护工"的队伍里来，解放思想、更新观念、走出大山、走向城市，靠自己的勤劳和智慧去创造美好的生活。

何妨岭花烂漫时

在大吕村驻村帮扶整整 4 年时间，这里的每一条街道都留下了我的足迹，每一块土地都渗透了我的汗水。真心希望大吕村在乡村振兴的道路上阔步前进，走向富裕，走向文明，走向幸福，走向更加美好的明天。

刘纪昌：现在山西省运城市国际金融和国库支付中心工作。2017年 7 月至 2021 年 6 月，在山西省夏县大吕村任帮扶工作队队长。2018 年，所在帮扶工作队被评为"驻村帮扶优秀工作队"；2019 年，个人被运城市评为"担当作为优秀干部"。

村里人都说王双定卖菜不挣钱，还传了好多笑话。说他早上进了100块钱的菜，一个小时就卖完了，他很高兴，回到家一数钱，只有35块钱，他怎么也弄不明白。

跟上双定去卖菜

刘纪昌

2017年7月14日，和村干部一起，我来到帮扶户裴苗巧家。

这是我驻村以来第一次入户走访。第一感觉是，这家院子建得不错，四面都是整齐的砖墙，门楼高大，贴着红色的花岗岩，木门深红，门上三排古铜色的箍子，怎么看也不像是贫困户。上午9点多了，大门还是紧闭，村干部使劲敲着门环，大声叫着，双定双定，开门开门。半天才听见一阵脚步声，哐当一声，大门开了，出来一个中年男人。村干部开着玩笑说，扶贫队给你送钱来了，还不快接着。然后给我介绍，这是王双定，裴苗巧的儿子。

进门先看到一辆蹦蹦车，里边装着各种蔬菜。王双定说，我刚卖菜回来，还没收拾家哩。

院子很宽敞，一排五间水泥平房，靠大门一侧搭了一个简易棚，作为临时厨房，里边堆着锅灶一类的生活用品，案板上放着刚切好的萝卜丁和茄子。院子南边种了一片玉米，长得高大葱郁，结着未成熟的玉米棒子。一个老太太坐在屋檐下乘凉，脸上满是皱纹，身子有点佝偻。村干部介绍，这就是裴苗巧。

我自我介绍，扶贫工作队的，你家的帮扶责任人。王双定显然对这样的场景已经熟悉，笑了一下说，又换人了。在此之前，大吕村是市委办公室的包点村，来这里帮扶的都是一些重要领导，可能和王双定都熟悉了，所以他对我们的到来没有感到好奇和突然。

我们逐个看他的屋子。第一间是储藏室，杂乱无章的东西扔得到处都是。推开中间屋子的门，一股脚臭味扑鼻而来，地板上铺了一张凉席，一个年轻的小伙子躺在上面玩手机，见我们进来急忙翻身爬起。一问，是王双定的儿子。凉席周围扔满了食品袋子和塑料袋，一个小电扇摇头晃脑呼呼吹着。角落里的电视机闪着雪花点，刺刺响个不停，偶尔能听见说话声却连一个人影都看不到。随后到了另一间屋子，摆着一张大床，只有几件简单的家具。这时我才明白，这个家庭

瑶台仙境，如诗如画

看外表富丽堂皇，实则一贫如洗，是一个真正的贫困户。

第一次入户，主要是了解致贫原因，宣传帮扶政策。出来的时候，王双定送我们到大门口，我问他除了种地还干些啥，他说卖菜，每天在鲁因村卖菜。

走出王双定家不远，村干部就笑了，说全世界都知道，王双定卖菜，只赔不赚。我问为什么，村干部说，他就不是做生意的材料，连账都不会算。

这是第一次见王双定，他给我的感觉，是个老实人，但这个"家"有点不像个"家"。

从那以后，我开始关注王双定，多次去他家，给老人和儿子送去许多衣服，机关领导也到他家慰问，送去生活用品和食品。本来裴苗巧是我的帮扶对象，现在实际上成了王双定。

去王双定家次数多了，我发现他家一个最大的特点就是大白天经常关着门，每次去都要叫门，我也和村干部一样，用手敲着门环，大声喊着：双定双定。邻居都能听到，他好像听不到，常常是喊半天才开门。

有一天到他家，没看见他儿子，说是外出打工了，在运城一个饭店后厨做帮工，就是择葱、剥蒜、倒垃圾之类的活。儿子外出打工，双定很高兴，话也多了。

双定人缘很好，我每次去他家的时候，都会有几个邻居过来串门，给我说他家的情况。村里人说，双定媳妇人很能干，看不上双定，扔下老汉和娃就走了。如今剩下老的老，小的小，只有双定一个人支撑，连一个收拾家的人都没有。家里没有女人就不行。还问，你们扶贫能不能给双定扶一个老婆？

大家都笑了。我说可以帮贫但没有帮娶老婆的，如果你把日子过好了，老婆自然就来了。

邻居告诉我，双定的儿子看起来挺精神，其实脑子不够用，外出打工，几次都是派出所送回来的。原来他脑子迷糊，经常走到街上就回不来了，也说不清自己在哪里上班，好在记得大吕村，还有身份证，派出所只好打电话通知家人。王双定一个人不敢出门，害怕自己也回不来，没办法，当地派出所只有派人把他儿子送回来。

村里人都说王双定卖菜不挣钱，还传了好多笑话。说他早上进了100块钱的菜，一个小时就卖完了，他很高兴，回到家一数钱，只有35块钱，他怎么也弄不明白。倒是邻居和村干部清楚，说双定太老实，进货的时候，他往车上装菜，后边就有人偷菜。进了两筐，一筐就让人偷走了。他进的葱，一块钱一斤，他卖一块五，表面上

每一个数据，都要再三订正，经得起时间检验

挣五毛钱，可是，那些女人、老婆婆把葱叶齐齐地揪断，一斤就成了半斤，所以卖一斤赔5毛；他的白菜7毛钱进的，卖一块五，老婆婆把外边的绿皮剥得光光的，就剩一个菜心，一棵5斤的白菜成了2斤，卖一棵白菜赔一块五。你算算，他挣啥钱？

我问双定是不是这么回事，他笑着不言语。我说，明天我陪你卖菜，看你怎么卖的。

2017年9月29日半夜3点，我就起床了。毕竟进入秋天，虽然白天还比较热，但半夜三更就有点凉了。到了双定的家门口，只见大门已经打开，院内灯光大亮，蹦蹦车突突响着倒出门来，掉好头，双定关了院里的电灯，拉上大门，我也坐上蹦蹦车和他挤在一起。问，去哪里？双定说，禹都菜市场。说完一挂挡，蹦蹦车突突叫着，眼前两支黄黄的灯光照着院墙、树木，在村子里拐了几个弯就上了大道，一路轻快地奔向禹都菜市场。

禹都菜市场其实离我家不远，我们平常也去那里买菜，但都是白天。今天我第一次以特殊的身份进入菜市场批发蔬菜。

没有想到，大半夜这里这么热闹。灯光之下，飞蛾成群，人头攒动，喊叫声不绝于耳。一辆一辆的大卡车挤满了每一个角落，车门都打开着，一辆车装着一样蔬菜，西红柿、辣椒、茄子、洋葱、西葫芦、大葱、白菜、豆角……每一辆车前都有人忙着卸菜装菜，车屁股后边放着一个大磅，有人把菜从车上卸下来，一过磅，就转到了旁边的三轮车、蹦蹦车、小卡车上。买卖双方都不搞价，现钱结算，当场付清。

我跟着王双定在人群里挤来挤去，先后批发了辣椒、豆角、西红柿、白菜等，看着差不多了，打道回府。一看手机，已经是早上4点半。

回来的路上，双定说，批发菜一定要去早，去迟了，人越多，菜越烂，回来就赶不上卖菜了。他说得很自信，很有经验。

5点钟，我俩赶到了鲁因村。这是王双定固定的摊点。

鲁因村是一个大村，据说有6000多口人。村子有些老旧，看起来有些古城镇的味道。菜市场就在村委会广场上，我们来时，已经有人把摊子摆好了。真是莫道君行早，更有早来人。双定很熟练地把蹦蹦车开到最中央的位置停下来。我问，这是你的摊位吗？他说不是，谁来早谁占，这是最好的位置，来回过往的人都要从这路过，来迟了，就让人抢走了。一边说着，他一边在地上铺好一块彩条布，然后就按类把各种蔬菜一样样摆好，有20种之多。

双定的旁边停着一辆包裹严实装潢漂亮的蹦蹦车，一个干部模样穿着整齐的人打开车门，里边是一袋一袋雪白的馒头。这人看了我一眼，冲着双定喊："王双定，今天还请来一个保镖？"双定低声说，不敢乱喊，这是我村的驻村干部，帮我脱贫哩。那个人笑了，说，这位干部，你赶紧给王双定另找个事干，别让他卖菜了，他就不会做生意。对面一个摊主说，你净胡说哩，谁说王双定不会做生意？你看看菜市场，哪一天不是双定跟前的人最多，生意最好？卖馒头的摊主笑着说，你别笑话人，你一天挣的零头都比双定一个月挣得多。然后又压低嗓门对我说，双定不识数，不会算账，人又老实，根本就不会卖菜。不信，你在这看看就明白了。

这时候，买菜的人陆续过来了。一群女人在双定的摊前你挑白菜她挑葱，挤成一团，拿起白菜大葱，二话不说，喊里咔嚓又撕又扯，一个绿皮大白菜就剩下白白嫩嫩半个菜心，大葱也就剩了一节白杆。又一个女人过来，手里提着一个大编织袋，问都不问，就把扯下来的白菜叶和葱叶塞进去，提上走了。卖馒头的摊主就冲我笑着说，看见了吧？话未说完，不知从哪里突然冒出一个小个子中年妇女，上前拉住那个女人的编织袋，二话不说哗的一下把里边的菜叶子全倒了出来，又把编织袋扔到那个女人身上。奇怪的是那女人竟然一声不吭地走了，看来她们是打过交道的老相识了。中年女人不高兴地指着几个买菜的女人说，看你们把菜糟蹋成啥了？有没有这样买菜的？几个女人不好意思地付了钱，拿上菜走了。

王双定对我说，这是我姐。

他姐看了我一眼，一边拾着地上的菜叶，一边唠唠叨叨，说，双定在这卖菜，我比她还累。我就是这个村的，天天都要过来看一看，不放心。他就是心软面软！说是卖菜挣钱，赔得比挣得多，再这样卖估计就要卖房了。

王双定不好意思地一直笑。

看着他姐在这招呼，我就趁机到菜市场各处转一转。鲁因村委会广场不大，几乎被小摊点挤满了，人头攒动，熙熙攘攘，很是热闹。广场外边还有许多卖小吃的，我买了两个油饼，自己吃一个，给双定一个。返回到双定摊前时，看到又围着一群女人，挤挤挨挨，叽叽喳喳。王双定的姐走了，王双定忙得一塌糊涂，算不过账，数不过钱，急得眼睛一眨一眨的，说话也结巴了。看见我过来了，就问我：一斤西红柿一块二，三斤四两多少钱？

王双定好说话，我给他算账，别人付钱的时候，他总要免去零头。但有的顾客还不满足，顺手再拿一个小萝卜、小茄子，或者几根辣椒、一把香菜。我这才明白为什么这些老头老太太和女人都喜欢到他这里来买菜，原因是能占便宜，所以他的摊位前总是人最多，但却不挣钱。我的所见所闻，证实了别人的所言不虚。

快早上9点了，市场渐渐冷静下来，王双定开始收摊。没有卖完的菜收在一起，装进车里，用塑料布蒙起来，第二天再卖。我问他今天能卖多少钱？他满脸兴奋地说，350多元。我问能挣多少钱？他说五六十元。

说这话的时候，他情绪很高，很有成就感。

我问，毛的还是纯的？他说毛的。

我说：咱俩开着车来回60多公里的路，油钱算不算？人工算不算？

他不吭声了。

我说，还有，咱俩早上3点起床，现在是9点半，工作了6个半小时，你算算，一个小时能挣多少钱？

他没有回答。

"好，我的兄弟。"我一字一板地对他说，"除去油钱，车辆折旧，还有损失的菜叶子，你免去的零头，我估计，你今天根本就没挣钱，白白地忙了6个小时。"

他有点着急了，但还是不说话。

回来的路上，我想，王双定每天起早贪黑，风雨无阻，比别人受了更多累，吃了更多苦，其实根本就是白忙活，没有经济效益，也养活不了自己和家人。之所以还能这么支撑下去，就是因为他一家人享受着国家好多政策，他母亲每个月有80元的养老金，一家三口每人每月有100元新农保补贴、每人每月有174元低保补助。如果没有这些，他怎么能把这生意延续下来？

我对王双定说，你不能卖菜了，你就不会做生意，还是干点别的吧。

我能干什么？王双定无奈地说，没有啥可干的。

你到饭店打工都比这强，每个月管吃管住还能挣一两千元。

我不能出去。我妈80多岁了，我要照顾她；我儿子这几天又回来了，要吃饭。

……

那天早上10点钟，我回到住地，忽然想起，一早上没有洗脸，没有刷牙，没有喝水，没有刮胡子。到镜子前一照，只见稀稀拉拉的头发乱七八糟，眼皮黑黄，脸色青灰，胡子拉碴，眼角上还有几颗黄黄的眼屎。我自己都吓笑了。我的娘啊，我这个扶贫干部，就这个样子神气活现地在鲁因村表演了一早上啊！

回来后，我们工作队就在一起商量，怎么能给双定找一份合适的工作。

当时正好我们给村里申请产业扶贫项目，和村"两委"干部商量后，决定把原来大吕村核桃专业合作社的经营范围拓展到葡萄产业发展上。这个村前几年曾经搞过几十亩葡萄种植产业，由于缺乏技术和资金，管理不善，几年来只有投入没有效益，几个股东干脆放弃，偌大的葡萄园成了一片荒园，无人修剪的葡萄蔓横七竖八，东拉西扯。工作队和村"两委"干部一致决定将这个葡萄园作为今后的重点扶持项目，以此为契机，发展葡萄产业，壮大集体经济，带动贫困户脱贫致富。

为此，我们通过政府渠道，向上级有关部门申请扶持资金，并决定葡萄园务工人员全部用建档立卡贫困户，按照当地收入情况，确定每人每天60元工资。这个时候，我们想起了王双定，几次到他家动员，希望他到葡萄园上班。一开始，王双定不愿意，说他已经习惯了半夜3点起床、早上9点收工、吃过饭在自家地里干一会儿活、晚上早早休息的生活状态，他也不想改变这种状态。同时，他认为自己目前很自由，想干啥就干啥，不受约束，所以对我们的意见听不进去。我们说多了，他还有些反感，对我们发脾气。

在此期间，我了解到他最近新买了一辆三轮车，花了5000块钱。我问他钱从哪里来的？是你攒的吗？他说不是，他手里没钱，女儿给了3000元，他自己又借了2000元。

听到这个情况，我就和他算账。我说你卖了这么多年的菜，为什么没有攒下钱，就是因为你没有经商头脑，最关键一点是不会算账，做的都是赔本买卖；还有一点就是不会理财，手里有钱就花，到了都攒不下钱。所以你起早贪黑很辛苦，到头来却是竹篮打水一场空。

然后我又给他算了一笔账。你在葡萄园干一天活就有60元收入，一个月干20天就是1200元；一年干8个月，就是9600元，再多干几天就能挣10000元。没有支出，不用起早贪黑，还能照顾家里和老人。这是多好的事，你为啥就转不过弯来？

双定不好意思地摸着后脑勺，憨厚地笑了，说："我就是不想受人约束。"

我说，只要想挣钱，就要受约束。工人受工厂约束，干部受机关约束，党员受党章约束。你是建档立卡贫困户，国家从中央到地方、从资金到人员，包括咱们村建这么大的葡萄园，花这么大的成本，目的就是让大家赶快挣钱摆脱贫困，过上富裕生活。而你连这么一点约束都受不了，你就准备一直贫困下去、靠国家帮扶生活吗？国家想着你，你也要想着国家。你还年轻，身体还好，要扬长避短，不要做那些你做不了的、劳而无功的事情了。

王双定不好意思地看了我一眼，低着头说："好，听你的！"

我说，明天早上就到葡萄园干活去，我来接你。

他急忙摆手，不用接不用接，我自己去。

第二天早上 10 点多我去了葡萄园。10 月的天气，葡萄园里遍地荒草，葡萄苗仍然郁郁葱葱，但枝杈横斜，乱七八糟。一群人正在清理杂草，修剪枝条，王双定也在人群中，正低头拔草，干得很认真，很投入。

从那天开始，王双定就成了葡萄园固定的务工人员，每个月出工都在 20 天以上。葡萄园按天发工资，都是当日结算，下午收工时签字领钱。双定拿上钱脸上笑开了花，说这比卖菜强多了，不用算账，不用投资，不用起早贪黑、来回奔波。从当年 10 月到次年 2 月，双定在葡萄园干了 5 个月 110 多天，领到了 6600 多元。仅此一项收入，就超过了当年的贫困线。

不知不觉一年多时间过去，大吕村的葡萄园成了产业扶贫项目基地，不仅增加了许多新品种，而且档次大幅度提升，全部搭建了冷棚，还建了两个大型日光温室。走进大棚，一行一行绿油油的葡萄架挂满了珍珠翠玉般的葡萄串。这一年的葡萄市场非常好，一斤玫瑰香出园价就达到 5 元至 6 元钱，效益之好超过预计。王双定和几个贫困户每天忙着采摘葡萄，一箱一箱装上汽车，运到遥远的郑州、上海等地的超市里。

何如山花烂漫时

绿我涓滴，会它千顷澄碧。梦里几度回望这个山水映城、梯田绕城的山城，不知不觉中，无论身在何方，她已悄然成为我内心的一份牵挂。衷心祝愿金平县在乡村振兴的康庄大道上稳步前行、各族人民的幸福生活更上一层楼。

王尉育： 现在外交部中国驻里约热内卢总领馆工作。2019年1月至2021年4月，在云南省金平苗族瑶族傣族自治县挂职任县委常委、副县长。2020年，被评为"中央和国家机关脱贫攻坚先进个人"。

坐在苍翠掩映下古香古色的金平县古树茶文化体验中心老宅前，我和辉哥以及几个合作社社员们晒着云南温暖的太阳，望着眼前几款包装焕然一新的古树茶茶叶，大家都显得从容而信心满怀。

叶　子

王尉育

提起他的宝贝"叶子"，小眼睛辉哥笑眯眯地捂嘴，按捺不住地开心，满足之情溢于言表："好日子，好日子。"

辉哥是云南金平县人，越南归侨。"叶子"是他对于自己合作社出产产品的昵称。如同老农爱庄稼，这些叶子——古树茶茶叶，也是他和鸡窝寨古树茶合作社社员美好生活的希望所在，所以称呼起来格外亲切。

一年多前，我作为外交部扶贫代表来云南金平县扶贫。辉哥是我认识的诸多勤劳善良的金平人中最让人感慨的一位。他带领合作社社员"石头缝里刨穷根"的人生经历，如同时代大江大河里的一滴水珠，照射出国家与社会发展变迁，也映照出边疆人民在党的带领下逐梦全面小康的光辉历程。

就在 7 年前，辉哥和鸡窝寨村民口中的宝贝叶子还是入不了村民法眼的非主流作物。村民嫌古茶树在地里碍眼，又卖不了啥钱，很多人有心砍了种苞谷（玉米）。"两块钱一斤，还得费劲巴拉地背几十里泥泞地去集市上任人挑选，何苦呢。"辉哥返乡的一个偶然，竟然成就了村里人脱贫致富的一个机遇。

这机遇是同乡村民的机遇，也是辉哥的机遇。

7年前，辉哥是一个心灰意懒的下岗中年男人。原本是省城昆明的国企员工，是村里的希望，也算是"最靓的仔"。想不到企业倒闭，辉哥只好郁闷地回到边疆金平小城投奔他的大哥。聊起下岗后带着妻小在昆明短暂讨生活的酸甜苦辣的日子，"生活不易啊"，辉哥一阵唏嘘，神色黯然。不过聊起他的归侨家族史，他又双眼放光，

参加红河州中央定点帮扶单位临时党支部植树造林活动

颇为神气起来。

说起他的归侨身份，真是颇为周折。辉哥其实祖祖辈辈都是金平县马鞍底乡的农民，马鞍底乡与越南相邻，山山水水甚至民族亲戚都有千丝万缕的联系。由于时代原因，中越边民边界观念模糊，种地、务工、生活、交往，千百年来你中有我，我中有你。但有一段时间，在越南的很多华人曾遭受驱逐。在家乡对岸一河之隔种地的辉哥一家也在其中。如此一来，辉哥父亲带着一家子回到了马鞍底，党和政府的周到安排让一家人倍感温暖。为了安置归国的侨民，政府还将年轻的辉哥安排到省城昆明的华侨企业公司上班。时代大潮下，辉哥成了村里的骄傲，不仅成了城里人，而且在省城国企上班。"党的归侨政策好，要不是共产党，我可能就跟寨子里任何一个大爷一样，没有机会见到外面的世面了，也不会有今天。"

那是 2014 年，下岗的辉哥带着光环褪去的落差，落寞地回到寨子里，郁闷得很。偏偏这时候，村里找他来了，希望他组织村民发展点产业，带动村民脱贫，因为觉得他是见过世面的。尽管底气不足，体面是必须有的，辉哥满口答应，心里却仍旧犯嘀咕。可能是平时因为省城上班的经历，他也颇讲义气，经常给一些朋友邮寄村子里老百姓自己喝的古树茶，有时候他也会转手换点小钱。一来二去，一些朋友会经常给他介绍一些真正的茶叶客户。仔细琢磨下来，辉哥觉得也就这个"叶子"可以干。他决定依托村里千百年来老祖宗留下的古树茶，试着成立一个茶叶合作社，做古树茶收购和粗制加工。合作社名字也取好了，听起来高大上——依卓兰古树茶专业合作社。细问之下，依卓兰就是瑶族话"鸡窝寨"的意思，让人不禁莞尔。

得益于这些年国家精准扶贫政策的落地实施，全县上下脱贫攻坚工作进行得轰轰烈烈，合作社产业发展也迎来了难得的机遇。在村里协助下，辉哥发挥曾在国企工作的优势，"拳打脚踢"什么都干，千方百计做村民工作整合附近的古茶树资源。辉哥发挥致富带头人作用，张罗社员入股、劳作、分红，带领大家硬是把村里古树茶的产供销一条龙路子给闯了出来。辉哥给我看了手机里一张几年前的照片，照片里辉哥正给社员发放着茶叶款分红。

事情就这么做起来了，其中的苦辣酸甜，他不会也不想说，估计只有他自己内心深处才会真正知道。"一路上不容易，要感谢的人很多，很感谢党和政府的支持，特别是外交部的帮扶。"辉哥提到的帮扶，指的是外交部对定点帮扶县的产业贴息贷款和一系列产品打造的扶持措施。

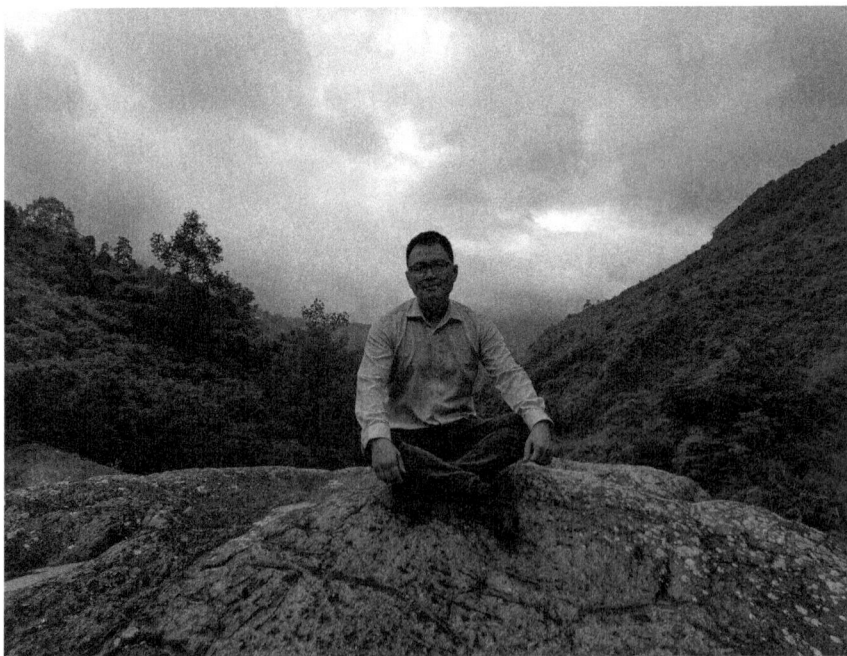

在金平大山留影

金平地方小，很多人突然都知道了一个大消息：辉哥去北京卖货了，而且在鸟巢，参与的是各国使馆都参加的大型高端活动。这是边疆小城人们不曾预想的，辉哥做梦也不会想到自己的人生会与外交部有了千丝万缕的联系。除了会说越南话，辉哥丝毫都看不出与任何金平人有何不同，他也没有期待自己能做出与众不同的事情。当我的上一任扶贫代表几年前到他的合作社考察，并且表示外交部希望与他们合作社进行产业帮扶合作时，辉哥还一脸错愕。外交部向辉哥合作社提供了一笔20万元的产业贴息贷款，支持合作社做大做强。从乡镇领导那里得知，外交部作为中央单位一直在帮扶金平。有了外交部的支持，辉哥倍感光荣和自豪，干起活来更有劲头了。辉哥的合作社受到外交部的邀请，参加了2018年大爱无国界国际慈善义卖。辉哥虽然是归侨，不过也是第一次在现场见这么多的"老外"，而且在义卖现场，有很多外交部"外交天团"的明星外交官和驻华使馆外交官品尝购买了辉哥合作社的很多产品。辉哥手机屏幕上至今还是他们合作社跟"外交天团"偶像的现场合影。"外交部给我们带来了党中央的关心和关怀。"有了来自北京的关心，这日子，辉哥和合作社更显滋润和荣耀了。"党的光辉照边疆，边疆人民心向党"，这句话成了辉哥和合作社社员的口头禅。

由于经营有道，而且带动了鸡窝寨这个瑶族寨子逐步打开了古树茶的市场，社员们的口袋渐渐鼓起来了。辉哥经常跟村里的乡亲们一样，满足地围绕着自己合作社的茶叶粗制作坊来回查看。他身后本来贫穷落后的鸡窝寨新房渐渐多了起来，原来的杈杈房（茅草房）也慢慢被三层小楼取代。有一天，辉哥发现，自己的厂长居然"造反"了——厂长自己宣布单干办茶厂，并且要与他开展正面竞争。辉哥气炸了，熟悉的人都半戏谑地劝他："这也是你致富带头人的正面成果啊，你看你的生意经别人都学会能跟你竞争了。"

人生啊，就是这么峰回路转。对面的辉哥则一脸幽怨。

情势在变，辉哥也在变。在外交部帮扶下，辉哥思路宽了，格局也变了，开始转变以前小富即安的发展思路。外交部还安排他们去东部发达省份，开展了一次产业合作对接之旅。辉哥发现自己小农作坊式的发展之路确实太局限了，金平的古树茶产品在认证标准、档次化包装以及古树茶文化等方面都非常欠缺，他们决定从卖"土特产"向"卖产品"转变。

2020 年 5 月，金平县通过省级第三方评估考核，顺利实现脱贫摘帽。金平县山乡迎来涅槃巨变，辉哥古树茶合作社的事业也迎来了"第二春"。在外交部的鼓励支持和参谋下，合作社进行了一系列的运作：组建成立金平古树茶协会、进行古树茶产品的 SC 生产认证、重新设计产品包装、在金平城郊建设古色古香的古树茶文化体验中心、兴建金平首家精制茶厂，眼花缭乱的一系列运作，让合作社社员佩服得五体投地。鸡窝寨、五家寨，一个个寨子跟合作社陆续产生了交集，受益于古树茶产业的村民和村寨也日渐增多。

坐在苍翠掩映下古香古色的金平县古树茶文化体验中心老宅前，我和辉哥以及几个合作社社员们晒着云南温暖的太阳，望着眼前几款包装焕然一新的古树茶茶叶，大家都显得从容而信心满怀。旁边走过几位披着丝巾的大妈游客，兴奋地拿着手机在古树茶文化体验中心院子前拍摄网红视频，向网友介绍金平美丽的高山、云雾、梯田和山乡新貌。

待到山花烂漫时

脱贫攻坚是伟大的社会工程，驻村帮扶是一次温暖的经历。身在其中，曾为之激动、为之流泪，为了它的改变而不懈努力的小山村已经成为我生命中的一部分。乡村振兴已经在路上，祝愿帮扶村各项事业更上一层楼，祝愿乡亲们的生活越来越美好。

苏风屏： 现在山西省运城市文联工作。2015 年 7 月至 2017 年 7 月，在山西省平陆县碾道村任第一书记；2018 年 6 月至 2019 年 7 月，在山西省平陆县碾道村再任第一书记、驻村帮扶工作队队长、驻乡帮扶工作大队长。2019 年 5 月，被运城市评为"担当作为好干部"。

眼前出现一个画面：一群羊，一个人，一条路，一道梁。

情景交融，我脱口而出：我们村的羊司令。好养羊养好羊好好养羊，羊成群牛成群群群生财！

我们村的"羊司令"

苏风屏

连日入户走访，调研摸底，上报问题清单。

今天的问题清单内容简单：村里有个别青年，宁愿在山里放羊也不愿外出打工。

这个青年就是村民杨诚，受过高等教育，参加过技能培训，也有过短暂的外出打工经历，但是，最终还是回到小村，与羊为伍，乐此不疲。

今天我们再次动员杨诚外出打工，平时不善言辞的他却反问我们：为啥非要出去打工？在村里好好干不行吗？

一番交谈，我发现他和他的父辈不一样，他不是一个简单的羊倌，他在寻常的劳动中寻找突破。

看来，不愿意外出打工，就不是个问题。

杨诚是贫困户杨占线的儿子。

　　杨占线是村里的养羊大户，有成百只羊，白天在沟坡里放，夜里圈在一孔废弃的土窑洞里，干草饲料常年堆在院子里，下雨了盖一块塑料布，刮风了四下飞扬，羊粪粪蛋碎草屑随地可见，卫生条件极差，而且存在安全隐患。为此，工作队几次建议他修整羊圈和草料房。

　　工作队的建议杨占线并不反对，但就是不见行动。年前走访中，得知他准备盖新门楼，我们就建议他趁这个机会把羊圈修整一下，没想到他倔巴巴地说了一句：羊就是我的命，我知道该咋管！

　　杨占线爱羊人人皆知。母羊生产，他守在羊圈一宿不睡；为了让羊群吃到好饲料，他爬坡下崖四处寻找草源地；为了保护羊，他养了三条狗，一条守着羊圈，看见生人就狂叫不停；两条跟着羊群，

帮扶村一角：山路十八弯泥泞变通畅

听说吓跑过凶悍的野猪。

驻村以来，清晨或傍晚，山路或沟边，我们经常能遇到一群羊，叮叮当当，一路铃声，还有两只牧羊犬紧随左右。跟在羊群后面的，有时候是占线，有时候是杨诚。

杨诚今年 28 岁，大专学历，毕业四年，没有成家，也没有稳定的工作。

占线两口子一直反对儿子留在村里，他们希望上过大学的儿子能够留在省城，最差的也是在县城找一份工作。

我们曾推荐杨诚参加县扶贫办组织的电子商务培训，建议他开微店营销本地的农副产品，甚至帮他在镇上联系配套的快递业务。但是，最终他还是回到了村里。

过去，由于特殊的地理环境和交通条件，小村人脸朝黄土背朝天，一辈辈走不出沟梁梁，靠山吃山，半农半牧，养羊是许多农户的选择。种地，放羊，结婚，生子，再种地，放羊……一年年过去，一代代循环，小山村成了贫困村，贫困户占全村近三分之一。后来，随着经济发展和农业生产条件的改变，小村人的思想观念和就业形式也发生转变，沟坡地不仅种小麦、玉米，也种烟叶和花椒等经济作物。与此同时，青壮年人纷纷外出务工，有的是农闲时节的短期工，有的干脆放弃土地常年在外打工。农村人进城务工已是普遍现象，所以，杨诚的选择让许多人不可思议。

一个月没过来，杨占线家的门楼已经盖好了。院子外又盖了一排房子，墙基用的是石头，墙面用的是青砖，很规则地留着一个个通风口。

这排房子让我们眼前一亮，工作队员建军和小朱不约而同地说：新羊圈盖好了！

占线两口子正在勾墙缝，看见我们，占线挥着瓦刀大声说：工作队来监工了！这羊圈够格吧？

果然是羊圈！新羊圈门口，三个水瓮倒立着，三扇从中间裁开的汽车轮胎套在水瓮上，像是一圈张开的翅膀。一问，原来是喂羊的食槽，专供室外使用，可以盛草料，也可以盛水，更方便挪动。尤其是，干净卫生。

占线一脸得意地说：都是杨诚想的办法。羊圈也是他设计的，宽宽展展三间，两间给羊住，一间放草料。

我们没有看到杨诚。这个时间段，他应该在沟坡里放羊。

新羊圈宽敞亮堂，石头朴拙，青砖厚实，墙面斑驳，很有年代感。

占线说：这石头和砖都是老房拆的，老房是我爸一手盖的，四五十年了。拆下的石头和砖正好用来盖羊圈，又结实又耐看。

我摸着石头，凉飕飕的感觉在指间蔓延。

建军拎起一块砖掂量着，说：这石头和砖都是老人留下的，很有意义！

小朱也说：保留得好。

梅兰"扑哧"笑了：有啥意义？关键是省钱。

占线漫不经心地说：我爸放了一辈子羊，他留下的东西最终还是用在了羊圈上。

这话说得轻松，但是意味深长。我心里一动，冰冷的石头仿佛有了温度。

梅兰说：以前盖房用石头，现在盖羊圈用石头，羊都金贵了。

占线瞪了梅兰一眼：人用咋哩？羊用咋哩？有些人好吃懒做怕动弹，还没有羊金贵哩！

建军乐了，和占线开起玩笑：你的羊金贵，一年能给你挣好几万元！

占线眉梢一扬，认真地说：那当然，五间上房、两间南房，还有三间北房，连这门楼，都是拿羊换的。

我说：还供了两个大学生。

我的话没让占线高兴，只见他眉头一皱，悻悻地说：不能提，供俩权当供一个。

我知道，杨诚的事让他心烦。

梅兰也收起笑容，嘟嘟囔囔：年轻人守在村里，能有啥出息？

看着占线两口子的样子，想到年近三十仍然单身、每天钻在山里与羊为伍的杨诚，我心里也是一阵急，就想着把这个事情作为进村服务问题清单报上去，如果能引起有关部门重视，帮助杨诚解决就业问题，也能帮助这个家庭稳定脱贫。

听了我的意见，占线眉眼里有了笑意，连声说：你们工作队帮帮他，只要能出去，干啥都行。说完又埋头干活，瓦刀与石头碰击，叮叮当当的声音在沟梁梁回响。

小朱和建军也加入劳动，抹胳膊挽袖，和泥端灰。

我抓拍了这个场景。梅兰大声说：相片洗出来送我一张作纪念，早晚想起来，这是工作队帮着盖的。

小朱哈哈笑：和了两锨泥，就上光荣榜了。

占线一脸认真地说：要不是你们工作队成天催，这羊圈不定啥时候才盖呢！

建军半开玩笑半认真地说：我们建议把羊圈修修，没想到你鸟枪换炮干起了大工程！

这时，梅兰叹了口气，说：老百姓挣俩钱不容易。以前盖房都是人情工，现在都是大包，啥都要钱，起初我就不主张盖这羊圈，父子俩鸡一句鸭一句和我吵……

占线打断梅兰的话，声音不高，却很严厉：女人家懂啥，离了羊你拿啥挣钱？！

停了一会儿，他又放缓语气说：盖羊圈不算大工程，咱自己就能盖，省了工钱。

占线这么说，建军更乐了，提高了声音说：你还是个全把式呢？扶贫结束我们不回去了，组建一个工程队，你给咱当工头。

占线头一扬，笑着说：中，咱也出去挣大钱！

我说：以后，羊司令改叫包工头了。

我叫占线"羊司令"，这是褒称，因为羊是他家的脱贫产业和经济支柱，更因为他有丰富的养羊经验。

但是占线好像对这个称呼不感冒，他没有理会我，转身继续干活。

和村民在一起，随时随地开展走访

场面有些凉，我大声问他：你多大开始放羊？

他不假思索地回答：15 岁。想了一会儿，又说，上到五年级，我爸就叫我回来放羊，当时只有两只羊，是家里最值钱的东西。那时候还是农业社，挣工分，白天在队里干活，夜里我爸偷偷垒羊圈。我爸放了一辈子羊，吃了一辈子苦。

梅兰在一旁嘀咕：你不是也放了一辈子羊？

2015 年建档立卡时，杨占线就是以羊倌的身份进入我的视线，同时又以供出两个大学生因学致贫引起我的注意。2018 年，杨占线家顺利脱贫。可以说，四年来，我们见证了他放羊卖羊，脱贫摘帽。

关于放羊，杨占线有一套理论。他说：放羊是辛苦活，也是良心活，一天两趟，两条腿跟着四条腿跑。天灰灰明（天刚亮）得把羊赶到沟底，等它吃饱了再赶回来；后半晌还得赶出去，天麻麻黑才能回来。羊在坡地吃草，人得抽空割草备料；羊回来了，人还得下地干活。苦是苦，也有个巴头（盼望），那几年俩娃上学全靠一群羊。这些年发展产业，人均一亩经济林，沟沟崖崖都栽上了花椒。羊嘴似铲，一咬一片，羊不能随便放了，啃了花椒树影响脱贫可不是小事，只能到偏远处的沟里放。这也是好事，就得叫它跑，羊是张嘴货，就像人一样，要想好好活就得勤动弹！

关于活动，我第一次听到这种说法，而且和羊联系在一起，听着有趣，想想也有道理。再看占线，就觉得他也挺有趣。

这时，就听梅兰说：老农民天生受苦命，从小卖蒸馍，啥活都干过！

占线眉头一皱，说：人在世上走，哪能不吃苦！怕吃苦就别想好光景，想想看，30 年前啥光景，如今啥光景？

小朱已经驻村四年，每一个贫困户的情况都了然于胸。听了占

线的话，他略一思索，很有把握地说：2015 年咱们家人均收入不到
2000 元，2018 年人均收入就达到了 6525 元，2019 年咱们（预计）
人均收入突破 7000 元。

建军说：这就叫芝麻开花节节高！ 30 年前咱人均收入多少？

梅兰说：那时候就没有收入，老的老，小的小，嘴都顾不住。

占线嘟囔了一句：要不是成年放羊，哪有这些收入？转过脸，
他说完羊又说马：畅主席建议我扩大养殖规模，今年准备再添几十
只母羊，然后考虑再养两匹马，听说县西一带兴结婚骑马，我也想
试试。

文联副主席畅民是占线家的帮扶责任人，经常给他出主意想办
法，帮助他发展生产增加收入。我们也知道现在好多地方流行传统
婚礼，骑马抬轿迎新人，如果这条路可行，我们就要有具体的帮扶
措施，占线一家也许会因此走出大山，改变命运，尤其是杨诚。

但是，占线却说：哪也不去，就在咱山里养，沟坡里现成的好
饲料。

紧接着，他又说：咱一辈好牛羊！神色自信，一副胜券在握的
样子。

他这样说，一是想说明自己饲养技术好，二是想证明他能把婚
庆用马这个事搞好，心情急切，溢于言表。

我们相信占线的养殖技术。但是，这个行业对我们来说过于陌
生，既不能盲目鼓励，也不能打击他的积极性。小朱首先表态，建
议抽时间一起出去看看，考察市场；建军也提醒慎重选择，不要盲
目投资。

梅兰大声说：不敢折腾了，挣钱不容易，攒那俩钱连县城一间
单元楼都买不下。

占线眉头拧成一疙瘩，冲着梅兰嚷着：你懂啥？放羊喂马不打架！

说完，就冲着我笑，小声问道：县城置一套房得四五十万元吧？

我如实回答：就算四五十万元，还不是城中心。

占线两口子都在说县城单元楼，我就猜想：是不是杨诚的婚事有眉目了？准备在县城买房了？正要问，占线说了，仍是低着声音，却是喜形于色：最近杨诚谈了个对象，处得挺好，女娃实在，不嫌咱屋是山里放羊的。

我大声说：放羊怎么了？羊可是咱家聚宝盆！

建军也过来了，问占线：今年买新房，明年娶媳妇，银行卡里的钱有六位数了吧？

占线一脸平静，不急不缓地说：婚事定了卯，单元楼肯定要买的，还得考虑买车。

这下舍得花钱了？建军和小朱不约而同地说。

有啥不敢花？每一分钱都是咱辛苦挣来的，可是偷来抢来的？！占线一脸正色地说，门楼盖好了，过年叫畅主席写一副大对联，也给羊圈门上写一副，就写好养羊养好羊好好养羊……

说了上联，一时没想出下联，占线挠着头皮嘿嘿笑。

不知不觉两个钟头过去。夕阳西下，笼罩着远山近树、房屋窑洞，勾勒出别样的山村风景。

羊叫声传来，伴着长长短短的口哨，在沟谷里回响。走在羊群后面的杨诚，一手抡着鞭，一手拿着镰，脸上洋溢着笑。

羊群蜂拥，围着特制的食槽撞腰挤臀咩咩叫。杨诚端来一盆玉米，哗地倒进食槽；又提来一桶水，哗地倒进食槽；再端来一碗盐，哗地倒进食槽。羊群嚼食饮水的声音高高低低，杨诚进进出出，有条不紊。

刚吃过沟坡里的青草，又加上硬邦邦的干料，这一顿丰盛的晚餐，是羊的美味佳肴。很快，一个个肚子滚瓜溜圆，叫声欢快而得意。

这群羊能卖多少钱？

五六万元吧。

这只是保守估算，从市场形势看，今年要比往年好。

我在问，占线在答，杨诚在补充。

建军说：照这行情，养羊还是比打工赚钱？

这也是老话重提了，目的就是动员杨诚外出务工。所以，我也问了一句：你真不打算外出务工了？

杨诚一笑，没有正面回答，而是反问道：你们天天入户，没有调查过外出打工赚钱吗？

我一愣，一时不知道怎么回答。

杨诚也没让我回答，他继续说：我不敢说养羊就能挣钱。从我记事起，我爸就在沟里放羊，很辛苦，看着收入不错，实际与付出不成比例。

杨诚看了看父亲，一副深思熟虑的样子，继续说：和村里许多同龄人比，我能上大学，不是我多优秀，也不是我家多有钱，而是家里常年养一群羊。我家的经济来源就是依靠羊，我是直接受益者。这些年国家扶持力度大，鼓励发展产业，羊就是我家的产业，但是要想把这个产业搞好，传统的养殖方法必须改革。第一，要因地制宜，选对品种，这样就不用愁销路。第二，要散养，这是咱的优势，羊群天天在沟里跑，免疫力、抵抗力强，基本上不得病，羊肉品质就好。第三，散养羊吃的是野草杂粮，生态环保无公害，肉质鲜美，出肉率高，效益就会好。养羊不能只考虑让它吃饱，还要考虑它的居住环境，保证干净舒适又安全。这次盖羊圈，选择地势较高的地方，墙上留通风口，地面有排水道，将来还要装排气扇……

杨诚侃侃而谈，与许久以来我印象中的木讷寡言判若两人，我从他身上看到了他与父辈的不同，他并不是只会赶着羊群消磨时光的羊倌。

我感到一阵轻松，最初的想法有了动摇。回头看占线，发现他也在一边认真听，一边出神地望着老沟，笑意盈盈，仿佛满沟里跑着他的羊。

杨诚冲着父亲说：天气暖和了，咱再买几只品种山羊吧？

口气里是征求，也是问询。

占线果断回答：你看着办吧，有啥事我给咱在后头顶着！

杨诚一笑，认真地说：你给咱当顾问。

父子俩交流简单，从他们的神情里，我看到一种发自内心的踏实。

很快，羊儿吃饱喝足，咩咩叫着回归队伍，占线接过羊鞭跟了过去。

我眼前出现一个画面：一群羊，一个人，一条路，一道梁。情景交融，我脱口而出：我们村的羊司令，好养羊养好羊好好养羊，羊成群牛成群群群生财！

新窑洞，新生活，随着乡村振兴的推进，小山村的变化会越来越大，老百姓的生活也会越来越好。艳芳家改造后的窑洞，已成为小村脱贫攻坚新亮点，新窑洞里，古老的故事历久弥新。

砖窑窑新来瓦房房亮

苏凤屏

今天，贫困户郑艳芳搬迁新居，左邻右舍上门贺喜，鞭炮噼噼啪啪，一阵阵响彻沟梁梁，红通通的炮屑撒满了院子。帮扶责任人入户，现场撰写楹联：新屋焕彩颂党恩，惠民政策奔小康。艳芳爸妈高兴地说：推了危窑，离开穷窝。吃不愁，穿不愁，党的扶贫政策好，老百姓日子亮堂堂。

一

我清楚地记着艳芳家的旧窑和老院。

低矮的门楼，灰暗的胡同，坑坑洼洼的土院。迎面是土崖，土崖下是三间土窑，经年风吹雨淋，土崖崖沟壑纵横，不时有土块脱落；崖上一棵树根裸露着，像面目狰狞的怪兽，张牙舞爪。

这是典型的靠崖式窑洞，窑口很大，门窗却窄小，烟熏的痕迹五麻六道。进了窑就是土炕，土炕连着灶台，常年生火取暖做饭的缘故，整个墙壁都是黑油油的。窑里昏暗潮湿，空气混浊，四处有裂缝，墙皮大面积剥落。

艳芳妈说，窑洞有年头了，不下雨还好，碰上连阴雨，窑里墙湿半截深，泥水扑通扑通往下砸，一家人的心也跟着扑腾扑腾跳，成天担惊受怕。

艳芳家的危窑改造，颇是下了一番功夫。

艳芳和爱人在邻镇曹川打工，两个孩子跟在身边上学，60 多岁的父母留守看家。辛苦打拼，艳芳两口子最大的愿望就是能在外面买一套房子，和父母一起离开贫瘠的干骨梁梁。

干骨梁梁是碾道村的标志，沟崖崖深土层层薄。

沟梁梁生活一辈子，艳芳爸妈也希望孩子们过上好生活。但是，对老两口来说，真要离开老屋老院，却是舍不得。

2018 年初，在工作队的帮助下，艳芳家递交了危房改造申请，通过"一审二评三核四批"（即"村民自愿申请、村民会议民主评议、乡镇严格审核、县级把关审批)，确定为危房改造户。县、乡、村三级公示后，签订了危房改造协议，明确了质量要求、补助标准和完成时间。

这是驻村以来工作队第一次全程参与的危房改造项目，想象着艳芳家的住房条件很快就能得到改善，我们也感到欣慰。

但是，半年过去了，艳芳家的危改工程迟迟没有动工。土崖崖上土块依然剥落，土窑里雨水依然渗漏，只是在窑顶绷了一块彩条布，与黑漆漆的窑洞反差更为鲜明。我们每天都在关注，几次上门动员都没有结果，催得紧了，等来一句硬撅撅的回答：没有钱，不修了！

满心想着皆大欢喜，最后却落得一脸"灰尘"，工作队帮助申请、全程参与的危改项目，竟是这样的结局吗？那种尴尬和难堪，无以言表，我们甚至怀疑这一家人在故意拖延。

终于，又一个雨季来临的时候，艳芳家的危房改造成了许多人关注的话题。

2018 年 8 月 7 日，"坡底乡碾道村郑艳芳危房改造项目未完成"作为督察整改问题发布在平陆县脱贫攻坚"每日快报"上，要求整改落实，尽快动工。

2018 年是贯彻落实党的十九大精神开局之年，是实现脱贫摘帽的决胜之年，脱贫攻坚激战正酣，省、市、县各类检查督导已是常态，检查督导中发现的问题，第一时间在"每日快报"发布，而且明确主体责任，要求对照问题，查漏补缺，落实整改。这是一个积极有效的办法，对项目单位、所在乡村以及工作队都是一种压力。

脱贫攻坚，"两不愁三保障"是关键，只要还有一户危房危窑，脱贫摘帽就不能达标。

"每日快报"发布第二天，连阴雨下着，坡底乡领导、包村干部、碾道村"两委"、驻村工作队等十来个人来到艳芳家，现场办公。

窑里境况依然，一行人坐立不安，从灶头看到炕头，从里间看到外间，话里话外都是一个急：资金有限，缺口太大！

"钱是拦路虎！总不能盖成半拉子工程吧？"说这话的时候，艳芳妈几乎带着哭腔。

怎么办？动员是一方面，关键是要拿出切实有效的解决方法。

政策是硬的，道理是明的，话是软的。一番讨论后，现场研究并向上级单位汇报差异化补贴方案；又一番讨论后，乡领导当场联系工程队，商议不足部分暂时由工程队垫资，危改工程竣工后，一经验收，补贴款立即落实到位。

艳芳两口子也表示，父母住房安全了，他们在外打工也放心。好好干一年，争取早日还上工程款。

事情出现了转机，柳暗花明，艳芳家的危窑改造终于启动。

2018 年 9 月 18 日，是艳芳家搬灶的日子。一大早，鞭炮噼噼啪啪响起。工作队赶过来帮忙，把土窑里的东西往外搬，蜂窝煤球、炉灶锅台、橱柜衣柜……人常说旧家值万贯，在艳芳爸妈眼里，院子里的柴棒瓦块都舍不得扔。

一星期后，工程队来了，推土机轰轰隆隆，又一挂鞭炮点燃，响声未落，低矮的门楼轰然倒塌。

艳芳父母站在沟边，目不转睛地看着院里，看着推土机过后的一片废墟，好长时间没有说话。也许，在他们看来，轰然推倒的不仅是旧房子，还有一辈辈人生活的影子，有老一辈苦打苦拼的奋斗经历，也有孩子们嬉戏打闹的美好回忆。

那一刻，我突然理解了他们的"拖延"，其中一定饱含着深深的留恋和不舍。建筑不是冰冷的，它承载着生命记忆和生活习惯，当喜怒哀乐日积月累渗透在一方建筑的时候，一砖一瓦都有割舍不掉的感情。

新窑落成，工作队有了新的想法。艳芳两口子常年在外，只有两个老人留守在家，艳芳爸身体也不好，随着年龄增长，也需要有人在身边照顾，如果用多余的窑洞搞民宿，既能实现利用率最大化，也能增加家庭收入。

这个建议，艳芳全家赞成。帮扶责任人也积极配合，专门送来自己的书法和摄影作品，用于布置新窑环境。为此，帮扶单位运城市文联也形成一个不成文的规定：只要是村民的正常需求，只要是用于改善生活环境，艺术家都会免费提供书画、摄影、楹联等作品。

现在，艳芳家改造后的窑洞完美地呈现在我们面前。白墙青砖红门窗，背依黄土，面朝沟梁，体现本土建筑简洁又朴拙的地域特色；后窑前厅，窑内为套间形式，有客厅、厨房、卧室，铺着瓷砖，刮着仿瓷，宽敞明亮，干净整洁；前厅摆着沙发、电视，挂着字画；厨房里冰箱、电磁炉、煤气灶等，家用电器一应俱全。

二

参观艳芳家新窑，说到民宿体验，说到乡村旅游，艳芳妈抱出来一个皮箱，皮面斑驳，一看就是已年代久远。

打开箱子，里面是一摞一摞的毛边纸，大多已残缺不全，一碰就掉渣，散发出陈年霉味。

我们小心翼翼，一张张打开、抚平，仔细辨认，有民国三十二年的家产分单和养老协议，有明清时期的民间偏方，有光绪五年的买卖协议，有同治十年的地契，还有咸丰年间的红白事单，甚至有道光年间的借条……

艳芳妈说：这都是我老奶奶手里的东西，乱糟糟的，没法抓挠，要不是我收拾起来，推窑的时候早不见了。

我们继续看，一边问着上面的名字，有的他们很快就能说出来，有的想不起来说不清楚，两人就你说东他说西抬起杠来，一抬杠准是艳芳妈赢。

艳芳爸输了也不急，挠着头皮说：我这脑子不中了，记不得了！

艳芳爸患脑梗多年，一着急就手发抖言语不清。

艳芳妈脑子好，给我们讲她老奶奶的故事。这个故事，她是听婆婆讲的，而她的婆婆，又是听奶奶讲的。婆婆的奶奶，她叫老奶奶。

老奶奶的故事，与她家的老窑洞有关。

她也说不清具体时间，只说婆婆当时七八岁，老奶奶50来岁。"有一天，家里突然闯进来五六个陌生人，一家人还没回过神，就听到沟里传来急躁躁的喊叫声。"

艳芳爸插话说：这是当兵的，听说是八路军，在上窑开会，被日本人发现了，跑到了咱这里。

艳芳妈继续说：过去咱村这地方可严实哩，地图上都找不到，要是没人领路，外人根本进不来。当时，日本人在碾道梁梁来回转，远远看到有人往这里跑，这才跟着找了进来。听到日本人在砸门，我爷急急慌慌把这五六个人藏到了红薯窖，窖口就在窑洞里，我老奶奶赶紧把被套点着烧开了炕。刚下过雨，炕洞潮，烂套不容易着，一屋子烟熏火燎，呛得人咔咔咳嗽，想用这个办法糊弄日本人，阻拦日本人到窑里来。日本人还是进来了，吱哇哇乱喊叫，掀锅揭被，啥东西都捣得稀烂。找不见人，就用刺刀顶着我老奶奶，一直把我老奶奶顶到红薯窖口，我老奶奶吓得拉了一裤子。最后还是没找到人，日本人就把我爷抓走了，说我爷是"中贵兵"，拉到前窑杀了。后来才知道，日本人嘴里的"中贵兵"，就是中国兵。

听艳芳妈这样说，我想到当地地方志里记录的被日本人杀害在前窑的郑点校。

艳芳妈说：郑点校就是我屋里爷，就是日本人说的中国兵。

艳芳爸补充说：其实我爷是搞地下工作的，算是民兵吧。

艳芳妈指着箱子说：听我老婆婆说，这些东西差点毁在日本人手里。日本人到了东梁（平陆县东一带），我老爷担心这些东西被毁，就把它藏在鸦雀窝里，下雨了，赶紧收回来，放到炕洞里烘干。没想到日本人突然闯进来，我老奶奶一着急，烧炕的时候忘了掏出来，东西都烤煳了。

艳芳妈一脸惋惜，又说：还有一些藏在被套里，也叫日本人糟践了。我爷养了十来窝蜂，日本人偷吃蜂蜜，让蜂蜇了，一把火烧了我屋七间房，把被子用水沾湿，搭在蜂窝上抬走了。日本人走了，我屋里啥都没有了，房烧了，蜂也抢走了，被套里藏的房窑证也点着了，成了一绺一绺的碎渣渣。从那以后，我老奶奶就落下了稀屎痨病根。

艳芳家古董多，故事也多。危窑改造，红薯窖填埋了，老窑里发生的一切都成了故事，已逝的老奶奶成了传奇。想起危房改造时他们有意无意的拖延，想起推倒老院时他们的留恋和不舍，我恍然大悟，这种拖延和不舍，原来有过往岁月里太多太重的牵绊。

危房改造是乡村振兴的重要环节，乡村振兴是脱贫攻坚的延伸。乡村振兴，文化传承不可或缺。

住山村民宿，听红色故事。从窑洞体验开始，启动乡村游。工作队信心倍增。

说到窑洞体验，艳芳妈高兴地说：和两娃商量，开春暖和了再盖一间洗澡房，装上太阳能，大门口多种些花，再喂一群土鸡。

艳芳妈是个有心人，勤快，有苦头，村里开展花椒管护培训，她堂堂不落，不光认真听认真记，还把老师的讲课录下来，边干边琢磨，拉枝绑条，刷石灰防病虫，五六亩花椒打理得井井有条。

艳芳妈说：国家政策好，补贴款都能及时到位。危房改造补贴14000元，新栽四亩花椒补贴2000元，两娃上学，学前班一年补助1000元，初中生一年补助2500元。艳芳在县里参加技术培训，管吃管住一天还有50块钱补助。我常对两娃说，不要怕吃苦受累，多学些本事，艺多不压身。

艳芳爸嘿嘿笑，说：不吃苦中苦，哪来甜上甜！

艳芳参加的是利丰职业学校的电子商务技能培训，随着产业发展和乡村振兴的推进，这项技术前景可期。

离开艳芳家已是夜里10点多，星光点点，小山村万籁俱寂，门口梧桐树影影绰绰，树梢挑着下弦月，宁静和谐。

家有梧桐树，引来金凤凰！我赞叹大梧桐树保存得好。

艳芳妈说：以前，北窑里有一窝燕子，不知道明年还能回来吗？

我一愣，还没回过神儿来，就听建军大声说：肯定会回来。燕子不落愁人家，咱屋光景越来越好，新窑里也能筑燕巢。

一边，小朱已哼起了歌：

小燕子

穿花衣

年年春天来这里

我问燕子你为什么来

燕子说

这里的春天最美丽

……

何故山花烂漫时

愿朴实善良的村民也像传说中的女首领乜星一样，变身太阳鸟母托起那颗「藏起来」的太阳送她到天上，让光明、温暖和爱意洒满天下。

冀永生： 现在最高人民检察院工作。2015 年 11 月至 2018 年 2 月，在云南省西畴县瓦厂村任第一书记。2016 年，被最高人民检察院评为"优秀共产党员"；2017 年，被文山州评为"优秀驻村工作队员"；2017 年和 2018 年，被中华全国妇女联合会分别评为"全国五好家庭""全国最美家庭"。

两年来，我倍加珍视这段难得的人生经历，在努力帮助当地群众脱贫致富的同时，更加努力地改造主观世界，坚定信仰、磨炼意志、纯粹精神，更加努力地去占领精神世界高地，做一名有益于人民的人。

扶贫，这双隐形的翅膀

冀永生

在西畴县瓦厂村扶贫，我亲身体悟了原始的贫困，看到了因病、因残致贫的家庭，见到了因贫撕裂的家庭，未得到救助因贫嫁人的孩子，目睹疾病一点点吞噬村民生命，看着战友倒在了扶贫第一线，心灵深处经历了茫然、无助、伤心、痛苦，又在组织和领导的帮助下，一步步帮助群众纾解困难、温暖人心、给予希望。同时，我也收获了满满的感动、信任和友谊，经历了心灵的成长，丰富了思想，坚定了信念，更加自发地爱着这个国家和民族。

扶贫，于村民，于我，犹如一双隐形的翅膀。

一

瓦厂扶贫彻底改变了我对贫穷与自然、道德、民主等关系的认识。

贫穷跟恶劣的自然环境有没有必然关系？我敢说：没有！即使在山头、在峭壁，只要战天斗地一样能过上好日子。西畴这片曾被联合国专家称为不适合人类居住的土地，很多村寨却硬生生地辟出人定胜天的壮举。多少年来，因悬崖阻隔，岩头村被行路难、就医难、上学难、物资运输难等一个个难题所困扰。从 2002 年起，李华明带领着乡亲们开始了艰辛的修路历程，他们挥铁锤、砸钢钎、舞铁锹，向悬崖峭壁宣战。历经 12 年，战胜各种挫折和艰辛，2014 年 1 月，在李华明的带领下，大家硬生生在悬崖上凿出一条 1 公里进村道路，祖祖辈辈的通路梦终于变成现实。三家寨的钟明荣，一家四口人住在瓦厂村最高的山头上，可就是这家人几十年如一日将 4 公里的入户路收拾得干干净净。对门山是瓦厂村路最远、山头最高的寨子，可是这个硬气的小组长杨易发，硬是活生生地用牛拉人背的方式将建筑材料拉进家里，盖起了二层楼房，还自己做家具、煮酒，一样在穷窝窝里把日子过得瓷实。人是需要点精神的，物件跟人一样，你关照它才会有灵气。走访所触所见，无论是岩头的村容村貌、三家寨老钟家的入户路，还是杨易发的幸福生活，背后莫不是一个"人"字和"勤"字。世间能有几人慧如六祖，直达"本来无一物"的境界，能够做到神秀禅师"时时勤拂拭"已十分难得。

贫穷跟道德滑坡有没有必然关系？我敢说：没有！是的，我们这里确实有新娶的媳妇"跑路"的现象。但茅坡村小组李光荣的实例告诉我们：即使在贫穷的土地上一样有高贵的品格。他入赘茅坡，媳妇跑了，可是他毅然决然承担起赡养岳父、岳母的责任，他还打工赚钱帮小舅子盖起了三层楼房。

贫穷是不是必然导致民主不能实行？我敢说：不是！2016年5月，瓦厂村"两委"选举，我们抱着选票箱过桥、进村、入户宣传、组织投票，老百姓真心实意选自己当家人，法律面前人人平等和一人一票的民主精神在瓦厂这个原始村落完美诠释，再次证明并坚定了我对社会主义民主的无限信心，对党、国家和民族的无限信心。我深刻认识到，民主与物质丰裕程度没有必然关系。人的内心深处总有那么一块善良、纯净和充满敬畏的地方，在哪里都不被污染和亵渎。在瓦厂这样一个偏僻、闭塞落后的山村，我看到了民主和法治的希望。回想几年前我曾耳闻某地两位村委会主任候选人花费数百万元贿选的情形，与今天自愿、自觉、简单、原始的村"两委"选举相比，我可以无比坚定地说，民主与物质文明没有必然关系，

汤谷村女子太阳节祭祀

发达物质文明运用不当反而会破坏民主、法治。我更加深刻地体会到民主精神的广泛存在。瓦厂村群众文化程度并不高，大部分是小学学历，还有一些年龄大的没有上过学，但他们的觉悟并不低，一直在用心观察、判断和选择，并正确使用他们内心是非曲直的尺子。他们有作为普通人基本的、与生俱来的善良和价值判断，法律面前人人平等和一人一票的民主精神，在他们心中有更合适、更完美的诠释。群众的眼睛是雪亮的，群众的心是公平的，任何形式的投机取巧只能适得其反，群众会以最智慧的方式反馈。同时，我也深刻认识到，党的各级组织是选举成功的重要保障。没有各级党政部门强有力的宣传、发动和组织，特别是动员村镇干部深入深山老寨去监督、做工作，实现一人一票的民主很难。在瓦厂这里，我找到了很多年以前在法学课本和机关工作中没有找到的体会和感悟，这里没有浮躁、焦虑和急功近利，她的原始和朴素让我更深切地发自内心地爱我们伟大的国家和民族。

二

扶贫既是扶人，也是扶己。

2014 年 4 月 18 日，大三那年，我光荣地加入中国共产党。但回过头来看，那时的自己对党的先进性认识并不深刻，对党员身份的定位并不精准。在瓦厂村扶贫的日子里，在一次次走访、一次次为民服务帮群众解决一件件身边事的过程中，我发现这里的群众对党和国家有着非常深厚的朴素情感，只要你为他做一件哪怕非常小的事情，他们都会对党怀着十分的感恩之情；也从那时明白，党和政府在群众中的威信正是在一次次、一件件帮助群众解决小事、实事、难事中树立起来的；也从那时明白，我们伟大的中国共产党正在从事一项亘古未有、能让千万人过上幸福生活的伟大事业。所以，我一直跟村组干部和驻村队员讲，要从强化"四个意识"，捍卫公平正义，提升党委政府公信力的角度来理解脱贫攻坚工作，把驻村扶贫作为全面提升能力素质的平台，作为检验人品、人格、人性的试金石，作为密切联系群众、捍卫党和政府形象、巩固党的执政根基的战场。就是要在具体的驻村工作中，密切与村"两委"的关系，多出主意、想办法引导帮助基层梳理脱贫思路；就是要全面全心全力搞好传帮带，为基层培养优秀的脱贫攻坚队伍；就是要盯住群众反映强烈的问题一个一个真情真心帮助解决，在丰富的驻村实践中留下光辉的驻村干部形象，在人生经历中留下光彩的一笔。正是在这一次次走村入户真情帮扶中，信念坚定起来，体内的"钙"多了起来。

三

在瓦厂扶贫，我找到了实现梦想的方式。

起心动念处，最想给村里孩子开家免费幼儿园、谋划一支爱心团队、给老人们开个免费诊所。不知这颗梦想和希望的种子何时得以生根发芽……这是我驻村的三个心愿。

回首来看，第一个心愿是给村里孩子开家免费幼儿园，说实话没有完全实现。但是在驻村过程中，在各级领导的帮助下，协调有关部门拨付 185 万元，给汤谷民族小学建起了他们最盼望、最需要的综合实验楼。建设免费幼儿园的愿望变成了瓦厂孩子最需要的综合楼，几乎所有家庭困难的学生都受到资助。我想，事实上，这个心愿是变得更大了，以最需要、最适当的方式实现了。第二个心愿是谋划一支爱心团队。在当时的愿景中，这个爱心团队是有组织、有纪律的志愿者队伍。如果按照当时的设想，这个心愿貌似也没有实现。仔细想来，两年多的时间，我跟村委干部、驻村队员帮助群众解决困难的小队伍不就是一支爱心小分队吗？后来，天津市东丽区检察院董娟自发组织了帮扶爱心小分队，漳州市检察院欧清彪等同志组队给汤谷小学送来了爱心礼包，北京市检察院及女检察官协会、分会发动起来，给瓦厂村送来 4 万元救助和 2800 余件棉被、衣物等，还有高检院各个厅级党组织与瓦厂结对，给予我们无比强大的物质支撑和组织依靠。我们可以发现，除了我们村干和驻村队员组成的小分队外，在全国还有一支支更为庞大、更有力量、更有爱

在三家寨村小组建档立卡户王廷春家走访

心的无形的志愿者队伍在关心我们、帮助我们。最后一个愿望是开一家免费诊所。说实话，这个愿望实现得有点难。村内的医务室只有2名医生，一名还无权开药方。她们的收入来源主要靠到镇卫生院核销处方，而医务室的药品多是垫资购买。实事求是地讲，医务室运转尚且艰难又何来免费诊所？这件事我思虑很久，一直找不到解决办法。直到后来，我想起关于冤假错案的一句话——"万分之一的错案，对当事人来说就是百分之百的不公平"。反过来想，既然这样为什么不把这个梦想变小一点呢？让真正有需求的群众在一次治疗中获得免费医治不也是变相实现了愿望吗？后来我帮助医务室找来1万元周转资金，自己捐献了5000元的爱心，提议陆顺梅医生每年拿出600元的爱心来免费救治村内困难的病人，坚持十年。这件事给我的体会是梦想太大了，就得把它掰开、揉碎、拌到泥里变成种子播下去，静待春暖花开。总之，我们要敢于梦想、执着梦想、不限制梦想，坚持下来，她会以你意想不到的、最合适、最恰当、最美好的方式展现在你面前。

四

来瓦厂之前多少有点悲情成分——亲人离世、父母多病、孩子年幼、妻子孤身一人承担整个家庭。两年多来，我将在瓦厂的所见、所闻、所做跟家人分享，发现他们也在一点点改变：孩子画画说是云南的大山，还把自己的画义卖了送给了瓦厂的小朋友杨世豪；妻子除了捐助衣物外还跟我商量着结对帮扶一个小孩；不识字的母亲要强地每天抄书、学认字。还有一群朋友在关注、支持我们，他们默默耕耘不问收获。比如我与西畴县摄影协会李光聪老师素昧平生，可是我每写一篇驻村日记，发每一个扶贫动态，他都会在第一时间关注，还悄悄再去村寨走一遍。我一直在想：到底是什么力量在支撑他们去关注跟自己毫无关系的瓦厂村？是人心深处的良善，是对美好生活的向望，是对良知、善良、美好和正能量的诉求。所有这些改变都离不开对瓦厂贫穷的触动，离不开当地群众战天斗地精神的鼓舞，离不开"等，不是办法；干，才有希望"的"西畴精神"激励。

何如山花烂漫时

我总是魂牵梦萦着滇东北那座名为会泽的小城，时常会念起那里的一山一水、一草一木，念起那里勤劳朴实的人们，真心希望他们能够带着「汇智图强、泽世担当」的会泽精神，早日恢复国家历史文化名城的昔日荣光。

熊　凤：现在中国农工民主党中央委员会工作。2017年1月至2019年1月，在云南省会泽县挂职任副县长。2020年，被评为农工党建党九十周年先进党务工作者、农工党中央脱贫攻坚民主监督先进个人；2021年，被评为"各民主党派、工商联、无党派人士为全面建成小康社会作贡献"先进个人。

同时，我也告诫自己：一定不能坐以待毙，不能坐等任务，不管要干什么，不管能干什么，首先必须想方设法让地方的干部和群众更加了解自己、接受自己、信任自己。

没有健康，就有贫困

熊　凤

什么是健康扶贫？

这是我接到挂职任务之后一直萦绕心头的一个问题。

如果说健康扶贫的目标是大病人群不因昂贵的医疗费用致贫，能看得起病，那健康扶贫的核心就是医疗保障；如果说健康扶贫的目标是让人民群众少生病，那健康扶贫的核心就是提升群众健康素养和改善人居环境；如果说健康扶贫的目标是人民群众看得上病、看得好病，那健康扶贫的核心就是高质量的医疗服务供给可及化问题；如果说健康扶贫的目标是让群众有稳定可持续的经济来源，那健康扶贫的核心就是大健康产业的培育与发展问题。思来想去，我理解：狭义上的健康扶贫就是医疗扶贫，就是在有限时间内基于特定区域和特定人群，并通过增量资金和特殊政策支持的小规模医药卫生体制改革。而广义上的健康扶贫，则包括医疗扶贫和健康产业在内，一方面是健康事业保民生；另一方面是健康产业促发展。

事实上，当时摆在面前的有三条路：最简单的莫过于借助农工党中央和广大党员的力量，为县里带来一些增量资金和项目，或者搞搞卫生人员培训；比较困难的则是借助健康扶贫的契机，尝试去动一动医药卫生体制改革这块硬骨头，真正意义上促进医疗医保医药的"三医"联动，带动当地卫生事业发展；最为艰巨的当然是在医改的基础上，大力促进健康产业发展，促使地方经济发展转型升级，朝着绿色可持续产业发展方向更进一步。

没有丝毫犹豫，我坚定地选择了最具挑战性的最后这条路，可以说从一开始就已经做好了"功成不必在我"的心理准备。然而，在刚刚抵达会泽县的 2017 年初那段时间，到底该如何去做，到底该做

熊凤挂职会泽期间走访贫困户

些什么，又能做些什么，我是十分茫然的。作为一个挂职干部，这种茫然其实很容易转化为焦虑，因为每天都是离任的倒计时，加上对基层的不熟悉，造成与地方工作人员信息上的不对称、需求了解的不深入，我时刻如坐针毡，且身上担负着民主监督的工作任务，一时有些手忙脚乱。同时，我也告诫自己：一定不能坐以待毙，不能坐等任务，不管要干什么，不管能干什么，首先必须想方设法让地方的干部和群众更加了解自己、接受自己、信任自己。

一

2017年3月8日，抵达会泽县一个多月后，县人大通过了我挂任副县长的命令。县政府随之调整分工，当时让我先协助分管卫生、教育和扶贫工作。了解县情，对县域内卫生和健康工作进行总体摸底，是我那段时间最为紧要的事。一方面，我向县人社局医保中心要来了三年内全县医疗卫生机构医保数据，同时密集走访县乡村三级医疗卫生机构，以至于有段时间坊间传闻"有一个年轻的副县长经常背着双肩包一个人走访乡村卫生机构，很多乡镇领导都很紧张，常常打听今天来我们这没有，怕查出什么问题"。另一方面，我通过农工党中央邀请了首都医科大学组织专家团队，又联系国家卫计委信息中心，签三方保密协议后从国家信息库中调取了会泽县建档立卡农村人口疾病大数据，由专家团队作数据清洗和分析统计。一个月后，我自己撰写了一份《关于会泽县健康事业发展的展望与思考》的调研报告，详细分析了县域内医疗机构设置、医疗资源分布、医疗服务供给和近三年医保资金收支情况。两个月后，首都医科大学专家团队的《会泽县建档立卡贫困户疾病情况统计分析报告》完成，报告详细列举了会泽县贫困户前十位发病率的病种统计、医疗总费用统计、自付费用统计、医保支付费用统计等，更为直观地展示了贫困户健康状况及诊疗状况。

从这两份报告中，我得到了一些会泽县卫生事业和健康扶贫工作的第一手资料，这其中在一定程度上也包括我国深度贫困地区卫生和健康事业发展的困境。

从体制机制上看，最突出的问题有以下几个：一是省市统筹的"三医"联动改革乏力，医保的杠杆效应不明显；二是公立医疗机构现代管理制度缺失，优秀管理人员缺乏，县乡两级公立医院党建乏力，难以做到以独立法人主体科学发展；三是国家及省市政策落实打折扣，以文件落实文件和以会议传达会议的形式主义十分明显；四是基层卫生机构基础设施建设筹资机制不健全，贫困地区县级财政薄弱，国家发改委项目仅支持县级医疗机构，而乡镇卫生院和村卫生室基础设施和设备投入需要自筹资金；五是优质医疗资源向基层倾斜的机制不完善，尤其是贫困山区对优秀医务工作者的吸引力不强，全科医生在基层工作的职业路径不清晰。

从疾病谱的角度看，一是部分病种报告患病率与全国患病率有巨大差异，可以看出贫困地区误诊错诊及隐性患者比例不容忽视，很多贫困户没有就诊确诊；二是报告患者与就诊患者之间存在巨大差异，同时通过医疗费用报销分布情况，可以看出贫困地区的健康需求还没有被激发，针对贫困群众的费用保障支撑尤为重要，亟待有增量资金参与健康扶贫；三是从类风湿性关节炎及重度精神病的超高发病率，可以看出贫困地区贫困人群的疾病谱有其独特性，各地区应认真分析并予以高度关注，而不是等候国家或者省市的统一部署；四是报告中前十位病种排序糖尿病、高血压等慢性病占比较大，可以看出贫困地区慢性病管理同样是今后基层医疗服务的重中之重；五是从类风湿性关节炎、多部位骨折等疾病给贫困群众带来的自付费用负担，可以看出明确诊疗路径和支付方式，对有针对性的病种而并不仅限于国家规定的几十种大病开展集中救治有其现实需求，尤其是对控制医疗机构过度医疗行为，减轻困难群众负担有明显作用。

上述问题，有的相互交织，有的互为表里，有的是体制机制上具有广泛代表性的深层次问题，有的是工作实践中发现的特殊性问题，这些问题不同程度制约着深度贫困地区卫生和健康事业发展，影响着人民群众的健康，形成了基层卫生和健康事业发展的现实困境。

二

从掌握第一手调查研究成果之后，地方卫生系统的同志开始主动有意无意地与我交流问题和看法。那时的我已经深深地知道，作为一个挂职干部，光自己想干能干肯定是无济于事的，尤其是面对医改这样复杂的局面，甚至有地方主要领导同志的支持也不一定能取得成功。想要做点事，一定得有更多的地方同志能够主动站出来。因此，我到地方后面临的第二个主要任务就是统一思想，寻找一条契合当地实际的工作路径。这也使我后来有了一句念叨，总让当地干部不断提及："当前这个局面，什么都很重要。但是，千重要万重要还是统一思想最重要。"做统一思想的工作，可以说贯穿了我整个挂职的两年。

2017年初，在会泽县卫生工作会议上，当时的曲靖市卫计委主任赶来参会，正常是主任总结讲话，各项议程即宣告结束，但她坚持最后还要让我一个挂职的协管副县长讲几句。在这个会议上，我第一次公开谈及自己的想法：一是要谋划如何把会泽县健康产业（主要是医疗服务业）的蛋糕做大，当时会泽县人均医疗总费用不及东部省份全省平均水平药费的三分之一。作为一个拥有百万人口的大县，当时县人民医院业务收入仅亿元左右。没有业务收入就没有合理的待遇，没有合理的待遇就没有高水平的人才，没有高水平的人才就无法提供高水平的服务，缺乏服务当然就没有收入，这仿佛就陷入了一个死循环。二是如何把"蛋糕"分好，既要避免县乡两级医疗机构与村医争利，又要在促进卫生事业发展的同时最大限度避免个人违法违规行为。三是如何在搞好健康扶贫的同时，促进大健康产业发展。但这次会议并没有掀起任何波澜，最大的作用也许是让更多的县域内卫生从业人员知道了我。

当年5月，我邀请的清华大学专家团队正式为会泽县制定了《会泽县健康精准扶贫示范工程三年行动计划（2017—2020年）》，提出要着力实施"从以防病治病为中心向以

熊凤挂职会泽期间调研村卫生室并与村医合影

人民健康为中心"的转变，打造会泽县"1234"健康精准扶贫模式，即创建一个健康精准扶贫联合工作平台，成立"会泽县健康精准扶贫联合办公室"；抓好健康事业和健康产业两个健康扶贫层面；建立三个健康精准扶贫工作体系，"医疗服务保基本，健康产业谋发展，要素平台做保障"；聚焦四大重点帮扶产业，"健康农业、健康旅游、健康养生、健康文体"。这份行动计划最终以县委县政府文件名义下发，但很快也被束之高阁。

事实告诉我，以我为主的形式是走不通的，必须尽快找到一个切入口，让地方的干部群众能够主动去做，并在他们的支持下实现一些符合当地需求的战略目标。

2017年7月，上级领导到会泽开展民主监督调研。座谈会上，县领导让我做一次会泽县健康扶贫的专题汇报。我通过前期掌握的翔实数据，向调研组报告了会泽县健康扶贫工作的总体情况和思考，重点提出了健康扶贫的三大"战役"：一是打一场基于主动医疗服务模式的运动战。研发适应于贫困人口和农业人口较多，但县级医疗资源仍呈供给不足地区的县级主动医疗中心医院，将重点优化更新面向城乡基层人民重大疾病的医院相应科室配置，弥补县域内重大慢病筛查和诊治设备、医疗技术等关键服务能力与资源不足的问题，变被动救治为主动干预，实现对重大疾病的有效救治。二是打一场针对地方多发病和大病的歼灭战。研究针对特殊疾病的专项诊疗方案，探索对基层多发病、重大疾病的临床路径管理，并重视运用疾病临床诊疗路径优化医疗保险结算方式。三是打一场加强慢性病管理提高群众健康素养的持久战。重点是组建县乡村一体化的紧密型医联体，通过全科医生团队做实家庭医生主动式服务。

这次的汇报得到了调研组一行的高度认可。对我而言，这次会议之后的直接影响是：当年 7 月，县政府调整分工，由我分管卫生和医保。12 月，代管县人社局。同时，经农工党中央同意并由云南省卫计委党组会议研究，我加挂了云南省卫计委健康扶贫办副主任一职。也是在 2017 年底，云南省出台了健康扶贫 30 条，并经过一年时间的努力，会泽县的健康扶贫工作在 2018 年国家考核中位列前茅，并在全国健康扶贫工作会议上作经验交流。

三

云南省健康扶贫政策一出台，我意识到等待的机会来了。因为这份文件当中有一个关键政策是关于基本医保、大病保险、医疗救助和政府兜底四重保障之后贫困患者自付费用比例不超过 10%。在医疗报销之中有政策内报销比例和实际报销比例之分，两者之间的差距有 20 个甚至是 30 个百分点。依据文件当中实际报销比例到90% 的提法，按照前期掌握的数据分析，会泽县将近 40 万贫困人口并且患病人群有很多是没有及时得到医治的，如果全部被动员起来进行及时救治，短时期内会泽卫生机构的业务量和业务收入将被迅速放大，这对会泽卫生事业发展来说是个非常难得的机会，有可能靠着这次的发展，能够将县域内医疗卫生机构服务水平提升好几个台阶。但问题在于，这样势必会对医保基金和政府托底资金带来巨大压力，这种压力一定会层层传导由县到市再到省，在压力之下我们能不能扛下来？会不会因政策研究不透而出现问题？会不会在政策执行层面被追究责任？到底是侧重于政策执行和业务量提升，还是侧重于控费不捅娄子，这是难以决断的一个问题。

最终，还是借助一个有效的方式来解决：开会。

2017年11月，省市政策刚刚出台，我与卫计局和医保中心同志开始进行测算，同时召开全县卫生机构负责人会议，通报我们的初步测算结果并研究县域内执行政策。在这一次会议上，向大家通报了预测结论：2017年回补政策之后，以县级统筹计算医保差额大约会有3000万元，而2018年激发健康需求之后，四重保障总的差额也许会将近1个亿。这就要求我们执行政策决不能走样，不能有偏差，对控费更要积极主动，医保稽查的力度要更加加大，面对强大的资金压力，谁因政策执行出问题将严肃追责。同时，我们要做好建立紧密型医联体以县域资金打包付费的准备。因为，我们当时判断省市面对会泽的这样一个情况，大概率会要求对会泽加快医改进度，建立紧密型医联体进行打包付费，主动控费。最终，会泽以确保政策执行为前提，开展不留余地的健康扶贫工作。尽管当时参会的不少人对紧密型医联体、医保打包付费和按诊疗路径付费等问题仍一知半解。

四

2017年底，关于健康扶贫的基本路径已经比较清晰。一方面，必须严格执行好云南省以及曲靖市健康扶贫政策，这些政策与前面所提的"三大战役"实质上是一致的；另一方面，要为未来县域紧密型医联体建设以及三医联动的医改做好准备。在此基础上，千方百计、多措并举提升县乡两级医疗机构的质量和水平。同时，为大健康产业发展探探路，做些力所能及的事情。

为了执行好健康扶贫政策，确保资金缺口能够得到省市的认可并协调解决，医保中心每月初对会泽县健康扶贫四重保障资金使用情况进行一次统计，细化到了全县所有一级以上医疗机构，并且坚持每月召开健康扶贫工作研讨会议，及时排解问题。为了让县域内卫生工作人员对健康中国战略、对医药卫生体制改革更加熟悉和了解，我为全县卫计系统中层以上干部以《健康中国健康会泽——深化医改的实践与展望》为课题作了讲解；联系三明医改操盘手、时任福建省医保办主任的詹积富派遣了全国百佳院长——尤溪县总医院党组书记、院长杨孝灯专程赴会泽县讲解尤溪医改经验和医联体建设情况，开始在县内试点医联体建设。同时，赴北京、山东、四川、上海等地学习医改经验。经过几个月的准备，县域内医务人员对医改工作开始慢慢熟悉和了解，大家对县域健康信息化系统展现出了极大的热情，一致认为卫生信息化建设将对未来全域健康、全民健康带来积极促进作用。这时，我又想办法协调相关企业为会泽县捐赠了1500万元的健康信息化系统，整合了全县公立医院的医管系统，打造了县域健康云。信息化的整合过程是一个极具挑战性的过程，值得欣慰的是，在我离开结束挂职会泽之后不久，全市卫生信息现场会议在会泽召开，这也是地方同志引以自豪、极为期盼的一件事。

2017年底，会泽县医保数据出台，市医保中心回补了会泽县3700万元医保资金；2018年底，四重保障资金差额1亿多元，引起省里的关注，但最终省市也都认可并予以顺利解决。健康扶贫政策推行后，会泽县全年的住院量急剧增加，贫困人口住院量甚至翻番，县人民医院业务收入增加数亿元，启动了精神病专科楼建设，进入了云南省首批县级公立医院提质达标验收名单，入选了国家数字诊疗装备研发重点专项基于创新国产诊疗装备的贫困地区医疗健康一体化服务规模化跨省应用项目示范基地，开始努力争创三级医院；征地 110 亩的会泽县第二人民医院开始开工建设；会泽县中医院扩建一倍，正努力争创三级中医院；会泽县妇幼保健院成为云南省首批二级甲等妇幼保健院之一；会泽县疾控中心综合大楼开工建设；所有的乡镇卫生院和村级卫生室实现全部基础设施建设达标……

而从更大范畴的健康产业发展来看，尽管我积极举荐和支持了有关企业投资数亿元，在会泽落地西南五省规模最大的高山滑雪度假中心，成功举办了新浪杯高山滑雪竞赛；尽管我争取国家发改委小城镇研究中心，将全国第十届小城镇篮球邀请赛放到了会泽举办；尽管我与国家中医药管理局积极对接，将会泽纳入全国中草药种植扶贫行动计划的首批签约单位，并与云南白药等实现签约，与有关单位签订了建设中药饮片厂的战略规划，但这些工作仅仅是健康产业的起步而已，短时间内并不能改变当前县域经济过度依靠采矿与烟草的事实，并且一些项目在实行当中仍旧会存在各种各样的变数与困难，如得不到精心培育，很可能中途夭折。

于我而言，这条未竟之路只能留给地方的同志们去闯关了。我只能在远方默默地关注和祝福他们，由衷地希望他们能够坚强地克服所有困难，"汇智图强、泽世担当"，带着我们这些人的爱与希望，去恢复会泽这座历史文化名城昔日的荣光。

DdSH
LMs

犹有花枝俏

——青山着意化为桥

何勐岩花烂漫时

战争号角吹响的时刻，你是先烈们用生命托起的希望；展望未来，你是希望的起点。前方的路纵然还有崎岖和不平，我们一如既往地保持热忱，愿意耗尽毕生的心血，只为让你——越来越健硕，越来越自信，越来越坚强！

王凤军： 现在中央广播电视总台工作。2012 年至今，担任"全国红军小学建设工程爱心大使"，长期从事公益事业和扶贫工作。2014 年，被评为"全国红军小学建设工程优秀工作者"；2020 年，被评为"中央和国家机关脱贫攻坚优秀个人"；2021 年，被评为"全国最美志愿者"。

只有收获的快乐，并不是真正的快乐，更大的快乐是帮助别人。每当我把捐款和物品送到孩子们身边时，他们的笑容就是最高的奖赏，我心中就会荡漾幸福的涟漪。

我的幸福生活

王凤军

2012年6月，一则新闻吸引了我的眼睛：革命老区建设了100多所红军小学，其宗旨：感恩革命老区的历史贡献，改善革命老区的教育条件，传承红色基因。

我的家乡在山东，那里有许多革命老区，其中沂蒙革命老区同井冈山、延安一起被称为中国革命战争时期最重要的三大老革命根据地，这一切使我增加了亲切感和使命感。我很想成为红军小学建设的志愿者，为国家的扶贫战略和红色传承助力。我找到全国红军小学建设工程理事会表达了愿望，得到了认可，并成为全国红军小学建设工程理事会理事。

那年7月17日，是我永远不能忘记的日子。这一天上午，"中国工农红军冀东革命英烈红军小学""唐山英才红军学校"授旗授牌感恩捐赠仪式在唐山英才学校举行，我荣幸地主持了这次大型活动。

这是我第一次参与红军小学建设，我好奇地注视着会场的一切：孩子们无一例外地穿着小红军校服，没有想象中的生活窘迫，一个个朝气蓬勃、喜气洋洋。但同行的人告诉我：唐山英才学校建在城市，条件相对不错，大多数革命老区都是经济欠发达地区，教育条件普遍落后。

来之前，我想了很多办法，积极为红军小学筹集款项和物资，在这次活动中带动有关爱心企业、爱心人士共捐赠 100 多万元。捐赠的时刻到了，孩子们带着欣喜的笑容走上台领到了新书包和学习用具，我心里甜甜的，充满了成就感和幸福感。

活动中，领导亲手向我颁发了"全国红军小学建设工程爱心大使"证书，她用慈祥的目光注视着我，我郑重地接过证书，我明白，"爱心大使"顾名思义就是奉献爱心的使者，这是荣誉更是一份

王凤军深入贫困山区为陕西省铜川市耀州区照金镇北梁红军小学学生捐赠图书

责任，面对台下1000多名师生投来的热烈目光暗下决心，一定力所能及地为红军小学建设做出贡献，决不辜负爱心大使的称号！

要心动更要行动！平时总有一些制作电视宣传片的企业找我配音，我就不失时机地向企业宣传红军小学建设的意义，力求得到捐赠或物资支持。在不懈努力下，2014年下半年，我又为红军小学建设筹集100多万元款项以及价值100万元的教学物资。鉴于我的突出表现，在钓鱼台国宾馆举行的红军小学2014年度先进人物表彰会上，我被评为"全国红军小学建设工程优秀工作者。"

为让更多的人了解红军小学建设，并投入援建的队伍中来，我勇于接受挑战，参加了中央电视台《开门大吉》节目。在节目中我介绍了红军小学建设的概况，明确地说明我是为陕西"照金北梁红军小学"争取梦想基金而来，借助央视这个平台，让更多人了解并关注和支持红军小学建设。老实说当时也有顾虑，自己外在形象没有优势，刚50多岁头发就脱光了；平时忙于工作，对于歌曲也说不上精通，如果听了歌曲的旋律，说不出歌曲的名字，既得不到梦想基金，还会丢丑，经常出头露面的我，也不免有些紧张。但是强烈的责任心使我顾虑不了许多，好在我的运气好，碰到的歌曲都在熟悉的范围内，连闯几关如愿得到了万元梦想基金。

2018年开学前，我带着这笔梦想基金前往"照金北梁红军小学"。陕西铜川照金位于陕西省铜川市西北部，这里曾创建西北第一个山区革命根据地——陕甘边革命根据地。也正是因为革命圣地，一路上，我的心情都充满了敬意。从西安下了高铁，然后换乘汽车，出城不远就开始在大山里穿行，车窗外的大山连绵不断，像是行进在没完没了的浪谷之中，让我见到了这辈子都没有见过的那么多大山。一开始，我还在感慨，山这么大，这么高，这么多，生活多么不便啊，难怪有的人一辈子都走不出这大山。同行的人却告诉我，现在实施精准扶贫，已经把深山中不适合生存生活的人口搬了出来，孩子们再也不用天不亮就踏上崎岖的上学路，辛苦又危险。我忽然想起曾看过一部贫困地区孩子们读书的电视片，冬天里学生们在四面漏风的教室上课，让人痛心。立刻，我想起：照金的孩子们会是怎样呢？

到了学校，我眼睛一亮：漂亮的教学楼前，孩子们身着整齐的小红军校服热情地欢迎我们，让我感到不是来到贫困地区，而像是来到城里的某所学校。校长介绍说，党和政府实施精准扶贫，使大山里的教育条件发生了很大的变化，这座新建的教学楼主要是政府投资，同时也得益于老革命家筹措的资金，还有一部分社会捐赠资金，这为他们搞好老区教育事业提供了强大动力。现在这里的学生免费上学，免费就餐，路远的同学也都在学校住宿。校长的一番话，让我感到非常欣慰和温暖。

第二天举行开学仪式，我捐赠了万元梦想基金和后来又筹集的价值万元的教学用品，又按照议程要求，带领孩子们进行宣誓。我庄重地举起右手，把满腔激情融入语言中，孩子们随着我的声音进行宣誓。后来，有的学生大胆地告诉我，这是他们第一次和中央人民广播电台的主播一起宣誓，而我的情绪又感染了他们，宣誓的声音更加洪亮。"热爱中国共产党，热爱祖国，热爱人民……"声音在校园回荡，是的，这也是发自我心底的声音，我的心灵在誓词中再次接受了洗礼。

从照金归来，我突然意识到一个问题：履行红军小学爱心大使的职责，不只是积极为红军小学筹集物资和捐款，更重要的是要积极参加红军小学的活动，为红军小学建设提供更多的智力支持。

　　2019 年 4 月的一天我应邀参加"锦绣潇湘 乡村振兴精准扶贫"——文旅融合跨区域发展精品旅游线路推介活动，辖区内的"将军外交官红军小学"也参加了这次活动。这是一所农村小学，位于湖南省醴陵市岳山街道金石村，经济条件比较落后，全校 400 多名学生中，有 130 名学生的家长长期在外面打工。我到学校的时候，他们正为参加推介会演出活动的费用发愁。因为推介会要在距离学校 120 公里之外的长沙市举行，十几名孩子去那里，交通、吃饭、住宿以及演出服装、道具等费用是一笔不小的开支，家庭困难的学生拿不出，成为这次演出的"拦路虎"。我立刻自掏腰包，拿出 1 万多元，及时帮助他们解决了这个难题。

　　按照推介会的安排，孩子们要朗诵毛主席的《七律·长征》和《沁园春·雪》两首词。朗诵是我的强项，我不顾旅途疲劳立刻开始辅导。山里的孩子很少进行过规范的朗诵训练，基础比较弱，听下来和读课文没有什么区别。我就耐心地教他们朗诵中如何吐字归音，如何把握情感支点，一遍又一遍地做示范，一遍又一遍地进行纠正，使他们的朗诵有了质的提高，表达出了诗中蕴含的藐视一切困难的英雄气概。在我的辅导下，节目一下子成为这场演出的亮点。

　　这次活动之后不久，"将军外交官红军小学"组织十几名师生来北京看天安门升旗。我立刻主动联系他们，并请他们一起聚会。相聚中，我问他们是否去过长城和故宫，他们都沉默了，再追问才知道，是因为组织方经费不够，忍痛放弃了。看北京是他们梦寐以求的事情！怎能让他们留有那么多遗憾？作为"爱心大使"，立刻决定个人出资邀请他们去参观长城、故宫等想去的地方，让他们感受到中华民族的伟大，请他们品味北京烤鸭等风味小吃，让他们感受北京人的热情好客。

2020年初，新冠肺炎疫情突来，当全国都在全力抗击疫情的时候，我自然想到了革命老区红军小学的孩子们。我担心那里的学校基础相对薄弱，容易成为抗击疫情的薄弱环节，立即向红军小学捐赠1万元，贴补购买防疫物品使用。紧接着我请全国红军小学建设工程理事会宣传部长、作家韩胜勋创作了《祝福中国》大型抗击疫情朗诵诗，自费租了机房进行朗诵录音，并请人配制画面，于2月制作成大型音画诗复型作品，在红军小学的"红星网"和全国红军小学公众号"小红星"播出，给红军小学的孩子们送去抗击疫情的精神力量，受到全国红军小学孩子们的欢迎，并被网络"公益百度"收录，作为优秀作品展播。

2月末，为声援战"疫"一线，全国红军小学组织了大型朗诵诗《我与武汉的距离》的朗诵活动，朗诵视频通过手机传送，以"空中诗会"的形式进行。我作为这次朗诵活动的艺术总指导，全程组织并指导了这次大型朗诵活动。全国11个省市的17所红军小学的130名孩子参与朗诵。在朗诵中，孩子们带有一些地域口音，影响整体的朗诵效果和情感表达，我再次主动申请进行辅导，请参与朗诵的各校录下自己的朗诵视频，通过手机发送过来，加班加点逐个审听纠正。这确实是一件非常细致、非常辛苦的工作，有的学校需要几次辅导才能达到要求。在那些日子，我常常是夜里完成本职工作，白天继续鼓足干劲，指导孩子们的朗诵。经过艰苦的努力，"空中诗会"成功举行了。

"一张张请战书，曾引发我心中的波澜，一个个捐款捐物，使我理解真爱无价的厚意，全国多地医务工作者奔赴武汉，使我知道什么叫力量的汇聚。一切的一切呀，使我看到中华民族患难与共，为生命接力……"孩子们的朗诵铿锵有力，饱含深情，在社会上引起了热烈的反响。中宣部学习强国平台进行了展播，中国教育电视台两次播出朗诵成片，中国青年网、中国妇女报等媒体进行了重点报道，为鼓舞全国人民众志成城打赢抗疫战的士气做出了贡献。

2020年6月，有一个消息让我忧心忡忡。四川甘孜色达红军小学一位小学生患有紫癜性肾炎，被送进ICU病房，每天需要近万元的医药费维持生命，进一步的治疗需要50万元，而他家是当地的建档立卡贫困户，全家一年的收入不过几千元，这样的治疗费用对于他们来说简直就是天文数字。

多年的爱心大使生涯，使我和红军小学的孩子们建立了深厚的感情，而对于这个甘孜色达红军小学学生花尔韦我更多一分亲近。甘孜州是著名的革命老区，红军长征途经甘孜州16个县，红军飞夺泸定桥的著名战例就发生在那里，那样的岁月，那样的艰苦环境和条件里，那里的人们给予了红军多少支持啊！尽管此时的我家境也

王凤军在朗诵现场

并不宽裕，还要承担双方父母的生活费用，但我还是没有丝毫的犹豫。我这样想，少给父母一点生活费，顶多影响他们的生活质量，而如果这位小学生没有钱医治，青春的生命就很难挺过去。想到这儿，我马上拿出1万元捐赠给这位小学生，并积极联系和推动"水滴筹"帮助开展社会筹款。最后，在全国红军小学建设工程理事会努力和社会好心人的帮助下，这位小学生的家人凑够了医药费用，成功进行了治疗。

八年来，这样一桩桩一件件的事儿时时发生着。我积极参与数十项社会公益扶贫事业，持续为山区儿童、贫困母亲、因病致贫家庭等群体和个人捐款捐物，并积极参与录制和策划各类扶贫公益事业活动累计300场次，播音作品100部（集）800万余字。抗击新冠肺炎疫情期间，个人为疫区、革命老区及困难群众捐助防护物资，积极用捐款实际行动支持总台组织的"幸福工程——救助贫困母亲行动"，为救助贫困先天性心脏病儿童，还积极向公益性团体"北京屈正爱心基金会"捐款。

作为"爱心大使"，捐款、捐助，积极投身爱心事业、公益事业，这几乎成为我的生活方式，并逐渐成为内心一种价值追求。俗话说，赠人玫瑰，手留余香。回顾八年来的"爱心大使"之路，我觉得收获更大的首先是自己，在"奉献、友爱、互助、进步"的志愿服务精神里，我感觉到了自己的成长；在践行"精准扶贫"和"传承红色基因"的使命中，我进一步净化了心灵，同时也明白：只有收获的快乐，并不是真正的快乐，更大的快乐是帮助别人。每当我把捐款和物品送到孩子们身边时，他们的笑容就是最高的奖赏，我的心中就会荡漾幸福的涟漪。

我幸运，我总是生活在幸福之中。

待到山花烂漫时

五年扶贫时光，于我，是人生路上最浓墨重彩的一笔。于崆峒村，脱贫摘帽不是终点，而是新生活、新奋斗的起点。希望崆峒村在乡村振兴新征程上接续奋斗，待到山花烂漫时，乡亲们的脸上都堆满笑容！

陈雄超： 现在中国广核集团阳江核电有限公司工作。2016 年 7 月至 2021 年 6 月，在广东省阳春市河西街道办事处崆峒村任第一书记。2019 年和 2021 年，先后被广东省评为"2016—2018 年脱贫攻坚突出贡献个人""2019—2020 年脱贫攻坚先进个人"。

> 走进崆峒村扶贫酿酒基地，清甜的酒香扑鼻，数十个专业发酵桶整齐排列，桶上的排气口"咕噜咕噜"地冒着气泡。

醉人的米酒

陈雄超

2016 年 7 月 18 日，对我来说是个不平凡的日子，我成了一名驻村第一书记。在此之前，我的人生轨迹很简单，就是部队—阳江市供电局—阳江核电。从此以后，我成了驻村干部，我的人生多了一段扶贫经历，重新找到了在部队时打起背包就出发的豪迈感。

一

来到中广核对口的广东省定点扶贫点——阳春市河西街道崆峒村，第一感觉就是：这个村真大！崆峒村有 37 个自然村，户口登记人口 9000 多人，土地面积 4650 多亩，建档立卡贫困户 142 户 400 多口人，分布在 35 个自然村。比我早到 3 个月的同事告诉我，建档立卡时，走访一遍贫困户就要用一个多月时间。

　　第二感觉却是：这个村真臭！进村入户调研，了解到这里有挖鱼塘配套养猪的传统，经过多年发展，已成为阳江市较大的养猪基地之一。因为鱼塘是配套养猪的，猪粪流到鱼塘，严重地污染了地下水，抽出来的井水都发臭了。

　　崆峒村的"穷根"在于耕地资源稀少。七山一水二分田，石厚土薄，产业链不完整，物产不算丰盛。如何增加创收渠道，突破贫困户"靠天吃饭"的困境，我想过许多方式：携手公司合作单位开设稳定岗位，以转移就业的方式，招聘崆峒村有劳动能力的贫困人口到外面打工。可惜岗位很好，成功转移的人数却寥寥无几。我发现，贫困家庭的劳动力并非不愿就业，而是"走不出去"，有相当

崆峒村村貌

一部分家庭因病致贫，劳动力只能留在家中照料患者，无法走出去打工。

"走不出去"，就要想办法将资源"引进来"，帮助贫困户在家门口创收，充分利用贫困户自身资源，为他们创造稳定持久的收入，才是脱贫的根本之道。走访中，我们发现崆峒村有瓦缸酿米酒的传统，能不能以此为突破口，打开村民脱贫致富的通道。

有一次，回阳江的途中，我遇到了一位特别的朋友：华中农业大学的退休客座教授李学雄。李学雄教授是阳江人，交流中了解到村里的扶贫任务和我的想法后，马上自告奋勇提供"金点子"：崆峒村有酿酒传统，以前村民酿酒用柴火烧饭、瓦缸发酵，出酒率不高，品质参差不齐，所以也没有市场。为帮助乡亲们脱贫，他愿意提供规范化且容易操作的酿酒技术，帮助村民酿酒，发展特色产业。

求之不得的好机会呀！真是踏破铁鞋无觅处，得来全不费功夫。

崆峒村有优质水稻，崆峒村依傍的山上，有花滩泉水潺潺而过。清澈无污染的水源，颗粒饱满、淀粉含量高的杂优米，加上李教授提供的优质酒曲，这些得天独厚的资源，正是保证品质的第一步。我们将这个情况及时向阳江核电公司汇报，公司给予大力支持，第一时间捐赠了酿酒器材。

一鼓作气，我们在崆峒村建起了"扶贫酒坊"学习基地，邀请李学雄教授亲自开班授课，向贫困户传授酿酒技术。李教授"倾其所有"，手把手传授，利用自己在生物工程研究上的专业所长，采用优质酵母进行发酵，生产出区别于市面上常用的酒曲，夏天30多摄氏度的温度下，20天左右就酿出了既有风味又符合国家安全标准标准的米酒。为保证酿酒品质我们定期把李教授请到酒厂，进行技术指导，检查出酒质量，让村民们明白：酿酒从原料选择到制作工艺都必须严格要求、科学严谨，要保证卫生，注重细节，把好每一道关，出酒品质才能有保障，酿酒产业才能越做越大、越做越强。

俗话说"酒香不怕巷子深"。现在崆峒村米酒已经小有名气，村民酿好了酒，不用自己运到村外叫卖，就有商家进村收购，而且常常供不应求，贫困户家庭收入明显提高。

为发展酿酒项目，鼓励吸引更多的贫困户参与进来，我们采取"合作社＋农户"的形式，以技能奠定脱贫基础，实现家门口就业，为村民创造了稳定的收入来源。

在此基础上，我们又对崆峒米酒进行形象包装和品牌推广，并在阳江核电基地餐厅展示、售卖，乘着中广核电商平台的"东风"，崆峒米酒走出了大山。

二

走进崆峒村扶贫酿酒基地，清甜的酒香扑鼻，数十个专业发酵桶整齐排列，桶上的排气口"咕噜咕噜"地冒着气泡。"在30多度的温度下要发酵20天左右，低温天气则要一个月左右。"陈俊妃边说边给村民示范酿酒机操作，指导村民使用探热针测量温度。这是酿酒的重要步骤，她手把手指导，非常认真。

陈俊妃是村里的扶贫助理，参与扶贫工作已有三年多，不少村民在她的引导下自学酿酒，走上脱贫路。很难想象，五年前，因为母亲病重，无法支付高昂的医疗费，即将大学毕业的她差点被迫中断学业。扶贫工作队了解情况后，帮她申请了助学金，为她母亲办理了大病保障等，帮助这个家庭走出了困境。2017年，在工作队的帮助下，陈俊妃的父亲开始学习酿酒技术，每个月能有三四千元的收入，生活走出低谷，精神面貌也有了很大改观。

陈俊妃大学毕业后，通过招聘，回村当起了扶贫助理。从受助者转变为施助者，她积极努力，热心帮助村民解决困难，"以身说法"，带动了越来越多的村民加入自学酿酒的行列。陈俊妃说：我是幸运的，扶贫工作队帮助我完成学业，如今我又能待在父母身边工作，照顾他们。滴水之恩，涌泉相报。我受到的帮助，理应回报到有需要帮助的人身上，也希望把"幸运"带给更多的人，为村民创造更稳定的收入来源，尽我所能帮助乡亲们摆脱贫困。

她说："村里有很多因病致贫的人，家里没有劳动力，如何帮他们脱贫？扶贫工作队想尽了办法，村民没法走出去致富，工作队就把项目引进来，帮助村民在家门口创收，通过酿酒走上脱贫路。"

作为扶贫工作助理，陈俊妃对村里每个贫困户的情况都了然于胸。村民王姨家里有三口人，老公残疾，她本人也没什么技能，没有收入，生活陷入困顿，而酿酒对他们来说就是很好的项目。与村"两委"和扶贫工作队沟通后，陈俊妃主动上门，动员王姨参加酿酒培训，手把手指导，从简单到复杂，一步一步教，一个环节一个环节指导，耐心细致，直到王姨能独立操作。

在陈俊妃的引导下，村里又有 25 户村民参与到酿酒项目中。崆峒村的酿酒规模进一步扩大。

三

村里变化最大的贫困户，要数陈显溢一家。过去，陈显溢一直以种田为生，日子较为窘迫，一度对生活失去信心。2017 年，在工作队的帮助下，他开始学习酿酒技术，生活渐渐有了起色，并依靠酿酒实现脱贫。现在的陈显溢不仅变得开朗了，而且十分好客，总爱端出自家酿的米酒招待客人。这些米酒，正是他从"扶贫酒坊"里学做的。他说，过去酿酒用柴火烧饭、瓦缸发酵，根本没有技术可言，出酒率不高，品质没有保证，也卖不出去。自从村里有了扶贫示范基地，有了规范的酿酒流程，出酒率高达 50%，品质也上来了，老远都能闻到米酒的清香。酒越来越好，销路越来越广。

现在，陈显溢已经成了酿酒师傅，成了村里的传帮带模范和产

扶贫户陈显溢通过学酿酒脱贫致富

业发展带头人。面对前来学习取经的贫困户，他认真示范酿酒机操作技术："米蒸好了，我们放到台上降温，拿铲子边铲边铺平。"又打开蒸米机，熟练地把一盘盘热气腾腾的米饭均匀地倒在晾台上，一颗颗米饭颗粒饱满、晶莹剔透。有的村民第一次来学酿酒，手法生疏，他耐心指导："没关系，多练几次就会了。"一边说一边示范和提醒，"酒曲要撒均匀，对对，就是这样。"

言谈举止中的认真和自信，让我怀疑这就是两年前在困境中挣扎的陈显溢。

陈显溢的酿酒技术越来越好，随着收入的提高，一家人已经从低矮的危房搬进了稳固的新房。我们向他表示祝贺，他却说："李教授手把手教我们酿酒，工作队帮我们销售，酿酒让我们摆脱了贫困。若不是这套科学酿酒的'独门秘籍'，我一家还在贫困线上挣扎呢！"

四

陈显溢一家的变化只是崆峒村精准扶贫的一个缩影。现在，崆峒米酒已成为村集体收入的主要来源，也是许多贫困家庭的经济支柱，成了当地最畅销的年货之一。

崆峒村 130 户贫困户 392 人已于 2018 年底全数脱贫，人均年收入从不足 4000 元增加到 9000 多元，每一家都享受到了酿酒产业带来的红利。

每次来到扶贫酿酒基地，都能看到面积不大的屋子里摆满了一个个盖着毛毯的专业发酵桶，每个桶上插着的单项排气口不停地冒泡，就连空气里都弥漫着阵阵的酒香。工人正在紧张而有序地忙碌着，这边正在发酵，另一边又开始忙活起了下一轮酿酒。看着一排排整齐摆放的试管和量杯，还有我们捐赠的不锈钢酿酒缸，听着酒曲发酵的"咕嘟咕嘟"声，我们好像听到了崆峒村致富的步伐，心里油然而生一种欣慰和喜悦。

崆峒村还是那样大，崆峒村的上空，洋溢着米酒的甜香……

何处山花烂漫时

两年一梦，印象色达。完成交通扶贫的历史使命，收拾放归在雪域高原的心灵，重新适应现代都市的节奏，投入交通强国海上平安守护新战场，我初心未改、使命在肩。唯愿金马草原的明天更美好！

丁　凯：现在交通运输部南海救助局工作。2016年10月至2018年12月，在四川省色达县挂职任县委副书记。2019年，所在集体被四川省评为"脱贫攻坚组织创新奖"。

初到色达，我看到的是群众急需致富路和道路建设滞后的窘境，交通已经成为制约色达经济发展、民生改善和扶贫开发的最大"短板"。

色达的路

丁　凯

从北京到色达需先到成都，再转乘 11 个小时左右汽车。

报到那天，我沿途经过泥巴山隧道、翻越海拔 4000 多米的折多山，途经从未见过的直入云端的盘山公路，身边就是万丈深渊和滚滚江水，我的心一阵阵地发紧……第二天从康定到色达，360 公里的路程走了整整一白天。到了下午时分，再美的蓝天、白云，再壮阔的草场、牦牛，我已无心欣赏。

前面的路究竟还有多远？我已经有点茫然。

"这就是北京来的中央部委的丁书记。""丁书记是我县历史上第一位北京来县工作的干部。"县领导这样把我介绍给大家。受宠若惊的同时，我突然领悟到，我肩上的使命，共产党员的身份容不得我有任何茫然和懈怠！到县第一天，我就庄重地向色达全县干部群众承诺："援藏不是镀金，挂职不当挂客，我已经做好了吃苦受累、流血流汗的准备，我一定全身心投入色达脱贫攻坚，为色达的发展贡献交通力量，请大家帮助我、监督我。"

初到色达，我看到的是群众急需致富之路和道路建设滞后的窘境，交通已经成为色达经济发展、民生改善和扶贫开发的最大"短板"。一系列摆在面前的挑战和困难，没有让我退缩，反而干劲十足。到色达不足两个月，我就走遍全县17个乡镇89个贫困村。

色达气候特殊，农村公路建设长期存在设计不符合实际、公路建设准入低、施工技术不强、监理监管不到位等问题，致使交通项目质量成为"硬骨头"问题。作为交通人，建不好路就是失职！在交通运输部定点帮扶支持下，色达县编制完善了农村公路建设标准；把公路建设纳入全县综合目标绩效考核管理；始终坚持在施工一线

游客可以沿新建成的旅游路到山顶俯瞰县城美景

"零距离"督导检查，凡是不达标的项目一律不验收；筹集 100 万元在色达建立甘孜州第一个农村公路养护站和标准化交通检测实验室，对材料选择、路基施工等全程开展跟踪监测。

亚龙乡色多玛村位于色达县城西北方向，平均海拔 4000 米，长期以来，由于特殊的气候环境和地质条件，村上没有一条像样的道路，运输全靠人背马驮，"晴天一身土，雨天一身泥"是村民出行情况的真实写照，交通的不畅俨然已成为色多玛群众脱贫致富的"瓶颈"。经过不懈努力，2017 年，总里程 10.24 公里、总投资 1000 多万元的色多玛通村通畅公路竣工。色多玛村第一书记胡朝志说："自从道路通畅后，村民能出去，外面能进来，酥油、奶渣子、虫草都能拿出去卖了，我们还建立了牦牛养殖专业合作社，群众人均增收 4860 元，顺利脱了贫。"

我平时出门都背着一个书包，这是我多年的习惯，书包里面背着笔记本电脑、一本厚厚的"工作记录本"和各种资料。电脑里装的是各类电子地图和软件，随时都可以打开办公；笔记本里则密密麻麻地记录着全县道路建设情况和群众对道路、桥梁的需求情况。我常对自己说，修好路的前提就是做好基础调查，群众需要什么路，哪些地方怎样修，哪些路上需要加涵洞，只有自己走上几次才能了如指掌，建设规划时才不会"开荒腔"，才能赢得群众的信任和支持。

当然，只有绘好蓝图建好路还是不够的，如何能让农村公路延续高质量发展，如何利用修好的农村公路提升百姓的幸福感与获得感成了亟待解决的新问题。

自 2016 年起，县委、县政府优先解决了乡村养护站、公益性养护员问题，同时整合各类资金，投入 500 多万元建设色达县农村公路机械化养护应急中心、霍西农村公路养护站，建立养护机构，明确县、乡、村三级养护职责，招聘了农村公路养护员，道路养护比例从 2015 年的 40% 提高到 2018 年的 100%，"有路必养、养必见效、有路必管、管必到位"目标终于能够逐步实现了。

为了帮助色达开通公交，多方奔走下，2017 年我们终于与一家公司达成协议，开通了首条公交线路，结束了色达建县 62 年来无城市公交和农村客运的历史。目前，色达已开通城内公交线路 2 条，城乡公交专线 3 条，建成农村客运招呼站 44 个，城乡公交覆盖 9 个乡镇，投入 12 辆公交车，年运送旅客 15 万人次。一个以县城为中心、乡镇为平台、行政村为节点的农村客运"三级运行便民体系"初步形成。

扶贫须扶智。治穷脱贫的关键在于干部人才。色达条件艰苦、工作辛苦，进人难、留人难。授人以鱼不如授人以渔，必须为色达培养本土人才。在交通运输部的帮助支持下，通过"送出去""走进来"等形式举办多次业务培训，通过"一对一""一对多"等形式邀请专家到县实地指导，帮助色达干部提升业务能力和水平，为色达交通建立了一支留得下、懂技术、能实操的专业技术队伍。

旭日乡江达村、龚古村位于色曲河下游，海拔 3460 米，两村的地理条件和气候条件在全县有着得天独厚的优势，堪称色达"小江南"，群众也有种植白菜、洋芋等蔬菜供自家食用的习惯，但因为没有路致使产品很难拉出去销售。在了解这一情况后，我与其他干部们争取交通定点扶贫资金，修建了旭日乡龚古村通村通畅工程；联络经营商，在国道 317 线两旁和县城菜市场建立了销售点，切实解决了群众销售运输难、销售难的问题。

在我们的不懈努力下，色达依托干线公路积极发展蔬菜大棚、乡村酒店、乡村旅游等致富产业，2018 年"十一"黄金周，色达接待游客 18.85 万人次，实现旅游收入 18846.5 万元。两年来，色达贫困人口从 15868 人减少到 2801 人，减贫幅度达 83%，贫困发生率由 34.2% 下降到 5.7%，实现了 74 个贫困村退出。2016 年、2017 年色达农村居民人均可支配收入分别为 8552 元、9604 元，增速为 12.5%、12.3%，连续两年居四川省第一，荣获"全省农民增收工作先进县"称号。看着这些数字，我的成就感油然而生。

在县上最偏远的大章乡中心小学，学校虽然建了学生浴室，但由于没有制热设备，无法供应热水。一位学生说："学校里的书全是字，我好多都不认识，根本看不懂。"了解了这种情况，我与同事们想尽了办法，帮助大章、泥朵、年龙等乡镇配置空气能热水设施，

下乡调研农村公路借牧民帐篷吃午餐

发动社会爱心人士为全县中小学捐赠图书 10 万册。两年来，我们组织第四结对帮扶组以"党建结对"形式牵手贫困村党支部脱贫奔小康，筹集"扶贫日"捐款、教育基金 140 余万元；捐赠办公电脑、工程机具、实验设备、医疗救护车等多套。

"在高原上工作，最稀缺的是氧气，最宝贵的是精神。"两年多来，虽然经常因深度缺氧需靠服用止痛药来辅助睡眠，虽然远离都市的繁华，不能经常陪伴家人，但是看见色达实实在在的变化，百姓的腰包鼓起来了，就觉得一切都值得。援藏不当镀金，挂职不当挂客。我不是一个人在战斗，我的背后有扶贫联络组的挂友、有部领导作为坚强后盾，我们是一个集体，我们扎根高原、迎难而上，扛住了高原艰难困苦，担起了党和国家的使命，体现了交通运输部的责任担当。我们是新时代的交通人，我们愿为脱贫攻坚献出自己的力量。

在色达，传承着一种精神，那就是"缺氧不缺信念、缺氧不缺智慧、缺氧不缺激情"。这种具有鲜明地域特质的精神，体现的是高原藏区共产党人的初心，带给我的则是烙印在心中的永恒记忆。然而，色达给予我的远远多于我对色达的付出。每当我在工作上遇到困难，我就会想起色达的同事们翻雪山、蹚冰河、抗缺氧、谋实事；每当我在生活上觉得不如意，我就会想起在黑帐篷里喝着酥油茶、吃着泡面的开心场景；每当我拘泥于荣誉、待遇的烦恼，我总会想起我的老书记裤腿上的泥土和身上的酥油糌粑味。

待到山花烂漫时

革新村的扶贫故事已告结束，但革新村的革新不会落幕。革新村脱贫故事的主角从来都是村子里的父老乡亲，希望乡亲们在今后的日子里，坚持把路走向实处，走向远处，走向更宽广的天地，拥抱更美好的生活和明天！

金达苿： 现在商务部工作。2018 年 3 月至 2021 年 4 月，在四川省广安市广安区革新村任第一书记。2019 年，被评为"四川省优秀第一书记"；2020 年，被评为"中央和国家机关脱贫攻坚优秀个人"；2021 年，被评为"全国脱贫攻坚先进个人"。

慢慢地，曾经的希望产业龙安柚，就成了鸡肋，管护吧，需要成本投入但不好卖；不管吧，柚子一年比一年难吃，更卖不掉，恶性循环。

商路漫漫踽踽行

金达芾

邓小平同志故居的堂屋，正对着一座山，叫作"笔架山"，翻过笔架山，再走二里地，就是革新村。

三年前，我受商务部党组的选派，来到小平同志家乡四川广安的这个小村子里，当起了驻村第一书记。我在来扶贫之前，在东长安街 2 号商务部大楼里工作了整整五年，每天抬起头看到的就是全北京最繁华的商圈之一的王府井。我到村里的那个傍晚，感觉很魔幻，明明早上还看着长安街的车水马龙，晚上就坐在贫困户家里吃饭。这是简单到让人觉得有点难过的伙食——两个大碗，一个碗里面是稀饭，另一碗里是苞谷炒土豆，没有桌子，三种主食，摆在一条窄窄的长凳上，一家人坐在马扎上吃。

革新村其实离城里并不远，交通也算是比较方便，村委会往西走 20 米就是 G85 "银昆高速"，爬上小土坡就能够到高速公路的护

革新村的田野

栏。前几年，村里的柚子卖得最不好的时候，老百姓为了能减少一点损失，经常拿着背篓装上柚子，翻过护栏拿到高速上去卖，能卖一块钱是一块钱。后来村里觉得实在是太危险了，就拿围栏把小土坡给围上了。

　　时间往前推几年，让村民头疼不已的柚子，那时候还是希望之果。革新村往北八里地，龙安乡的那一头，有一个群策村，是个远近闻名的富裕村，群策村的老百姓靠着种柚子，很多都致富了。每年柚子成熟的时候，城里买柚子的大车小车都能把窄窄的乡村路堵得水泄不通，一个柚子就能卖十几元，还打出了一个地理标志的牌子，就叫作"龙安柚"。柚子卖好了，周围的人也跟着学，都种上柚子。本来想着五六年后开始挂果，大家都能靠柚子富起来，然而事与愿违，城里人依然只认准群策村的柚子买，市场就那么大，其他村子的柚子根本无人问津，产能严重过剩。慢慢地，曾经的希望产业龙安柚，就成了鸡肋，管护吧，需要成本投入但不好卖；不管吧，柚子一年比一年难吃，更卖不掉，恶性循环。革新村有 1000 多亩耕地，龙安柚就种了 800 亩，这 800 亩的柚子不在树上，全在地里，一片一片地烂，看着让人心疼。

我是商务部选派的驻村第一书记，一定要让群众用商业的逻辑把钱挣了！这是我到村之后最坚定的一个信念。

我到的时候是 3 月，转过头 4 月柚子就要开花了，花开的时候，十里飘香，花气袭人。而柚子管护的第一道工序——梳花就要开始了，多余的花不摘掉，营养就分散了，以后果子就长不好。但梳花很费人工，要是柚子能卖钱，还有人愿意做，现在卖不掉，根本没人去做。为了鼓励大家梳花，我去找了做花茶的企业，让他们来收购新鲜的柚花，一斤 10 元，老百姓只要肯干，一下午就能收个百十来块钱，也是不错的。但老百姓一开始不相信柚花能卖钱，这在革新村的历史上就没有发生过，都不肯干，怕白出力。我好不容易说服企业把记账改成现款交割，可老百姓还是不来，我没办法，只能让党员带头，把这个事儿干了，大家看到真能卖钱，才陆陆续续跟上，可惜的是，接下来连着下了十几天雨，好好的花都没法要了。

4 月的花开过，5 月就要挂小果子了。柚子的小果是青色的，刚长出来的时候就指甲盖那么大，圆圆的，一棵大树上能结出小 1000 个果子，最后长成柚子的，也就不到 100 个，大部分多余的都得摘掉，这叫梳果，和梳花是一个道理。

这些废弃的果子以前都是丢在地里，可是农业专家说了，烂在地里会影响土质，还得集中收起来。这么一来就很费人工了，除非能把小果子卖出去，否则谁也不愿干。以往乡镇赶集的时候，会有药贩子低价来收这些果子，几毛钱一斤，一般只有种植大户才会收集起来卖钱，像我们村这样零散种植又没有效益的，老百姓直接连这几毛钱都懒得挣。但既然有价值，我们就有文章做。几经周折，我找到一家做药材收购的企业，一公斤小果子能卖到25元，比乡镇上的二道贩子一下子提高了几十倍，粗粗算下来，光我们一个村，就能做到十几万元，算上全乡，都能做成一个几百万元的产业。

但这个活干起来比摘花还要难，因为不光要收果子，还要烘烤加工去水分，我们一没技术，二没设备，万一收上来了加工失败，企业不要，怎么办？为了这事儿，我好几天没睡成安稳觉，和驻村工作队、村支书、村主任开了几天的会研究，最终决定还是试一试，由我们驻村工作队的干部和村里的干部把风险担起来，万一成了，就能把产业带动了。

接下来的一个多月里面，我和村支书老杨、驻村队员小付、村主任老熊一起，开着一辆小拖斗车，绕着村子满山跑。山区的农村和平原不一样，大家住得很分散，我们一家一户去动员，然后验货、称重、装袋、付钱。装回来之后要烘干，我们没有设备，又想方设法找到了一家50公里外烘蚕茧的茧站，帮我们来烘果子。烘烤需要90摄氏度以上的高温，我们在炉子外面守着，室温接近50摄氏度，72个小时里，4个人轮班倒，衣服湿了一次又一次，终于把第一批果子烘出来。后来厂家来验收，装车发走，我们才算是心里踏实下来。

第一年，我们卖柚花、卖小果，第一次让群众从柚子树上见到了钱，几个比较勤快的，赚了好几千块钱，老百姓相信了，只要好好干，是有希望的！村委会的集体账户上，也第一次见到了数以万元计的进项——我们把柚子小果加工成柚枳实的利润。更重要的是，通过这两个项目，让我明白了一个道理，农业农村要发展，农民要致富，必须由基层党组织来牵头！

5月过后，离柚子成熟还有大半年的时间，刚刚经历过柚花柚果两场"战役"锻炼的队伍，不能就此闲置。发展农村电商关键在于人才，在村里培养一支能做电商的队伍，是一条非常好的出路。

革新村电商服务站的牌子，挂在村委会一楼的一间不到十平方米的小屋子里，挂了好几年了，却从来没有真正派上过用场。听说要搞电商，村委会的同志们都没什么信心，之前卖柚花、柚果，虽然也是新工作，但对于土生土长的杨书记、熊主任他们来说多少还是有经验有把握的，现在一下子把生意做到网上，多少有点嘀咕。好在打过了前面两仗之后，班子是团结的，大家领了任务就开始干。

我们第一次推出了3类商品——剁椒酱、川味香肠和土鸡蛋。这3类商品的选择是有考虑的，一方面村里有，另一方面是市场接

扶贫因希望而快乐

受。革新村六组的贫困户陈明兰是个很勤快的老婆婆，她丈夫是残疾人，儿子也失去了劳动能力，家里还有一个正在读高中成绩还不错的孙女，全家都指望着她一个人。她有一手做剁椒的绝活，附近有好几家酱菜厂都想请她去做工，但家里实在没人照顾，她都推掉了。她听说我们能帮她卖，她白天在外面继续打小工，晚上回到家自己做剁椒直到深夜，有时肩膀酸得抬不起来，手被辣椒水泡得又红又肿，但她还是很乐意地坚持着。

她的努力没有白费，我们帮她把剁椒酱包装起来放到网上，第一个月就卖了几百斤，她现在一年靠着这个产品能多赚 2 万多元。后来我们以她的形象设计了"剁椒妈妈"的品牌，她也成了远近闻名的"网红贫困户"，好多人在网上看到了她的消息，专门从城里开车过来，一路打听问路，就为了买一罐她家正宗的手工剁椒。

"我从来没想过我做的剁椒在网上卖得那么好，更没想到我一个老婆婆成了革新村的名人！"陈明兰和我聊天的时候经常把这句话挂在嘴边。

村里像陈明兰这样靠着电商劳动致富的贫困户还有不少，像柚子种植大户龙成民。我和他熟悉是在收小柚果的时候，他特别勤快，村里绝大部分人不管的柚子树，他管；别人不愿意梳花梳果，他愿意；别人家的柚子不上肥料，他上。所以别人家的柚子不好吃，他的好吃。用他自己的话说："家里两个读书娃，就我一个孤老汉，就指着柚子赚点钱，不干不行。"

2019 年的时候，我在个人的公众号上把他的故事写了出来，很多读者闻讯而来，把他的柚子订购一空，从此他家的柚子从滞销变成了脱销。他的故事，还上过《人民日报》的头版，他也因此有了一个新的外号——"柚子爷爷"。

我们革新村的电商销售，从 2018 年的 45 万元，到 2019 年的 60 万元，再到 2020 年的 130 万元，让 24 户贫困户的人均年收入，从 1400 元提高到了 9600 元，我们还投资 170 万元建起了食品加工厂、电商产业基地。

我们用三年的时间，把一条商路从田间地头铺向了"北上广深"。村里的"蛋大叔"土鸡蛋曾经高居 2018 年顺丰优选"双十一"当天销量第五名；曾经无人问津的龙安柚，经过三年的管护、改良，终于在 2020 年底携手头部网红茶饮"乐乐茶"，杀入一线商圈；土猪香肠腊肉，行销全国 31 个省、自治区、直辖市，月均销量突破 3000 斤……

在革新村的脱贫攻坚实践中，无论是我这个驻村第一书记，还是村支书、驻村工作队，都只是配角，真正的主角，永远是我们村里奋发向上的"柚子爷爷""剁椒妈妈""蛋大叔"们。我们从城市到农村，给村里带来了新的理念和商业逻辑，但只有真正被村民们所理解，在这片土地上扎下根来，我们开创的事业才是可以持续的。

2020 年岁末是我扶贫第三年的末尾，主抓的工作重点已经完全从电商转向了基层党建和乡村治理的探索，因为村上的电商，已经完全可以交给村里的返乡创业青年来打理了。从产品优化到宣发推广，从打包发货到售后管理，我们村里的年轻人已经可以独立胜任。

回首向往萧瑟处，这条路，从踽踽独行到应者云集，我们花了三年时间，这是革新村的胜利，更是我们所有向往美好生活的贫困群众，在脱贫攻坚中用自己不懈的努力和奋斗换来的伟大胜利！

何当山花烂漫时

结束挂职已近一年，还经常魂牵梦萦敖汉这个蒙语叫『老大』的地方，难忘『不干不行，干就干好』的敖汉精神，难舍那段战斗的友谊，只要一棒接着一棒干，乡村振兴就一定会实现。

李　高：现在中央国家机关工作。2018 年 6 月至 2021 年 3 月，在内蒙古敖汉旗挂职任旗委副书记。2020 年，被评为"中央和国家机关脱贫攻坚优秀个人"。

没有调研就没有发言权，本来学电子信息专业的我一开始对农牧业一窍不通，索性跟着入农户、进羊圈，了解当地肉羊养殖习惯、生产性能等。

他们都说我是养羊专家

李 高

2018年，我到定点帮扶的敖汉旗挂职旗委副书记。到任之初，我也经历了几个月的迷茫，不知道该干什么，找不到帮扶的切入点。好在多搞点社会调研总是没错的，就把大量时间泡在基层，下乡镇看扶贫项目和推进情况，找旗里各级领导和基层干部聊天，听对于精准扶贫的看法和意见。渐渐地，我也找到了帮扶思路。

一

仅靠传统种植增收效果有限，引进什么样的产业才能真正惠及老百姓呢？调研中发现，当地农户的院子都很大，秸秆不少，几乎家家都养几只羊补贴家用。细细了解，敖汉旱作农业历史悠久，饲

敖汉旗三十二连山梯田建设

草资源丰富，全旗羊存栏 170 万只，出栏 242 万只，是内蒙古重要的肉羊生产基地。当地养羊专业合作社也有不少，但肉羊品种几乎都是小尾寒羊，多年来品种退化，生产性能不高。如果能帮助提升肉羊养殖效益，依托当地的资源优势和群众基础，应该能比较快地见效益。为此，我们策划了一个良种改良项目，通过引进优质种羊资源，改良当地品种，带动群众增收。

具体如何改良？本来学电子信息专业的我一开始对农牧业一窍不通，索性跟着入农户、进羊圈，了解当地肉羊养殖习惯、生产特性；泡国内行业会议，通过参会的方式最快梳理行业全貌，了解全国肉羊养殖发展现状，种羊繁育规模企业效益和商业模式，赴全国最大的肉羊种羊繁育基地实地考察学习种羊繁育和商业化发展的经验。对国内外和全旗羊业养殖的现状、问题、前景和趋势有了比较全面的了解，几个月时间里，我从畜牧业的门外汉变成能说出个"一二三"来了，旗里领导都夸我成了养羊方面的专家。

经过比较研究不同品种种羊在肉质、出肉率、生长周期以及杂交性能等方面的特点优势，我发现具有"钻石级羊肉"称号的杜泊羊和萨福克羊品种比较适合当地气候和饲养环境，若与当地羊进行杂交改良，据测算每只羊能增收 200 元以上，极大提高农户养殖收益，如果全旗能有一半的羊经过改良后再销售，一年就能给广大养殖户增收近 2 亿元，是扎扎实实的富民产业。

旗里也深知良种资源对畜牧业产业升级的重要性，成立了敖汉旗良种繁育推广中心（以下简称良繁中心），我们协调帮扶单位先后投入 2000 多万元从国外引进纯种杜泊羊、萨福克羊等优良品种，对小尾寒羊进行群体改良，通过杂交，生产生长速度快、屠宰率高、肉质好的肥羔，同时健全旗内良种繁育体系，从养殖基地、种羊引进、科技项目等多方面推进种业建设，促进敖汉旗畜牧业健康发展，助力旗内贫困人口脱贫致富。

经过近一年的苦心经营，良繁中心建设终于竣工了，400 亩的占地面积，6 栋高标准羊圈拔地而起，还装备了科学的种羊性能数据测定和可追溯体系。我们引进的进口优质种羊也陆续生产，2019年，良繁中心成功扩繁优质种羊 400 余只，带动当地养殖大户和合作社扩大饲养规模、提高羊肉产量、改善肉羊品质。

二

看着新产下一只只健壮的羊羔，我正志得意满准备大干一场。但是，国际公认的杜泊羊在当地却遇到了"信任危机"。有老百姓认为，杜泊种羊价格金贵，改良出来的杂交羊肉质虽好，但卖不上高价，大家就都不愿意养。

专家和市场都说好，怎么老百姓就不认账呢？面对优质不优价的疑义，我没有人云亦云，而是仔细调研个中原因，花了一个多月时间，下到农户家摸清杂交羊饲养和生长情况，找羊贩子唠嗑了解收购销售行情,去屠宰厂调研屠宰分割和成品销售环节。所有环节走了一遭才发现问题所在,原来当地养羊还是存在散养户多,规模小,农户处在以卖羊羔为主的初级阶段,育肥屠宰加工等附加值高的环节都流失到外地了,农户养改良羊增产不增收,导致了"墙内开花墙外香"的问题。本地的屠宰场由于改良羊还不能形成稳定供给,明知改良羊的肉质好,但也无法作为一个单独产品品系推广,只能当作普通羊肉卖。

问题找到了:没有规模化和品牌化就没有市场的认可;市场不认可、回报率低,老百姓肯定不愿意养,也就不可能扩大规模。要打破这种恶性循环,必须先取得养殖户的信任才行。

我想到了读经济学博士期间学到的知识,从供需关系入手,设

李高工作照

身处地从老百姓的角度思考问题，不断优化杂交羊推广模式，努力让当地群众卸下包袱，尽快接受新品种、新思路。

我们反复尝试，最终确定了"放种收羔"的模式，就是利用政府补贴和扶贫资金撬动，为养殖大户和贫困户免费投放种羊，然后每年收回两只杂交羊羔，3 年后种羊即归农户所有。如此既降低了农户成本，也避免了免费投放种羊大家不珍惜的情况，能让种羊精准投放到真正有需求的养殖户手中，还能回笼部分资金继续下一轮种羊投放，确保了扶贫资金保值增值。村里的养羊户张大叔算了笔账："1 只种羊能配 50 只母羊，每年产 100 只羊羔，我交回去 2 只就行，那不等于白给么，白给谁不养啊？"

第一批领养种羊的农户受益了，新品种杂交羊的推广就不难了。2020 年，我们向建档立卡贫困养羊户无偿发放种公羊 80 只，帮助贫困户提升养殖效益。采取"良繁中心＋企业＋合作社＋养殖户"的模式，在全旗第一批建设 15 个肉羊杂交改良示范点。利用放种收羔、种羊共享等方式加快肉羊品种改良和推广，短期内就形成了年产 5000 只以上杜寒杂交羊的产能规模，将原来流失在外的高附加值育肥环节逐步留在旗内。

三

"供给侧"的瓶颈一旦解决，接下来就是开启需求。要提高价值就不能局限于当地市场，为了进一步扩大收益，我尝试带着大家进军高端市场，走品牌化路线。向全国推广"敖汉杂交羊"的品牌。在调研对比了当地同类产品后，我果断放弃在当地设计和运营的想法，与北京营销团队合作，对标盒马生鲜等一线产品，全新设计了敖汉杂交羊的品牌形象、产品文案和保鲜包装；建立了专门电商渠道，提升运营和售后服务质量；与屠宰场定制加工、精细分割，针对适合煎、炖、涮不同吃法的部位肉开发出小包装产品；与京东冷链合作，实现本地仓发货、全冷链配送，提升配送时效和满意度。

当地有同志不理解，说我们内蒙羊就是大块炖手把肉，肥的才好吃，弄成这么小块，剔得太瘦就不香了。我笑着说，我们的产品是要卖给"城里人"的，就要适应健康低脂、量少质优的需求，做成小包装，三口之家一餐化冻后刚刚好，而且大城市人也更喜欢瘦一些的羊肉。

实践是检验真理的唯一标准。第一批杂交羊产品做出来了，帮扶单位领导试吃后赞不绝口，给予了大力支持，以消费扶贫的方式采购了价值 500 余万元的产品，用于食堂和工会福利。通过与加工企业联合，我们对贫困户养殖的杂交羊以每只高于市场价 80—100 元进行回收销售，不但让养羊户得到了实惠，也逐渐打响了敖汉杜寒杂交羊肉的品牌。"我家养的就是杜寒杂交羊，肉质好，瘦肉率高，出栏早，一只能多卖 200 块钱呢！我们李书记说了，把羊卖到北上广深，致富梦想才能成真！"明玉养殖合作社的王老汉脸上笑开了花。扶贫的第一步是要让老百姓信任你，往后的路才会越走越宽。

四

怎样才能把路走得更宽些？我把眼光瞄向了新媒体渠道。2020年9月，经人介绍，我们与中国农业银行北京分行接洽，他们正好要联合中国天气网搞一次消费扶贫直播带货活动，准备选几个贫困地区的产品。我抓住机会邀请相关领导到敖汉旗实地调研选品，带他们到田间地头和生产加工车间亲身体验全球环境 500 佳敖汉旗农产品的天然无污染。中国农业银行北京分行将敖汉扶贫产品作为主推产品，尤其是给予我们的杜寒杂交羊肉礼盒大力优惠补贴。快手直播当天，我体验了一把当主播带货的感觉，和央视气象主播联袂推荐敖汉农产品，我们宣传介绍了这只羊的前世今生，如何远渡重洋献身扶贫，并现场制作了敖汉烤全羊，粉丝反响热烈，原定 2 小时的直播活动不得不延成 3 小时，累计 80.2 万人观看，最高同时在线人数 3.8 万人，销售额 180 多万元，取得了非常好的带货成绩。

更为难能可贵的是，这批直播带货产品成了希望的种子、冷鲜的"名片"。大家收到羊肉礼盒后好评如潮，纷纷复购，不少单位联系批量采购作为中秋福利。一场直播，让我们的加工厂"爆单"了，工厂加班加点生产，订单排到了 3 个月以后。加工厂的车间主任满是幸福的烦恼："以前卖整羊还愁卖，没想到精包装后的杂交羊卖这么火！现在羊也收不过来，工人也干不过来！"

如今，敖汉旗的肉羊改良已经逐步铺开，成了群众公认的致富产业。为提高敖汉旗良繁中心的科技创新能力，我们推动敖汉旗政府与中国农业科学院北京畜牧兽医研究所签订战略合作框架协议，建立了专家工作站。双方商定在产业规划、种业建设、技能培训和巩固脱贫成果等方面进行合作，农科院专家团队将牵头制定敖汉旗肉羊产业发展规划，指导良繁中心开展育种工作，协助申报国家级肉羊核心育种场，尤其对良繁中心的育种方案、群体性能提升，以及产业发展政策解读方面进行指导。科技助力，做好良种繁育这篇文章，农科院专家对杜寒杂交羊的营养价值进行鉴定对比认为，"杜寒杂交羊骨头细小、肉质鲜嫩、肌间脂肪适中、膻味轻。每 100 克敖汉杜寒杂交羊蛋白质含量高达 20.22 克，并富含维生素和钙、铁、硒等微量元素，营养成分全面，是优质的蛋白质来源"。有了专家检测的背书，我们发展良种肉羊养殖，带领群众脱贫致富的信心更足了。

敖汉旗在 2020 年初完成脱贫摘帽，我有幸成为这场伟大工程的见证者和参与者，也从中学到了很多。扶贫首要是扭转观念，要打破旧的习惯和套路，思路转变天地宽；扶贫是系统工程，需要有整体战略和谋划，找准路径和突破口；扶贫还需要执行力，抓好各个环节的落实才能得到满意结果。在敖汉的产业扶贫工作中，我们循着科技引领、品牌提升、广泛带贫的原则，除肉羊品牌建设之外，还陆续发展了敖汉小米、敖汉和牛、敖汉地瓜等一系列产业扶贫项目帮当地群众增收致富。这些项目的推进，帮助当地干部群众接纳新理念新思维，为乡村振兴打下了良好的基础。将心比心，彼此信任，开拓创新，播撒希望，才能走出困境、成就梦想。虽然我的挂职只有短短两年半时间，但只要每任扶贫干部都抱着功成不必在我，但功成必定有我的情怀，一棒接着一棒干，从脱贫攻坚到乡村振兴就一定能实现！

何处山花烂漫时

每段过往经历都会不同程度影响我们现在乃至未来。北歧河村的三年扶贫历程，让我深受感动、深受教育，更为重要的是，让我深刻理解了农民的不易、农业的重要性以及农村的落后，余生在，仍将倾心帮助全村发展，必将全力以赴投身到乡村振兴大潮中……

李　　浩：现在中国农业银行工作。2015年9月至2019年2月，在河北省饶阳县北歧河村任第一书记。2016年，被评为河北省优秀"驻村第一书记"；2017年至2021年，先后被中国农业银行评授首届"五四青年奖章"、"优秀共产党员"、2016—2018年度金融扶贫先进个人、定点扶贫先进个人。

> "尽管来之前，已经做好了各种心理准备，但残酷的现实还是给了我重重一击……但，若万事俱备，我的价值何在？"

贫困村里的"牛市"

李 浩

2015年9月初，刚当了3个月父亲的我，怀着满腔热情赶到了河北省饶阳县北歧河村担任第一书记。这是一个贫困村，漏雨的村委会内横躺着几把烧焦了的扫把，破旧的桌椅发出吱吱声响；全村积水内涝、杂草丛生的土路上堆满了垃圾，散发出刺鼻的腐味儿。这是我与这个村的第一次见面，内心一下子多了份沉重感。

我不停地对自己说，困难是暂时的，困难是暂时的，困难是暂时的。只要扎实苦干，一定能闯出一条路来！

放下行李，我向村支书详细了解了全村人口、农作物种植等基本情况，紧接着连续走访了5户贫困家庭。我们来到一间低矮的房屋里，屋内的生活用品有些陈旧，空气里仍然是刺鼻的酸臭味，床上躺着一位老人。支书说，老人身患脑血栓，长期卧床，大小便失禁。这些关键词，着实让我震惊，哪一个对一个家庭都是致命的打击；眼前的场景，彻底颠覆了我对贫困的认知底线。我强打精神记

下了每户的基本情况。走出这5户人家，我感到，困难！重重的困
难！像一副沉重的担子，狠狠地砸在了自己的肩上。这一夜，我辗
转反侧，在笔记本上写下了这一段文字：

"尽管来之前，已经做好了各种心理准备，但残酷的现实还是给
了我重重一击……但，若万事俱备，我的价值何在？"

一

通过反复调研考察，我们决定从养牛做起打响产业扶贫"第一
枪"。但这一枪岂是那么容易……

考虑到村里之前有一家30多头奶牛的专业合作社，因经营不
善，利润较低，大家准备要杀牛、卖牛、散伙！我寻思如果能把牛
场做大，这样就能够带动更多贫困户脱贫致富了，这或许是个不错
的主意。

于是我找来村支书商量，村支书是一个50多岁的庄稼汉，眼
神里透着一股精光。听完我的想法，书记主动说道："咱们村里没
啥产业，过去能为乡亲们挣钱的就这么一个牛场，现在这效益也不
好，说倒就倒，你想把牛场鼓捣大，主意不错，但实施起来不好干
啊……"看我不理解，村支书开门见山地介绍起村里的情况。"咱们
村里的年轻人，大多数都不愿意动脑子去搞经营，我们这些老家伙
眼看就干不动啦，小年青儿们都不肯吃苦啊。前几年村子周边通了
条输油管道，'打洞偷油'是个快速来钱的路子，这地方八成年轻
人都被公安机关处理过，依旧有人'前赴后继'。究其原因，好吃懒
做、等靠要思想太过严重，脚踩西瓜皮滑到哪里是哪里，生活于他

们没有希望。"说到这里，村支书精光四射的眼神突然黯然下来。但是我却认为，如果能从牛场做起，把它做成，一定能对提振全村脱贫致富的信心和决心发挥巨大作用！

在我再三坚持下，村主任也勉强答应试一下，为了发动村民一起养牛，我们决定召开村民代表大会，鼓励更多人参加养牛。

一个淅淅沥沥下雨的天儿，我在村委主持召开村民代表大会，说出了想要将牛场壮大振兴的想法。一片沉寂之后，质疑的声音慢慢浮出水面。

"李书记，您养过牛没，养牛可不是儿戏，挣了好说，赔了谁负责，敢情您说走能走，我们咋办？"一个村民率先发难。

"李书记，年轻人还是慎重点，现在村里的牛场需要改造，钱从哪里来，大批的牛从哪里买，养牛的技术从哪里学，饲料从哪里进，牛卖给谁……"村里的副书记一本正经地问道。

人文民俗照

"李书记，别整养牛致富这么复杂的事情了，大家心里都明白，您就是来镀镀金，您只要给我们每人发点钱就够了，临走我们肯定给您单位写表扬信，集体签字挽留您……"

"哎，别乱折腾了，北京来的干部就是眼高手低，动不动就整个宏伟蓝图，实现不了谁来处理后账。"

……

我的心情和这该死的天气一样，不知道这雨会不会成为泪。

散会后，老书记看着愁眉不展的我说："爷们儿，真想把牛场干起来？""除了这个，没有别的出路！"我语气坚定。"既然我来了，就不能眼看着村里人世世代代做偷盗国家资源的营生！"老书记一巴掌拍上了我的大腿："从今以后，我帮你！"

老书记确实给力，他看出来村民反对声音很强，但是也有持观望态度甚至支持态度的人，而这些人，恰好都是迫切地盼着日子能够富裕起来的人。这些人聚到一起，成就了我们牛场创业团队的最初模型，也是后来的6位核心成员。

二

养牛岂止那么容易，欲戴其冠，必承其重！我做梦也想不到一个端着银行总行饭碗的青年，能够在30多岁的时候带着一群贫困户开始创业。启动资金从哪里找？哪里去买牛？谁来饲养？牛病怎么防治？销路在哪里？一个个现实的问题在我们面前横刀立马耀武扬威，像要压死我们一样。可谁又是个服输的人呢？我命由我不由天！

恰好县里要召开扶贫推进会，省市要求县里积极筹备立项扶贫项目，我开着拖拉机带着老书记向县里狂奔，在不少家牛场养殖合作社万般推辞、怕担风险不愿带领贫困户养牛致富的情况下，我们信心坚定地把这笔款子争取了过来，誓要带动贫困户脱贫致富。谁都知道干不好是要担责任的，而我们就是有这个必胜的决心。

紧接着，我频繁往返于村里和本县农行之间，一点点地将给贫困户的扶贫贷款手续申请下来，这一刻我真心觉得"政府＋农行＋合作社＋贫困户"的政策和资源活水，真正地引到了扶贫一线了。

钱的问题解决了，接下来就是"进货"了。

哪里有品种好、性价比高的牛？我一个养牛门外汉和一群没出过远门的村民，怎么可能讨论出个结果。于是我们向县农业局专家请教、上网搜索、找养牛大省的农行员工询问，最后我们锁定了目标：内蒙古、东北三省、山东、河南。在诸多人的帮助下，我们开车前往各地查看肉牛品质，一天驱车超过 2000 公里，因为水土不服和连续作战，不少人都累倒了，感冒的感冒，发烧的发烧。功夫不负有心人，当群牛挤满牛场的时候，村里人都来围观了。谁能想到，这个鸟不拉屎的小村子能成倍地进行规模扩张，来了这么多牛，优质的牛！一起出过门的村民眉飞色舞、牛哄哄地讲述外面的精彩世界，老百姓惊得下巴都要掉下来了。"李书记人家就是能够说到做到！"大家对我刮目相看了，我也觉得有了点牛气，更多的是多了些牛劲儿。

只有全身心地投入一个行业，才能发现这个行业里的水有多深，要学的知识有多少，遇到的问题有多棘手。肉牛买回来，紧接着就是饲养的问题了。我利用农业银行的人脉资源，从省里请来了农业专家，从最基础的养牛知识教起，甚至手把手地教怎么配比饲料。

一天天眼见牛上膘了，牛场的运营有些起色了，意外出现了！

意外的意外也出现了！

有头牛生病了，开始大家并没在意，村里有过养殖经验，但是历经半月还没有治好，大家心里没底了，更要命的是，出现传染了。托人联系省里的兽医，兽医简单断定下病情，马上开始隔离。我们在牛场外墙搭了个简易的棚子，把几头病牛进行集中管理，心里默念着千万得保住。这几头牛如果没了，购买运输和人工喂养的成本就是 10 多万块钱，这意味着我们整个牛场全都白干了。好在省里兽医技术还可以，那几头肉牛以肉眼可见的速度慢慢恢复了。

一波未平，一波又起！

大家心底松了一口气的时候，牛跑了！那天傍晚我去县城开会，喂饲料的村民因为水管爆裂，喂牛喂到快结束的时候赶紧去找人修水管，等到回来的时候傻眼了，3 头牛跑了！我们后来分析，当时那 3 头牛没有像往常一样吃上定量的饲料，开始用牛劲儿挣脱缰绳，

牛场上市

再加上简易的牛棚本就不结实，造就了那一天的"越狱"。找不回来，几万块钱又要打水漂！

接到情况汇报后，我火速赶了回去，与村民们一起打着手电去找牛。村里没有路灯，周围黑漆漆的一片让人不由自主地升起一股恐惧。我们兵分几路向不同方向追去，深一脚浅一脚地摸索前行，直到半夜才把这3头牛"集齐"带回。牛找回来了，我身上的衣服已经湿透了，分不清是因为紧张还是劳累。那一刻，不仅有喜悦，也掺杂了更多复杂的情绪。创业，不仅仅是豪气冲天，还有提心吊胆，比我当初想象的更加艰难。

可是，行百里者半九十，已经上路了，哪里还能回头！越是走出来了，越是要继续走下去！

<h2 style="text-align:center">三</h2>

守得云开见月明，眼见牛到出栏的时候了。

这一系列辛苦能不能得到回报，就在这最后一哆嗦了。当地上门的牛贩子态度很是积极，嘴上说着"慕名而来"，给出的价格却是出奇得"低"。当时我不明就里，商讨价格的时候还据理力争，看村民扯我衣角才知道上门的牛贩子操弄着"垄断"的把戏，这个地区无论谁来，收购一定都是这个价格。我当时真是又急又气，赌气将他们全都赶走，村民心里又没了底："牛贩子们都不收，这群牛可是要砸手里了呀。"

哪里就能被人这么轻易地拿捏住了呢！

换个方式思考，牛贩子不过是个"中介"，我们是生产源头，如果想最大限度地取得利润，那就是绕过"中间商"，直接与屠宰场对接！我立即动员大家用上所有的人脉，探听周围是否有屠宰企业，果不其然筛选出来好几家。既然要做"产地直营"，别人不知道我们，我们就上门去找他们！

临出发前，我认真做了个图文并茂的村集体简介和牛场简介，还插进了牛场的照片。接待我的是个食品企业的副总，听完我像工作汇报一样的"营销"说辞后，他握着我的手说："李书记，您的牛按照市场价格我们照单全收，不仅因为牛的品质好，更因为您为百姓做实事的这股实在牛劲儿！与其说是被您的好牛吸引了，不如说是被您干事创业的精神感动了！"就这样，肉牛销路的问题被顺利解决了，短期看，我们的收入稳定了。

中途返回农行向领导汇报工作情况，领导肯定了我的做法后，又提出了新的问题："小李啊，你想过没有，假如牛肉价格大幅下滑，你们牛场怎么办，你在还好办，假如你任期满了之后，谁来解决？也就是说，你要找到对冲肉牛价格下滑的有效方法，这样才能确保贫困户真正脱贫！"

一语惊醒梦中人！我以为的扶贫扶"志"和扶"智"，扶起了他们为创造美好生活的斗志，也赋予了他们农业养殖的知识，可是小农户如何有效衔接大市场，如何平抑市场价格波动所导致的损失？我走了之后，如何能够确保留下一支"带不走的工作队"？

因此要站在更高的角度去思考和解决问题，对于企业而言，有效整合各方优质资源、有效抵抗市场价格波动的方式是什么？

上市！对，只有上市，才能引进来渠道、管理、人才等资源，才能更好地应对市场风险，才能让贫困户能获得持续不断的稳定收入！

消息不胫而走。村民们对我这个想法又"炸"了："咱这个偏僻落后的村里牛场还能上市？咋不上天呢！""那么多大企业都不敢，咱们凭了个啥？"

这次不同的是，也出现了一些坚定的支持声音："李书记说话从来算数，只要他想带着咱大伙儿干的，没有最后干不成的！村里咋了，李书记还不是带着我们脱贫致富了！"

说干就干！不懂上市知识，网上不停地查阅资料，不懂财务知识，不厌其烦地一次次打电话"蹭"人家财务公司的免费咨询。一个人的力量终究有限，熬了几个通宵后，越来越感觉到力不从心，于是又开始思考如何借助外力。我们不仅在省里请了一家专业财务咨询公司负责财务工作，还聘请了专业团队积极对接石家庄股权交易市场，了解上市相关要求和具体需要准备的材料。

这期间尽管很多人都在怀疑，但我们前行的路一直没有停！

2017年12月，牛场成功在河北省石家庄股权交易所挂牌上市，并且成功实现股权融资1200万元，彻底解决了村民的后顾之忧。这次上市，让全村百姓深刻认识到：只要肯探索、肯创新、肯尝试，贫困村的小扶贫产业也能和资本市场接轨！

2018年，村子不仅彻底脱了贫，我们的扶贫产业还带动了周边9个村375户贫困户全部摘帽脱贫，走上了致富的道路。

何处山花烂漫时

四年半光阴，一千多个日夜，我们从彼此的全世界路过。去时以为你是驿站，回时发现你是港湾。黄土地上，是祖祖辈辈追寻幸福的梦想，艳阳天下，是我们田野葱郁果密枝茂的家园。

我愿用一生的时光来为你祈福！我的大吉县！

王习梅： 现在东方电气集团工作。2017 年 2 月至 2021 年 8 月，在山西省吉县挂职任副县长。2021 年，被评为"山西省脱贫攻坚先进个人"。

田园，给了我们充满希望的原野，唯有像蜜蜂一样不畏艰苦辛勤劳动，尽自己所能为社会创造财富，才能实现自身价值，幸福才会向我们招手！难道，这就是那群小蜜蜂在我耳畔飞舞时，要告诉我的生命之语吗?!

寒风中花一样绽放的树

王习梅

邻家树挂灯笼柿，灼灼梢头若有思。正是西风萧瑟处，夕阳喜看鹊登枝。初见吉县柏山寺乡柿子树，是在刚来吉县挂职的第一年，也就是 2017 年 11 月下旬，与人大、政协领导一同下乡，走近那片柿树林，第一眼，就被那寒风中花一样绽放的树震撼了！

柏山寺乡旧称"红山公社"，盛产柿子。20 世纪 80 年代初，在柏山寺乡与东城乡交界的清水河畔，首次发现了轰动考古界的柿子滩旧石器遗址，也是因为滩地上 12 棵古老得不能再结果的柿子树而得名。

如今，柿子树在这片土地上生长得蓬蓬勃勃。放眼望去，秋日阳光下，漫山遍野都是小灯笼一样红红的柿子，好一派原上风光！

柏山寺柿子皮薄肉厚，个头均匀，口味清甜，阳光下晶莹剔透，咬一口唇齿留香。然而，这么优质的纯天然人工零干预的环保美味佳果，却因价格实在太低廉，成熟时又恰逢苹果采摘人手紧张而无人问津，没有人去采摘售卖，每年除了乡亲们摘一些自己吃，绝大多数都白白烂在树上地里了，好可惜！

资源必须转化为商品，才能实现其经济价值。鲜柿子不耐储存，如果能把这漫山遍野的柿子制作成柿饼就好了！第一年见时已是 11 月下旬，已经开始软化不能削皮。第二年，我们早早就开始谋划准备。刚刚建成、位于西岭村的山西怡欣昌农产品开发有限公司花椒加工基地，全钢结构，宽敞明净，却因当年花椒遭受几十年不遇的冰冻灾害严重减产，无货可做而闲置未投入使用。我找到负责人黄总，从品牌创意、定位、包装、宣传、销售，向他提出了利用闲置厂房收购鲜柿制作柿饼的一揽子建议，希望他能牵头把这事做起来，充分利用优质自然资源，拓展吉县产品品种，带动老百姓挣钱。黄总也是干实事的人，一听完全具备可操作性，欣然答应并立即着手实施。

过去田间地头漫山遍野的柿子，摘了卖只有 2 毛钱一斤，县城里的人周日到村里玩想摘一些回家，根本没人管，随便摘。自从怡欣昌公司的车开始在集中盛产的几个村巡回收购之后，鲜柿价格在极短时间内一路飞涨到 8 毛至 1 元钱一斤。老百姓说，柿子遍地都是，只要肯去摘，坐在家门口等人来收就能卖钱，这简直就是地里捡钱啊！南耀村是柏山寺乡柿子集中盛产地之一，村民冯德元老人高兴地说，没想到啊，年年没人要的柿子，今年这么值钱，光是自己家门口的两棵树，就卖了 100 多元哩！

柿子收购进来后必须尽快加工，熟练工一天能挣 130—140 元工钱。把特制的手工削皮机固定在板凳上，一手摇柄一手握柿，捏一个装了小刀片的夹子，几圈就转出一个，让人看得眼花缭乱。

削下来的柿子皮也有用途，晒干水分备用。专用的挂晒柿饼装备，把留有果柄的卡进去，一个夹子挂四个，上下间隔10厘米，全方位吹到风。没有果柄的平放在腾空架起的竹篾上，同样保证通风流畅。全钢结构的透明厂房，在阳光的烘烤下室温比屋外起码高出7—8摄氏度，宽敞洁净，避免了农家传统手工制作露天铺放的安全卫生隐患。几台大功率抽风机使室内始终保持空气流通。平铺的柿子一两天翻一次面，使上下受风晾晒均匀。

晾晒风吹十来天以后，涩味尽除，开始捏第一遍了。两手配合，随捏随转，直至内部变软。捏过第一遍这种最好吃，柿果表层已经形成一层干皮，里面却仍然稀软，犹如溏心荷包蛋。过一周左右开始捏第二遍。这次从中往外捏，捏成中间薄四周隆起的碟形，定型。这时柿饼又更干了一些，两三天颜色就有明显变化，渗出诱人的深红和晶莹的糖渍，咬一口，绵香、软糯、醇甜。

到了上霜的时候，削下来的皮派上用场了。一层柿饼一层皮，间隔逐层码放，放进保鲜袋轻轻捂好袋口装筐。柿饼能否上霜，主要取决于本身的含水量，过干或过湿都不易出霜。另外和环境温度也有关系，温度越低上霜越好，因为低温使可溶性固形物溶解度下降，结晶容易析出。柿霜主要成分是葡萄糖和甘露醇，其味清凉甘甜，有润肺化痰止咳之功效，覆于柿饼表面不仅美观，使之看起来白里透红分外娇媚，而且能预防霉菌感染和减少水分蒸发，保持柿饼柔软可口。

在公司大力支持下，购买的几千盒柿饼已发放到职工手中，并正式补充到集团消费扶贫专柜吉县产品目录。从此，吉县农特产品阵营又添新军，资源转换成了商品，在让职工们享受来自大山深处的天然环保美味的同时，直接增加了老百姓的收入，这样的美味岂止甜在嘴里，更是甜在了心里！

红红火火，柿柿如意。这款优质产品推向市场后，受到热烈欢迎和好评。

有了烘柿子的经验，我又盯上了乡里西岭村的槐树林。

"槐林五月漾琼花，郁郁芬芳醉万家。春水碧波飘落处，浮香一路到天涯"。每年4月下旬到5月中旬，整个吉县从县城到乡村，都被包裹在一片淡淡的素雅的清香中，深吸一口气，沁人心脾。房前屋后、山顶路边，到处是一片片绿白相间的花海，洁白的花串像铃铛一样挂满树枝，随风摇曳，清丽脱俗，令人赏心悦目。这就是槐花！

槐树在中国各地普遍种植，《本草纲目》等多部古代药学著作，对槐花的药用功效均有记述，现代中医学也研究证明，槐花具有清热、凉血、止血、降压、解毒的功效，还可以增强毛细血管的抵抗

带领群众把吉县漫山遍野的柿子加工成柿饼，带动农民增收

力，使脆性血管恢复弹性，防止血管硬化。吉县境内有 20 多万亩槐树林，拥有极其丰富的天然优质槐花资源，尤其是柏山寺乡，那十里槐树林更是壮观。如果能充分利用这一资源开发出槐花产品，将进一步丰富吉县产业体系，直接带动老百姓增收。这个想法和时任柏山寺乡党委书记于彦山不谋而合。

柏山寺乡西岭村十里槐树林郁郁葱葱，去年烘晒吊挂柿饼的全钢结构加工厂房就紧靠在槐树林边。2020 年底做出柿饼后，我就与乡党委书记于彦山、乡长郝军正及专业合作社负责人黄天明一起谋划干槐花产品，2020 年底集团研究确定 2021 年定点扶贫项目时，把这个想法跟集团总经理助理、扶贫办副主任莫我明进行了详细汇报，得到莫总大力支持，集团专门为此立项启动了 1 万元开发资金。2021 年初干部交流变动后，新任乡党委书记葛吉平、乡长党源积极响应，并叫上乡党委副书记屈建国和毕业于中央美院刚刚到乡政府工作的张健，几个人全过程参与了开发。

槐花的花期只有半个月左右，而盛开期正是苹果套袋最忙碌的时候，人工紧缺。合作社开始 2 元钱一斤收购鲜槐花，后来涨到 3 元，槐米甚至涨到了 4 元一斤，一个人一天能摘 30 多斤，有 100 多元的净收入，漫山遍野都是野生槐树林，随手可得，老百姓等于直接从地里捡钱。

正因如此，5 月上旬随同市委常委、县委书记郝忠祥到最偏远的文城乡调研时，看到青村槐花开得正盛，郝书记专门叮嘱说，你们也到文城来收一点，不要怕远，也让文城的老百姓受点益。

2021 年集团对柏山寺乡的花椒产业还有一笔 20 万元的帮扶资金，乡里研究决定，全部用于为盛产花椒的南耀村，购买老百姓最急需的烘干和分拣设备。利用周末，我和乡领导一行专程到也是盛产花椒的陕西韩城，选定了烘干机，并先调配了两台用于槐花烘制。

试烘的第一天，正遇上省委脱贫攻坚专项巡视组开始谈话，我和葛吉平均被抽到第一轮。我惦记着烘的情况，谈完以后急匆匆满心欢喜地先赶去了西岭厂房。没料到兜头一盆凉水泼过来，情况完全不是我们想象的那样。槐花水分含量高达80%，好几个小时都烘不干，潮乎乎的散着温热气息，好不容易看着烘干了，取出来摊放后还出现了返潮。看着旁边收回来的一大堆鲜花，要是不能及时烘干，袋里捂一两天就不能要了，想着合作社已经付出去的收购资金会不会打了水漂？集团的开发资金会不会白付了？信心百倍要开发的新产品会不会夭折？我真是忧心如焚。正闷闷不乐走着，前面的乡长党源一回头，突然笑着叫了一声"槐花姑娘"。我一愣，原来是刚才站在烘箱面前发呆，喷起的槐花撒落了一些在头发上。党源劝慰我说："万事开头难，不要着急，会有办法的。"

下午快下班时，突然收到黄天明的微信，还有一小段视频，说"摸着窍门啦！"赶紧点开视频一看，原来是在烘箱上加盖了一层薄薄的编织草垫。我和葛吉平相约马上去乡里，车还没到跟前，远远就看见党源和黄天明在厂房门口等我们，谈笑风生，隔着车窗都感觉到了他俩的轻松愉快，我心里的石头立刻落了地。原来，加上草垫后，又保温，又散热，水分蒸发掉，温度升高，烘箱内形成温室效应，一炉时间从五六个小时缩短到两个小时，几乎全干。

之后的烘干、装罐、密封进展顺利。烘干后的槐花呈淡淡的浅绿色，香气依旧，一进厂房远远就闻见了花香。

过程中市、县多位领导到现场观看指导，给予充分肯定和鼓励，提出开发销售建议。我们一边烘着槐花，一边设计包装。网上的槐花图片虽多，但背景、像素都达不到放大印刷的要求，只能自己拍。

槐花花叶含水量高，离开枝干后很快就蔫了。就近找到一片刚开花的林子，准备好一箱水带过去，折下枝叶后立刻插在水瓶中，火速赶往位于新城正在装修准备运营的电商公共服务中心。中心已经提前准备好，花一到立刻进摄影棚进行拍摄。全封闭的摄影棚里，高光、侧光、底光都用了。洁白的花瓣，在翠绿的枝叶衬托下，在柔和的灯光里更显得清丽淡雅，温润如玉。几个人蹲在前面拍了上百张备选。最后用在包装盒上那一束倾泻而下的花叶，就是让人用手抓着放在椅背上摆弄出来的。

其间我们几个人通过"柏山寺槐花"微信群，不分时间地点，随时在群里交流相关事宜。讨论产品名称那段，群里是最为欢乐的，"千秋雪""槐抱小蜜"，各种点子层出不穷。大家对产品包装建言献策，最终决定设计成手提纸盒，内装两罐干花，一瓶槐花蜂蜜，定名"蜜之源"，申请版权，提盒以绿白两色为基调，按四川朋友建议配上槐花菜谱，纸盒做两个版，集团内采购的标注"东方电气集团定点开发扶贫农产品"字样和 LOGO，加印张健刚刚设计出来的柏山寺乡塔形标识、果老汉专业合作社标识，另一个版独立推向市场。

对烘干后的槐花进行了还原试验，比较温水和热水发开干槐花的效果，发现热水不仅用时短，而且发出来的花颜色、香气还原度均优于温水。

花好了，开始忙乎蜜。槐花蜜属春季蜜种，色泽呈水白色偏黄，浓稠度适中，入口有清淡槐香，能去湿利尿、凉血止血、润肺止咳，有舒张血管、降低血脂血压，预防中风和清热补中、解毒润燥的功效，常服槐花蜜能改善人的情绪，达到宁心安神效果。槐花蜂蜜是中国级别最高的出口蜂蜜，历年来卖价最高，深受欢迎。按我们的要求，黄天明找到吉县养蜂协会会长张锐新，一个有着 30 多年丰富经验的养蜂人，按最高标准订制了一批高浓度槐花蜂蜜。

不入蜂穴，焉得蜂蜜。第一次如此近距离地观看蜂巢，清晰地听见了蜜蜂在耳畔振翅飞舞的声音。人们形容什么东西乱哄哄时，常说"一窝蜂"，初看蜂巢的确是乱，一片嗡嗡声，而细看之下，又发现蜂群有着严密的组织分工，蜂巢结构也非常精密科学，一片繁忙，却忙而不乱，非常有序。

通常养蜂人三到四天会取一次蜜，相对比较稀薄，容易摇出。而公司订购的这一批蜂蜜均要求七天摇蜜，并且在早上十点之前。当天外出采蜜的蜂群还没有回来，而头一天采回的蜜经过蜂群一夜不停地扇动翅膀吹晾，水分已经挥发，这个时段摇出的蜜浓稠度最优。

蜂蜜的波美度能达到 38 度就算好蜂蜜了，成品瓶装蜂蜜的度数一般在 38—41 度。而我们这次订购的槐花蜂蜜，全部达到了 42 度。

全程跟踪了解槐花蜂蜜采制过程

产品的广告宣传语也经过了多次讨论。无论花还是蜜，都是天然优质环保产品，是美味，更是健康，象征着甜蜜美好，但这种美好到底从何而来呢？既要有内涵，又要简明上口易于传播，绞尽脑汁不尽如人意。逼近包装盒定稿印刷的最后期限时，一天凌晨快 4 点，我脑子突然一闪，"美好生活源于田园蜜语"！怕回头忘了，立刻起身发在群里，早上 6 点多葛吉平回复了三个赞表示认同，大家都认同，就这么定了。

　　田园蜜语，并非简单的"甜言蜜语"，不只是抒发由甜美的花和蜜带给人的愉悦。美好生活是人们的共同追求，可美好生活从哪里来？从奋斗中来！幸福都是奋斗出来的！在全县"改革创新、奋发有为"大讨论交流总结会上，柏山寺乡的开发干槐花产品，被作为一项成果受到表彰，这给予全乡干部群众莫大的激励和鼓舞！资源转化成了商品，农民增加了收入，观念的转变使弃物变宝，干事创业平台氛围的搭建营造，班子一任接着一任努力干的坚持，使我们的目标一个个实现。田园，给了我们充满希望的原野，唯有像蜜蜂一样不畏艰苦辛勤劳动，尽自己所能为社会创造财富，才能实现自身价值，幸福才会向我们招手！难道，这就是那群小蜜蜂在我耳畔飞舞时，要告诉我的生命之语吗?!

何当山花烂漫时

征程万里风正劲，重任千钧再奋蹄。面对脱贫攻坚，我们把扶贫工作当任务接，当事业干，践行「善行无界、大爱有方」的誓言，用市场化理念和金融『造血』思路，浇灌帮扶县人民的小康梦想。面对乡村振兴、共同富裕的新课题，我们坚持用综合金融服务成就帮扶县人民的美好生活。因为，爱的脚步从未停歇……

阿孜古丽：现在方正证券股份有限公司工作。2016 年 9 月至 2021年 6 月，在方正证券股份有限公司负责扶贫和社会责任工作。2018 年，被评为金融企业"扶贫优秀带头人"；2020 年，被湖南省评为"百名最美扶贫人物"。

> "一切改变从思想开始"是我们刚开始的一个理念，但是后来发现，这句话也是对我们自己说的，从原来为大公司、大企业服务，转变成为贫困县服务，扶真贫，真扶贫。

幸福着你的幸福

阿孜古丽

扶贫工作伊始，我和我的团队经常奔波往返于各帮扶县的路上。因为没有可借鉴的经验，我们走上一条"痛并快乐着，苦并幸福着"的扶贫之路。

贫困县为何贫？有何困？调研中，我和我的团队提出了一个观念：一切改变从思想开始。我们去了很多贫困县，了解到很多贫困地区由于地处偏远、交通闭塞，人们的资本市场意识、企业的规范经营程度都偏弱：当地老百姓不知道如何用电商渠道来销售农产品；当地企业受地理条件、交通条件、人文环境等各种客观条件的限制，在整体规模、盈利能力、管理效率以及公司治理等方面，相比经济发达地区企业存在先天不足；当地政府也往往缺乏金融人才和运用金融工具的能力，对资本市场的了解有限。

针对这种情况，我们探索出解决的办法，就是公司先后派出以

湖南省安化县茶山美景

投资银行、研究所、产业投资基金、资产管理等业务骨干为主的专家调研组，对各帮扶县进行现场调研，摸清家底，为县域经济进入资本市场画出清晰的路线图。

此外，我们创新教育"智志双扶"手段，提高贫困地区领导干部、企业家、群众的金融知识水平和运用金融工具的能力。以"扶贫先扶智，致富奔小康"为目标，创办了"智·富大讲堂"，通过讲解金融理念、证券知识和相关政策，让贫困县的干部和企业家了解产业扶贫和金融扶贫。为了让培训更有针对性，我们反复修改课件，删除专业术语和英文缩写，用最浅显的语言和案例，帮助大家更好地了解资本市场。通过课程培训和调研，贫困县的干部和企业家渐渐掌握了金融知识。我们通过深入的调研，了解了贫困县真正的需求与痛点，为接下来的工作奠定了良好的基础。

3年多时间，我们邀请了近60位公司领导和业务专家，开展了46场资本市场培训，培训成员5000多人；形成了省、市、县三级联动举办培训班的机制，让贫困地区更多的领导干部和企业家参与学习，使他们开阔视野、开拓思路，使他们更加了解资本市场，更加懂得从县政府、县企业家的角度，如何来实现与资本市场对接，如何实现金融助力脱贫攻坚。学习培训后，公司还组织实战，与中证报价、中证焦桐、中小企业协会、农投会、博智智库等多次联合举办贫困地区企业精准扶贫投融资路演会，40余家来自贫困地区的企业和超过300家投资机构积极参与，有效提升企业利用多层次资本市场，对接各种资源的水平与能力。此外，还邀请超过400名公益讲师，举办了121场金融教育活动，惠及近20000名群众和中学生。

结合县域产业发展需求，我们邀请被帮扶县领导干部和企业参加"金融工具服务实体经济研讨会"，邀请赴"绿水青山就是金山银山"理念诞生地——浙江安吉县考察学习；协调组织被帮扶县10余位领导干部前往"脱贫攻坚先进县"河南新县、兰考县学习脱贫经验；组织被帮扶县干部参加北京大学智力帮扶国家级贫困地区市县领导干部研修班等。

"一切改变从思想开始"是我们刚开始的一个理念，但是后来发现，这句话也是对我们自己说的，从原来为大公司、大企业服务，转变成为贫困县服务，扶真贫，真扶贫。在扶贫工作中，我们也看到了中国有一批特别优秀的县级干部，我们从他们身上学习到了很多，我们也在扶贫工作中不断改变，不断成长。

扶贫工作中最难的就是做到"精、准、深"。"精"是指我们派到帮扶县的挂职干部、业务人员都是精兵强将；"准"是指我们必须结合实际，因地制宜服务于当地的需求；"深"是指我们必须深挖当地的需求和痛点，在扶贫的攻坚阶段深入帮扶。

为了实打实地做好扶贫工作，我们进行了体系化的设计，提出了"2+3"精准扶贫模式。"2"指的是金融扶贫和产业扶贫，做帮扶县政府身边的金融专家，为当地政府和企业提供金融服务，利用多层次的资本市场，通过造血式扶贫，做大做强当地的企业和产业；

"3"指的是教育扶贫、公益扶贫和消费扶贫，整合各项资源，形成扶贫工作合力。

在工作中，我和我的团队发现，IPO、新三板、区域股权融资、产业基金、兼并重组、债券等传统金融手段颇受贫困县政府和企业的青睐。2016年至2019年6月，方正证券为贫困地区融资体量超过30亿元。IPO、新三板挂牌定增、财务顾问、资管计划、产业基金等工作相继开展。其中，方正证券帮助湖南安化县当地企业发行的7亿元企业债券，成为主体为AA−的国家级贫困县企业债券2019年首单成功发行案例。当地主要脱贫产业——"安化黑茶"和中药材产业得到长期稳定的资金支持，公司为安化县的脱贫攻坚做出积极贡献。组织专门团队成功为兰考县发行10亿元公司债，成为全国脱贫摘帽县首单扶贫专项债，服务于兰考县的脱贫攻坚、乡村振兴。帮助县域走出了把资源变资产，资产证券化的市场化的道路。此外，

湖南凤凰樟坡村罗汉果产业喜丰收

公司还引入资金，投入安化县经开区生物质发电项目、安化县新三板挂牌企业定增项目等。两年多来，方正证券承揽、承做项目40余单，还为40余家来自贫困地区的企业搭建了投融资平台。

开展产业和金融扶贫，是个专业且严谨的过程，由于国家级贫困县经济基础薄弱的情况，落实起来就需要更长的时间，围绕着如何更好地推进产业和金融扶贫的落实，我们在各县派出了十余名挂职干部，他们利用自身专业优势，帮助县里做了很多工作。河南新县挂职副县长张家宏发挥专业优势，帮助和支持新县加强普惠金融建设，构建金融服务、信用评价、产业支撑、风险防控四个体系，建立县、乡、村三级金融服务组织，确保扶贫政策惠及更多群众。

在地方特产丰富的帮扶县，优质的绿色农产品由于渠道、交通、品牌知名度等原因，很少被外界知晓，我们运用互联网手段，不断创新消费扶贫，扩大贫困地区农产品的销售渠道和提高品牌知名度，为帮扶县的产业发展提供支持。

针对贫困县特色产品，开展"汇爱·致富"活动，公司直接采购帮扶县800多万元的农产品，让安化黑茶、弥渡玫瑰花茶、石城莲子等在内的特色优质农产品进入千家万户，同时引入京东、从禾农业等平台合作，推广特色产品，推动特色产业发展。针对贫困县的大宗农产品，联合社员网打造"互联网+"大宗农产品销售体系，一年为帮扶县销售27个品类7000多万元农产品，促进帮扶县农产品销量及知名度提升，以消费扶贫带动县域龙头企业的发展，持续提升消费扶贫的帮扶效果。

贫困的原因是立体的、多面的、复杂的，其中因病致贫和因病返贫占有较高的比例。为此，我们创新公益扶贫手段，打造公益扶贫的专业平台。为提高公益扶贫资金的使用效益，公司联合三家子公司捐赠 1000 万元，设立湖南方正证券汇爱公益基金会，创立"汇致富"产业扶贫项目，以公益创投的方式，建立产业创富中心。比如支持湖南樟坡村和通道独坡村的罗汉果"农业产业合作社"，采用"上市公司＋协会＋合作社＋农户"的方式，订单式生产罗汉果，带动贫困人口建档立卡贫困户 303 户，785 人；在石城县建立制鞋"扶贫车间"，实现 190 名留守妇女家门口就业，其中建档立卡贫困人口 63 人，使公益基金最大限度地发挥资金价值，激发困难群众对美好生活的向往。基金会成立以来，公司捐赠近 4000 万元，联合中国扶贫基金会等机构开展了"大爱有方"特困高中生自强班，资助贫困高中生 1600 多人。

方正证券的"2+3"精准扶贫模式，先后入选原国务院扶贫办 30 例"2018 年中国企业精准扶贫分领域案例"、荣获 2018 年中国证券期货业"扶贫卓越贡献奖"、金融界"上市公司精准扶贫创新案例奖"，并在中国扶贫志愿服务促进会"三产联动扶贫论坛"上做案例分享。2019 年我们在国家扶贫日的论坛上进行了分享。

三年多的扶贫工作，我们从村、乡、县到州，与当地的干部、老百姓结下了深厚的感情。昨天收到了来自湖南凤凰县樟坡村的红薯，产业帮扶使这两个村的百姓脱贫，正在走向更加美好生活的路上。

何当山花烂漫时

「雄关漫道真如铁，而今迈步从头越」！衷心希望城步充分发挥本土地缘优势，高效利用商务帮扶机遇，夯实产业振兴、电商振兴、文旅振兴和劳务振兴等乡村振兴战略，早日迈上幸福生活的康庄大道……

方　凯：现在商务部工作。2016 年 10 月至 2019 年 1 月，在湖南省城步苗族自治县挂职任县委常委、副县长。2018 年，被邵阳市评为"全市脱贫攻坚优秀扶贫干部"。

> 这条扶贫路，连通了山村和城镇；这条扶贫路，点亮了百姓的心灵和希望；这条扶贫路，传递了国家的关怀和温暖；这条扶贫路，送出了大山深处的油茶飘香和瓜果芬芳。瞧瞧，这条路上车水马龙的轰鸣声不正是来自大山深处的一重回响吗？

大山深处的回响

方　凯

一

2017年7月中旬的一天，湖南省正经历着百年不遇的洪涝灾害。城步县也未能幸免，县域内的多个乡镇发生洪水和泥石流。这天一早5点多，急促的手机铃声把我从睡梦中惊醒，县商务局局长火急火燎地告诉我，我作为县委常委挂点的五团镇恒州村发生了严重的山体滑坡，还有一个贫困户家里因电起火了。走，去现场！在履行完跟县主要领导的报批手续后，我正要动身出发时，来县里探亲的妻子突然拉住我的手说："我陪你一起去，你自己去，我不放心！"殊不知，此时的妻子刚怀孕还不足三个月，正是需要休息静养的时候，我已无暇顾及那么多，不假思索地点了一下头，就带上妻子出发了。恒州村是城步县相对较偏远的一个小村，与广西桂林接壤，锁在深山之中。正常情况下，我们开车进村需要2个多小时，但这次冒着大雨和泥石流进山，路上多处受阻，跟跟跄跄走了4个多小时，等到了村委会，天已大亮。驻村干部和当地镇村两级干部已忙得不可开交。我先了解了村里受灾的情况，然后去泥石流冲毁的民居和失火的民居现场勘查，虽然火已扑灭，但由于山路路况太差，消防车进不了山，村里灭火工具简陋，导致失火房屋烧为灰烬，这些对贫困户来说无异于雪上加霜。调研完后，我在救灾帐篷里召开了紧急专题会议，明确了救灾的职责分工，研究了灾害重建的具体事项，重点确定了利用商务部定点扶贫资金为恒州村修建一条标准化的县级公路，同时由我负责联系外商投资协会，请协会成员飞利浦公司为恒州村捐赠一批太阳能路灯，彻底改变恒州村的道路基础设施落后面貌。会后，我和妻子一起帮助村里的居民搬运沙袋，修筑防洪堤。干了一个多小时，我们浑身上下都是泥，但大家你看我、我看你都笑了，笑得很开心……

回县城开会的路上，着实让我受了惊吓。由于县城近郊的一处塌方导致道路阻断，前方机械施工尚需几个小时。为了不耽误开会时间，司机小熊建议绕道走其他路。我们所处的位置一边是陡山峭壁，一边是巫水河，路宽只有4.5米。司机艰难地倒着车，突然听到车后有人喊"落石头了"，凭着经验，司机小熊打了方向盘并把车刹住了，石头虽然躲过去了，可车陷入了泥潭里，一直打滑！情急之下，我让司机小熊熄火，我们三人冲下车蹚着泥浆躲到了安全的地方，眼睁睁看着车被1米多厚的泥浆给淹没了……事后回想这次险遇，仍然不寒而栗，觉得后怕。在商务部、县委县政府的高度重视和关心下，在我和村里有关干部群众的共同努力下，恒州村的标杆进村路在半年后正式竣工通车了，路灯也亮起来了，受灾的贫困户也重新得到了安置，村里的老百姓由衷地高兴。这条扶贫路，连通了山村和城镇；这条扶贫路，点亮了百姓的心灵和希望；这条扶贫路，传递了国家的关怀和温暖；这条扶贫路，送出了大山深处的油茶飘香和瓜果芬芳。瞧瞧，这条路上车水马龙的轰鸣声不正是来自大山深处的一重回响吗？

城步县南山国家公园内的贫困村——美丽侗族大寨村

二

新枧水村是城步县 6 个深度贫困村之一，刘银莲就是这个村一个典型的贫困户，一个留守妇女，五保户。她丈夫去世得早，自己拉扯两个孩子，在南方打过工，在县城卖过小吃，微薄的收入难以保障她负担深重的家庭正常开支。但她是个要强的女人，一个不怕苦、肯吃苦、打不垮、压不弯的典型苗家人。她很有想法，近些年，她开始琢磨养殖高品质的乌骨鸡，想在全县打造城步的品牌鸡、县名片，于是就给我出了题目。我觉得她的思路恰逢其时，好的产品可以打造好的品牌，好的品牌可以塑造好的产业。城步县坐落在广西十万大山和湖南雪峰山的余脉上，这里森林资源丰富，拥有 60 万亩竹海，城步的乌骨鸡都是散养在山间竹林里，喝着山泉、吸着负氧、吃着绿食、卧着硒土，具有与生俱来的天然有机优势。但以前老百姓都没有市场意识和发展眼光，不知该怎么将这种局地优势打造成规模产业，零种散养有时还入不敷出。刘银莲是个热心肠，爱张罗，又是致富带头人，她不仅自己家的鸡养得好，还带动全村的人养鸡，分享经验，牵头组织专家来村指导养殖和防疫，形成了小有规模的村集体经济。但现在遇到的发展瓶颈就是好货无好路。2017 年至 2018 年两年间，我数十次地去新枧水村调研产业扶贫，选准养鸡产业，锁定高端饲养，并带着她和合作社的人多次去邵阳市和长沙市对接超市卖场，并借助在城里举办各种节假日城步农特产品展销会的机会宣传推介城步乌骨鸡，取得了一定成效。山里飞出了金凤凰，乌鸡卖出了好价钱，但要想百尺竿头、更进一步，就需形成品牌，借助电商平台，线上线下有机结合，蹚出新路子。

"既然咱城步的乌骨鸡会飞，那干脆就叫它飞鸡中的'战斗鸡'

吧!”我踌躇满志地回应了刘银莲的请求，好像这个名字也合了新枧水村村民的心意。很快，在2017年底，新的乌骨鸡及鸡蛋等商品包装盒便有了新的亮点，所有包装都打上了“战斗鸡”的字样，印上了苗家风格的图样。我还请中央电视台七套农业栏目组、人民网和湖南卫视等媒体专程来村里进行了拍摄宣传报道。一时间，城步“战斗鸡”的美名飞到了首都，飞遍了大江南北。借助商务部电商扶贫的优势，我协助城步多个养鸡合作社对接全国多个电商平台，深入开拓网络销售渠道，扩大网络营销宣传攻势，引导湖南商务系统乃至商务部机关系统率先消费城步“战斗鸡”和鸡蛋，以销促产。销路好了，老百姓生产的信心和积极性也增强了，乌骨鸡的养殖产业也开始覆盖到全县13个乡镇场的大部分村，鸡的存栏量翻了好几倍。到2019年，整个新枧水村的人均收入已经超过5000元，较2017年翻了近一番。

刘银莲的例子深刻地告诉我们，脱贫攻坚的关键环节还是产业扶贫，选准优质产业、夯实发展基础才是脱贫攻坚可持续发展的稳定器和压舱石。听听，这“战斗鸡”每天的嘹亮啼鸣不正是来自大山深处的又一重回响吗？

三

这天，五团镇的贫困户村民伍前金将带着她的苗绣作品赴德国参加联合国教科文组织举行的一场全球非物质文化遗产交流会。这是她平生第一次坐飞机，更是第一次出国，更别说是第一次参加这么高品质的国际会议了。从她泪光盈盈的眼睛和略带颤动的声音中可以看出并强烈地感受到她的激动、她的紧张、她的兴奋。对于一个从未走出过大山的女人，这不仅意味着光荣和骄傲，更意味着她人生中非常重要的一次考验、一次历练。她成功了，她没有辜负商务部和联合国教科文组织给予她的这次难得的机会，因为这次飞跃，城步苗绣从此进入产业化的快车道，成了城步脱贫攻坚的又一张特殊名片。

2017 年，我第一次接触苗绣的时候，正值城步苗绣最低谷的时候，伍前金向我哭诉，她一直困惑如此好的非遗产品为何就是没有好的销路。长年累月下来，很多村民甚至贫困户都不愿意继续做苗绣了。在进行了多次深入调研后，才发现根子出在市场定位问题上。伍前金虽然自己也是贫困户，但她认真继承并发扬了城步苗绣这项非遗成果的精髓，并自学了很多理论知识，很快在城步苗绣领域便小有名气，作为致富带头人，她成立了苗绣经济农村合作社和城步苗绣文化研究院，成了苗绣文化和苗绣产业的研究者和践行者。一开始，她通过熟人老乡渠道接到一些订单，自己和几个乡邻也很认真地把每一件产品当作艺术品去手工细致制作，赢得了一定的市场。有了一定积累之后，就想着带动村子里的留守妇女都来做这件可以脱贫致富的有益之事。但囿于大家普遍的知识水平较低，缺乏新颖的设计，且手工刺绣耗时耗力，效率一直太低，产品过于单一，规模上不去，就逐渐陷入了难以为继的不良循环。

找到问题的根子后，我在 2017 年和 2018 年的两年间多次联系中国工业设计协会，并邀请该协会组织多名设计师和工业企业来城步专题调研，召开专家研讨会和现场会，破解城步苗绣市场化和商业化的难题。最后深圳的开物成务设计公司与伍前金开展了工业设计合作，批量采购城步苗绣的一系列产品，用于该公司设计的小微电子产品的外观包装。同时，该公司还帮助城步苗绣合作社提升了手工刺绣的工效，确保苗绣艺术品顺利转变成适销对路的商品。在此基础上，我积极协调中国工业设计协会，为城步苗绣在该协会举办的每年的全国性会议和论坛上争取一个席位，让伍前金作为非遗代表出席会议并介绍推介城步苗绣的艺术价值和文化价值，同时将经典作品在会议期间予以展示和展销，极大地扩大了城步苗绣的影响。记得 2018 年她在广州参加中国工业设计协会举办的一个国际会议期间，就很兴奋地告诉我："方县长，今天有很多外国专家和企业家找我专门了解城步苗绣，并留下了联系方式，我想用不了多久，我们城步苗绣就可以让更多的外国朋友品鉴和选购了。"果不其然，2018 年，联合国驻华代表处与商务部签订了合作备忘录，重点支持商务部定点扶贫工作。从那以后，联合国驻华所有机构甚至有些国家驻华使领馆也参与到这项工作中，越来越多的外国面孔出现在了城步这个偏远的小县。乘着这股东风，我和伍前金的团队一道共同向国际友人推介城步苗绣这项当地独一无二的非遗文化，同时我们也一起受邀到北京联合国驻华代表处总部开会，城步苗绣便也第一次走进了联合国，联合国驻华代表处秘书长罗世礼先生成了第一位城步苗绣的国际宣传员。

虽然我不曾到过所有城步苗绣展示过的各种舞台、各个论坛、各个会场，但每当我看到城步苗绣，我就仿佛已经听到来自四面八方为之喝彩的雷鸣般掌声。这些隆隆掌声不正是一重重来自大山深处的回响吗？

四

　　杨淑婷——一个响亮的名字，她是苗乡人民的骄傲！一个身残志坚的 90 后苗族姑娘，靠着坚韧不拔的毅力和顽强不屈的精神打造出了城步苗乡一片美丽的扶贫天地。我到城步第一个月就听说了她的故事——她本是一个美丽健康的小姑娘，就在她花一样的年月时，一场意外的车祸让她的双腿伤残。她曾一度很消沉，后来在社会各界和亲朋好友的关心下，她重燃了生活的勇气，开始自主创业，她想用她的努力让更多的人摆脱贫困。就在同一个月，我去了七七科技见证了坐在轮椅上的她创造的扶贫奇迹。在七七科技公司我看到工人们都在马不停蹄地操作着机器，制作着塑料鲜花和真皮包，这

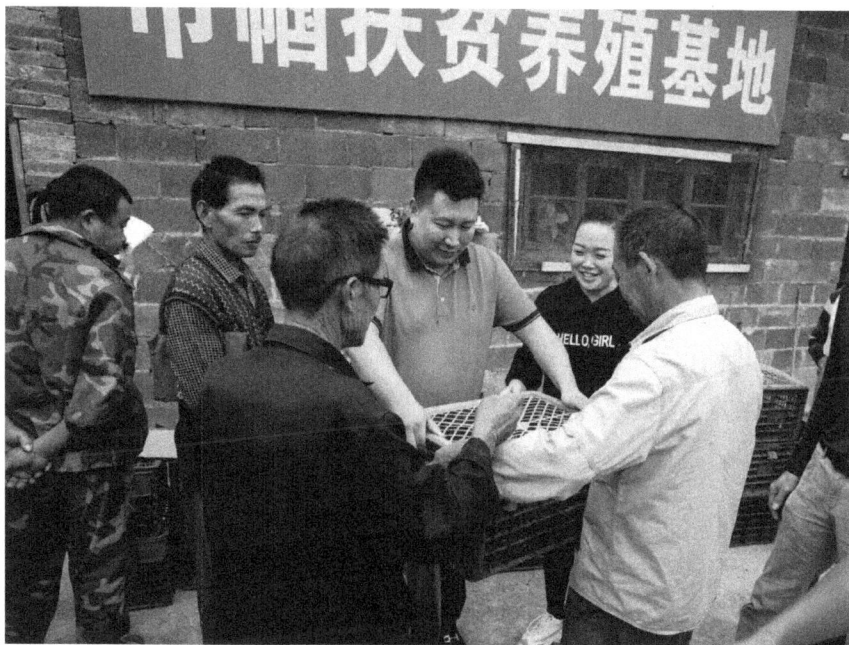

帮助扶贫致富带头人刘银莲为村里乡亲们分发散养鸡苗

些产品都将是出口到东南亚乃至巴西等拉美国家的。杨淑婷告诉我，她最开心的事就是每天看着她找来的这些贫困户留守妇女做工的技术越来越娴熟，每个月的订单应接不暇，工人们的工资奖金不断上涨。当然，最最重要的还是她能免费参加一年两次的广交会——因为这是扶贫产品走出国门、走向世界的重要窗口。以前，杨淑婷只能靠朋友介绍或者贸易公司派单来做业务，业务量小还受制于人，且利润微薄，公司生存得很艰难。我调研完公司的第二天就建议她申请自主进出口经营权，自己主动开拓市场接单。2017年4月，我到省商务厅为七七科技协调到一个免费参加广交会的机会，杨淑婷在广交会期间意外地接到几百万的订单，这使她喜出望外。这次收获让她再次坚定了自主开拓市场的信心和做大做强的决心。有了销路做支撑，杨淑婷雇了更多的贫困户工人，扩大了公司规模，以销促产，实现了销售业绩的飞跃。2019年，杨淑婷被评为全国脱贫攻坚先进个人到北京人民大会堂接受表彰，她带领上百户贫困户脱贫攻坚的感人事迹已在大江南北广泛传播。

听到她的好消息，我也激动万分，耳旁又响起了广交会上的人声鼎沸……这热闹喧腾的声音不正是大山深处传来的又一重重回响吗？

城步——这个南楚极边之地，就像南山上艳丽的杜鹃花，永远绽放在我的心里。大美苗疆，绝至无往；大爱苗乡，吾心安放。

何须花烂漫时

继续凝心聚力，迎难而上，担当实干，踔厉奋进，笃行不怠。

祝愿怀安在巩固脱贫攻坚成果与贯彻实施乡村振兴战略中展现新作为，在推动县域经济发展中闯出新路子，在推动经济社会各项事业发展中彰显新担当，在建设现代化经济强县、美丽怀安过程中谱写新篇章！

封殿胜： 现在中国电子信息产业发展研究院工作。2017 年 7 月至 2020 年 8 月，在河北省怀安县挂职任县委常委、副县长。2019 年，荣获张家口市脱贫攻坚创新奖。

这是一个关于梦想成真的故事！直到现在我都不敢相信，为一个贫困县成功引进了院士工作站……

我们县城建了院士工作站

封殿胜

2017 年 7 月，我被工信部选派参加燕山—太行山集中连片特困地区扶贫工作，挂职到怀安县担任县委常委、政府副县长，分管河北怀安工业园区——国家应急产业示范基地的招商引资工作。怀安工业园区是河北省级重点工业园区，2015 年 12 月被国家工业和信息化部、国家发展改革委、国家科技部联合授予"国家应急产业示范基地"称号，是全国首批 7 个示范基地之一。如何在"小县城"做好应急产业发展的"大文章"，加快实现怀安县"工业立县、商贸活县、全民创业、绿色崛起"的发展目标，是每天萦绕在我脑海里的一件事情。经过一年多的走访调研，并结合国家级应急产业示范基地的授牌，我想到了创建应急产业领域"院士工作站"的点子，并使其成为之后构筑怀安应急产业"5+2"发展体系最重要的一环。

有了这个想法之后，我多次带队拜访钟山院士，希望能获得他的支持，在怀安县国家应急产业示范基地设立院士工作站。作为中国工程院院士，钟山院士先后两次获得国家科技进步奖特等奖，曾担任北京奥运会安保科技系统总设计师，为 2008 年奥运会的平安举办做出了重要贡献。近年来，他带领团队一直致力于以物联网、大数据、人工智能为代表的新一代信息技术应用研究，而我深知这些前沿性的研究将会为应急产业的未来发展发挥重要作用。坦率地讲，对于在贫困县建立院士工作站，我是一点信心也没有的。

记得初次拜访钟山院士时，他已 88 岁高龄，第一次的见面平淡无奇，对于我们的邀请，他只是表示愿意提供一些资源助力怀安县安全应急产业发展，帮忙对接相关企业搭建安全应急产业产学研用平台，但对于在怀安县设立院士工作站的意愿并不高。

通常情况下，院士工作站都建立在经济比较发达的城市。也许是后来在与钟山院士的一次交流中，我发自内心的一番话打动了他："对于贫困县而言，院士工作站一旦设立就相当于立起一面旗帜，这杆旗能够吸引人才、企业到贫困县落地生根，对于贫困县摘帽脱贫意义重大。当贫困县脱贫后，院士工作站能催生经济发展的内生动力，为当地经济带来持续发展的动能，是一件利国利民、具有深远意义的大事。"后来，院士秘书侯大姐主动联系了我，说钟山院士对参与扶贫工作很感兴趣，想进一步听听院士工作站建设助力脱贫攻坚的总体想法和具体计划。

功夫不负有心人，几经磋商后，2019 年 9 月，钟山院士工作站通过河北省省委组织部、河北省科技厅、河北省科协的正式批复，在怀安县成功揭牌。后来我才知道就是因为怀安县是贫困县，才真正打动钟山院士决心领头创建院士工作站。

钟山院士还和我们分享了他的航天故事。当时航天领域流传着几句顺口溜："跟着钟山干，都是穷光蛋。都是穷光蛋，还要拼命干""跟着钟山干，年年有改善""跟着钟山干，人人是好汉"，这些都是当年院士用辛勤汗水与无私奉献描绘的"特别能吃苦、特别能战斗、特别能攻关、特别能奉献"的航天事业精神。如今已进入耄耋之年的钟山院士，还想着要为国家的脱贫攻坚事业贡献一份力量，为贫困县人民做点事情，让我大为感动。

钟山院士一到县城就提出要到村里走走，去看一看真实的农村场景。时值中秋节，正是瓜果飘香的季节，我陪院士一行来到怀安县城附近的西沙滩村鑫沙滩种植合作社基地参观。西沙滩村位于张家口怀安县南部，离县城柴沟堡 5 公里，距西湾堡乡政府西北约 2 公里。在驻村工作队的帮助下，经过调研考察，综合考虑了西沙滩的土壤条件、相对湿度、自然环境等多方面因素，这里选择种植了杏梅和西梅，驻村工作队为村民购买了 3000 棵杏梅和 1300 棵西梅，建设 77 亩经济林，种植结构的调整优化为合作社增收提供了保障，更好地带动了农户增收。钟山院士向合作社负责人详细询问了西梅的产量、价格、收入和效益等情况，看到地上因大风天气吹落的果实，他还嘱咐工人一定要捡起来，别浪费。虽然院士血糖高，但他还是不顾秘书大姐的劝阻品尝了西梅，连连点头称赞，并叮嘱团队要与果园建立消费扶贫长期合作机制，提出一方面要带头消费，另一方面要积极借助渠道促进销售。那一刻，我真正感受到了院士扶贫助农的真心与真情。他还强调一定要用信息技术手段助力果园科学管理，提高水果品质，预防病虫害，应对极端天气对种植与管理的不利影响。钟山院士还相继调研了我们很多已经实施或者正在建设的扶贫项目，每到一处都嘱咐团队要扎根基层，服务农村，用科技手段助力各类扶贫项目，用真心实意践行院士建站的初心和使命：脚踏实地、服务基层、科技助农。

　　了解了县里的一些情况以后，钟山院士主动提出要给县领导做一次分享报告。在与县委武书记报告沟通后，武书记认为机会难得，这还是第一次有院士到县里授课，于是把听取报告范围确定为县里所有副科级以上干部。当天县宾馆礼堂座无虚席，钟山院士虽然已88岁，但他声音洪亮清晰，特别是院士高屋建瓴地讲到借助物联网、互联网等技术构建"感、传、知、用"服务三农的应用体系，用科技力量助力脱贫事业，巩固脱贫成果，振兴乡村经济，礼堂掌声雷动、久经不息，大家头一次领略了院士系统思维的前瞻性和敏锐的洞察力。

　　随着院士工作站的正式建立，一个"6+2"博士团队也通过人才引进的方式来到怀安县国家应急产业示范基地。"6+2"是指6名博士和2名博士后，领衔的是国防科大毕业的赵兴锋博士，他是从部队出来选择的自主择业，多年的部队历练培养出他"说干就干、高效务实"的性格，很快他就在怀安这个贫困县的产业研发平台上做出了实效，在省里成了标杆。在他牵头下，围绕着智慧灯杆、烟雾

2019年9月参与钟山院士工作站揭牌仪式人员合影（前排左六为钟山院士，第二排左二为封殿胜博士）

报警器、无人机森林防火预警等一批科研项目很快启动，院士工作站按照钟山院士给设定的目标，正一步一步地发展、壮大着……

　　设立院士工作站是我在怀安县挂职期间"最得意的事儿"，我不知道未来它还能给怀安县带来什么，但我知道它的设立是一个开始，是逐梦共同富裕的开端，将给怀安县的未来注入勃勃生机与无限遐想。虽然县里有很多人还不了解院士工作站是啥，但从大家逢人便说"我们县城建了院士工作站"的喜悦中，我能读出它是一种兴奋、自豪感以及对未来充满憧憬的信心！

　　参加两年扶贫工作以来，我深知在一个国家级贫困县培育发展应急产业上的艰难困苦，在钟山院士的指导下，我们总结提炼出的"5+2"应急产业体系总体建设思路得到了县委县政府的高度认同和肯定。"5+2"应急产业体系建设，是指推动五个平台建设，培育两项发展动力。五个平台建设包括：应急产业研发平台、应急产业科

封殿胜在定点帮扶村怀安县第三堡乡第三堡村谷子种植地调研

技成果与技术交易服务平台、应急产业与服务电商交易平台、应急培训、演练、实训平台、冬奥会应急保障能力建设基地建设。两个产业发展动能培育包括成立安全应急产业发展基金、举办安全应急产业设计大赛。这个体系就像描绘的一幅瑰丽的蓝图刚刚铺开，还需要时间去一步步地实现，我感觉很多工作才开了个头，还没开展，而转眼间两年挂职工作已接近尾声，如果就这样离开，心里真是不舍和不甘。从那时我就萌生了"能不能坚持到怀安县脱贫摘帽的胜利时刻再离开"的念头，因为我觉得扶贫工作应该善始善终，善作善成，不获全胜决不收兵。

2019年2月，县委、县政府、园区的领导分别找到我，征询我是否可以延期挂职工作，继续做好推动应急产业发展的相关工作，我毫不犹豫地就答应了下来，后来才想起应该和家人商量一下，向组织报告一下才对。让我高兴的是，单位领导批准了我延期一年的申请，家里人也给予了充分理解和支持，还鼓励我一定要为怀安县顺利脱贫全力贡献自己的力量。

工作延期给我提供了更深入接触钟山院士，开展以院士工作站建设为目标，聚合各类应急产业资源服务脱贫攻坚工作的机会。接下来，我更加以时不我待的状态投入工作，积极抓住各类对外合作契机，竭力把建设院士工作站这篇文章做足做实。值得一提的是，怀安县与中国技术交易所合作，成功举办"国家应急产业（怀安）示范基地应急技术服务中心揭牌仪式暨应急产业创新发展研讨会"活动，不仅提升了怀安国家应急产业示范基地在应急产业领域的技术、人才、项目、金融资源整合能力，也大大提高了怀安应急产业品牌的知名度。

由于钟山院士自身在行业领域德高望重的影响力，他领衔在怀安县创建的院士工作站，在京冀两地都产生了很大影响，前来怀安投资考察、寻求安全应急产业发展合作的企业和机构越来越多，"院士工作站"这面旗子发挥的引领作用越来越显著。其中，怀安县与房山区燕山办事处共同合作建设"京冀云上应急产业示范区"，树立了高效务实的合作典范，这不仅是一次寻求发展、实现双赢的重要合作，更是双方一次跨区域产业交流合作，打造京冀产业合作新平台，探索建立多元化产业对接合作模式的重要创新，也是加快推进京津冀协同发展的有力举措，对双方今后的发展都具有里程碑式的意义，也是我们创建院士工作站后取得的又一重大硕果。

回想这三年参加脱贫攻坚工作的经历，我觉得我一直浸润在这种脱贫攻坚精神里，怀着奋斗的豪情，迈着坚定的步伐勇毅笃定、不辍前行，而钟山院士则以激昂的青春年华不仅谱写了航天精神，晚年还在用自己的耄耋之龄加开辟之力，续写了脱贫攻坚精神。我相信"小县城"的"大文章"一定会继续写下去，也必将会在怀安县"生态立县、产业强县"的发展道路上谱写出更新、更美的篇章。

何似山花烂漫时

宝剑锋从磨砺出，梅花香自苦寒来。脱贫攻坚的一千多个日夜，是我人生最宝贵的财富，无比珍贵、无比高尚、无比纯洁。人虽走、心仍在，那山那水那些人难以忘怀，祝福『家人』在乡村振兴的田野上播种更加美好的未来！

高泽生： 现在中国浦东干部学院工作。2018 年 7 月至 2021 年 3 月，在贵州省江口县岑忙村任第一书记。2019 年，被贵州省评为"脱贫攻坚先进个人"；2020 年，被评为"中央和国家机关脱贫攻坚优秀个人"、贵州省"全省脱贫攻坚优秀村第一书记"；2021 年，被评为"全国脱贫攻坚先进个人"。

> 等到 4 月漫山的映山红开了，我们也洋气一把，可以拍成抖音视频宣传出去，到时候游客一来，村里就热闹了。村里环境不错的家庭，可以发展农家乐……

最爱高山一抹红

高泽生

天刚亮，鱼肚白的天空，薄雾冥冥。

有点冷，脑袋昏昏沉沉，突然想起今天还得去产业基地转一圈，现在是关键时期，瞬间就清醒了。

掀开暖和的被窝，走出家门，寒风扑面划过脸颊，先是刺骨的冰凉，随后却又是霎时间的苏醒，而后看看刚亮起的天空，幽微的光明照射着大地，我起得不算早，几户人家早已在窸窸窣窣忙碌着。一位大伯看看我，高兴地说道："高书记，起这么早啊？""是咯，您起得比我还早啊。"岑忙话不难懂，主要是跟上海话不太一样，现在驻村两年了，老乡说啥都听得懂，也能很流利地对话，还晓得一些当地俗语，能和老乡们互相打趣，我自己经常笑自己，已经成为半个岑忙人了，回到上海就不晓得怎样说话了。

2018 年 7 月，我来到了江口县太平镇岑忙村担任第一书记，群众工作还没开展，"语言关"就成了第一拦路虎。刚入户时，乡亲们说的本地话我似懂非懂，而我说的普通话乡亲们也是一脸茫然，下村还要村干部陪着当"翻译"。我看在眼里急在心里，抱着学习的心态，遇到不懂的乡言乡语，我就虚心请教。老百姓听不懂的普通话，我就试着用通俗语言去反复讲。驻村半年后，我便成了外省考察组来村调研时的"翻译"。

扶贫，就得走进群众，真实了解每一个村民的真实情况，然后才能对症下药。我先后深入全村 12 个村民组，遍访 112 户建档立卡贫困户，说起来轻松、简单，干起来也是先碰了一鼻子灰。刚来岑忙村时，老乡不信任我们，经常可以听到他们说："上海来的干部，是在这镀金获取政治资本的吧，干不了啥事。"我听着心里不是滋味，老乡也不愿和一个"陌生人"交根交底。

为了让老乡信任咱们，面对他们的怀疑和不解，我从一开始便立下誓言：要在这场没有硝烟的持久战中奉献自己。带着"大山深

岑忙村直供粤港澳蔬菜基地

处认穷亲，誓将贫困连根拔"的豪情壮志，我沉下心来，开始了长期的驻村工作。

吃住在岑忙，算是刚刚入了门，与老乡同吃同住同下地，老乡才真正把你当成窝心人。办公室坐久了，起初我连烤烟都不认识，更别说拿农具下地干活。两年多来，我放下架子、俯下身子，与乡亲们同劳动，感受丰收的喜悦，从开始的"门外汉"到现在的"土专家"，乐在其中。

我早已把岑忙当家，把自己当成了岑忙人，说话习惯了"我们岑忙"，心里挂念的也是"我们岑忙"。岑忙人也真正把我当成了自家人。村里空巢老人很多，我就是他们的儿子，留守儿童也不少，我就是他们最亲近的叔叔。从开始的"独在异乡为异客"到后来的"片时欢笑且相亲"，老乡们喜欢我，信任我。

沉下心来的我在第一时间便与驻村工作队其他干部一起，通过不厌其烦地挨家逐户走访，全面、细致地掌握了群众的所思、所想、所盼，给贫困"把脉"，为困难"扎针"。全力以赴，初心不改，用真心真情扛起了第一书记的职责和使命。

2019 年，村里杨再成户因家庭变故，导致家庭失去收入来源，两个学生有辍学致贫风险。得知情况后，我主动承担起帮扶责任，多方协调联系，争取上海两个企业家搭建爱心助学渠道，资助他们继续读书。

"高泽生不愧是第一书记，让我一家子长期在外租房子住的无房游民，终于给我有了一个固定的家。谢谢您了，高书记，我杨再成全家铭记您的恩泽，您辛苦了！"杨再成这样说，我听着心里也暖洋洋的。

邻里之间发生矛盾，我了解情况后晓之以理动之以情，是第一

"操心人"；群众生病无人照料，我深夜到家中看望慰问并联系医院，是第一"上心人"；大雪漫天我一早便踏雪入户看望孤寡老人和留守儿童，是第一"知心人"……我把家安在心上，把心放在村里，以村为家，以民为本，把村民事当自己事，再苦再累不抱怨，再难再险不退缩，时刻面带微笑，传递温暖、倾情奉献，赢得了"微笑书记"的赞誉。

扶贫，治标更要治本。授人以鱼不如授人以渔。利用当地优势，发展产业，才是长期脱贫致富的道路。

太平镇境内风光旖旎，自然资源优势明显，由于发展生态旅游业，梵净山景区、云舍景区、亚木沟景区、寨沙侗寨早就依靠旅游产业带领村民发家致富过上了好日子。而半山上的岑忙村仍眼巴巴地看着山下一派热热闹闹、兴旺繁荣的景象，就像不会飞翔的幼鸟，认不清全局和自身优势，看不到致富门路。

发展旅游业，岑忙不占优势，通往岑忙只有一条山路，蜿蜒崎岖一直盘着山走，大型车辆上不去，拉不动游客，吃不上旅游饭。但岑忙村土地资源充足，土地肥沃，该村立足山地农业的特色，加大农业产业结构调整，变传统农业为新型农业，着力开拓一条全新的绿色生态农业之路。

2014 年以来，在国家惠民政策及县镇两级人力物力的大力扶持下，岑忙村新建了 1 条 7.5 公里的通村公路，3 条 8.5 公里的通组公路，15 条 2.4 万平方米的联户路，现在群众乘车最快 20 分钟就能到太平集镇、30 分钟就能到达县城。

找产业路子，想致富点子，我和其他驻村干部跑农户家里协调土地，跑部门咨询政策扶持门路，开大会筹小会，集众智博众彩，跑上跑下里里外外干劲十足。

　　通过走访发现，村民种植的水果、烤烟、辣椒、茶叶，品质好、产量高，处处透着商机，很快便找到了岑忙村产业发展方向，探索出了"党建＋产业"的发展模式。先后带领村"两委"干部和产业大户、致富能手到周边市县以及上海、苏州等发达地区实地考察学习，想办法让岑忙走上了产业发展的路子。

　　在产业方面，与贵州太平天下园林景观绿化有限公司合作，发展村级集体经济映山红产业园 200 余亩，利益联结贫困农户 112 户，实现利润分红 5 万余元；发展烤烟 630 余亩，实现利润 193.4 万元。

　　2019 年，县委县政府引进一家生态农业科技发展有限公司，在岑忙大坝投资 1350 余万元发展 1400 余亩直供粤港澳蔬菜基地。基地建设和运行期间，我组织召开党员大会、组长会、群众会等，帮

指导群众开展蔬菜收割工作

助解决土地流转、矛盾纠纷、产销对接等问题。在新冠肺炎疫情尚未进入常态化防控时，便逆行而上，返回村里投入蔬菜基地建设的复工复产大潮中。通过不懈努力，村集体固定资产由 2018 年不到 10 万元增加至 650 余万元，集体经济收入由 2018 年的 5 万元增加至 65 万元。

该村五组的贫困户杨德财今年 40 岁出头，跟妻子种植烤烟有些年头了，一直小打小闹只围着自己的一亩三分地转，种植面积小，产量上不去，没有好的技术指导，烤烟的颜色出不来，卖不上好价钱。眼看着别人都脱了贫，杨德财的心里早已是"热锅上的蚂蚁"，"我这顶贫困帽不能一直戴在头上啊。"杨德财说。

因户施策、因地制宜、因势利导。我们建议杨德财在着力扩大种植面积、提升烤烟质量上下功夫，从发展 20 亩烤烟一跃增加到了 70 余亩，毛利达 24 万元，纯收入 7.4 万元，顺利地摘掉了贫困帽子。

我和村干部拧成一股绳，心往一处想，劲往一处使，因地制宜，在发展好烤烟、辣椒、茶叶等支柱产业的基础上，继续谋划和发展附加值高、收益好、带动能力强的特色产业。先后组织乡镇负责人和村里产业大户、致富能手到上海、苏州等地实地考察学习，投资 150 余万元建设和发展生态养鱼集体经济，协调资金 200 余万元修建产业路、架设产业电。推动 600 亩精品水果（脆红李）、300 亩辣椒的种植和产销；谋划依托 202 亩"映山红"和"猴子沟水库"，打造高山乡村旅游。此外，我还设计了"云上岑忙"LOGO 和品牌，对精品水果扶贫产业进行包装宣传、联系销售渠道，创收 10 万余元。

我深知，扶志就是扶思想、扶观念、扶信心、聚人心，帮助贫困群众树立起摆脱困境的斗志和勇气，后续巩固提升脱贫攻坚成果、衔接乡村振兴更需要这股劲。通过策划，我组织了全村有史以来第一个"三八"妇女节庆祝活动，丰富了村民业余生活，增进了村民之间感情交流；通过组织开展"五星文明家庭户"评选活动，激发农村内生动力，引导全村干群争当文明户。

面对村党员活动室长期以来未更新、桌椅破旧、房顶漏水等困难，积极向各方争取资金45万元进行了阵地修缮和文化建设，让支部焕然一新。针对少数党员无岗无责现象，为每位党员"量身定制"，设岗定责，通过开展以"亮身份、比奉献，践承诺、比实绩，争先锋、促发展"为主题的"党员先锋岗"创建活动，将每个党员攥指成拳，聚在党旗下。组织党员积极参加脱贫攻坚后续巩固提升和乡村振兴战略目标实施，深入开展环境卫生大扫除、义务植树、森林防火、扫黑除恶等主题党日活动，改变了过去党支部软弱涣散的状态。

要想做好驻村工作，需要一心向党、一心为民的执着。我和千千万万驻村干部一样，也有父母牵挂和孩子惦念，2019年初，母亲因癌细胞转移住院治疗，年迈的父亲为了不影响我工作，在医院坚守20多天，直至收到病危通知书，才哭着告诉我病情的严重性。母亲病情恶化去世时，远在村里的我，没有见到母亲最后一面，也成为我一生抹不去的遗憾。但是，当我看到村民们生活越发幸福、产业越发兴旺、村庄越发美丽的时候，这些奉献和牺牲都变得有价值、有意义。

"等到4月漫山的映山红开了，我们也洋气一把，可以拍成抖音视频宣传出去，到时候游客一来，村里就热闹了。村里环境不错的家庭，可以发展农家乐……"走在大道上，我想象着岑忙的明天。

何当山花烂漫时

虽然我已离开甘肃定西，回到了北京的工作岗位，但是，漳河水常在我心中激荡，思绪不时在武阳大地飞扬。祝漳县人民生活越来越幸福！愿漳县的孩子们一代代茁壮成长！

郭冬生： 现在中华女子学院（全国妇联干部培训学院）工作。2018 年 4 月至 2021 年 3 月，在甘肃省漳县挂职任县委常委、副县长。2020 年，被甘肃省评为 2019 年度"全省脱贫攻坚帮扶先进个人"；2021 年，被评为"全国脱贫攻坚先进个人"。

我反问他："难道您从未去过北京吗？"他毫不犹豫地回答："我没有去过，漳县绝大多数干部都没去过。不信，您到其他乡镇了解了解。"

他们好想到北京来看看

郭冬生

我是 2018 年 4 月加入扶贫队伍的。此时，全国扶贫工作进入攻坚克难的关键期，已经从"大水漫灌"转向"精准滴灌"阶段，坚持把提高脱贫质量放在首位，坚持扶贫同"智志"双扶相结合，坚持发展性扶贫和保障性扶贫相统筹。这对扶贫干部提出了新的要求。

一

教育是阻断贫困代际传递的治本之策，扶贫必须先扶智，治贫必须先治愚。2018 年 5 月，我在漳县大草滩镇调研了解到：位于该镇新联村的铺里小学附属幼儿园，硬件设施条件不错，但学前教育师资力量薄弱，教学理念方法滞后。于是，争取中华女子学院和漳县教育局、大草滩镇等方面的支持，我们筹划了暑期大学生志愿服务项目——学前儿童科技夏令营活动。当年8月中旬，队名为"向阳花"的大学生社会实践团队——中华女子学院学前教育专业8名大四学生来到大草滩镇铺里小学，在这里开展了为期一周、以科学教育为主的学前儿童夏令营活动，旨在帮助孩子们认识最基础的科学现象，从小培养对科学的兴趣。"向阳花"实践团队不仅给学校带来了先进教育理念，而且给孩子们带来了七天欢乐，她们自己也得到了教育磨炼。参加这次送教下乡的杨雅菲同学说："我们几乎每天都被孩子们、家长们感动着。"

2019年7月中下旬，借助全国妇联、团中央、教育部等实施的大学生暑假社会实践项目，我们又组织中华女子学院师生来漳县开展了一系列送教下乡活动。2019年7月12日至16日，由中华女子学院王京霞副校长率领的志愿服务团队（6名教师、13名大学生）

从县委大院背面的钟鼓旗山远眺县城（武阳镇东）

赴漳县开展"守护童年·大学生暑期牵手共成长行动"。该志愿团队以家庭教育、儿童关爱为主题，先后赴新寺、马泉、盐井、武当等4个乡镇、9个村开展了"四个一"活动，即举办一次家庭教育培训、开展一次亲子健身和亲子阅读活动、组织一次科技环保实践和安全体验、开展一次少儿法治教育活动。同时为200多名留守儿童、贫困儿童发放了1.4万元学习生活用品。志愿服务团队帮助孩子们开阔了视野，增长了知识，帮助家长们转变了家庭教育观念，知晓了科学家教方法。

2019年7月15日至30日，由中华女子学院教育学院、法学院、社工学院等院系16名师生组成的志愿团队来到漳县盐川小学，接力开展"童心港湾·农村留守儿童暑期陪伴"活动，盐川小学100多名留守儿童接受了这次爱心陪伴。志愿团队不仅安排了语文、数学、英语、科学、书法、美工、地理、音乐、体育等课程辅导，而且开展了法律常识、自护安全（如紧急逃生、性教育、预防性侵、校园暴力、网络安全等）等教育活动。看似平常的课业辅导，却让孩子们感受到不同寻常的学习体验（如太空泥制作、传统文化脸谱制作、儿童身体雕塑、环保服装制作、职业博物馆等）。一位志愿者在实习总结中写道："几乎每个孩子的脸上都洋溢着淳朴开心的笑容。"

丰富多彩、别开生面、教学与陪伴融合的留守儿童暑假班，让孩子们增长了知识，开阔了视野，增添了欢乐。盐川小学校长裴鸿林情不自禁地说："中华女子学院支教团队很敬业，很专业，不仅丰富了孩子们的暑期生活，而且提供了多样化的学习体验，是一次高质量的教育扶贫活动。"

到漳县开展留学儿童陪伴活动，对大学生也是一次很好的锻炼。

参加送教的大学生于绪芝写道："刚开始，孩子们都很羞涩，不敢和我们互动，到后来不愿意下课，舍不得我们离开，这让我们很有成就感。洋溢在孩子们脸上的欢笑，至今令我难以忘怀。和那些孩子不期而遇，成了我生命中最美好的一段回忆。"

二

儿童是祖国的未来，是社会发展的动力。我一直寻思：如何结合定点帮扶工作，加强青少年思想教育，弘扬社会主义核心价值观？我想北京是中国的政治中心和文化中心，是爱国主义教育资源最集中的地方；如果组织漳县孩子们到首都看一看，或许是很好的爱国主义和理想信念教育活动。在那里，孩子们的爱国情感可能在天安门广场得到升华，民族认同可能在国家博物馆得到强化，人生坐标可能在北京研学旅行中进一步厘定。

我的想法与全国妇联的一些同事不谋而合。2018年7月16日至21日，在中国妇女儿童博物馆的支持下，我们组织漳县18名贫困家庭和留守儿童小学生代表，赴北京参加了"寻梦之旅"——博物馆研学活动。这对入选的孩子们来讲，既是一次明国情、树理想的爱国主义教育之旅，也是一次长知识、拓视野的综合素质教育之旅。

2018年7月16日大清早，我本来在外县开会，专程赶回漳县，同县团委领导一起，向赴京参加"寻梦之旅"的师生话别。瞧见孩子们激动兴奋的神情，我油然而生几分"妒意"。回想自己这么大时，只能从《我爱北京天安门》在内乐曲里想象首都的模样，从语文课本插图里"识读"人民大会堂的恢宏，从老师声情并茂的讲授中揣摩紫禁城的神秘。而今天，大西北贫困县的孩子们，不用家长亲自陪同，不用花家里一分钱，就能在北京和随行老师的陪伴下，愉快游遍中国著名的故宫、天安门、"鸟巢"、"水立方"等风景名胜，轻松游览首都的博物馆、科技馆以及北大、清华等一流学府，这是多么幸运、多么幸福啊！

在"寻梦之旅"活动中，漳县18名优秀小学生代表，在两地老师的带领下，文明参观，有序游览，遵守纪律，爱护文物，表现出新时代优秀小学生的文明和教养。同时，在他们幼小的心灵中，也播下了热爱祖国、实现中华民族伟大复兴中国梦的种子，这对他们的成长无疑是十分有益的。

2018年7月16日郭冬生（后排右三）等与前往北京参加研学活动的师生合影留念

2019 年 11 月 29 日至 12 月 1 日，得益于中国妇女基金会的资助，漳县石嘴沟春蕾小学、盐川小学、柯寨中学三校 12 名师生，应邀到北京参加 2019 年《同一个心愿·"母亲水窖"爱心公益盛典电视晚会》节目录制活动。为了这次进京活动，我特意协调好县上的工作，带他们进京录制节目，顺道回去对接工作。"母亲水窖"节目组同志热情接待了漳县师生，大清早带他们观看了天安门升旗仪式。曾在漳县帮扶过的全国妇联同事获悉后，也专门陪同漳县十几名师生参观了故宫、北海公园等著名景点。

带队进京的漳县盐川小学校长裴鸿林感叹说："在天安门国旗班铿锵有力的步伐和雄壮豪迈的国歌声中，我们为祖国的繁荣昌盛倍感骄傲自豪。在主题晚会电视节目录制现场，漳县的同学们与来自全国各地的小朋友、明星们同台朗诵诗歌《感恩你·母亲水窖》，在爱的舞台上，大手牵小手、用爱心点亮了希望的梦想。"

这次进京参加"母亲水窖"主题晚会节目录制，不仅圆了师生们的首都梦，而且圆了孩子们的电视梦。

三

我第一次到包抓的大草滩镇调研时，问时任镇长（现任镇党委书记）的李永宏："您最希望我帮你们做点什么？"他不假思索地说："希望您能带我们到北京学习一下，感受感受伟大首都的气息。"我反问他："难道您从未去过北京吗？"他毫不犹豫地回答："我没有去过，漳县绝大多数干部都没去过。不信，您到其他乡镇了解了解。"为此，2018 年 9 月，我专门设计了一套问卷，对全县乡镇领导和村支书进行了定点帮扶专题调查，调查结果显示："到北京看看"是漳县乡镇、村干部共同而强烈的愿望。

看来，打赢脱贫攻坚战、实施乡村振兴战略，仅仅对贫困群众开展扶志、扶智不够，还要对基层干部进行"双扶"，帮助他们提升素质，转变思想观念，激发潜在动能。于是，我把调查结果及自己的建议，分别向县委书记和全国妇联发展部领导作了汇报，期盼上下共同努力，早日圆成基层干部们的这种愿望。

2018 年 11 月 19 日至 24 日，在全国妇联发展部和县委、县政府支持下，漳县 135 个村的所有村支书（或村主任）悉数进京，参加全国妇联举办的脱贫攻坚与乡村振兴培训班，除了听专家们的专题报告，还安排了分组讨论、实地观摩、观看天安门升旗、参观国家博物馆等环节。接受培训的村支书们一致表示：眼界拓宽了，思路清晰了，劲头铆足了，像是注射了一针兴奋剂。

2019 年 7 月 8 日至 13 日，由中华女子学院资助举办的定西市（漳县为主）乡镇领导干部高级研修班在北京冠京饭店隆重开班。本期干部研修班是为漳县乡镇干部量身定制的，也是精心设计、周密筹备的。培训课程涵盖理论教学、实地观摩、讨论交流等多个环节，教学内容包括打赢脱贫攻坚战主题报告、习近平农民合作社思想及实践、"不忘初心，牢记使命"主题教育、新时代领导干部的媒介素养、对外开放与"一带一路"建设、发展定西乡村经济的战略与策略、贫困县乡村旅游综合体建设、现代农业绿色基地建设等专题。研修期间，安排学员前往"北京最美的乡村""全国文明村镇""全国生态文化村""中国最有魅力休闲乡村"——北京市怀柔区渤海镇北沟村观摩，并组织学员到国家博物馆、毛主席纪念堂等地参观。

进京参加研修的各县干部们普遍感到，脑洞打开了，士气提升了，信心增强了。后来，我同多个参训过的乡镇干部聊起"北京之行"，询问他们是否真的受益，是否学有所用时，他们一致表示"不虚此行"。从我观察他们工作状态和实绩看，进京受训确实为不少干部增添了动力，开拓了思路，释放了潜能，积极效应十分明显。

何当山花烂漫时

从一个鲜有人知的旧山村变成而今的则果山美水美房屋美，事兴业兴产业兴。党让干啥就干啥，党让干啥就干好！我很快乐，因为这四年我和则果村的群众一起进步，共同成长；我很幸福，因为这是我最骄傲的选择。

韩　川： 现在四川电影电视学院工作。2018年2月至2021年7月，在四川省金阳县则果村任第一书记。2019年，被四川省评为"脱贫攻坚先进个人"。

那天晚上，我没吃饭，外面下着小雨，电闪雷鸣中，我在没有电又漏雨的屋子里想着我的过去和未来，在日记本上写下这样的句子："这是我人生中一个最难忘的时刻，有一天我有了儿子我会告诉他，那将是我最骄傲的选择。"

奋斗的青春最美丽

韩 川

一

2018年2月9日上午，紧促的铃声把我从熟睡中惊醒，我接到了学院党委书记的电话，告诉我说经过学院党委会的慎重考虑，决定派我代表四川电影电视学院赴凉山彝族自治州金阳县担任驻村第一书记，参加脱贫攻坚工作，时间是两年，让我考虑一下。

我的父亲很支持，母亲相对父亲的那种坚定显得有些犹豫，但最终还是持赞同态度，我也觉得作为一个党员面对这样的选择应该义不容辞地接受。记得在学校上学的日子以及后来在学校上班的日子，大到每次的党员大会，小到每次的支部大会，每一次都觉得是精神的洗礼，那时觉得在自己平凡的岗位上做好本职工作就是负责任，但是又觉得能响应国家号召去艰苦的地方工作，才算严格意义上履行了党员的责任和义务，真正做到为人民服务。秉持着这样的心态，在父母的支持与鼓励下，我把自己的个人信息发给了相关负责同志，并附上"愿意代表学院赴金阳县参加扶贫工作"。那时的我未满25岁，我知道那里条件艰苦，之前也去过很贫困的地方采风拍摄，拍摄一些纪实图片，因此，虽然确认信息发了，但是摇摆不定的心态依然充斥着我剩余十几天的假期。

2月11日，习近平总书记前往凉山彝族自治州昭觉县进行考察，看到这个消息后，我又一次坚定了去凉山扶贫的信念。

3月1日，系里组织看了《厉害了，我的国》，邀请了学院党委

进行风貌打造后的则果村集中安置点内老百姓房屋建设错落有致

书记一同观看，影片里面提到了一位驻村第一书记，那是一个女同志，看完后同事跟我说想想你以后的两年就想哭。看完电影后书记问我父母的看法，我说父母很支持，又问我是不是独生子，我说是。这时，我看出了书记眼神里的欣慰。

二

3月2日，同事送我前往凉山州金阳县。金阳县位于大凉山南麓金沙江大峡谷，交通不便、信息不畅，为首批国家级贫困县，也是四川省 45 个深度贫困县之一，两天的车程让我疲惫不堪，晚上就见了县里的领导以及乡上的领导，知道了我将担任老寨子乡则果村驻村第一书记。在县城的第一晚感觉还不错，住在县委招待所，吃的也可以，饭桌上的饭菜虽不及成都的精致，但也算丰盛，旁边的乡镇党委副书记张义打趣道："韩书记，多吃点，去了村子里就只有土豆了，下次再吃到这么丰盛的饭还不晓得是啥子时候。"当时我还不以为然，觉得有吃的就行，反正饿不死。我还问领导，今晚能不能就去我工作的地方，我想早点去适应一下，明天就直接工作了。张书记说今晚肯定不行，这到村子上要两个半小时的车程。因为并没有这样的经历和体会，所以也没多想，晚上在招待所，睡得很安稳。

第二天一大早，张书记就来招待所接我们，前往则果村的路上，看着窗外的风景，感觉有永远走不完的山路，大凉山不是一般的大，路时好时坏，车的一侧是山，另外一侧就是悬崖，悬崖的底下就是金沙江，11 点半左右，我们终于到了则果村。村里到处都是建筑垃圾和啤酒瓶，踩着泥泞的土路来到了一个小平房，房子旁边就是旱厕，厕所离吃饭的地方大概一米的距离。我把照片拍下来给爸妈发过去，他们给我打电话，因为正在和当地的同志聊工作，就草草说了几句，心中的怨气让我跟妈妈说话的语气很不好。当时人很多，有乡镇党委书记吉鲁土格同志，彝族人；有乡长孙德红同志，一个女同志，汉族；还有就是村上的村支书苦曲且同志和村委会主任陈曲者同志，另外就是我们一行人。眼前的一切让我很绝望，没有水，除了炎炎的烈日让我身上发热，其他的一切都是凉的，如果说当时有什么不值得我伤心的话那就是我窃喜昨晚幸亏没直接过来。

村长正在烧火做饭，饭做好后用和脸盆一样的塑料盆子盛了两个菜一个汤，其中一个是坨坨鸡，另外一个是炒肉丝（除了肉就是油），还有就是酸菜四季豆汤（与其说是酸菜汤不如说是清水煮菜叶）。草草地吃了两口饭，也咽不下去，同事半碗米饭就吃了几口，我知道她看到这样的环境除了心疼我之外再没别的感受。吃饭的时候我问张书记什么时候能回一趟家，张书记说一年应该可以回去一两趟，听了之后，我默默地看了一眼送我的同事，她也看看我，心里发苦，嘴角都抿了起来。

由于时间原因，送我的同事晚上还要赶回成都，我想让他们早点离开，正好村里又有督查的领导来检查"易地搬迁"的房屋建设情况。乡长在刚刚炒菜的屋子里跟我说："韩书记，你先委屈一下，村里的条件有限，你先住在这里。"20平方米左右的屋子，里面有四张床，其他的就是锅碗瓢盆和杂物，屋子里的味道很难闻，我当时都没意识到这里会是我生活和工作的地方，拿完行李后，我跟送我的同事朋友说你们快走吧。我们在住宿的房间外照了张合影，分别前同事们跟我含泪一一拥抱，抱着我说："咱回去吧，不干了川儿。"说完眼泪就流下来了，同事一哭我也就流泪了，我完全控制不了自己，但还是说："既然已经来了，咋可能回去，没事，你们快走吧，快点走，照顾好琳姐（送我的同事），家伟（送我的同事）开车一定注意安全，随时联系。"看着他们的车子渐渐远去消失在大山深处，而我只有无助，这种无助，只有小时候上学离开父母时才有。

妈妈的视频电话又打过来了，妈妈就一直哭，我也声泪俱下，心中很有怨气，但是那时的怨气抵不过心中的无助，看到妈妈哭着跟我视频，我压抑的情绪一下子就爆发出来了，哭了出来，很久没有那样哭泣过了，老妈告诉我："儿子，不行咱就回去，没事儿。"我抽泣了几声说："不行，回去就丢人了，不能丢人。"老妈说："儿子，我们不是为了面子而选择留下，要对得起自己的内心，如果你现在离开觉得问心无愧，那我们马上就走，如果觉得看到这里的百姓和环境你离开他们反而觉得心中有愧，那我们就坚持，就留下来跟大家一起完成脱贫任务。"一会儿老爸的电话又打了过来鼓励我，

则果村驻村工作队秉烛夜战，完善白天入户采集的贫困户信息

给我打气，又跟我说："你妈因为这个事跟我吵了一架，儿子，老爸相信你，看好你，不要流泪，照顾好自己，一定要注意安全。"我又想起来，老爸从小就告诉我男人要爱国要有责任感的话。我觉得，我应该留下来，应该有自己的担当和责任。

回到住的地方，我就看到了两只小猪在我的床边觅食，绝望又一次充斥了我的内心。我转身就和移民局的工作人员投入工作中去了，其实那会儿我就意识到了，化悲痛为力量其实是鼓舞人心的谎话，伤心的时候最好的办法就是让自己尽快地投入无穷的工作当中去，然后忘我地工作。

那天晚上，我没吃饭，外面下着小雨，电闪雷鸣中，我在没有电又漏雨的屋子里想着我的过去和未来，在日记本上写下这样的句子："这是我人生中一个最难忘的时刻，有一天我有了儿子我会告诉他，那将是我最骄傲的选择。"那一年，我未满 25 岁。

三

岁月不居，时节如流，在四年的驻村生活里，我有了自己的新朋友和新同事，我们一起砍柴挑水煮饭，在没电的小黑屋里挑灯夜战贫困户帮扶手册的收支台账，一起为了则果村的脱贫攻坚贡献着自己的力量，这些都将是我以后美好的回忆。

来到这里之前，我就学习了很多关于民族地区的相关政策，之后又通过强化学习，很快熟悉了从生育整治到禁毒防艾，从控辍保学到易地扶贫搬迁彝家新寨，从"七个一批"到"五个富裕农民"，从金阳县新型农民素质提升工程到金阳县驻村工作队十项工作任务，等等。金阳县有别于原工作地的扶贫政策术语，有效开展工作；来之前就听说民族地区的干部及群众有自己的独特工作方式方法，也担心自己和当地干部群众的相处会有问题，诸多疑虑让我心有不安，到了之后，面对不同层次的群众以及县乡两级的领导干部，多学习、多理解、多支持、多包容是我的态度，与其他地方到金阳的帮扶干部及群众工作融洽、生活和谐，迅速适应了当地的工作方法和工作方式等，在工作、学习、生活中也能得到方方面面的配合与支持。

这里只有理论上的周末，周末几乎都在村上开展工作，即使在县城也常常被通知去加班或自觉主动加班，驻村工作队"5+2""白＋黑"是工作的常态，每位同志都不辞辛劳强实干，特别能吃苦、特别能攻坚、特别能奉献是每个队员的作风。记得4月，为了彻底摸清贫困户的收支情况，几乎每天都在贫困户家中访谈至深夜才拖着疲惫的身体翻山越岭回到住处，因为太累，有时又没电，好像很久都没吃过晚饭了。我清楚地记得州级验收前一晚的凌晨3点还在给村"两委"及工作队队员开会，上床后整晚都在做验收后关于工作整改的梦。功夫不负有心人，在所有同志的共同努力下，则果村顺利通过了各级验收，验收组走后，我第一个想法就是痛痛快快洗个澡，那会儿的我真的想把身上的衣服全部扔掉，味儿太大了，自己都受不了了。

四

在驻村工作中，先后为则果村争取了30余万元用于贫困户易地搬迁住房建设、实施高山引水工程、饮用水储蓄工程及其他基础设施建设；带领村"两委"班子成立了则果村种养殖农民专业合作社，并设计了则果村的 LOGO，发展花椒产业及黑山羊养殖产业；利用网络直播，微信微博等线上运营及新媒体平台售卖贫困户自产青花椒及核桃，2018 年为贫困户杨比鲁、陈日且等增收约 5000 元，并个人出资捐赠则果村老木各组特困户陈日且 1000 元帮助其购买母猪，发展自家养殖。陈日且说，现在自己住的房屋人畜分离、干净明亮，又有产业增收，日子越过越有盼头，为贫困户陈曲博家捐款 500 元用于改善生活条件。据统计，截至 2018 年底，随着陈日且、杨比鲁等贫困户实现增收 5000 元，全村完成"村七有""户六有"各项脱贫指标，顺利通过逐级验收，全村养殖合作社集体经济收入远超县级现行标准。

"家有良田万顷，不如一技在身"，坚持扶贫与扶志、扶智相结合，经多方联系，在各级部门的帮助支持下，2018 年 7 月带领则果村贫困户共计 8 人次前往重庆市江津区团市委举办的农青班参加青花椒栽培技术培训班，助力则果村脱贫攻坚。另外，还利用每个月农民夜校开展村幼教师普通话培训，对则果村一年级儿童开展"四治"教育，普及普通话，定期为农户开展"移风易俗"活动。2019 年 1 月，用一个月的时间带领驻村综合帮扶工作队开展村民体检、新型农民素质培训工作，培训了厨师、电焊及建筑等多项技能，旨在提升老百姓的外出务工水平。

为了让则果村在社会上引起更大的关注度，我利用个人专长及原单位资源，为则果村拍摄脱贫攻坚纪录片，为老寨子乡拍摄乡镇宣传片，引起社会各界的高度关注。2019 年 3 月，联合帮扶单位四川电影电视学院，为金阳县设计二维动画短片非物质文化遗产《毕阿史拉则》，助推金阳县文旅产业发展。2019 年金阳县索玛花节，又利用新媒体直播等方式，为金阳县索玛花节进行全程直播，提高社会对金阳的关注度。

四年来，很多人问我："你究竟给则果带来了什么？""为党献身常汲汲，与民谋利更孜孜"，我总认为自己所做的是有限的，但通过自身把党的关怀传达给这里的人民群众，让他们明白党的关怀既有潜在的也有直接的。我就尽到了一名共产党员的义务。

何故山花烂漫时

驻村工作虽然辛苦，但看到自己的努力给村里带来了一些变化，比如加强基础设施建设群众生产生活便利了，发展致富产业群众增收了，开展美丽乡村建设乡亲们生活环境改善了，心里时常会涌起幸福感、充实感和成就感。

李朝阳： 现在安徽省民委（省宗教局）工作。2012 年 4 月至 2014 年 10 月，在安徽省淮南市谢家集区杨镇村任第一书记；2014 年 10 月至 2021 年 6 月，在安徽省石台县河口村任第一书记。2017 年，荣获全国脱贫攻坚奖"贡献奖"；被中央文明办评为敬业奉献类"中国好人"。2019 年，被评为第九届"全国人民满意的公务员"。2020 年，被评为"全国先进工作者"。

打赢脱贫攻坚战，中华民族千百年来存在的绝对贫困问题，将在我们这一代人的手里历史性地得到解决。这是我们人生之大幸。

我的人生大幸

李朝阳

2012年初，组织上安排我挂职到一个贫困村担任驻村第一书记。当时感到很突然，说实话，心里也不太情愿，因为对基层工作很陌生，心里没底，也听说基层工作是如何如何的复杂，怕是自己干不了。怀着这样忐忑不安的心情我来到了安徽省淮南市谢家集区孤堆回族乡杨镇村担任驻村第一书记。

杨镇村是一个贫困村，也是基层组织建设后进村，村"两委"班子不团结，财务混乱，在我刚到任还不到一个月村党支部书记就因为之前的经济问题案发被开除了党籍，我这个第一书记还不熟悉情况仓促间就一下子担起了全村工作，感到压力很大。在乡党委的支持下，我和村里同志们统一思想，建章立制，首先做到村"两委"的工作公开、规范，恢复群众对村"两委"的信任。我深入走访，听取群众对村里工作的意见和建议，虚心向村里的老党员、老干部请教。一头扎进村里两个多月没回合肥，工作取得了明显的进展，一是通过走访畅通了沟通渠道，消除了误解，化解了矛盾，维护了村里的稳定；二是厘清了全村的发展思路，掌握了村里贫困群众的基本情况及致贫原因，为实现精准帮扶打下了基础。两个月后回到单位办事，同事都说我晒黑了，人也瘦了整整一圈，但在我心里有了一种从未有过的充实感。

我以村里的精米厂为载体，成立了水稻种植合作社，实现抱团发展，引导村里的贫困户加入合作社。利用村里毗邻瓦埠湖的水资源优势，动员村里一位在上海务工的青年回乡创业，成立了水产养殖合作社，取得良好的效果，合作社的白鹅、野鸭远销到长三角地区。到我离任的 2014 年，杨镇村终于摘掉了戴了 11 年的"后进村"帽子。三年的时间过得很充实，很有成就感和幸福感，我对基层工作也从畏惧转变为热爱。2014 年 10 月，我又主动请战，经组织安

石台县七都镇河口村口上村民组一角

排来到安徽省池州市石台县七都镇河口村担任党总支第一书记兼驻村工作队队长。

河口村位于皖南深山区，全村有 432 户 1608 人，2014 年全村贫困发生率高达 25.87%。我到村报到的第二天上午就和村干部一起在村里走访，来到石马塘村民组路口的时候，正好有几位村民在聊天，村干部作了介绍，我和大家交流得也很愉快，临走的时候我充满感情地说："以后我还会经常来看望大家的"，这时候一名妇女突然认真地说："刚才向你反映的修路的事情如果没有眉目就不要再来了。"一时间显得有点尴尬，我感受到了群众改变自身状况的强烈愿望，大家也是苦怕了，这种强烈的愿望让我感到压力很大，身上的担子很重，但我也从中看到了激发群众内生动力实现脱贫的希望。我想我唯一的选择就是变压力为动力，和乡亲们一起打赢脱贫攻坚这场硬仗。我多方筹集资金修建村组道路，兴建桥梁、拦河坝、防汛坝，实施安全饮水工程，完成农村电网改造……三年来，共筹集1000 多万元资金进行基础设施建设，改善了全村群众的生产生活条件。后来村干部和我开玩笑说：李书记，现在路修好了，你可以放心地到石马塘村民组去走访了。

基础设施落后这个发展的"瓶颈"问题解决了，但如何通过发展产业使贫困户实现稳定脱贫更为重要。那段时间我白天调研，晚上思考。河口村山地多耕地少，像在淮南那样大面积发展种植业不现实，我带领村里的同志多方考察，决定在村里搞秸秆食用菌立体种植，成立了食用菌种植合作社。为了尽快提振贫困户的发展信心，首批我们选择了生长周期短、产量高而且技术含量相对较低的大棚平菇品种。第一季就实现了丰收，新鲜的平菇透着清香看着也非常喜人，但却由于集中上市一时出现了滞销。那段时间我和村里的同志经常凌晨两三点钟在周边城市的蔬菜批发市场跑销路，看我急得嘴上起了泡，社员反过来劝我不要着急上火。功夫不负有心人，经过努力，一条条销售渠道被打开了，还出现了供不应求的场面。社员们也是喜在眉梢，想加快出菇，就把几个大棚的帘子拉上保温，结果导致菇子缺氧，变成了死菇。我赶紧打电话咨询相关的食用菌专家。专家说要通风，不能把菇子闷死了。结果社员把帘子又全部撤了，来个大通风，导致菇子严重失水，从一个极端到了另一个极端。我连夜赶回合肥接专家来村里进行现场察看、指导。尽管过程有点曲折，但食用菌种植还是成功了，部分贫困户当年就实现了脱贫。村里的贫困户夏光和是首批社员，他家里经济困难，住的还是他父亲在 20 世纪 60 年代建的老房子，妻子是从云南嫁过来的，为了节省路费，自从嫁过来后就没有回过娘家，夏光和性格内向，见了生人都不敢讲话。加入合作社后他家里收入增加了，在 2016 年第一次带着妻子、孩子到云南去探亲，在 2017 年春节前搬入了新建的房

了解村民生产生活情况

子。现在他性格也开朗多了，由于经常作为脱贫户代表接受媒体采访，还成了当地的"名人"。看到夏光和他们身上发生的变化，我内心也充满了成就感。

在走访中我发现在村里号称养牛大户的本村农民桂来胜其实家里也就养了5头牛，但黄牛养殖的效益很好，由于生态环境好，牛喝的是富硒山泉，吃的是山上带着露珠的水草，不喂饲料，而且还有一定的运动量，所以牛肉的品质有保障，经过市场调查发现销路不成问题。我鼓励桂来胜扩大规模，成立生态黄牛养殖合作社，带动村里的贫困户一起干。没想到他顾虑重重，说现在的生活挺好的，成立合作社规模扩大了他没有这方面的管理经验，怕搞不好，也不想冒这么大的风险，而且扩大规模也没有那么多资金。我说村里可以帮你协调贷款，他爱人说你这个挂职书记天天鼓动我们家老桂贷款扩大规模，能不能成功还不知道，别到时候你走了却给我们家留下一堆债，隔壁村里以前有人贷款创业失败了，到现在债还没有还完呢。这种小富即安的心理我很理解，追求安逸的生活，也是怕有市场风险，但这样也很难做大做强。我"三顾茅庐"，多次上门做工作。我说，老桂你是共产党员，应该发挥先锋模范作用，带领乡亲们脱贫致富。如果你扩大了规模，我可以从省农科院帮你联系专家定期来技术指导，还帮你搞好卫生防疫工作，最大限度地降低风险。还可以帮你向上级申报安全饮水等小项目，但前提是你要吸纳村里的贫困户加入合作社，带领大家一起脱贫致富。后来老桂被我的诚意打动，牵头成立了生态黄牛养殖合作社，建设了标准化的牛舍，养殖规模也从5头发展到了现在的150多头，每户社员每年可增收1万元。局面打开了，全村干部群众大大提振了发展信心，紧接着又成立了多个合作社，现在已经形成了秸秆食用菌种植、富硒茶种植与加工、生态黄牛养殖等特色产业群。

在 2015 年国庆假期，因为那段时间事情比较集中，我放弃休假坚持在村里工作。由于连续阴雨天气，不慎被皖南山区的一种毒虫（隐翅虫）叮咬，皮肤大面积溃烂，医生建议我请假治疗，但我想想手头的工作：食用菌合作社正在申报蘑菇的注册商标，茶叶合作社正在厂房选址，某慈善基金会要来村里考察，等等，于是我决定一边在村工作一边治疗。大概一个月的时间，我基本康复了，同时，这些工作也都顺利完成了！

在脱贫攻坚的一线战场工作很充实，时间也过得飞快，转眼间我的第二个驻村工作任期也快要结束了，但我发现我已经离不开乡亲们了。从当初怀着忐忑不安的心情来到基层工作到现在已经离不开农村这片热土，回想起这 6 年的心路历程，我自己也感到这种变化不可思议。

2017 年，驻村任期快要结束时，乡亲们自发向组织寄送了一份请愿书，按上了 289 个鲜红的手印，挽留我再干 3 年。最让我意外和感动的是，之前那位给我"泼凉水"的村民大姐，居然是第一个在请愿书上按手印的人。我明白了，老百姓心里有杆秤，只有用真心才能换得真情，唯有干实事才能赢得信任和支持。一方面我不忍拒绝乡亲们的挽留，另一方面我觉得许多事情还没有做完，经过慎重考虑，我如实向组织上表达了继续留任的想法并得到组织上的支持。

在接下来的任期内，我思考最多的是，我们山多地少、交通闭塞的河口村，怎样才能巩固产业扶贫的工作成果，建立长效机制，实现贫困户稳定脱贫？思路决定出路。我们组织全村干部群众代表进行大调研，展开大讨论。我们从本村的资源禀赋出发，实事求是地分析发展的优劣势，制定了《河口村开展扶贫扶志行动实施方案》《河口村参与长三角一体化发展规划》等立足长远发展的文件，进一步厘清发展思路。

根据规划，我们聘请上海某知名餐饮连锁企业董事长担任本村"名誉村长"，打开了本村的食用菌等生态农产品在江浙沪地区的销路，并通过规范化管理打造品牌，实现本村农业生产的提质增效；我们动员在浙江务工十几年的本村人员回乡创业，建设村扶贫车间，与其原来工作的服饰公司达成童装代加工的长期合作协议，解决了本村劳动力就近就业问题，有效增加了群众工资性收入；我们吸引了江苏客商投资 2000 万元，在村里建立了农产品公司，实现了农产品的标准化认证和市场化经营，让村里的富硒茶、富硒米、蜂蜜等生态农产品有了稳定销路，还卖出了几乎翻倍的价格，实现了农业的提质增效。

我有一个感悟，作为挂职干部，不要抱怨自身的条件有限。只要肯解放思想、开动脑筋，办法总比困难多。只要做个工作生活中的有心人，处处都有机会。比如说，在我们村投资 2000 万元建农产品公司的老总，是我村村民的一个远房亲戚。我到村民家走访时，遇到了来探亲的他。得知他从年轻时就开始从事船舶维修工作，后来艰苦创业成立了颇具规模的船舶维修公司，但由于年轻时的工作环境（经常在水面上工作，还有粉尘污染），留下了皮肤病，还经常咳嗽，但一到我们村休假几天这些症状很快就消失了。我萌发了动员他在村里常住并投资成立农产品公司的想法，经过多次诚恳沟通，最终促成了这个合作。

基层的工作虽然辛苦，但时常会涌起幸福感和成就感。比如说，有时走访完农户，深夜归途，走在乡间的小路上，抬头能看到浩瀚星空，还能听到田间蛙声一片，不禁感叹生活如此之美。有时候，在村里的扶贫车间走访，看到妈妈们在机器旁忙碌，孩子们在妈妈身边玩耍，我也会在心中小小地骄傲一下。因为通过我们的努力，村里许多女同志不用外出打工也能挣钱养家，孩子们也有了一个被妈妈陪伴的童年。

何须花烂漫时

两年驻村事，一生扶贫情。行唐是我的『第二故乡』，更是我人生永远的牵挂。虽然回京两年多了，但与乡亲们并肩战斗的一幕幕仍历历在目，而且随着岁月的流逝，愈加清晰。唯愿东井底村和全国所有的脱贫村一样，在乡村振兴的道路上越来越好。

李双伍： 现在中央对外联络部工作。2017 年 7 月至 2019 年 8 月，在河北省行唐县东井底村任第一书记。2018 年和 2019 年，连续被评为"河北省优秀驻村第一书记"；2019 年，个人荣获"河北省脱贫攻坚贡献奖"，所在村被评为"全国民主法治示范村"；2020 年，被评为"中央和国家机关脱贫攻坚先进个人"。

离别时，我看到了年初带领村民在大街小巷播下的成千上万颗格桑花种子已经绽放出五颜六色的花朵。我也深深感到，村民内心播下的脱贫致富的种子正在开花结果。

格桑花盛开的时候

李双伍

万事开头难。驻村的头两个月是我体验最艰难的时刻。习近平总书记在梁家河村时，曾过了跳蚤关、饮食关、生活关、劳动关和思想关等"五关"。我刚到村里，或多或少也经历了好几关。一是苍蝇关。北方农村，灰尘大，而且村里家家都养点猪牛羊鸡等家禽家畜，村里又缺水，茅厕、家禽家畜与住宿连在一起，导致全村苍蝇满天飞。二是饮食关。我一直在安徽南方长大，一直吃米饭，从来不吃面食，到了村里，一天三顿都是面食。三是生活关。在农村工作生活，冬天没有暖气，厕所都是旱厕，一连几天洗不了澡，办公生活都是一间屋，百姓每天几十人来我这里反映问题，都直接坐在床上。四是语言关。村里百姓尤其是老人，说的都是方言，我根本听不懂。更别说思想上理念上的沟通交流了。

与生活上的困难和挑战相比，工作上的挑战才是真正的挑战。

如何在短短的几个月时间尽快转变角色、尽快熟悉环境、尽快投入工作、尽快开展帮扶项目，这是最大的挑战。

好在我抵达前，村里已经有了一个工作队，做了大量的前期工作，这为我尽快熟悉环境和投入工作提供了极大便利。在工作队的支持下，刚入村的两个月里每天走村入户，调查研究，很快了解了东井底村贫困的症结所在，并迅速拿出了有针对性的解决方案，制定了东井底村长远发展规划。

东井底村距离县城 15 公里，位置不差。整个村是半丘陵地带，地形也不差，三分之二是耕地。导致贫困的根本是缺水。东井底村的名字来由就是因为一到干旱时刻，全村唯一的一口井就见底了，故名井底村。缺水严重制约着东井底村的发展。因为缺水，全村只

村里亲手种植的格桑花已经盛开

能种植苞米和小麦，其他经济作物都种植不了。许多投资商过来看了看，也都因为缺水而搁浅。

找水是脱贫的首要任务。之前，村干部也为找水到处奔波，但都没有回应。经过两个月的调研后，我就带着工作队和村干部，四处奔波寻找解决缺水的方案。

事情并不顺利，刚开始经常吃闭门羹。几次下来，我心里也有些发怵了。在与从中央单位到扶贫村担任第一书记的战友们交流过程中，大家感触最深的就是，如何摆正位置和身份，真正融入农村，把自己真正当作一名村干部。说干就干，遇到困难还要接着干。我带着村干部继续跑项目、要资金、做汇报。慢慢地，我在县里赢得了更多的认可，大家为我真心为百姓办事而感动。他们开始觉得我穿着打扮、言谈举止越来越像是一名地道的村干部了。有一次，县委组织部副部长到村里视察工作，我正和村干部和村民们议事，他竟然找了半天，没有认出我来。

功夫不负有心人，诚心总会打动很多人。在艰苦的努力下，勘探队来村里一连打了七口井，可是因为村里地质缺水，打出的几乎都是枯井。最后，一听说到东井底村打井，谁都不愿意来了。村民也开始对此失望了。但我们不甘心，请省水利勘探院的专家勘探打井，终于打出了第一眼 200 多米深的水量充足的井。此后，陆续打了五口深井，基本满足了农作物灌溉需要，还因此吸引了返乡创业人员在村东投资开发了 600 多亩的果园。此后，我们还从地面水做文章，跑遍了县里有关局办，争取了总投资近 2000 万元的 4.9 公里的灌溉渠项目，从县里最大的口头水库疏通挖掘一条到东井底村的引水渠，经过两年的施工最终建成引水，彻底改变了村里缺水的瓶颈问题。

人们常说，要想富，先修路。对于东井底村来说，要想富，先引水。水的问题解决后，江苏的、河北的、北京的投资开发商纷至沓来。很快就形成了村东果园，村北光伏扶贫园，村南农业产业园，村西康养产业园的一二三产业融合发展、总投资 2.8 亿元的产业扶贫致富格局。

水源问题是脱贫的第一步，是有形的问题。比解决水源问题更需要时间的是理念落后，人心的问题。

村"两委"一共 8 名干部，严重老化，两位已 72 岁，最年轻的也 50 多岁了。村支书老赵是个地道的农民，很少走出村里，没有见过外面的世界。"平时主要负责给村民传达一下新政策，完成乡里派下来的任务，再就是办办村民的杂事。"老赵自己也坦承道。

但是村"两委"是带动村子发展最重要的基层组织，村干部没有招商引资的想法，没有为村民谋福利的理念，怎么脱贫？

村干部的工作开展不力，村民更没有积极性。东井底村 2400 多人，共 26 位村民代表，92 名党员，其中常驻村中不到 40 名，多数是老弱病残甚至是卧床不起的老党员。即使这样，头两次我组织召开党员代表大会、村民代表大会，来的人寥寥无几。有次碰到一位从未见过的村民代表，问他为啥不来参加代表大会，对方回答："我们开会没什么用，去了又不让我们说话，去干啥？说了话，又不采纳。"

调动村民的积极性势在必行。我就建了一个"东井底村发展建议微信群"，专门听村民"发牢骚"。一开始，村干部很有意见，认为这等于把村里的丑事都暴露出来了，专门找村干部挑事的。我就顶住压力，继续办下去，还在工作组前设立了意见箱，每天与村干部合署办公，随时听取老百姓"上访"诉苦。有时考虑到村民怕村干部，我就利用晚上时间接待村民，或者自己一个人到村民家里尤其是党员家里私访，听取意见。在充分听取意见后，我还向村民承诺："过来开会就会有收获。你们先发言，我们再答疑，不搞一言堂。"经过一段时间的推心置腹谈话交流，村民们知道我们是认真的，是办事的。慢慢地，召开党员大会和村民代表会时的出席人数越来越多。我利用这样的机会，跟大家讲解中央政策，介绍村里的发展计划，回答村民的疑问和意见。村民感到开会的内容对他们来说很实际，提出的意见也能及时解决，就愿意来了。只有把村民的内生动力充分调动起来，村子未来的发展才有真正的动力，才会减少征地、流转土地、拆迁等各方面的阻力，才能形成大家一起主动要求脱贫致富的合力。

小康不小康，关键看老乡；脱贫不脱贫，关键靠支部。村民理念的变化首先要看村"两委"干部的理念变化。要使村"两委"干部的思想理念有所变化，无非两种办法，一种是换"脑袋"，就是换干部；另一种是换"思想"，就是改变干部的思想。农村原本 3 年一次换届选举，应该是 2017 年底举行村换届选举。但考虑到这次换届是在扶贫工作队帮扶监督下的换届，是在脱贫攻坚最后时刻的换届，故而全县乃至全省都高度重视，进行了长时间的周密准备。我也抓住这个机会，多次与县委组织部及乡党委沟通商量，希望把这次换届选举做好，选出想干事、能干事、会干事的年富力强的村"两委"干部。为此，经多次争取，推荐了村里一名返乡创业的退伍军人和一名致富带头人参加全省农村干部培训班，作为重点培养对象。俩人都 40 岁不到，年富力强。我还在村里通过逐步恢复党员代表大会、村民议事会等制度，逐步培养村民积极参与全村大事议事的意识，为换届选举创造氛围和条件。一切条件成熟后，2018 年 7 月，举行了全村"两委"干部和村民代表换届选举，这是一次真正意义上的全村大选举。村民参与热情之高、竞争之激烈都出乎想象。

这次村民选举热情高涨，从村民代表选举开始就高度激烈，村民代表成为村民竞相争夺的对象。最后村民代表人数比往届高出一倍。投票率也是出奇的高，达到了70%，远在北京、广西、河南等外地的亲戚朋友都回家来，积极投入选举工作。最后选举结果基本实现了平稳过渡，老支书继续留任，村主任由不到40岁的返乡军转干部当选，主任助理由村里致富带头人担任，实现了新老搭配、有序更替，为村"两委"干部注入了新鲜血液和新的理念与思想。

除了换"脑袋"，还需要换"思想"。转变村干部的理念更多要靠潜移默化、耳濡目染。县里组织优秀村支书去山东、江苏等地考察农村基本建设和农业发展致富的经验做法，老支书连连感叹："触动太大了！不看不知道，一看真没想到。"

我带着驻村工作组给村里拉项目、跑投资，村"两委"干部跟着学。原来他们不懂为投资商服务，经过一段时间的影响带动，老支书的观点变了："村干部以前的理念是什么？你在我们村投资、占用土地，先给村里交钱。现在不一样了。有一个投资商愿意投资三四百万元，在我们村里搞大棚种植，村支书说，只要他愿意投资，免费服务协调土地流转给他。这样投资商示范大棚种植，就能让老百姓看到好处，都跟着种，村里就能致富。""鸡"不再是用来"取卵"的，而是要把它养大，用来"下蛋"，这是多么大的转变啊！此后，"两委"干部也尝试着自己去跑项目，还促成了总投资108万元的危桥改造，他们也感到很自豪。此后，蔬菜大棚、养老院、果树产业园等都开始逐步由村"两委"干部跟着跑变成单独跑，一个个项目开始陆续落地。这个时候，我逐渐有了一种感受：我在与不在，他们都将继续为脱贫致富而努力拼搏。因为他们内心已经种下了一种克服任何困难的强大内心，一种努力摆脱贫困的信心，一种追求美好生活的决心。

2019年8月20日，我悄悄地开着当初从北京开来现在早已遍体鳞伤的自家车，载上我的全部家当，离开了我的第二故乡——东井底村。

离别时，我看到了年初带领村民在大街小巷播下的成千上万颗格桑花种子已经绽放出五颜六色的花朵。我也深深感到，村民内心播下的脱贫致富的种子正在开花结果。

何须山花烂漫时

我希望／梦里闪回你的样子／还似从前／那般天高云淡／那般软雨连绵／那般葱郁苍翠／熟悉得仿佛从未离开／我更希望／眼中注视你的样子／变得陌生／陌生的繁花似锦／陌生的车水马龙／陌生的岁月静好／陌生得恍如初见。你好，平昌！

刘建东： 现在司法部工作。2018年12月至2021年9月，在四川省平昌县挂职任副县长。2020年，被评为"中央和国家机关脱贫攻坚优秀个人"。

> 去岁今辰，一骑尘，千里巴山蜀水。青山叠翠，冬风瑟，老树不见归鸦。皓月当空，天涯咫尺，手可摘星辰。江山如画，纵谁泼墨挥毫？对镜华发忽生，顾自影相随，已近不惑。相逢何幸，应笑我，仍是少年儿郎。再望天涯，惊澜平地起，终入梦来。功不唐捐，他朝把酒言欢！

青山送迎有归人

刘建东

20 年前，我在北京的昌平区读书；20 年后，我来到四川的平昌县挂职，冥冥之中自有缘分。

平昌县地处川东北，是国家扶贫开发工作重点县、秦巴山区连片特困地区县、川陕苏区革命老区县。2014 年全县精准识别建档立卡贫困人口 12.97 万人，贫困发生率 16%。过去平昌县区位条件较差，交通通达率低，产业基础薄弱，经济发展远低于全省平均水平，人均 GDP 全省倒数，脱贫攻坚压力巨大。

北京空气干燥，而平昌多雨，空气湿润，感觉被子盖在身上总是湿漉漉的，我说不光"蜀犬吠日"，我都"蜀人盼日"；平昌好客热情，地方饮食偏麻辣，喜好火锅，时常让我感到胃在燃烧；平昌空气好，天空总是湛蓝，尤其是秋天的雨，让我想起"空山新雨后，天气晚来秋"。

刚到平昌时，有很多不太适应，地方语言、习俗、饮食、气候等时常困扰着我，下乡走访，有时不知道乡亲们在说什么，只能看表情，观手势，问随行人员。来了就是平昌人，就要珍惜平昌缘，干好平昌事。我用了一个多月的时间，跟乡亲们聊家常、转田坎、看产业、听民声，了解基层和群众反映的热点、难点、痛点问题，查根源、找短板、寻对策。通过走访调研发现，虽然我们缺资金缺项目，但最缺的也是最根本的还是观念的转变。有的贫困户安于现状，满足于政府兜底保障，没有脱贫致富的意愿；有的贫困户想致富却难以找到合适的路径；有的企业特别是家族企业小富即安，守

平昌人文标志白衣古镇

着家业不愿扩大；有的企业习惯于各方帮扶，总想一口吃饱、一单赚足，不愿真正面对市场，等等，这些都是缺乏脱贫"志"和"智"的表现，也是穷根。只有转变落后观念才能拔掉穷根。

以展销活动为例，过去，各类扶贫产品展销会不少，但很多都是政府部门完成规定动作、企业完成政治任务，花了钱却收效不明显，两头积极性都有欠缺。对此，我们提出"两个转变"，政府部门自身转变工作方式，分析研究不同时间地点、面向不同对象的展销活动，精准协调对接有关资源，为企业提供帮助；企业自身转变观念，从"要我去"变成"我要去"，把每次展销变成拓展市场、建立渠道的机会。

前不久，根据市里统一安排，我们组织平昌农特产品生产企业到重庆参展。开始，大家态度不大积极，有的说希望政府报销食宿和交通费用才参展，有的只准备了一些样品都不打算备货。我知道，这就是老观念影响的结果，因为过去企业参展就是这么做的，可能通过参展尝到的甜头也不大，所以必须想办法改变。

我们提前召开了座谈会，把企业和政府有关部门召集到一起，听企业的真实想法，找政府的应对办法。展销展销，"展"是形式是手段，"销"是目标是结果。要做好"展"，就要搭好台、布好场，实物展示、图文介绍、现场品尝、直播推广同步发力；要做好"销"，除了现场的直接销售，更重要的是找到目标人群、目标市场，建立销售渠道。平昌的农特产品最可能被谁接受和认可？首先是在外的平昌人，他们对家乡有感情有记忆有情怀，其次是与平昌生活习惯饮食口味接近的川东北老乡。

基于这样的共识，我们联系了平昌重庆商会和老知青联谊会，发动了大量在渝的平昌籍成功人士参展，了解家乡产品、增进家乡情谊，取得了良好效果。展销期间现场销售十分火爆，15家参展企业有一多半中途就卖断货，连夜又组织货源发到重庆，有一家企业连补两次货还是没能坚持到展会结束就售卖一空。很多企业通过展销洽谈了潜在客户，拿到了春节前后的订单十多个。更令人欣喜的是商会企业家很快回到平昌与本地企业研究长期合作途径，初步达成在重庆建立平昌特产大仓和平昌特产进商超的意向，平昌产品走出去的渠道更宽了。

类似的变化也发生在企业面对互联网的态度上。

平昌的农特产品生产企业主要是做茶叶、花椒、腊肉、豆瓣、风味小吃等，本身产销量不算大，过去主要是依托线下渠道基本能实现销售，但是企业往往保持在一个低量级水平上几年没有明显发展壮大。如何让企业认识互联网的力量、学会"线上"这一手成为摆在我们面前的一个课题。

消费扶贫是帮助贫困人口脱贫增收的重要方式，过去，我们主要通过系统大单购买来做消费扶贫，但这种线下采购受人为因素影响较大，不确定性因素较多，很难真正建立起贫困户与消费者之间的常态联系。特别是突如其来的新冠肺炎疫情，对传统的线下消费模式带来巨大冲击，也倒逼我们去想新的办法。

经过反复研究决定，合力在"天猫"开设"平昌原产地商品"卖场型官方旗舰店，实现县域农特产品上线销售。我知道，阿里巴巴集团非常重视扶贫工作，成立了专门的脱贫基金，兴农扶贫是阿里核心战略之一，于是依托"娘家"司法部主动与阿里巴巴集团取得联系，把我们的想法和需求提了出来。阿里的一位负责同志跟我讲，"开淘宝店容易，开天猫店难，开天猫旗舰店更难，一个县开成卖场型天猫旗舰店更是难上加难"。但是为了扶贫事业，他们还是愿意全力支持。我们的旗舰店得到了阿里巴巴集团的格外关心，全程开通绿色通道，给予部分费用减免，碰到经验不足的技术环节他们更是手把手地教。通过不懈努力，平昌原产地商品官方旗舰店很快在天猫正式上线，在我的热情邀请下，阿里的相关负责人专门赶到平昌为平昌打 call 并做电商讲座。

搭建良好的电商平台非一日之功。旗舰店建立起来了，只是有了门面，要产生效应，还得有企业入驻。正如以前碰到的问题一样，一开始很多企业都有困惑，大家习惯于传统的销售模式，面对下滑的经济形势显得很谨慎，不敢大胆尝试，不主动不积极，对电商的认识也不到位，觉得没什么用。有的企业觉得现在的状况已经行了，不需要冒险走这种平台，说到底还是不愿真正面对市场。

针对这种情况，我们反复沟通和引导，跟他们普及什么是线上销售，讲各种自媒体网络直播带货背后的故事，讲通过线上销售出现过的种种奇迹，同时组织县长直播带货活动为平昌青花椒等产品代言，一些货品销售效果良好，"双十一"期间，一款腊肉日销售就达到 8000 单，一款火锅底料也销售几千单，这些"爆款"的成功推出让企业尝到了甜头。许多企业从刚开始的观望徘徊变成理解接受，后来一个一个企业主动要求提交审核上线，队伍逐渐庞大起来。截至 2020 年 11 月底，店铺汇聚县域 20 余个特色品牌，近 80 个单品，涵盖了平昌青花椒、茶叶饮品、跑山猪腊肉制品、农家土鸡蛋、休闲食品、特色调味酱、知名酒品和特色果蔬等，一个线上平昌超市真正建了起来。

底子打好了，新的问题又摆在了我们面前。上线的个别企业并没有经过专业的培训，店铺本身的管理运营也缺乏经验，一些消费者陆续反映出来产品质量、包装破损、发错地址、未按时发货、售后服务不到位等一系列问题，这引起我们高度重视。这些问题必须在初期全部解决，否则店铺将难以长久规范运营。我们召集有关部门、企业一起开会专题研究扶贫产品标准化措施，确定了解决问题的机制。

在选品上把住商品入口关。要求所有准备上线的商品证照齐全，经过严格审核，主管部门做好检验检疫工作，商品经过更严格的质检，守住商品的质量关。同时，要求只有真正能起到扶贫作用的商品才能上线销售，确保电商平台帮助销售的每一件产品都体现贫困人口和广大群众付出的辛劳。

在价格上须保证商品价格合理。在不影响企业正常销售渠道的基础上，通过开发扶贫专款产品等措施，帮助企业合理确定上线销售的商品价格，尽可能确保上线商品具有市场竞争力。

在服务上做到全流程服务管控。从消费者下单、店铺接单、分流备货、物流配送到售后服务，各个环节责任主体明确、相互衔接有效、服务内容统一规范，面对问题不回避，进而制定统一的售后赔付标准，确保高效优质地把商品送到消费者手中。

我还利用周末时间专门到店铺当"店小二"，直接与消费者进行沟通，听取消费者的意见建议。目前来看，

直播带货平昌青花椒

357

店铺运营已经步入正轨，消费者评价指数也在持续提高。官方旗舰店的平昌电商"扛把子"、消费扶贫新阵地、小微企业孵化器的作用正在日益显现。

转眼之间，扶贫已满两年。记得在挂职扶贫一周年的时候，我在平昌写下了一首《念奴娇·平昌咏怀》："去岁今辰，一骑尘，千里巴山蜀水。青山叠翠，冬风瑟，老树不见归鸦。皓月当空，天涯咫尺，手可摘星辰。江山如画，纵谁泼墨挥毫？对镜华发忽生，顾自影相随，已近不惑。相逢何幸，应笑我，仍是少年儿郎。再望天涯，惊澜平地起，终入梦来。功不唐捐，他朝把酒言欢！"前不久，在获悉全国 832 个贫困县全部脱贫摘帽时，我又写下了这首《鹊桥仙·贺脱贫》："金桂香晚，冬岚日高，窗外寒蛩声骚。青山遮断归时路，更那堪、巴山冷雨。严台独钓，沈郎瘦腰，功名尘土蓬蒿。醉卧他乡君莫笑，谁道是、生无再少！"

何当岷花烂漫时

5年的扶贫时光，与南江干部群众同甘共苦、摸爬滚打，结下了深情厚谊。70万淳朴勤劳的老区人民、光雾山的红叶、蜿蜒的南江河……南江成了我人生中最难忘的记忆，我必将永远关注南江。每天期待南江的好消息，愿南江明天越来越美好！

娄可伟： 现在中国工商银行工作。2016年4月至2021年5月，在四川省南江县挂职任县委副书记。2020年，先后被评为"四川省脱贫攻坚奖先进个人""全国脱贫攻坚奖创新奖"；2021年9月，因脱贫攻坚工作被推荐为"冬残奥会火炬手"。

> 临走时，我掏出身上的钱想送给老人，让他到医院去看一下，拿点药，但善良坚强的老人坚决拒绝。他说害病好几年了，暂时也没大碍，不想麻烦别人。

难忘南江

娄可伟

到南江的第二天一大早，电话响了，通知我8点30分参加全县易地扶贫搬迁工作会议。从会场气氛中，我第一次感受到了基层脱贫攻坚一线的工作氛围和压力。四川省的提法是脱贫攻坚工作"唯此为大"，要求昼夜兼程，连续作战，倒排工期，正排工序，确保如期全面完成任务。南江县脱贫攻坚一些工作走在了省市前列，对党员干部提出了"掉皮掉肉不掉队，流血流汗不流泪"的要求。会上，我也被安排了一些具体任务；会后，工作人员又给我送来一大摞中央和省、市、县关于脱贫攻坚的文件资料。当天下午，我又参加了县里另外两个会议。第一个工作日就这样在紧张忙碌中度过了。

从北京出发前，总行领导叮嘱我要多深入基层解决群众实际困难和问题。我决定先到偏远乡镇去了解一下情况。第一次下乡调研，我去了偏远高寒村——红岩乡双寨村，这是一个非贫困村。从县城到村里用了3个多小时，沿路到处都是泥水、深深的车辙以及山上滚下来的落石，有一次车抛锚人都下不了车，车门边上就是陡峭的悬崖。沿途看到很多老乡的住房是比较破旧的土坯房和木板房。

进村入户到了老乡家，印象最深刻的是李含勤老人家，五十几年前建造的传统川东北民居已经破败，木板房墙体漏风比较厉害。74岁的李含勤老人生病在家，面容憔悴，儿媳妇因为要照看他，没有外出打工，满脸愁容。老人说自己以前身体很硬朗，可以养十几只黄羊，几年前生病花光了家里的积蓄，羊也都卖了，还欠了一些债，现在想再养些黄羊挣钱还债，可没钱买种羊，想贷款来买羊。看着老人期待的眼神，我心情很沉重，对老人说，尽快了解情况，第一时间给他回复。临走时，我掏出身上的钱想送给老人，让他到医院去看一下，拿点药，但善良坚强的老人坚决拒绝。他说害病好几年了，暂时也没大碍，不想麻烦别人。

回到县里后，我把调研的情况向县委主要领导和班子做了汇报，

南江黄羊

县里非常重视，决定花更大力气，将非贫困村和贫困村、非贫困户和贫困户脱贫攻坚工作同步推进。对李含勤老人的请求，我询问了县里有关部门和银行业金融机构，但遗憾的是，还没有合适的贷款品种。三个月过后，老人因病去世，这让我心中充满深深的歉疚。带着这份歉疚，我对产业扶贫和金融扶贫格外关注。

南江黄羊是南江县特有的山羊品种，肉质细嫩、无膻味、口感好、营养价值高，享有"中国第一山羊"的美誉，是国家地理标志产品，养殖效益高。我了解到，过去也曾经发过家禽家畜给贫困户来帮助脱贫，但屡屡出现私自出售甚至宰杀等问题，扶贫效益不理想。如何破解这个难题，我和县农业局干部等人研究，提出了优化完善"借羊还羊"模式的思路：用中国工商银行捐赠帮扶资金购买优质能繁母羊，借给有养殖能力和养殖意愿的贫困户，由出售能繁母羊的龙头企业负责技术指导，产出的小羊归贫困户所有，两到三年后贫困户给村集体还等质等量的黄羊，其他贫困户再借去饲养，持续滚动发展。针对弱劳动力和养殖条件受限贫困户，将羊只托管给专业大户产业化代养，贫困户通过种植牧草、投工投劳等方式获得收入并参与分红。为消除贫困户后顾之忧，降低产业风险，我协调开发了两个黄羊险种。

这种模式被总结为"工行＋政府部门＋龙头企业＋村级集体经济组织＋保险＋贫困户"六方联动的产业扶贫，陆续帮助全县4000多贫困户稳定脱贫。2019年5月，我们总结提交的《由"发羊"到"借羊"，激发贫困户内生动力——四川省南江县黄羊养殖产业扶贫案例》被联合国粮农组织等机构评为"全球减贫最佳案例"。

作为金融机构扶贫干部，我把通过金融专长帮助贫困群众脱贫作为自己的重点工作。在充满激情地帮助几户贫困户落实扶贫小额信贷后，我发现有的户并没有按照约定用途发展扶贫造血产业，而是用贷款还了账或是置办了家产，更有甚者用贷款买了吃的喝的，这样一来，还款来源就成了问题。这让我意识到对于贫困户的金融帮扶要更加重视金融风险。

反复考虑后，我把解决问题的思路放到了驻村工作队成员身上，他们了解贫困户家庭情况，可以借助他们的力量来推动扶贫小额信贷工作。随后我就从桅杆村开始试点，让村里推荐一户信誉好的贫困户来贷款。

贫困户何登荣外出打过工，帮别人养过猪，在养猪方面有经验。不过让人意想不到的是，在村里推荐他为小额信贷户时，他竟然委婉拒绝了贷款，说他家里没有发展产业的计划，担心贷了款后没有用，用了也没办法还。

很好的扶贫贷款项目，竟然落实不下去。这种情况在全县其他地方也很普遍，很多贫困户不愿意贷款。而另一边，由于之前有的已经贷款的贫困户不按约定用途使用，导致形成风险，有的银行已经不敢轻易发放贷款了。

此时各种矛盾交织在一起。经过深入调研，我和桅杆村驻村工作队一起研究商量，由驻村工作队手把手帮着贫困户规划产业，帮助使用扶贫小额信贷资金，共同解决贫困户产业发展中遇到的具体困难和问题，并帮助联系产品销路，全过程帮助贫困户使用扶贫小额信贷资金发展产业，这样资金和产业应该有保障。

我们再次动员何登荣，说明了我们的思路，最终他同意了我们的试点方案，贷款 5 万元，建设了猪圈，买了猪崽。为保证小额信贷资金效益，推动金融扶贫产业健康发展，驻村工作队联系农业技术人员经常上门服务，年底帮忙找销路。可喜的是，何登荣的养猪场当年就出了效益，扣除成本，还清 5 万元贷款后还有 2 万多元的盈余。试点很成功，这一办法很快在全县得到推广。

后来大家把这个方法叫"金融扶贫驻村工作队工作法"。这一方法让扶贫小额信贷资金有了效益，产业也发展起来了，贫困户对此非常欢迎。为了让借款贫困户有还款意识，我们又组织对贷款贫困户开展征信和感恩教育，保障扶贫小额信贷业务良性开展。全县先后发放扶贫小额信贷超过 4.65 亿元，"金融扶贫驻村工作队工作法"在助力当地脱贫过程中发挥了积极作用。

通过持续精准帮扶，南江县优质农产品如核桃、翡翠米、金银花、富硒茶等的产量越来越高，产品销路成了摆在面前的关键问题。南江黄羊和长赤翡翠米被评为中国地理标志产品前 100 强，县里很多农产品都获得了"三品一标"认证。

通过"借羊还羊"模式向贫困群众发放南江黄羊现场

多年来，工商银行始终把教育扶贫作为阻断贫困代际传递的重要途径。在下乡调研中，经常看到有的贫困家庭哪怕砸锅卖铁也要供孩子读书的现象，让人非常感动。我也遇到很多优秀教师，他们有的坚守在村小，十几年甚至几十年如一日勤勤恳恳地教书育人；有的以校为家，帮助外出务工家长照顾留守儿童。在他们的身上，我真切地感受到了教育的崇高、教师的伟大。

为了确保"基础教育有保障"，稳定乡村教师队伍，我与县教育部门的同志们结合实际认真研究落实中国工商银行的"烛光计划"教育帮扶项目，精心组织县里的山村教师到成都参加提升培训，评选表彰"优秀乡村教师"，鼓励他们扎根山区、教书育人；通过教育和民政部门精准识别贫困学生，特别是贫困孤儿、困境儿童和事实无人抚养儿童，帮助他们完成学业、改变命运。这些扶贫项目进一步坚定了乡村教师扎根山村的理想，点燃了乡村学生通过教育改变命运的希望。

有一个学生让我印象特别深刻。2016年8月，县教育部门推荐了一批品学兼优的考入大学的高中毕业生，计划作为工行"启航工程"项目资助对象，我选择了部分学生做家访调查。赶场镇白梁村的王延方同学考入了四川农业大学，她家庭贫困，正在为学费而发愁。她父亲是个老实巴交的农民，一个人承担着养家的重任，平时靠种田养猪、就近务工供养女儿读书。听说工行"启航工程"项目能够对王延方进行帮助，父女俩高兴地拿出大学录取通知书给我看，对未来充满信心。在工行的帮助下她顺利进入了大学。天有不测风云，2018年底，她的父亲做完零工回家途中遭遇车祸不幸遇难。困难并没有打倒这个坚强的孩子，在工行捐赠资金的帮助和自己的努力下，她2020年顺利毕业，并找到了理想的工作，实现了命运的转变。

我的扶贫工作得到了工行系统各境内外分支机构，以及很多朋友、同学、同事的支持和帮助。2017年9月，通过大学同学的引荐，四川省出版物发行行业协会带着十余家图书出版发行企业来到南江，到桅杆村小学等地实地调研后，组织40余家协会会员单位捐款捐物，总计为南江县捐赠了价值120余万元的图书等物品。

为了充分调动群众自主脱贫的内生动力，每到一处，我都向群众宣讲，希望大家自强自立、奋发图强，依靠党和政府的好政策和自己勤劳的双手尽快脱贫，还组织在全县开展"南江县脱贫攻坚自强创富先进事迹巡回报告会"，推广"乡村道德银行"机制，用身边人身边事对广大群众进行教育、激发内生动力。也通过工商银行帮扶项目改善广播电视传播条件，促进扶贫扶志工作。我过去工作过的中央电视台的同事们也伸出援手，在中央电视台综合、新闻、科教等多频道，《新闻联播》《地理中国》《绿水青山看中国》等很多栏目广泛宣传推介南江。特别是央视《中国诗词大会（第三季）》专门在南江开设了扶贫专场，通过层层选拔，南江县3名优秀选手进入央视舞台，在节目中通过精彩表现展示了南江人良好的精神风貌和文化底蕴，提升了南江群众的文化自信。

回望来时路，有群众和组织的认可，一路虽艰辛但踏实幸福。我先后获得全国脱贫攻坚奖创新奖、四川省脱贫攻坚奖先进个人、中国工商银行脱贫攻坚杰出个人、全国扶贫扶志典型人物等奖项和称号。功成不必在我，我将继续努力，为实现乡村振兴和满足人民群众对美好生活的向往继续不懈努力。

南江扶贫，将成为我一生中最难忘的记忆。

何当岷花烂漫时

未再见时盼再见，再见时才发觉内心的留念与不舍。我们无忘金沙江畔一起数过的恒河沙数，还有陪伴我们一起攻坚克难、志同道合的朋友们。唯经历可贵，唯不弃难得。曾经的积累已经内化于精神，我们放眼未来，还将在更加广阔的舞台上贡献青春力量。

汪　峰：现在成都市高新区合作街道办事处工作。2018年10月至2021年5月，在四川省德格县挂职任县委常委、副县长，成都高新区（简阳市）援藏工作队领队。2018年，被评为四川省内对口帮扶藏区彝区贫困县先进个人；2019年，所在工作队被授予第22届"四川青年五四奖章集体"；2021年，被评为"四川省脱贫攻坚先进个人"。

> 我建议每一位队员丢掉"帽子"，心态归零、眼光向内，积极向德格县当地身边干部群众取经，结合自身资源优势和基层实际，因地制宜寻找可落地的"小事情"，再通过"小事情"逐步建立工作信心，打牢群众基础，积累实践经验，进一步摸准基层工作脉络。

扶贫大业里的"小事情"

汪　峰

　　这是一支具有"三高"特征的干部人才队伍，高学历、高技术、高水平是他们的标签。他们来自教育、医疗、水利、纪检等领域，不仅有成都市引进的"高精尖缺"人才，更有海归博士、国家"大飞机"尖端技术研发从业人员。

　　"我要在德格县的审计事业上留下自己浓墨重彩的一笔。"出发前，审计师邓杨信誓旦旦地说。

　　"高原足球崛起靠我了！"有着八一队职业足球经历的援藏教师姚鸿源同样信心满怀。

　　其他队员嘴上虽然不说，但都是壮志雄心，盘算着到了德格后如何发挥自己的所学所能，在深藏区舞台上留下自己的脚印和痕迹。大家目标一致，都渴望为高原建设出力，为藏区人民谋福祉。

一

经过紧密筹备，对口支援工作队临时党支部很快成立，大家选举我为党支部书记。为参加支部成立大会，好几个驻村第一书记提前一天从距离县城 280 公里的乡镇出发，由于恶劣的暴雪天气影响，会议结束时仍未能及时赶到。经此一事，党支部意识到，在深藏区，全体人员聚在一起开会都是一件极具挑战的事情，因此想让大家步调一致统一行动更是难上加难，这对推进支部工作造成了一定的困扰。

姚鸿源老师找到了对口支援的德格县八里达小学校长，表达了联系外部资源支持小学足球发展的意愿，校长表示欢迎，同时提出能否一次性支付五年的足球发展支持资金并帮助修建一块人工草皮足球场地。校长这样说，是担心姚老师两年支援期满离开以后足球资金无法保证，影响小学足球发展项目的持续推进。姚老师一时不

和藏族同胞共启新征程

知如何作答，惆怅着思考校长所说的五年资金从何而来。

邓杨到了审计局后受到热烈欢迎，她以高度的热忱和专业的态度迅速进入工作状态。经过两个月紧张细致的调研，一份根据德格县审计实际情况做出的调研报告出炉了，局领导看了以后表示极大的赞同与认可。但是，半年时间过去了，望着依然停留在纸面上的宏伟蓝图，邓杨心中的疑惑只增不减。

姚鸿源和邓杨两人先后找到了我，希望能从我这里得到解决方案，最好能解决根本问题——资金。在党支部会议上，我将二人的困惑作为整支队伍中许多人遇到的共性问题提了出来，让大家讨论。

眼下队伍里面大多数人遇到的问题恰恰是由于不了解基层的整体环境与状况，缺乏对基层工作的正确理解，以至于不能做出合理的判断。"帽子多了泥土少了"，自然而然就不能务实地提出能够付诸实际行动的合理化建议，碰壁就在所难免了。我建议每一位队员丢掉"帽子"，心态归零、眼光向内，积极向德格县当地身边干部群众取经，结合自身资源优势和基层实际，因地制宜寻找可落地的"小事情"，再通过"小事情"逐步建立工作信心，打牢群众基础，积累实践经验，进一步摸准基层工作脉络。

"纸上得来终觉浅，绝知此事要躬行。"队员们抛弃了宏篇大论和不切实际的顶层规划，开始分头行动，探索可实践的"小事情"。

很快，有队员提供线索，四川省"五四"青年集体奖章面向社会公开征集候选单位。大家认为这是一次难得的机会，但也深知成功入选的机会渺茫。党支部经过紧张而周全的研究后认为，成都高新区自2012年对口帮扶德格县以来，累计投入资金达6亿元，派遣干部人才686名，实施民生及基础设施项目百余项，有较好的社会知名度和群众认可基础，不妨一试！

按照四川省"五四"青年集体奖章的申报要求，社会推荐需要五名以上省青联委员或社会知名人士联名推荐，茫茫人海去哪里找推荐人呢？更何况不是一个人，而是五人以上。很快，党支部总结了8年来对口支援成绩，形成了请求支持函，并发动队员自身资源广泛投递，经过党支部和队员们的齐心协力，投递出去的请求支持函得到了全国青联和四川省青联委员以及一些社会知名人士的大量响应，最后收到35封支持函，申请材料顺利提交。一个月后，成都高新区（简阳市）对口支援工作队作为候选单位进入公示环节。2019年4月30日，我代表工作队在成都受到省委省政府主要领导的亲切慰问，省委主要领导勉励工作队不忘初心、牢记使命，继续坚持和发扬"两路精神"，助力德格县打赢打好脱贫攻坚关键战役。

至此，工作队的"小事情"终于有了开端。

二

湖南卫视《快乐大本营》要在四川选择两个点位推销当地农牧产品，助力当地人民脱贫致富。《快乐大本营》在全国品牌影响力巨大，观看人数众多，如果能将德格县的农牧产品通过该节目进行推销，那么德格县的农牧民能从中获益不说，还能将德格县康巴文化中心这一巨大的文化IP行销全国，让全国人民都关注到德格的巨大发展。但《快乐大本营》知名度非常高，参选申报项目数量众多，我们先后提交了5个方案都被栏目组否定，队员们有点心灰意懒，心中颇为遗憾，认为这个机会应该溜走了。

接近放弃的时候，终于接到了栏目组工作人员电话，通知我们提交的最后一个方案"藏香猪"入选了，他们将于半个月后来德格拍摄。得知消息后队员们一片欢腾，报名参加现场拍摄的队员很多，党支部赶紧围绕拍摄活动制订党建活动计划，以确保大部分报名的队员能安全参加活动，顺利参与节目拍摄。

2019年4月6日，工作队推荐的藏香猪推广大使——白垭乡小学布姆小朋友和工作队的合影出现在芒果TV的荧屏上，节目播出后，随即获得全国观众朋友的热烈反响，一天之内全县所有藏香猪被订购一空。大部分队员都流下了激动的泪水，原来所谓成功的事情大多不是一蹴而就，而是渐作而渐似，渐似而渐成，而是否能够勇敢地迈出第一步尤为关键。

在短时间内完成的两件可实践的"小事情"给予了队员们极大鼓舞，一些处于观望状态的队员有了更多的信心，开始琢磨并尝试一些自己从未做过的事情，试图像其他初有收获的队员一样通过"小事情"拓展自身视野并提升能力水平。工作队内部逐渐形成了"创字当头、争先率先"的干事风气，内部谈事不扯皮、外部工作推进看结果的导向悄然树立。

事物都有两面性，与正能量风气导向相向而来的还有传到我耳中的风言风语。"他就是想出风头嘛""她只不过运气好罢了""我们对口支援出了那么多钱，还那么拼命干吗"。队伍里的流言蜚语给"先行者"们造成了些许困扰，一些积极干事的队员心中有苦难言，一些将动未动的队员的自信心也受到了影响，害怕成为下一个众矢之的，好几个人推迟了原本计划好的事情。

当越来越多的队员来党支部诉苦时，我认为这种风气不应该持续发酵和蔓延，决定召开党员大会，正本清源、以正视听，纠正队内风气，及时将队伍拉回正确的方向。在随即召开的党员大会上，我旗帜鲜明地支持队员基于本职工作创新性开展援藏工作，勉励队员通过实践不断提升自身能力水平，摒弃坐而论道，鼓励起而行之，工作队将根据队员所开展的项目有效配置资源。

三

"我能不能做一个足球公益项目，将德格的孩子们带到成都打打比赛？"姚老师几经徘徊后终于鼓起勇气向党支部提起项目申请。当然，他得到了肯定的答复，"工作队为你配备一点启动资源，还有更多的资源你必须去找市场要，而且事情启动以后就没有回头路了，你要想好"。

姚老师得到党支部的支持后决定放手去做，实践自己的"小事情"。

经过无数个日夜的精心谋划和筹备，2019年7月27日，"绿茵夏花"足球公益活动如期在成都举行，14名德格县马尼干戈镇小学的足球小将来到了成都兴城俱乐部的主场——城市阳光体育场，观看中国职业足球联赛乙级联赛成都兴城对阵福建天兴的比赛。中场间歇期间，中国足坛名宿"猎豹"姚夏和"大侠"魏群为德格县小球员赠送签名足球并捐赠足球训练物资。"我想成为一名职业足球运动员"，事后一名德格小球员激动地说。

此次活动组织者姚鸿源老师说，看到孩子们脸上自信的笑容，他感到心满意足，因为经费缺口多少个夜晚辗转反侧的痛苦已被活动成功举办的喜悦取代，能够为一名藏区孩子带来生活的希望是他在本次活动中最大的收获。

  邓杨业余时间带着照相机跑遍了德格县的山山水水，为每一处风景都留下了自己的注解。尤其对于德格印经院，她有着更加深刻的诠释和理解："德格印经院不仅仅是印一印经书和佛像，它更是藏文化集大成者，在这里你能找到藏历天文和算术，甚至有着千余年历史的藏医典籍都隐含其中，这里的雕版木刻太多了，简直叹为观止！而且这一印一刷之间，蕴含着多种非遗文化，不把这些藏族优秀非遗文化传递出去太可惜了。"

  工作队为邓杨协调落实了启动经费。她说干就干，马不停蹄地联系了四川美术学院。2019 年 8 月 31 日，邓杨带着她的非遗文创作品——"印艺经传"德格印盒来到贵州丹寨参加中国首届非遗文创节，经过激烈角逐，作品在全国 360 多件参赛作品中获得了专家评委的一致好评，斩获本次非遗文创大赛银奖，中央电视总台新闻

圆满完成任务

频道对"印艺经传"德格印盒作品进行了推介展播，多路媒体对本次赛事以非遗文创带动脱贫攻坚的做法表示了肯定。2019 年 10 月，邓杨继续带着她的获奖作品参加了在贵阳举行的人民日报文创活动，她在非遗文创的道路上越走越远，也越走越自信……

从内心纠结于是否要"出风头"，到项目启动后被人质疑作品能否成功，再到获奖之后的信心满满，这一路走来，靠的正是"起而行之"的决心和遇到困难时反求诸己的磨炼。终于，在对口支援这个大平台上，邓杨通过实践找到了属于自己的一片天地，更有成功实践"行动胜于一切"的自信。

姚鸿源和邓杨的"小事情"在队伍里面引起了强烈反响，干成事的喜悦让更多还在观望的队员不再犹豫。临渊羡鱼不如退而结网，渐渐地，队伍里嘈杂的声音少了很多，讨论"小事情"的声音成了主流。

"志合者，不以山海为远。"每一位队员跨越千里，秉持着"创字当头，惟高惟新，以质为炬，争先率先"的成都高新精神在深藏区脱贫攻坚一线阵地奋力实践，他们是"两路精神"的继承者，是成都高新精神的传播者。

平地起风雷，无风也造浪。当每一位个体干事创业的内生动力被激发，集体能量的迸发就变得更加自然。

这，就是我们想要的结果，也是帮扶实践最大的收获！

何玉岷花烂漫时

在脱贫攻坚成果的巩固上越来越坚实，在特色产业的发展上越来越兴旺，在旅游品牌的打造上越来越响亮，在乡村振兴的道路上越走越宽阔。祝愿青木川的明天越来越美好！祝福青木川的人民越来越幸福！

王青芳： 现在陕西省会展中心集团有限公司工作。2015年7月至2018年1月，在陕西省宁强县青木川村任第一书记。2017年，先后被评为"陕西省三八红旗手"、陕西省"全省优秀第一书记"；2019年，先后被评为第九届全国"人民满意的公务员""陕西省岗位学雷锋标兵"。

> 到村民家里走访，倾听他们的需求、困难和建议；同已经干了14年的女支书彻夜长谈，学习她为群众服务的思想和方法；与村"两委"委员谈心交心，感悟村干部们在服务群众中的质朴情怀。逐渐，我的心开始走进了这座村庄，走进了这里的乡亲们，走进我的第二故乡。

青木川，我的第二故乡

王青芳

8月的青木川阴雨连绵，我的额发缀着雨滴，裤管溅着淤泥，推开一家又一家的门，记录一家又一家的事。

特困户侯翠翠，老两口智力残缺，闺女车祸身亡，家徒四壁，致富无门。走进贫困户胡兰兰的家门，映入眼帘的是没有一处完整的门窗，在用装饰板材搭凑的床上蜷缩着一个小女孩，问了一下说是12岁了，个头却只有五六岁娃娃那么高，腿部骨骼严重变形，行动不便，无法上学，每天只能隔着破旧的窗帘望着门外的世界。此情此景，令我的内心酸楚难当，在伴有语言障碍的小女孩扯着我的衣角怯生生地对我说"阿姨，书包，上学"的那一刻，我再也无法控制住自己的感情，一下子把孩子搂在怀里，怜惜的泪水像断了线

似的滚落下来……面对边远山区群众的贫困现状，面对他们对幸福
生活的朴实追求，我的心灵再次受到了震动。"没有农村的小康，特
别是没有贫困地区的小康，就没有全面建成小康社会"，我切实感受
到这句话深刻内涵的同时，也从中掂出了第一书记肩头责任的分量。

　　青木川村地处陕甘川三省交界处。这里山大沟深，交通不便，
自然条件艰苦，经济发展缓慢。要改变这个村的贫困面貌，不能纸
上谈兵，不能等、靠、要，而是要立足实际、科学规划、带领村民
苦干实干加巧干。我同村"两委"一道，客观分析区域经济发展形
势，在派出单位的指导下，扬长避短，确立了"抓党建、抓教育、
抓旅游、抓项目、抓产业"的"五抓"实施方案，制订了实实在在
办好10件实事的年度工作计划。既让村民们看到努力方向，又让村
民们在短时间内能够得到实惠，把群众的积极性调动起来，把人心
凝聚起来。

　　农村要发展，农民要致富，关键靠支部。基层党组织说到底就

鸡鸣三省传奇古镇——青木川

是人民群众心中的一面旗、一棵树，为此，我和支部"一班人"把做好基层党建、建强基层队伍作为首要任务来抓。支部通过抓好政治、组织、思想"三个领导"来统一党员思想和行动，让这面旗帜高高飘扬；通过抓好"两学一做""精准扶贫""两个载体"增强党员看齐意识，加强党性锻炼；发动党员开展"村里要脱贫、党员怎么做"专题讨论；开展"担当型村党支部"创建活动；叫响"干部带着党员干，党员带着群众干"的脱贫攻坚口号，以党员干部实干、真干、苦干的实际行动在群众心中树立起基层党组织和党员干部的良好形象，以党建引领，促进脱贫攻坚。

劲鼓起来了，下一步该怎么干？在与村民的接触中他们反映最多的是娃娃们读书少、见识少、人才少。贫困在教育，落后也在教育，这就是贫困的"根"。要斩断穷根，必须得从娃娃抓起，从教育抓起。为此，在省妇联"结亲连心"活动的带动影响下，我们争取各方资源开展慰问边远山区教师、"三秦父母大讲堂"、援建"爱心书屋"等十多项捐资助学帮教活动，惠及学生3000余人次。援建全省首个集留守儿童成长家园、儿童快乐家园、乡村少年宫于一体的少儿课外活动场所落户青木川；赠藏学校图书上万册，音体美教学器材百余件。举办"青木川村留守儿童夏令营"活动，50名留守儿童走出大山，走进省博物馆、走进试飞院、走进职业体验馆，爱心女摄影家全程陪同，用手中的镜头为每个孩子留下了精彩的瞬间。孩子们都是第一次乘坐大轿车、第一次走出大山、第一次走进西安。回村时，村里像过节一样，锣鼓喧天，男女老少齐聚村头，欢迎孩子们归来。

青木川有着得天独厚的旅游资源，是天然氧吧，但村里一时半会儿还没有现代经营意识，对脱贫致富信心不足。于是，我们就在振奋群众脱贫信心和提高利用资源致富上做文章，使人人成为这个天然"会客厅"的"接待员""宣传员""护景员"。为了扩大对青木川旅游品牌的宣传，省妇联组织上百名女摄影人十进青木川，从不同视觉全方位多角度聚焦青木川的山水人文民俗风情美食美景，制作微信美篇百余条，关注点赞数万人次；拍摄的"山水家园青木川"系列作品，在 G20 集团妇女会议、G20 农业部长会议、中亚五国等地巡展。

2016 年 6 月 7 日高考的那一天，我从村里专程赶回西安，在坐了 2 个小时的汽车、9 个小时的火车后，带着满身的疲惫一下火车直奔西安育才中学，向考场外等待的家长发放村里旅游宣传页，刚开始很多家长根本不理不睬，我就在人群中高声讲道："我是妇联派到青木川的扶贫干部，青木川为高考学子准备了免费旅游活动，大家去旅游就是帮助那里的群众脱贫。"一个家长过来了，拿起了宣传页仔细看着，两个过来了、三个过来了，不一会儿，制作精美的宣传页一页也不剩。为进一步扩大宣传，春节快要来到时，我们争取到"吉祥中国 2017 农民春节联欢晚会"在青木川隆重举行，为当地百姓奉献了一场欢乐祥和的春节盛宴，把山美水美人更美的青木川完整地呈现在全国人民的面前。

扶贫开发只有内生动力和"造血"功能不断增强，其发展才具有可持续性。为此，发挥村"两委"党员带头引领作用，每个村干部领头创办一个示范项目，带动贫困户就地就业增收。青木川原属川地羌汉杂居区，发展羌绣不仅是传承羌族文化，凸显当地旅游特色，还能让当地妇女就地居家就业，增收致富。省妇联在青木川村成立"羌绣合作社"，村支书杜晓燕带头领办，发挥宁强羌绣非物质文化遗产传承人王小琴能人带动作用，以"公司＋合作社＋农户"运营模式，生产销售具有羌族特色的妇女手工艺品。合作社成立后，参与的妇女们热情很高，经过专业技能培训，所绣产品既精细又有特色。但如何扩大产品销路占领市场，成为村"两委"一直琢磨亟待解决的问题。2016年11月，第23届中国杨凌农高会召开前夕，我们想借用农高会这只"大船"把我村的羌绣产品和青木川旅游推介出去，在省妇联的大力支持和协助下我们争取到了展馆展位。省妇联龚晓燕主席还亲自为村里产品代言宣传推介。村主任魏世明带头成立"油牡丹合作社"，发展"市场＋合作社＋农户"的运营模式，引领带动贫困户打工发展增收。争取爱心企业支持，由副支书带头，成立"陕西嘉青食品贸易有限公司"，以当地优势绿色农产品为切入点，进行品牌化和产业化经营，实现农业增产、农民增收，贫困户就业。

　　通过帮扶，有能力的群众自力更生走上了致富路。可是还有一些因为疾病、残障、丧失劳动能力的孤寡群众，怎么让他们也能有一份固定的收入呢？我们把目光聚焦到了既不影响青木川的旅游和

王青芳和村民在一起

生态环境，以及运营管理还很便捷的光伏发电项目上。采取省妇联提供启动资金、宁强县地方财政配套、爱心企业众筹的模式，争取投入资金 205 万元，利用村集体的土地建设光伏电站，产权归村集体所有，收益由村集体、贫困户按比例分配。为了找到一块适合项目落地的区域，我和镇村干部与施工企业负责同志满山跑，连续几天爬完青木川景区外多个山头，多少次摔倒多少次爬起来，终于选定了一块符合施工条件又不影响景区整体美观和环境的理想区域，后又经过县上领导协调土地性质调整置换，反反复复和几户占地群众做工作，终于完成了征地工作。由村文书带头在村里成立"青木川村青袁光伏发电有限公司"。企业进场施工，水泥沙子用料等都是用马帮和人工往山顶背，施工方连连叫苦，说成本太大、利润太低。我和村"两委"干部赶紧协调帮助解决施工人员食宿问题，并多次跟企业负责同志沟通这个项目利民生、尽责任、有意义，与施工方取得了保证适当利润不亏本就行的共识。县相关部门加班加点协调各方对村级电网进行全面升级扩容改造。2017 年 10 月 27 日下午 1 点 5 分，一个令青木川人民欣欣鼓舞的日子，村民们奔走相告，宁强县首个扶贫电站并网发电啦！光伏电站每年的发电量在 20 万度左右，持续发电 20—25 年，在国家光伏扶贫补贴政策支持下，每年可产生经济效益 15 万元，其中贫困户的收益占比在 60% 以上。光伏项目让青木川村实现了贫困户的可持续增收和村集体经济积累零的突破！

三年来，我往返青木川百余次，行程数万公里。有一次，我在西安争取投资项目，返村的路上，突遇强雷电暴雨，铁路设施受损，列车断断续续被堵在山间整整 3 个小时。由于错过了回村的直达汽车，只能中途倒转 3 次，并在最后的 30 多里搭乘了摩托车。这是我人生中第一次坐摩托车在崎岖险峻的山间道路上行驶，每拐一个近乎180度的弯道或上下颠簸时，我都不由得心惊肉跳，那种恐惧，那种担心，那种前所未有的无助……那一刻，我是真的有些想退缩了。当夜，我的思想斗争很激烈，辗转反侧，不能入睡，想到白天的惊和恐，我反复地问自己：我跑到这大山里受这份苦、遭这份罪、担这份责任到底为了什么？但一想到组织的重托、村里的贫困现状、乡亲们的一片真情，心中另一个声音响起："既然上了脱贫攻坚的战场，再苦再难咱决不能退缩；既然选择了干，就要干出个样子来。"

作为一个妈妈、一名妻子、一个女儿，我也有爱。初到村上时，正值女儿高考结束，孩子希望父母在这个关键时刻陪她放松心情、指点方向、畅谈理想。但职责所在，在孩子最需要我的时候，我选择了我的村、我的乡亲们。有一次，年近八旬的老母亲病重住院治疗，我急忙从青木川回到西安，第二天，一个跨国公司老总蔡大姐从北京打来电话，确定次日早起到村里考察。我想，如果错过这个时机，村里脱贫工作也许就会失去一次机会。一边关系到村民的利益，一边是亲人的安危，我的心特别纠结。我紧紧握住母亲的双手，望着母亲那饱经沧桑的脸庞和满头的银发，心痛的泪水夺眶而出。在忠孝不能两全的情况下，我最终还是把母亲托付给了家人，选择了我的村和我的父老乡亲们。

仰一脉山川，就要用心灵去感悟他们的壮美；爱一片热土，就要用汗水去滋养他们的生机；为一方百姓，就要用真诚去点亮他们的梦想！

何处山花烂漫时

相信乡亲们的生活一定会越来越好！

回顾过去，我们深受鼓舞；展望明天，我们仍要豪情满怀！齐心协力一起绘就美丽明洋新景象，共同书写明洋发展新篇章！

魏建忠： 现在福建省宁德核电有限公司工作。2017年12月至2021年3月，在福建省古田县明洋村任第一书记。2019年，被古田县委评为"优秀党务工作者"。

> 当饱满晶莹的大米装进米袋的那一刻，我想到了《悯农》诗，真正理解了"粒粒皆辛苦"的意义。在明洋这片土地上，我实现了从核电工程师向农民的转变，从里到外浸染的乡土气息，让我与农民的感情更贴近。

让时间来证明

魏建忠

明洋村位于宁德市古田县大桥镇。那天，我们一大早出发，驱车四个多小时到古田县组织部报到，然后又行驶30多公里山路到大桥镇政府，又在毛毛细雨中驱车15公里山路来到村里时，天已经快黑了。

当时正赶上村民烤菇，村委会门前烟雾缭绕，垃圾遍地。村支书外出不在，村主任带着十来个村民代表等候在简陋的会议室，大家刚干完农活，衣服上还沾着泥巴，都有些灰头土脸。见面会上，村主任就提了三个比较紧迫的问题：一是电，二是路，三是村集体没有收入。

一

明洋村不大，村民住的大多是土坯墙房子，最新的红砖房也是二十几年前盖的，到处能看到破烂的菇棚。山高路陡，人稀林密。几十年前，村民的生产生活全靠肩挑背驮，挑一担地瓜米走上一天的山路去宁德换回来一担鱼干。现在虽然路通了，但由于经济发展落后，村里的青壮年为了谋生都外出打工，田地大量抛荒，全村常住人口就是 100 多位老人，劳动力严重不足，是不折不扣的空心村。

既然来了，就要为村民做些实事，不能荒废了三年时光。这是我的真实想法。于是，晨巡晚议，走访贫困户，了解致贫原因并做好记录，与帮扶干部一起制定有针对性的帮扶措施……一项一项工作做起来，在时光的风吹雨打中，我成功地转型为一个新明洋人。

由于明洋村地处闽东深山，由自供区小水电站供电，线路年久失修，电压不稳且经常停电，多年来，用电问题一直是村民的一块"心病"。据村民反映，2016 年，受台风"莫兰蒂"影响，停了一个多月电；平时就是打个雷，也要停两三天电。由于用电超负荷，连续几个年三十晚上停电，严重影响大家的生活，更别提发展生产了。

我暗暗下决心，尽快解决这个问题，让村民们不再为用电发愁。

起初不熟悉流程，也不知道找谁，我就和村支书、村主任一起到古田县供电公司、经济和信息化局、政府相关部门去反映。万事开头难，所幸遇到的办事人员都很热心，很快，我们掌握了电网改造有关流程。

2018 年 1 月 16 日，明洋村召开第一次村民代表大会，主题就是电网改造，19 名村民代表从各个自然村或者镇里赶来，其中好几个代表已经 80 多岁，拄着拐杖。会上，大家集思广益，献计献策，气氛热烈，电网改造一事顺利通过。

第二天，我们把明洋村电网改造申请报告交到镇政府。接下来的半年时间里，就电网改造一事，为了协调各方诉求，前前后后开了十几次大大小小的会议。这期间，作为驻村干部的坚实后盾，宁德核电充分利用行业资源优势，给予我许多帮助和指导。

终于，所有的努力见到成效。2018 年 6 月 16 日，明洋村供电线路成功切换，国家电网高压电接进来了，输电线和村内线路改造也顺利完成，用电问题彻底解决，下雨打雷就停电成了历史。而且，有了高压用电线路的保障，之后我们又建起了光伏电站、茶叶加工厂等，生产生活条件进一步改善，老百姓步入小康不再是梦。

古田县是"食用菌之都"，图为妇女在加工银耳

二

明洋村是个典型的山区空壳村，村集体没有产业，大多数村民以外出务工或经商为主，村级财政收入基本为零。如何增加和壮大村集体经济收入，建设光伏电站是首要选择。

经过多方努力，40万元建设资金争取到位。可是，工程进行到一半时，问题来了。由于光伏电站选址在一南一北两个自然村中间的旧学校屋顶，上明洋村的老人觉得对他们的风水有影响，就一起找到我反映问题，情绪激动。有人说："光伏板的支架像炮筒一样对着我家不行。"有人说："光伏不能朝南装，水都流走了，我们会越来越穷。"……理由若干，目的只有一个：停止施工。

事发突然，工程只得停下。经过了解，我明白对一辈子面朝黄土背朝天的老百姓来说，风水问题就是天大的事。其中虽然有封建迷信思想，但是现在不是搞科普的时候，时代沿袭的生活观念也不是马上就能改变的。此时要做的工作就是走近老百姓，争取理解和支持。

开展工作，也要入乡随俗，尊重当地群众的信仰习惯。为此，从不抽烟的我特意买包好烟揣着，又上网查阅了大量的风水书籍，然后和村干部一起来到老人们中间，以普通村民的身份，和他们聊风水说易经，争取理解和支持，最终这些老人拍着胸脯保证不再拦阻电站施工。在此基础上，我们又和施工队沟通商量，站在老百姓的角度，争取理解和配合，最终同意将光伏支架四周做化妆板遮挡，在低的一侧做雨水收集槽，通过管道再排水回另一侧。这样，就解决了老人们的担忧，保证了电站施工继续进行。

通过这件事我明白了一个道理，农村工作一定要接地气，遇事多和村民商量，站在群众的角度思考问题，才能得到群众的理解和支持。

<h1 style="text-align:center">三</h1>

明洋村距离县城和乡镇较远，多年来劳动力严重流失，造成农田大量抛荒，以前盖的白木耳棚许多已经破败甚至倒塌，由于种粮基本无钱可赚，村民索性抛荒，既浪费土地，又影响环境，而且存在极大的安全隐患。为了提高土地利用率，村"两委"经过商议，决定以每口棚补贴工钱1000元的办法，鼓励村民自行拆除废旧木耳棚。

如何让菇棚拆除后的土地发挥最大作用？农田复垦势在必行。我亲自实践，从村民那里流转了一处复垦的农田自己种植水稻，从育苗、插秧、除草开始，向村民学习，在四季的更替中亲身感受劳作的辛苦与收获的喜悦。同时，向外宣传推广明洋优质大米，在网上买来白布口袋，亲自设计，和村里的书法爱好者一起在口袋上写下"明洋有机大米"和"不忘初心、牢记使命"等字句。当饱满晶莹的大米装进米袋的那一刻，我想到了《悯农》诗，真正理解了"粒粒皆辛苦"的意义。在明洋这片土地上，我实现了从核电工程师向农民的转变，从里到外浸染的乡土气息，让我与农民的感情更贴近了。

我在明洋流转土地种植水稻、售卖大米的做法，在村里引起不小的轰动，村民从起初的不理解和看笑话，到后来帮着出主意想办法，最终体会到实干才能有收获。渐渐地，村里打牌的人少了，许多人加入荒田开垦中。看到村里的变化，有几个在外打工的村民也自发回乡流转土地进行复垦，种植了几百亩水蜜桃。

接下来，我们又与福建农林大学古田食用菌研究院合作，在明洋村开展了食用菌新品种冬荪的实验种植，2019 年取得了初步成功，2020 年试验规模扩大至十几亩。随着规模的不断扩大，将为明洋村带来新的产业经济增长点。

目前，明洋村已经初步形成了以食用菌、水蜜桃、茶叶为主的产业结构，村民收入年年增加，小山村焕发勃勃生机。

四

明洋村党支部有党员 20 人，其中 5 人已经 80 岁以上，村里青壮年人都在外面，已经连续 8 年没有发展过党员，想要召开一次党员大会都很难凑齐法定人数。

针对村"两委"干部严重老龄化这一情况，如何实现党支部的可持续发展始终是我心头的一件大事，补充和发展年轻党员已经迫在眉睫。为了鼓励大家积极向党组织靠拢，我们面向全体村民发出了"关于鼓励年轻人积极向党组织靠拢的公告"，通过多种途径与在县域范围内工作生活的年轻村民谈心谈话，当年就收到四份符合条件的入党申请书，并推荐到镇里进行党课培训。经过培养考察，一名积极分子具备了发展条件，2020 年 7 月 1 日全体党员大会上，顺利将其吸收为预备党员，迈出了支部建设的重要一步。

积极培养年轻党员的同时，明洋村党支部非常重视老党员的关心关爱工作，从 2019 年起，每年"七一"都要给党员同志过政治生日，为党龄 50 年以上的老党员颁发"光荣在党 50 年"纪念章，并通过重温入党誓词提升大家的在党意识和党性修养。

这里，有一件事让我记忆犹新。刚入村时开党会上党课，我发现同志们都没有佩戴党徽，问明情况后，特意向上级申请了一批党徽发给大家，亲手给老党员戴上。过了一段时间，公司领导来村里慰问，在老党员许自良家里，他拉着公司领导的手一直说谢谢，还要给大家看一样东西。只见他打开柜子取出一个茶叶罐，又取出里面塑料纸包着的一个布袋，在昏暗灯光下打开布包的一瞬间，我看到一枚闪闪发亮的党徽，正是上次发给他的那一枚。他说，这是他这辈子唯一的一枚党徽，所以无比珍视。

回想那一刻，至今让人感动泪目，在吃过苦受过累的老一辈人心中，共产党员的身份如此崇高和神圣。作为新时代党员干部，我们更要积极发挥先锋作用，带领群众脱贫奔小康。

给老党员送党徽

高山花烂漫时

历史总是在不断轮回中盘旋式前进。特殊的地理区位优势决定了横现河石坝社区在历史长河中起起伏伏，但不会被历史遗忘。从地方发展历史中总结其发展规律，抓住政策机遇，改写地方历史，是当前乃至今后横现河街道办事处和石坝社区应该思考的问题，这也是我个人驻村期间的一点体会和建议。衷心地希望石坝社区的明天越来越好！

杨　春：现在陕西省略阳县委组织部工作。2017年6月至2018年3月，在略阳县横现河街道办事处石坝社区任扶贫工作队员。

事情过了没几天，原先签订合同不同意调整广告位的公司因故要撤销合同，气得我当时说不出话来。辛辛苦苦跑了2个月，只剩下2家公司的3000多元广告费，施工队已经完成了60%的工程量，修还是不修？

只要心在，困难就不再

杨　春

2017年初，来到社区后，经过10余天的深入走访调查，我向社区"两委"提出3项扶贫措施：一是聘任扶贫顾问，解决石坝社区非贫困村（社区）资金投入、基础设施、帮扶力量相对薄弱的难题；二是建设扶贫集市，繁荣农贸市场、扩大就业、拉动消费；三是设立社区扶贫微信公众号，开展政策宣传、信息服务、群众教育等工作。经多次沟通讨论，村"两委"初步同意设立微信公众号，认为建设扶贫集市和扶贫顾问不可行，工作创新之路困难重重。

一

设立扶贫顾问制度，最早起源是受我的家乡马蹄湾镇付家山村的启发。2014 年，县自然资源局计划在村里实施土地整理项目，因项目实施会占用部分群众的耕地，镇村做了几次思想工作没有做通，导致 400 余万元的项目搁浅。后来，村里一名在县自然资源局工作的干部主动请缨去做群众的思想工作，最终项目顺利实施，村容村貌发生了巨大变化。通过梳理相似案例，我发现外出工作人员是潜在的资源，拥有大量的信息和人脉，如果正确引导，将产生一定的经济效益和社会效益，于是我提出了推行扶贫顾问制度的设想。

人们对自己不熟悉的新鲜事物往往会本能地拒绝。社区脱贫攻坚面临缺项目、缺资金、帮扶单位力量薄弱等诸多困难，若不能及时解决，社区发展和群众脱贫就无从谈起。经过半年多地做工作，社区"两委"最终同意聘任扶贫顾问。我从县青年企业家协会会员和社区部分致富能人、公职人员中选聘了 9 名知晓政策、熟悉村情、经验丰富、文化程度高、热心公益的社会人士为扶贫顾问，并举行了隆重的聘任仪式。社区采取为扶贫顾问发送资料、交流座谈、参观考察等方式提供服务，扶贫顾问按照"参与政务、不干预村务"的原则和民主集中制议事规则，结合自身经验和行业优势，围绕社区社情和脱贫攻坚，发挥"智囊"优势，提供力所能及的行业支持和合理化建议。同时，社区在互利、合作、平等的基础上为扶贫顾问及所在企业提供良好的投资环境，通过"公司＋农户"的合作模式，带动群众致富，实现企业发财、社区发展的双赢目标。

由于社区聘用的扶贫顾问数量少、覆盖范围有限，短期内难以产生成效。我又拓宽思路，提出从社区选聘一批德高望重、有群众威望的乡贤，协助社区"两委"宣传脱贫攻坚政策、开展智志双扶、调解矛盾纠纷，解决社区工作量大人手不足的问题。为了说服他们，我带领社区"两委"负责人到徐家坪镇明水坝村学习乡贤工作。回来后他们一致同意聘任乡贤。乡贤与扶贫顾问一起成为拥护社区工作各个层面的中坚力量。有一位退休的老干部，原先对社区工作不满意，经常唱反调，自从被聘为扶贫顾问后，工作热情高涨，主动提供合理化建议，对个别群众发的牢骚、说的风凉话和不当言论进行有力的批评、驳斥，他们为社区脱贫攻坚发挥了重要作用。此外，我们不等不靠，邀请县摄影家协会、志愿者协会等社会组织介入社区智志双扶工作；坚持平等互利、合作共赢的原则，与县青年企业家协会、生活向导广告传媒、薇薇新娘婚纱摄影等企业合作共谋发展。到了 2017 年 9 月，随着西北综合勘察设计研究院加入帮扶团队，社区扶贫工作进入快车道：协调省慈善协会捐款 12 万元，成立西综勘农业公司，发展阳山—吴家山千亩花椒园，一期栽植花椒 2 万余株；郭家坡—阳山千亩牡丹园一期栽植油用牡丹 30 万余株；投资 47 万元的光伏发电项目带动 15 户贫困户增收；西勘院投资 50 万元，流转土地 260 亩，发展特色产业，建设大棚 4 座，发展农家乐 1 户；坚持逢传统节日慰问贫困户；组织全院职工捐款为 86 户贫困户送股金 500 元。扶贫顾问与第一书记、工作队员、县镇（办）村（社区）组干部一起组成脱贫攻坚统一战线，形成干部主动扶贫、顾问主动参与、群众主动脱贫的良好局面。社区群众自发送来锦旗 1 面，全市精准扶贫档案现场会石坝社区被列为观摩点之一。

2018 年 3 月，因父亲脑出血，出院后生活无法自理，在领导的关心下，我结束了驻村工作，调整到干教（人才）股工作。但我心里想的还是扶贫工作，如何用好人才助力脱贫攻坚。在总结石坝社区扶贫顾问经验的基础上，请示县委组织部在马蹄湾镇付家山村和横现河街道办跑马村开展扶贫顾问试点工作。由村"两委"牵头，聘任扶贫顾问68人，通过商讨方案、征求意见、召开座谈会、调研考察等方式，鼓励和引导扶贫顾问参与基础设施、公益事业、智志双扶等工作。仅10个月时间，就为两个村争取项目物资（基础设施、特色产业、文旅项目）折合现金40余万元。

2018年11月，县委组织部将扶贫顾问聘任试点工作扩展到兴州街道办等5个镇办，共聘任扶贫顾问110余名，产生经济效益80余万元。后来，县委组织部还专门印发《进一步深化人才助力脱贫攻坚工作的通知》，制定了《扶贫顾问选聘管理办法》等一系列规范化制度、办法，要求在全县152个村（居）推广扶贫顾问工作，选聘有社会声望、有较高素质、有公益爱心的各界人士，一方面是通过乡土情怀聘任本土退休（职）干部、在外工作人员、商界能人、职业农民、致富带头人等；另一方面是通过本土人脉聘任县内外社会热心人士，力求体现人员结构多样性，尽可能覆盖多个行业。在聘任上严把入口，一律按照摸底动员、征求意见、会议研究、张榜公示、颁发证书的程序操作。全县152个村（含有脱贫攻坚任务的7个居委会）共聘任扶贫顾问3175名，使各村（居）扶贫顾问人数平均20人以上，全部纳入了扶贫顾问数据库。在各镇办均建立了人才服务工作站，以村（居）为单位建立了扶贫顾问微信群，及时推送、共享、交流脱贫攻坚各方面信息。

按照扶贫顾问特点特长及资源优势，我们重点从以下几个方面做好引导工作，充分发挥作用。一是争取项目建设支持，引导他们从资金、设备等方面参与村级基础设施、文化设施建设，填补扶贫资金项目不足。比如：硖口驿镇五间桥村扶贫顾问黄莹组织清华大学同学会捐助 41625 元，用于村组道路硬化；马蹄湾镇付家山村扶贫顾问、苏州市思雅塑业公司总经理高涛，捐资 7 万元修建石雕门楼 1 座，为该村油菜花观花点和氏羌文化增添了一道景观，助推旅游扶贫产业发展。二是争取产业发展支持，引导他们落实订单生产、引进产业项目等。比如：白水江镇扶贫顾问马武阳、王永强引进御园农林有限责任公司签订核桃基地建设协议，计划发展核桃 1120 亩，总投资 28 万元。三是争取救灾救助支持，扩展渠道解基层群众燃眉之急。比如：2018 年略阳"7·11""7·14"洪灾后，横现河街道办扶贫顾问、陕西学亚商贸有限公司总经理张学全、东莞鹰邦制衣有限公司总经理黄国强，组织横现河籍在外经商人员捐赠价值 10 万余元救灾物资。四是争取智志双扶支持，帮助做好群众教育引导。比如：横现河街道办扶贫顾问、县诗词协会主席马爱平，义务为石坝社区撰写镌刻《铭》《记》，坚持每季度巡回开展扶志讲座，普及传统文化，深化了"明理、诚信、感恩、自强"活动效果。五是争取介入矛盾纠纷调处，消除脱贫攻坚障碍。比如：马蹄湾镇付家山村扶贫顾问、青年教师杨奎，为该村争取 20 万元的村组沙石道路项目 1 个，说服群众消除争议，主动拆迁圈舍 6 座，使该项目得到顺利实施。

2019 年 7 月到 9 月，短短两个月的时间，全县扶贫顾问累计引进产业 22 个、争取资金 79 万元、捐献钱物折价 41 万元、举办各类讲座 60 次，投入义务工折价 7.5 万元、提供合理化建议 132 条、调解矛盾纠纷 166 件。该项创新工作入选"2021 年中国乡村人才振兴优秀案例"。

二

横现河街道办事处历史上因汉族、羌族、藏族杂居，故名"混乡合"，后演变为"横现河"。凭借秦陇茶马古道地理区位优势和嘉陵江水旱码头，自古陕甘川货物在此完成水陆转运，是川蜀、汉中与陇南的物资集散地。宝成铁路建成后，横现河成为陇南地区货运、客运中转站，加之345国道连陇接蜀过境横现河，便利的交通条件吸引省管企业略阳磷肥厂、安康铁路局采石场等10余个重点企业进驻，最繁荣时乡镇企业有300余个，每天街道上熙熙攘攘，非常热闹。2000年以后，随着345国道嘉陵江桥建成、机构裁撤、矿山企业停产外迁以及外出务工，繁华的市场只剩下U字形的3条街道，2家固定蔬菜摊以销售水果和蔬菜为主，除了每天早上卖菜时街上人稍多些，平时人很少，农副产品购销不畅的问题成为当地群众生产发展的"瓶颈"。

集市是我国传统的农村商品市场体系的主要组成部分，虽然随着城镇化水平的提高和电子商务的崛起日渐衰落，但其依然是有效的经济发展方式，对于低收入群众特别是贫困群众，集市依然以其方便、实惠的特点深受农民欢迎，在促进农村经济、拉动农村消费等方面起到举足轻重的作用，也是他们日常消费的主要场所。

经过深入调查，我发现石坝社区的最大优势就是优越的地理条件和附近的厂矿企业，从长远来看，这里是全县建设陕甘毗邻地区商品集散地的最佳地点。为了说服社区同意建设集市，我再次深入调研，撰写了《对横现河扶贫集市建设的调研与思考》，通过理论和数据分析建设集市的可行性及其重大意义，提出利用废弃的345国道及路两边门面房建设集市，充分利用紧靠国道、不影响交通、店铺和居民密集区、不影响交通和干扰学生上课等优点。按照一次性规划、分期建设的思路：2017年建成扶贫集市，主动承接县城转移功能，发展城镇产业经济；中期扩建成畜牧产品、中药材交易市场；远期依托略钢、水泥厂等重点企业建成建材交易市场，用5年时间将横现河集市打造成辐射陕甘的物资交易市场。我将调研报告报送街道办党委，研究的结果是待移民安置点建成后，作为安置点附属设施建设农贸市场。考虑到移民安置点位置偏僻且远离345国道，很难形成马路市场。综合分析各方面情况可知，前一次集市失败的一个重要原因就是选址不当。我又进行了一次民意调查，听取群众意见建议，除菜农认为集市能方便卖菜外，部分群众认为2元钱坐公交车进城就能买到更多更好的商品，并不看好集市前景。

人生经历是一笔财富，但这种财富在特定条件下才会兑现。上中学时卖苹果挣学费的经历让我看好集市的前景，这也是我执着于集市建设的主要原因；基于鱼缸理论，即客户最本质的需求消费越

横现河扶贫集市启动仪式

方便，顾客越容易消费，有需求就有消费市场；虽然集镇人口没有以前多，但随着人们生活水平的提高，消费总额还是有较大幅度的提升；虽然电商的崛起分流了大部分居民支出，但收入较低的群众和贫困户几乎不网购，而且许多农副产品无法通过网上实现交易；按照最悲观的预测：即便是集市失败了，权当为菜农建一个遮阳避雨的场所。出于这 5 个方面的因素，我暗下决心要排除万难，建成集市。

建集市需要资金 2 万元，县上相关部门也没有专项资金，社区工作经费不足，又与街道办计划冲突，我只好筹集社会资金解决建设费用。经过苦思冥想，我发现原地税所围墙面朝 345 国道，广告效果特别好，若利用国道边的花坛建一道广告墙，通过出售广告使用权，筹集 2 万元绰绰有余。经协商，县地税局同意无偿使用单位围墙。接下来，我一边设计施工方案一边利用休息时间在城里拉广告。跑了 1 个多月才拉了 3 家广告，签订了合作协议。在我第 4 次拜访县城最大的金店时，带上了广告效果图，经老板实地察看，愿意出资 1 万元购买原地税所整面墙体的广告使用权。我与签订了合同的 2 个公司协商能否调整为路边的广告墙或撤销合同，其中 1 家坚决不同意。为了社区的声誉，为了承诺，我放弃了这个大客户。谁知更大的打击还在后面，好不容易将 2 个墙面的广告全部达成合作意向，县路政部门却认为花坛边的围墙与 345 国道间距不达标，且影响集市出入车辆侧面视线，存在安全隐患，若要修建广告墙，得修改方案。我只好将广告墙高度从 2 米降到 1 米，长度从 20 米降到 15 米，但广告效果大大缩水，我只好一家一家登门致歉，好不容易拉到的 1.6 万元广告费全泡汤。事情过了没几天，原先签订合同不同意调整广告位的公司因故要撤销合同，气得我当时说不出话来。

辛辛苦苦跑了 2 个月，只剩下 2 家公司的 3000 多元广告费，施工队已经完成了 60% 的工程量，修还是不修？开弓没有回头箭，我还是坚定决心，要克服一切困难，必须建成集市。

为了建一个经济实用的集市，我将原先的户外伸缩式遮阳雨棚改为结实耐用的方钢骨架树脂瓦雨棚；面向全街道办联系施工队，在确保质量的前提下，从中选择了一个成本最低且是社区的施工队，从引导他为家乡办实事的角度把好质量关。市场繁荣与否宣传很重要，我通过开会、发传单、开通社区微信公众号等多种方式宣传集市；请县电视台免费播放集市广告；到周边乡镇张贴集市宣传单；请朋友免费为集市撰写《横现河新建市场记》，设置集市交易规则镌刻在市场口。街道办看到集市有点规模，转变态度，为集市立了一块宣传牌，通过县委宣传部为集市启动仪式争取了一场文艺节目。2017 年 11 月 16 日，历时半年的横现河集市终于建成，围墙、树脂遮阳雨棚、菜台、隔离墩、限车桩等基础设施一应俱全，总费用 2.2 万元。

经过多次市场调查统计显示，集市摊点由原来 20 余个上升到 50 余个，集镇的饭馆、商铺生意比原来好了；芹菜价格从原来的 2.5 元降低到 1.6 元，其他商品价格都有不同程度的下降，每逢开集都有客商拉着物美价廉的水果、蔬菜前来销售，

横现河扶贫集市现场

大大降低了居民生活成本，方便居民生活，平均每集交易额 1 万元以上，全年交易额不低于 100 万元，《陕西日报》等媒体还进行了报道。2020 年 12 月，略阳县横现河街道办扶贫集市模式入选全国落实"六保"任务优秀案例。

何香花烂漫时

春雨绵绵寒风吹，下乡扶贫战鼓追。弹指秋来冬将至，收拾行李把家归。感谢大家与我一起在工作岗位上风雨同舟度过的日日夜夜，我虽离开，那里依然是我的「第二故乡」。祝愿大家幸福安康！

张　磊：现在中国煤炭科工集团有限公司太原研究院工作。2015年7月至2021年12月，在山西省武乡县蟠龙镇栗家沟村任第一书记。2018年，被评为"山西省干部驻村帮扶工作模范第一书记"；2021年，先后被评为"全国脱贫攻坚先进个人""全国向上向善好青年"。

捧着金碗讨饭吃。我对这句话并不陌生，但是站在栗家沟村、看着黄澄澄的小米想到这句话，让我很不是滋味。当晚，我辗转反侧，在扶贫日记本的扉页写下这样一句话：只要群众能脱贫，俺脱层皮也值！

俺脱层皮也值

张 磊

六年不舍昼夜，六年风雨兼程。如今的栗家沟村早已旧貌换新颜，山清水秀，产业兴旺，一幅乡村振兴的美丽画卷正徐徐铺展。作为中国煤炭科工集团的扶贫干部，我依然坚守在驻村岗位上，愿做扶贫一粒沙，为栗家沟乡村建设奠基，为全体村民致富奔小康思考着、探索着、谋划着，全力推动栗家沟村在乡村振兴的大潮中发生更大蜕变。

一

栗家沟村位于武乡县蟠龙镇东部地区，山大沟深，海拔1100

米，自然条件差，信息闭塞，长期以来村民习惯于靠天吃饭，世代重复着广种薄收、肩挑背驮的生活。

我来到栗家沟村任驻村第一书记，村民们见了我第一句话就是："张书记啊，能帮我们把去年的小米卖了，就很感谢你了！"

武乡县地处北纬 36 度到 37 度之间，海拔均在 1100 米左右，土壤以红土为主，昼夜温差大，黄土丘陵山区，有着不可复制的古贡米资源，非常适合谷子生长。

捧着金碗讨饭吃。我对这句话并不陌生，但是站在栗家沟村、看着黄澄澄的小米想到这句话，让我很不是滋味。当晚，我辗转反侧，在扶贫日记本的扉页写下这样一句话：只要群众能脱贫，俺脱层皮也值！

我首先想到的就是派出单位，一封"求救信"乘着互联网飞到了集团总部。

中国煤炭科工集团党委迅速做出决策，动员全体员工自行购买小米。一夜间，5 万斤小米销售一空，11 万元现金装进了栗家沟人的腰包。

解一时燃眉之急并非长久之计，要想让老百姓的小米卖出去、卖得好，必须有自己的品牌。在之后很长一段时间里，我整天奔走呼号，为武乡小米背书、站台。为此，武乡县组建了武乡小米推广团队，先后参加了美味中国行郑州站、成都农产品展、福州海峡交易会等农产品展销会 20 多场，在长治市农产品展销会上，武乡小米卖出了每斤 80 元的"天价"。2017 年 10 月 9 日，武乡县委、县政府举办了由中国县域互联网＋行动联盟和省商务厅、省财政厅、省扶贫办等多家厅局单位及省市主流媒体参加的"武乡小米"品牌发布会；10 月 26 日，在北京召开的第三次农产品地理标志登记专家评审会上，"武乡小米"通过了国家农产品地理标志认证。武乡小米终于有了自己的身份。

二

选好致富产业，是精准扶贫的关键所在。面对栗家沟村山高坡陡的自然环境，我一直探索着如何改善大山深处贫困农村的面貌，如何利用当地自然条件增加群众收入，如何让一方水土养活一方人。

我是长子县人。长子县是全国最大的辣椒生产基地，种植技术非常成熟，销路畅通。栗家沟村与长子县相距不远，气候条件相当，是不是也可以将辣椒作为脱贫产业？

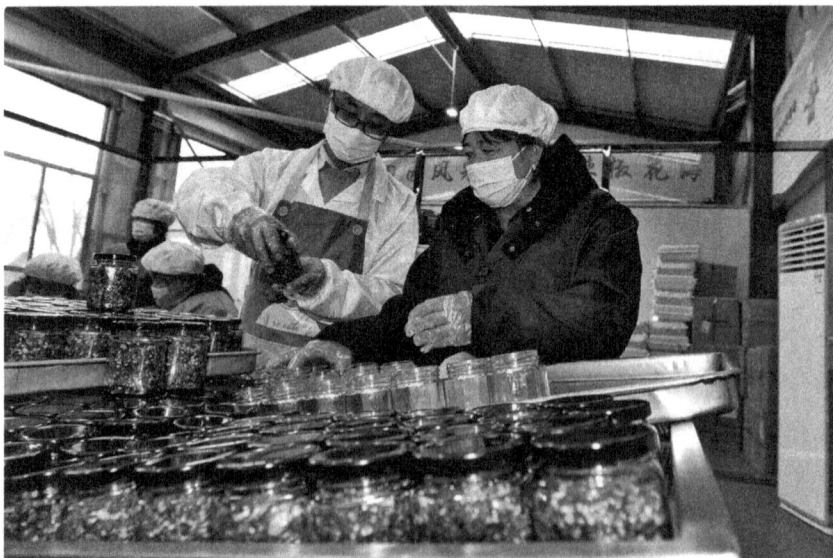

辣椒产业深加工现场

　　然而，当我的想法一经提出，便遭到群众的一致反对。原来，多年前栗家沟也大面积种过辣椒，由于销路不畅，导致丰收不增收，严重挫伤了村民的积极性。了解到这个情况后，我利用回家探亲时间，与长子县辣椒种植企业广泛接触、深入交流，最后选中了长子四通蔬菜有限公司。2015 年底，栗家沟村与长子四通蔬菜公司达成合作协议：四通公司负责提供种苗、技术，并承诺以每斤 1.5 元的保底价回收鲜辣椒；栗家沟村负责种植，保证三年内种植面积达到 300 亩。

　　说实话，别说 300 亩，就是 3 亩，当时我心里也没有底儿。但我坚信种植辣椒能成功，因为栗家沟有过辣椒种植历史，而且大获丰收；购货方又是自己老乡，且有合同作保障，可谓销路畅通。

　　然而事实并非我想象的那样，村民们并没有把订单当成是"圣旨"，不但不支持，而且七嘴八舌地议论"赔钱"谁负责。有的村民更是直接泼冷水，说"种粮食卖不了还能顶饥饱，种辣椒能当饭吃呀？到时候不要养鸡不成蚀把米、赔了夫人又折兵！"有的村民甚至说赔了钱让我用工资抵！

　　这时候，依靠行政命令是不行的，群众要的是实实在在的东西。在中国煤炭科工集团的支持下，我东家进西家出，说服动员的同时，给村民作出承诺：免费提供种苗、地膜、农药和技术。

　　精诚所至，金石为开，终于有村民愿意配合"试一试"。2016 年春，程俊平、陈国繁、董虎江、董树芳等四户村民分别种下了 5 亩辣椒，经历春耕夏作，全村人眼睁睁瞅着辣椒的成长、丰收。当年，每亩辣椒收入 4500 多元，户均收入超过了 2 万元。

　　试验成功，许多村民心动了。2017 年，栗家沟村辣椒种植面积达到了 60 亩，村里成立了辣椒种植专业合作社，统一实行提供种苗、地膜、农药、技术和回收"五统一"管理，初步架构起"公司＋农户＋合作社"的产业一体化模式。当年，栗家沟村的辣椒产量达到了 15 万斤，32 户 69 名贫困人口凭借红彤彤的辣椒甩掉了穷帽子。

从"红椒点点"到"椒香满山"，发源于栗家沟村的"辣椒版图"逐步扩大。值得一提的是，截至 2021 年，中国煤炭科工集团已对武乡县蟠龙镇 12 个行政村 761 亩辣椒先后投入 70 万元的帮扶资金，其中，贫困户种植 437 亩。当前，种植辣椒已经成为蟠龙镇脱贫致富的主导产业，同样也成为中国煤炭科工集团助力武乡县精准脱贫的又一生动实践样本。

三

原来通到村委会的水泥路是村里唯一的一条水泥路，一到下雨天，住在山上的村民根本无法出行，有时甚至十天半个月都无法出家门。后来路通了，却被一段坡陡、弯急的路深深刺痛着。

"就是那段路，张小军骑摩托在这里摔伤过，董志军拉水在这里翻过车……"听着 70 岁高龄李树莲大娘的讲述，我几度哽咽。

那段路 300 米长，两个 90 度的大弯、超过 40 度的坡、一处无人居住的老宅，改造这段路面临的三大难关，恰是我担任栗家沟村第一书记要迈的第一道坎。

裁弯取直、切土降坡，前两道难题在技术人员的帮助下很快就有了解决方案，拆除无人居住的老宅成了艰中之艰。

第一书记张磊和贫困户刘菊英一同采摘辣椒

村干部说："我们不是没想过拆除，难呀！"

村民们说："人家说过，拆老宅就动了风水，人家是不会同意的！"

我明白风水在老百姓心中的分量，但是也清楚改造这段路对老百姓的意义。我决定亲自上门，见一见老宅子的主人。

老宅主人常年跟随儿子在长治市居住。于是，我先是电话联系说明情况，然后又在一周内三次往返长治，三次上门促膝谈心，给老人家讲当前国家开展的脱贫攻坚，讲改造这条路对全村脱贫致富的重要性，终于得到理解，得到满意的结果。

路修好了，人来车往方便了；光伏电站建起来了，每年为村里增加3万多元收入；辣椒上了保险，降低了种植风险；为保证灌溉，我自掏腰包买了浇水车，确保了辣椒丰收……

DdSH
LMs

俏也不争春

——只寄得相思一点

何当山花烂漫时

我听到／你心中的怒吼让九天洞开／我看到／你背后的伤痛如澧水长流／多少年的风雨与磨难／多少人的奔忙与热血／终于等到这朝思暮想铭心刻骨的一刻——脱贫摘帽／我们还会奋力征战／一路奏响乡村振兴的胜利凯歌

蒋鹤鸣： 现在国家知识产权局工作。2018 年 4 月至 2020 年 3 月，受组织选派回到家乡湖南省桑植县参加扶贫工作。2021 年，被评为"湖南省脱贫攻坚先进个人"。

这次回乡，并非短暂的停留，而是有两年的时间，足以让我重温这片生我养我的热土，足以让我再次品尝那份魂牵梦萦的甜蜜。与国家知识产权局缘起于此，现在，回到家乡再续前缘。

桑植的那瓶土蜂蜜

蒋鹤鸣

从北京回到桑植的老家，母亲从角落的橱柜里拿出一个陈旧的玻璃罐，罐口的盖子被更陈旧的塑料膜尘封着。我接过罐子，用力拧下瓶盖，揭开塑料膜，瞬间蜂蜜甜香扑鼻。也许是放太久的缘故，馨香中还夹杂着丝丝甜酒味，这是我魂牵梦萦的味道，是我旧日时光中不可或缺的味道——它陪伴着我的童年，伴随我的成长。

"风儿太大，吹得油菜开铺铺，吹得蜂桶打滚滚"，小时候，春天起大风，母亲会念叨这句自编的歌谣。油菜开得正旺，圆圆的蜂桶在自家的小院里错落有致依地势摆放，盖着遮雨瓦，像是戴着斗笠耕耘自己一方天地的百姓。小时候，看着进进出出的蜜蜂，心中瞬间涌起甜蜜的期待。

这些蜂桶，是母亲为了爱吃甜食的我特意安置的。家里条件艰难，粗茶淡饭，有时菜没了，几个辣椒就一碗饭下肚，糖果之类的零食成为奢望。连绵不绝的山路，如同天堑，将村子与外界隔绝。我常想，山的那边，是什么？爬到山顶远眺，远处同样薄雾萦绕，山的那边，还是山。为了改善生活，母亲自制了几个蜂桶，说里面的蜜比糖还要甜。我不相信。

每到过年，我才能享受到这份甜蜜。挖一勺蜂蜜，包在糯米粑粑里，黏黏甜甜。村里杀年猪，赊一块肉回来，用土蜂蜜做成扣肉，甜香异常，分外解馋。泡酒也会用上土蜂蜜，丝丝甜甜，什么时候醉倒都不知道。

1994年，我考上了县里最好的初中，学校在桑植县城。离开家的那一天，我背着备好的粑粑，翻过了无数座山，顺着澧水河，走了无数里路，又搭了几个小时的班车，到了县城。县城很小，只有一条街，翻半座山的时间就能走遍。到了夜晚，也同样是静悄悄黑

湖南省桑植县风景照

乎乎的，像是一座看不见的山在我心里面。晚上，翻看行囊，一瓶包得紧紧的蜂蜜滚落出来，上面贴了张字条：感到苦累时，就吃一口。我眼睛湿润了。

1998 年夏天，我在学校补课，突然洪水肆虐，水淹到两层楼高。我心急如焚，挂念村里的家人，无奈联系不便，只能等洪水退去。村里的水非常大，幸运的是救济及时。母亲讲述其中的惊险，尤其遗憾家里的蜂桶全都被水冲跑了，今年是吃不到蜂蜜了。接着又说，她遇到一个北京来的工作人员，到镇里做扶贫工作，这次洪水，也是幸亏他们及时救济，村民得以渡过这个难关。那是我第一次听到扶贫，第一次听说"国家知识产权局"这些名词，心里暖烘烘的，失去蜂蜜的遗憾瞬间被感激替代。猛然间，一条长长的桥梁在心里架设，通向山的外面。

2004 年，我大学毕业，有幸到了国家知识产权局工作，成为一名专利审查员。每当遥望家乡，都会想起桑植的土蜂蜜，想起那份甘甜的味道，它伴随我的成长，它见证我的进步，它无意中联结了我和国家知识产权局的情缘。但我从未想到，有一天，会跟它再一次面对面。

2018 年初，我接到单位任务——赴桑植县参与扶贫工作。以这种特殊的方式回到家乡，我的内心欣喜而激动。这次回乡，并非短暂的停留，而是有两年的时间，足以让我重温这片生我养我的热土，足以让我再次品尝那份魂牵梦萦的甜蜜。与国家知识产权局缘起于此，现在，回到家乡再续前缘。

踏上这片故土，我不禁感叹，自己曾经是这里一名懵懂的儿童，如今已成长为能够为村里脱贫出力的青年，我定当竭尽所能，奉献自我。

随后便是马不停蹄走村入户，了解村情民情。在这个过程中，我发现家乡确实发生了很大变化，但依然有不少父老乡亲还处在绝对贫困线之下。他们看到我来了，赶忙从内屋端出一个罐子，招呼说，小蒋啊，家里没什么好招待的，给你来几勺蜂糖尝下，看还是不是以前那个味道。我接过来，一口吃下整勺，甜到心里，泪却在眼里打转。我能感受到他们热情里面深藏的渴望和无奈，这渴望是向往生活能够得到改善，这无奈是一直找不到好的门路。这里有这么好的土蜂蜜，老乡的生活却依然这么贫困。我意识到：土蜂蜜，或许可以成为老乡摆脱贫困的门路。

要想让大山里的土蜂蜜获得外界认可，质量是根本，品牌是关键。

蒋鹤鸣扶贫走访照片

我们带着土蜂蜜，到相关产品检验所多次检测，土蜂蜜的品质之高，超出想象。经我和工作队一起商议，我们发挥行业优势，协助桑植蜂蜜申请地理标志证明商标；跟当地蜂蜜协会和养蜂大户一道，挖掘养蜂相关技术方案。

开心的是，"桑植蜂蜜"地理标志证明商标很快成功通过评审，这为桑植土蜂蜜走出大山提供了强大助力。我们对养蜂技术持续探索，成功申请了多个蜂蜜相关发明专利，"桑植蜂蜜"的品牌价值进一步提高。由于口感好、质量佳，且有着品牌和专利的保驾护航，桑植土蜂蜜的销售如火如荼，仅我局职工就购买了2万多斤，销售额200多万元。

2019年9月，新中国成立70周年之际，在全新升级的知识产权年会上，桑植农特产品第一次在国际性会议的地理标志展台登台亮相。作为地标产品，桑植土蜂蜜摆放在展台的最显眼处，得到广大参展人员的垂青。多名国内外人士到桑植展台品尝桑植蜂蜜，并给予了充分肯定和推介。

伴随着土蜂蜜的成功推广，我们的脱贫攻坚工作更是快速推进。5.5公里的村组道路从无到有；400亩绿色生态循环经济产业园，填补了村集体经济的空白，贫困户人人有分红；一座座桥梁的新建，让老乡不再惧怕桑植这个"暴雨中心"的洪水；洗衣码头的出现，让河里的浣衣处充满欢声笑语；村部平台的打造，让村民有了文体交流中心。

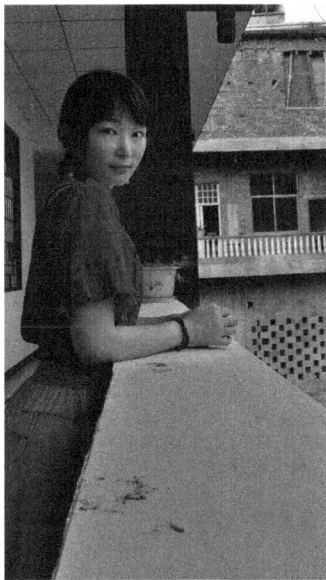

蒋鹤鸣生活照

从县城到村里再也不用走一天一夜，开车顺着沿河公路盘旋而上，几十分钟就到了村里。老乡的生活条件有了极大改善，两三层楼的房子处处可见。走进新房，老乡脸上的笑容特别甜蜜，他们说餐桌上每顿都能有肉。

两年来的扶贫时光，艰辛却幸福。我从大山走进县城，从县城走向北京，桑植土蜂蜜伴随着我的成长。而如今，在祖国脱贫攻坚这项伟大事业的浪潮中，桑植土蜂蜜也走出大山，成为乡亲们手中的致富密码。桑植的村村落落，从深度贫困，逐步迈向"产业兴旺、生态宜居、乡风文明、治理有效、生活富裕"的美好景象。

阳光下，老乡家，那瓶土蜂蜜，熠熠闪光，折射出的是乡亲们脸上绽放的微笑和容光。

何当山花烂漫时

长门村脱贫以后，还有很长的路要走，这既需要干部的牵线搭桥，更需要村民们的艰苦奋斗，希望未来有更多的人能够回到长门村等乡村，找到为之奋斗的广阔天地，将我们的村庄建设成为美丽的家园，过上更加美好的生活。

蔡　钢： 现在中国科协工作。2017 年 8 月至 2019 年 7 月，在山西省岚县长门村任第一书记。2018 年，被评为"中央和国家机关脱贫攻坚优秀个人"。

> 这两年，在村里形成的许多作风和习惯，我都将保持下来，比如工作的韧劲，工作的激情，面对困难的坦然，还有不懈的追求……

小蔡和老蔡

蔡 钢

去年中秋，岚县一片金黄，瓜果飘香。我们一家三口来到长门村，带着还在上幼儿园的女儿蓓蓓给村里的小朋友们送来了书包、急救包、牙膏、牙刷之类的学习和生活用品。最兴奋的就是女儿，和村里的孩子们在打谷场上手牵手跳舞，跑到房前屋后藏猫猫，一会儿跟着大白鹅走，一会儿又撵着小山羊跑，疯玩了一天，还是舍不得离开村子和新朋友。在回北京的车上，蓓蓓缠着我讲这两年在长门村发生的故事。

一

时间回到了 2017 年夏天，岚县组织部程主任领着我到王狮乡长门村去报到。县城到乡里的路是国道，乡里到村里就是走乡间土路。一上路，就听程主任对我说："蔡书记，这里可不比你们北京啊，你是中央来的，岚县很多情况不了解，不要着急要慢慢适应。"他接着喊："师傅，前两天刚下了大雨，地还没有干，尽量避开那些大坑。车子开慢点。咱们不着急。"

"师傅，小心地上的牛粪，别轧着。"

"师傅，前面的河，你尽量贴着右侧走，要不然会陷下去的。"其实我的心里更加忐忑，虽然来之前看了很多岚县的资料，也跟曾经参加扶贫的同事们聊了很多驻村工作，但毕竟是第一次到长门村，而且今后两年自己干成什么样，直接关系着村里今后的路走成什么样。就像这脚下的路，一路颠簸，一路泥泞，谁也不知道驻村工作会面临怎样的风霜雨雪……我一边跟程主任聊，一边努力记住进村的路。

长门村村口环境整治和路灯建设情况

不知不觉来到和兴县大坪头村接壤的小山村——长门村。天很蓝，村子就沿着河沟的两侧修建，大块平整的土地少之又少，山地贫瘠，还很陡峭，随时有滑坡坍塌的危险。村里的条件太差了，村民太困难了。怎样才能改变这种贫困面貌，让百姓富起来？我苦苦思索……

一时想不出更多好办法，那就借助外脑，请个"诸葛亮"来帮忙。经协调，中国城市规划学会请来了乡村规划专家李京生教授。经过实地调查研究、查阅资料、走访座谈后，他们团队凝聚村民们的共识编制了《长门村乡村振兴规划》。

老支书指着规划图，激动得两眼湿润，他说："我们村就是要按李老师的规划来一步步实施。有中国科协派来的第一书记小蔡同志驻村帮助，咱长门村未来的日子肯定能够过得红火，将会是让人都羡慕的村子。""实在是太好了，要是李老师给咱们设计的规划能够落实，长门村就会翻天覆地，未来我们的环境配套比东村（县城）一点儿都不会差，城里人都会想到我们村来旅游了。"

一石激起千层浪。长门村的干部、党员、村民代表们齐聚一堂，讨论规划，提修改建议。像这样能引起大家共鸣的会议，许多年来还是第一次。大家都在摩拳擦掌，人聚到一块，心想到了一块，劲儿拧成了一股绳，下一步就好干了。

规划不能画饼充饥，实施起来难度有多大，我心里也没数。为推动规划分块分步实施，我又在"外援"上动起了脑筋。

一天中午，我听人喊："小蔡书记，客人们的车已经到村口了。"

"刚数了一下，有20多辆小车呢！"

客人们一进村委大院，领队的石秘书长就发话了："邀请有关兄弟单位来，那就要办成些实事。这不，我们学会、同济大学、山西住建厅、吕梁住建局，岚县住建局等部门的同志都来了，目的只有一个，分步实施项目，共同推进长门村发展！"

突然，我有种"杀鸡用牛刀"的感觉，但更有一种油然而生的自豪，因为一个承诺，地处天南地北的朋友们都相聚到这里，就为了长门村尽快发展起来，摆脱贫困。

村民眼中的不可思议，慢慢变成了兴奋和期待，人人畅想着村子的未来模样。各单位分别考察落实项目，我也急着把能做的事情先干起来，给村民吃个定心丸。

不知不觉中，长门村的冬天就到来了。最冷到零下30度，白天零下22至零下16度是常态，冻土层基本都在2米左右，挖个洞都非常费劲，就别说干土石方工程了。冬天的水泥硬度不够，很多建设项目都只能延期施工。

村民们开始议论纷纷："小蔡，你知道吗？现在大家就看你怎么把你说的事情给办了。"

"过了年，你要是还办不成事，那你就是骗人！"

这是村里调解委员会主任老茂在一个寒气逼人的夜晚喝了酒后对我吼出的话。

干部和村民们开始对我质疑、不信任，当时我的心里十分憋屈，可又无奈！

我们需要按科学和实际情况开展工作。为了面子，工程着急上马，很容易出现豆腐渣工程，但是村民不理解这点。

要改变眼前被动局面、走出窘境，只有咬牙先干成一两件事，给大家看看！

点起一盏灯，就能照亮一大片。对！就从安装路灯入手。

"王胖子，你到村口盯着，每个路灯的水泥墩子要足够深，不能出现偷工减料和安装质量问题。"

"老张，你要不好好干，小心我'收拾'你，堵你家的门！"

村里又热闹起来了，都在为路灯的安装上下忙活。马上就要告别晚上出门打"手电"的日子，长门村的夜晚也要明亮起来了。

"蔡书记，晚上出门我们不会摔跤了。"

"蔡书记，我们再也不用怕晚上野猪进村拱墙根了。"

"蔡书记，我们以后下地干农活可以晚点回家，有路灯，我们只要赶在天黑前走到大路上就行，回家收拾粮食也有灯光了。"

"蔡书记，你把说的事情真给办了，说话算话，你没骗人！"

修建路灯，在村里就是一件大喜事，是全体村民多年的期盼。自从路灯亮起来以后，每天到村委大院来溜达和聊天的人多了起来，

扶贫期间工作照

村民们的喜悦绽放在脸上，心里的美意也要想法儿表达出来。

"蔡书记，你今天必须到我们家坐坐，我给你包饺子吃。""有再大的事情，也必须先到我家吃过饭，你再去办。"秋香大嫂拉着我的手说。

村里的百姓是淳朴的，表达方式也很实在。他们认可你，就是请你到家里吃顿饭，用他们最高的标准招待你。要

知道有猪头肉、煎鸡蛋和白酒的一顿饭，在吕梁地区的贫困家庭是挺重的负担。不去吧，盛情难却。去吧，又于心不忍。那怎么办呢？那就去，我多带些肉，带上酒一块儿去，不然的话心里难以踏实。作为一个扶贫干部，既要和村民打成一片，融合进去，又不能伤了村民们的心，给他们增加负担。

二

长门村的夏天，降雨很多，尤其集中在 7 月、8 月两个月。单次的雨量都比较大，容易导致河水上涨过快，河堤冲毁，山体滑坡。

夏天的大雨是最揪心的，大雨既会毁农田，又会对住房安全构成隐患。雨还一直下，但是比刚刚已经小了不少。看着雨已经不是很大了，我立马约村干部老李，到村里看看。

"老丁，你这房子肯定是不能住了，大梁已经裂开了，这次大雨过后，房顶的重量会增加，随时都有可能压垮房子，你必须马上离开这个房子。"我们来到危房户老丁家，劝说他离开现住房，去安全的地方待上一天，等房子没问题再回来住。

老丁年岁大了，腿脚又不好，加上放心不下家里的东西，死活不肯走。无奈之下，我们一个人帮他拿被子，一个人背着他就冒雨往外走，他两手不停捶打。我也管不了那么多，一口气把他背到村委院里，心里的石头才算落了地。

急百姓所急，想百姓所想，办百姓所需，是我们驻村干部帮扶的初衷。

随着一声声鞭炮响起，连起长门沟两边 2000 多亩农田的致富桥落成了，村里的男女老少聚集到一块共同欢庆致富桥的通车使用。中国公路学会、山西喜跃发集团为致富桥的建设付出了很多，山西喜跃发集团出钱、出力，派驻 10 多人的工程队，在村里一住就是 5 个多月，还自带干粮，吃住自己解决，不给村里添任何麻烦！"致富"二字虽然"俗气"些，但代表了所有乡亲和为了村里的建设无私奉献的所有人的最大心愿。这座桥给贫瘠的村里带来了实实在在的希望！

"蔡书记，感谢你们，要不是你们的到来，我们村不知道什么时候才有机会修这么好的桥。"

"这个桥太结实了，听说光桥墩就打了 22 米，就算地震来了，这桥也坍塌不了。有这座桥见证，长门村子孙后代不会忘记你的！"

"一定别忘了是党的恩情！"我这样回答他们。

村里路好桥通了，发展硬件上去了，小米、土豆、花椒、山菇等土特产，还有化肥、种子、农药，运输方便多了，但信息还是不够畅通。这些事倒是我的强项，我是科协人，肯定要发挥科技的优势。在科协机关的支持下，不到半年就在村里建起"乡村 e 站"，又组织乡亲们成立了种养合作社，搞起产、供、销一条龙服务。从此以后，外来的老板们总是称呼我"蔡总"。叫"蔡总"嘛，也行，反正我整天总是不论大事小情，只要关乎乡亲们的利益，我都过问，总忙得不亦乐乎！

从此以后，村里的大姑娘小媳妇们，从以前每天看娃做饭看手机，变成了每天忙着给销往外地的土特产品打包，一袋袋的"长门牌"农产品变成了城市客户手上的年货。这也让村民们改变了以往的销售观念。他们以前都是卖给收粮的小贩，人家说多少钱一斤就是多少，从来没有想过卖东西居然能够自己定价，而且价格比过去翻了接近一番，搁谁谁不高兴呀！

"预备开始，加油！加油！"这是拔河比赛的现场，那天全村人聚到了一起，挤满了整个村委大院。已经进行了摸石头过河、舞蹈、跳绳比赛，剩下的就是最激烈的拔河比赛。村里的王胖子将粗大的麻绳卷在自己身上，整个身体蹲在地上，为的就是多一分赢的概率。

偏僻的小山村从来没有举办过什么比赛，今天大家参与热情特别高，我看着打心底高兴！

"老蔡，等你回到北京别忘了我们呀。有时间经常回长门村看看，有啥好事多惦记着咱长门村。"

会计老牛不经意的提醒，我才意识到马上就要回北京了，那天和往常一样我走访群众到晚上9点多，回到住了两年的房间，虽然简陋，但充满了故事，因害怕车辆进村的声音惊动到村里的百姓，

蔡钢个人照片

夜深人静时，我悄悄钻进了面包车，踏上回京之路。

虽然只在村里待了两年，但我已经把它当成了第二故乡，时常会想起村里的点点滴滴，工作、生活虽苦，但是过得非常充实，特别有意义。我脸变黑了，手上起了茧子，眉宇间多了一道皱纹，头上也长了几根白发丝，人们对我的称呼也由"小蔡"变成了"老蔡"。我已经成了一个地道的长门村人。

何如山花烂漫时

于我而言，在渭源的一年，渭源带给我的，远远多于我带给渭源的。渭源也成为我人生中不可割舍的一部分；离开后的一年时间里，不知道多少次梦见自己还在渭源奋斗。无论我在哪里，我都愿意用我的所学，为大家出谋划策，建设美丽渭源，我会一路同行。

王　巍： 现在阿里巴巴集团工作。2020 年 4 月至 2021 年 5 月，在甘肃省渭源县挂职任县脱贫攻坚领导小组副组长。

从杭州出发前，集团给特派员做了十几天的培训，关于什么是扶贫、如何扶贫等。但到了渭源之后，心中还是充满不安。我该如何融入这里，我能为这片土地带来什么？现在的我，已经适应了高海拔缺氧，爱上拉面就大蒜，渭源话听力"八级"，跑遍了全县16个乡镇，通讯录中多出200多个渭源手机号，收获了一群可爱的朋友，爱上这里的一切。

是他们在改变我

王　巍

因为我有十几年的电商运营和农产品行业经验，所以不知道从什么时候开始，经常接到渭源电商创业者的电话，希望我能去他那里帮他参谋参谋，而这正符合国家提倡的扶志与扶智的理念，也与集团授人以渔的理念不谋而合，就这样我们和渭源电商商家形成了一个每月交流的默契。

甘大厨电商，是这次我第一个拜访的商家，一个不足200平方米的仓库。负责人叫王平，来自渭源最贫困的大安乡，是唯一一个把阿里巴巴提供的电商培训一节不落地全部学习完成的小伙子。我第一次见到他时，他的电商月销售额只有五六万元，跟我聊天时紧张得说话都不连贯。当我问他五年后你想成为什么样子的时候，我看到他眼神里还有些茫然。现在，他的天猫店月销售已经超过50万元，每月要帮助建档立卡户销售二三十万元的农产品。从一个初入门者到今天县内有名的电商运营专家，我见证了他的蜕变。更难得的是，如今我能从他的眼中看到光芒，不管在什么样的公众场合下都能够充满自信、侃侃而谈，而在自己的公司内部更是运筹帷幄，谈笑间可以做出一个又一个的果断决策。今天他要和我探讨的话题是怎么进行全盘的毛利管控，因为他发现规模扩大之后，开始出现亏损的情况。而我要帮助他制作自己的第一张毛利报表和损益分析表，从企业管理角度提升能力。

闲聊时，王平曾说："益明老师，感谢你。你刚来的时候我只是把你当作流量大腿。但这半年来你对我最大的帮助却不是流量，而

渭源县政府前的路

是帮我一起看到未来，给了我启发，让我能从全局视角去思考如何发展电商，如何能够为家乡带来更大的变化。"

我说："你要感谢自己的努力，感谢渭源这片大地给予你的一切。"那一刻，让我内心更加笃定。

这次拜访的第二站是渭源田地马铃薯有限公司，负责人李总是一位双腿不能行走的女企业家，一个以一己之力带动数千户老百姓种马铃薯致富的企业家。为了提高渭源的马铃薯品质，自掏腰包免费提供优质的马铃薯种子给合作社。

我来到田地马铃薯公司时，李总已泡了一杯茶，带着她的团队正等着我。作为她和她的产业的免费顾问，她一有问题就找我。如今我们已经成为战友，通过马铃薯产业帮助老百姓致富增收的战友。而就在半年前，我刚到渭源时，曾经三顾公司而不得见。后来，李总很惭愧地说："益明老师，你刚来时我有些怠慢了。"如今我们谈到这个小插曲都会会心一笑。而我们今天的任务是：根据渭源的马铃薯产业，帮助公司开发更有市场竞争力的马铃薯深加工产品，而我的任务就是通过大数据和经验，和公司一起探讨商品研发方向。

方向确定后，李总亲自跑到成都去谈合作，往返开车要20多个小时。看着李总的操劳，心情很复杂，有敬佩，有感动，也为她担心。而她却说："我是一个不像商人的商人，为了跟我一起的那些百姓，我愿意去尝试。"我知道她承担的比我看到的多得多。现在田地马铃薯公司已经有了自己的天猫店，组建了专业的电商团队，也有了未来的商品谋划，万事俱备，只需一点点时间就可以厚积薄发。

拜访的第三站，是"地达菜"扶贫车间负责人王艳，一个80后妈妈，以一己之力带领当地200多户老百姓一起将野菜变成致富的法宝。"地达菜"是西北地区的一种长在地皮上的野菜，营养价值非常高,是饥荒年代的救命菜。这种菜自己家里吃没问题,如果想要变成商品销售首先要解决的问题就是怎样把其中的泥沙去除干净。国内鲜有企业能够做到,但王艳做到了!她跑了全国多家企业学习,最终自行研发了一套设备,这套设备生产的地达菜质量在全国名列前茅,也是靠这套设备,王艳在这个圈子里打出了口碑。我作为特派员来到渭源后,针对她的情况鼓励她发展线上渠道,帮助她和县里的电商企业合作拓展新的销售渠道。线上渠道刚刚开拓不久,地达菜的销售额已有 20 多万元。而这次我来的目的是和她一起去采地达菜,了解这个产业后看看我们还能一起改善些什么。她说雪后采的地达菜品质是最佳的。

找到王艳,她带我们去了建档立卡户王大婶家,这次将由王大婶带我们去采地达菜。王大婶介绍说,她今年 68 岁,家里除了夫妻两个,还有儿子儿媳妇和三个孙子,儿子在外打工,儿媳妇在家照顾他们老两口和三个孩子。王大爷今年 75 岁,两位老人还要照顾家

第一次进行地达菜调研,帮助村民寻找商机创富增收

里的几亩地，农闲的时候就会上山采点地达菜贴补家用。

来到山上，我才发现原来地达菜在渭源并不稀缺，基本拨开草就能看到。真正稀缺的是拾地达菜的人。因为这个活太辛苦了，愿意干的人越来越少。我蹲在地上5分钟不到，腿就麻了，站起来头晕得很。我问王大妈："您一天能捡多少？"她说："下雪天4个小时能捡2斤，这种天气要6个小时才能捡2斤。"我算了一下不到50元！我又问她："您今年捡了多少？"她说："三袋子（35斤）！"脸上挂着自豪的笑容。我算了一下，大概800元。这是她一年收入的十分之一！此时此刻，我才深刻感受到推动地达菜的发展是多么重要！

告别王大婶后，王艳跟我说，今年，他们车间交货最多的已经赚到11000元。而她却面临着资金困难。但她说，再难都不会欠村民一分钱。

临走时我对王艳说："王总，你帮我整理一下，咱们的地达菜都是哪些客户在吃，让我想想看怎样能进一步拓宽咱们的渠道。"而此时此刻，我心里想得最多的是：不仅是销售，我们应该在商品升级上有更好的突破才行。

拜访的第四站是大安乡邱家川村，这里是兰州财经大学的帮扶村，驻村第一书记叫张强。张书记根据大安乡盛产胡麻的优势，帮村里建了胡麻油榨油厂，成立了胡麻油合作社。上次来到这里还是两个月前，当时我们讨论了品牌注册、包装升级改造、电商新销售渠道等问题，这次来，我们将看到全新、有品牌的大安胡麻油，同时我也邀请了县里的电商企业来实地考察，帮助大安的胡麻油打通互联网渠道。

大安乡是渭源最北部的乡镇，我们到达邱家川村的时候，张书记已经在村委会门口等我们，没有穿外套只穿了毛衣，他说"三年了，早习惯了"。来到他的宿舍，同时也是他的办公室，我们围着火炉聊了起来。谈到胡麻油的新包装，谈到渭源胡麻油的种植和产业未来的前景，还谈到合作社给电商企业的供货价格和结算方式，谈到渭源的胡麻油市场定价等。

张书记说："胡麻最大的优势是种起来不费人工，而且是马铃薯和党参轮耕期的补茬作物。"说真的，我作为一个多年农业从业者，看得出他对这个产业是用了极大心思。双方聊完此行的主要工作，确定后续合作时间后，我们闲聊起来。他说他最担心的是他离开以后这个合作社怎么办，如果没有主心骨来经营，合作社很可能会关闭。我说建议请职业经理人，在周围几个乡镇招募年轻大学生，让他们带上他们的计划来竞聘，也可以给有梦想的年轻人一个舞台。

王巍和女儿一起庆祝 40 岁生日

他听了一拍大腿说，明天就去乡里沟通这个事。看到他像孩子一样开心，我内心更是开心。能够通过自己的经验和能力，助力合作社发展，不正是阿里特派员的责任吗？临走时我说："张书记，竞聘答辩的时候，记得给我电话，我来帮助合作社做好方案把关。"

这半年多时间，在县委县政府领导的支持下，我不仅看到，也深度参与了很多脱贫攻坚项目，真正体会到脱贫攻坚对大山里的人们的意义，而精准扶贫政策更是不会让一个人掉队。我是一名党龄比工龄长的老党员，这一刻让我更加坚定自己的初心，我愿意把后半生投入到农业农村中来，用自己前半生的经验，去帮助更多有初心的企业，去帮助更多的年轻人，为渭源留下一支扎着根的电商人才队伍！

授人以鱼，不如授人以渔！相信能力比订单更加重要！

我想，我于渭源不是过客，渭源是我的故乡，是未来的十年、二十年都不可能斩断的牵绊。

何盼山花烂漫时

木拔于林，必深其根。鸢翔于宇，必丰其翼。希望大庄村"两委"不断夯实基础，完善自己，提升管理能力，让睿智的思想弥漫着大地的芬芳，让基层土壤绽开出理想的花朵，祝愿美丽的大庄村在乡村振兴的道路上逐步打造支柱产业，构建可持续发展的良好格局，带动村民向着幸福生活迈进！

张维刚：现在中国大地财产保险股份有限公司甘肃分公司工作。
2018 年 9 月至 2021 年 8 月，在青海省循化撒拉族自治县大庄村任第一书记。2020 年，先后被评为青海省"脱贫攻坚先进个人""中央和国家机关脱贫攻坚优秀个人"；2021 年，被授予"全国金融五一劳动奖章"。

> 那天，是我 44 岁生日……我给自己倒了杯酒。窗外，月光洒进酒杯，落在我眼里。关上灯，没有难过，没有彷徨，只觉得有一股力量，让我快要流出泪。

扶贫路上遇见更深刻的自己

张维刚

多年来，我想离开故乡去打拼，但命运一次次将我留下，一栋老屋，年迈的父亲和慢慢长大的子女，要说幸福，刚刚好。

两年前，不惑之年的我做了一个艰难而又发自内心的选择。当去扶贫的机会摆在眼前，我义无反顾地决定担下这份工作。说不出来具体原因，我想，两年的扶贫路会给我答案。

2018 年 12 月 4 日，是我到青海省海东市循化撒拉族自治县大庄村任第一书记的日子。

循化撒拉族自治县，是全国人口较少民族也是国家级贫困县之一，全民信仰伊斯兰教，位于黄河上游谷地，交通不便，土地贫瘠。我任职的清水乡大庄村有两个自然村落：移民新村和孟达老村。孟达老村距离县城以东 15 公里，移民新村距离县城 5 公里左右。

大禹治水的始发地——积石峡在不远处，这儿能感受到"黄河几万里，纵横在高原"的悲壮和苍凉。闲暇时，我总一个人开车到这边转转。站在山上，远远望去，黄河从西边谷地流淌过来又奔涌而去。黄河两岸，山峰耸峙，丹霞如染。我心生感慨：任山阻石拦，洪流必将东去，就像压在撒拉族人民头上的贫困一样。

这里没有城市的流光溢彩、火树银花的繁华，没有城市喧嚣熙攘的人群，只有一群淳朴又渴望美好生活的村民。

刚到这里时，作为一名汉族扶贫干部，语言不通成为最大的障碍。第一次拜访贫困户时吃了闭门羹……现在想起我都会会心一笑，我们都是可爱的人！

马木撒大叔家是大庄村44个贫困户之一，家里有些暗，老屋破旧，屋里没有像样的家具家电，铁皮火炉上熬着汤药。大叔患有胆肾方面的疾病，腰间一直挂着排尿袋，而爱人刚手术后卧床休养。看到我时，他们的眼神陌生而茫然。大叔在接过我手中慰问品的时候像受了委屈的孩子，眼里含着泪。此刻，我看见一旁大叔的爱人用厚厚的棉衣袖子抹着眼泪。那画面至今想起，仍鼻尖发酸。后来

所挂职县的风景风光

了解到，大叔儿子已失踪多年，只有二老相依为命。经过这两年的帮扶，二老身体已经基本恢复了，马大叔的爱人被安排在清真寺食堂帮厨，马大叔本人则在村内打零工。生活没有了后顾之忧，二老的精神状态非常积极向上，眼神里充满了对未来新生活的希望。此后，我每次去他家，大叔都会紧握着我的手，眼里依然含着泪。但这泪与之前不同，现在是笑着流出泪来……

驻村的日子里，我常拉着村干部当翻译到村里转。很多情况熟悉后，对周围人依赖越来越少了，也多了自己的判断，逐渐找到了工作的重点。扶贫工作的思路更清晰了。

记得有一次进村入户时，一村位民对我说："书记，起初我完全没有把您当回事，您的嘘寒问暖，我们以为只是单纯地完成工作任务，真没想到您真是干实事的，我们的生活真的有了盼头。"我也时常告诫自己：我是中国再保险（集团）股份有限公司党组织派来做扶贫工作的，我走到哪儿就要把中再集团的温暖带到哪儿，就要把党的富民政策宣传到哪儿。我想，扶贫中我承担的不仅是一份责任、一份良心，更是一次让老百姓改变生活的机会。

循化县位于黄河边上集中连片贫困区，地理、交通、经济等多个方面都不占优势。而在脱贫攻坚战役中，该县依靠"拉面经济"成为全国第一个民族地区整体脱贫摘帽的县域，我想这与其特有的历史文化传统以及政府推动支持紧密相关。

在集团的帮扶下，经过两年的努力，目前大庄村共有 24 户 72 人在全国各地"撒拉人家"拉面馆从业！扶贫这一路走来，亲身经历村民们各种脱贫故事，我深刻认识到：只有踏实奋斗的人，才能伸出双手拥抱阳光。

有一个人挂念，多深的黑夜也不会迷路。那天，从西宁开完会到宿舍时已经晚上8点多了，我匆匆换下有点脏的鞋子，打开窗，起身钻进厨房，为自己炒了几个菜。在厨房手忙脚乱时接通了老爹电话："儿子，好着没?""好着呢!""那好，那我挂了。"电话两头的父与子，情绪在悄无声息地涌动着。那天，是我44岁生日，而从少年十几岁时，我便不再过生日……

我给自己倒了杯酒。窗外月光洒进酒杯，落在我眼里。关上灯，没有难过，没有彷徨，只觉得有一股力量，让我快要流出泪。

循化的秋天到来的时候，正值"线辣椒"成熟采摘的季节。红的如血，艳的似霞。在落日暖暖的余晖中，撒拉妇人将一串串火红的"线辣椒"挂满枝头。

这两年在政府和定点帮扶单位的协调下，村民大面积种植"线辣椒"，当地通过大力发展农产品产销对接、中央单位消费帮扶、京东网上扶贫馆等协作平台，全面盘活了农产品线上销售，"线辣椒"成为循化群众名副其实的增收"致富椒"。

"书记，今年雨水好，辣椒产量特别好!"马大叔一脸自信，仿佛阳光落进他的眼里。我知道，这来自生活，来自劳动，来自"线辣椒"火红的日子。

"线辣椒"是撒拉人心里的火焰，是屋檐下挂着的风景，是藏在当地人民血液里火辣辣的豪情。

暴雨后，走路要格外小心，村子的那头没有水泥路，只有几间老屋还在那里守望。一位满脸风霜的大爷，蹲在门口，思考着什么……

"书记，又串村呢，原想去串门，腿脚不好，被烂泥路挡住了，书记你当心点。"大爷说完便颤颤巍巍地回了屋。他独自一个人生活，儿女在外打工，老伴已去世多年。我望着他的背影站立良久。

农村，在来扶贫之前我并不陌生，甚至很多农活我也干过，但那并没有刻骨铭心。当自己真正走上扶贫工作岗位，真正和贫困户扎在一起，真正在田间地头摸爬滚打的时候，踏踏实实用双脚丈量每一寸土地后，我发现我踏实了。对大大小小、林林总总的扶贫工作，我并不两眼一抹黑了，学会了把握脉络，用心掌握事物的发展节奏，辨别轻重缓急。基层工作经历给了我温暖，坚定了我的来路。

两年来我积极对接政府，协调推进了 16.5 公里道路硬化和 905 平方米村级综合活动中心的项目建设。走在村里，不再是"晴天一身土，雨天一身泥"。

后来每每下乡的时候，看到走路颤颤巍巍、步履蹒跚的"爹娘"，我便不禁想到远方的"老爹"，腿也不好，虽未生活在农村，但和这里人一样平凡、质朴，一样正在为儿女操劳。

忙起来连时间都跑得快，这已是我参与扶贫工作在外度过的第三个冬天。举目皆白，空气冷得清新。总觉得高原的雪很白很白，似乎这种白不是一种色彩，而是一种姿态，如扶贫精神一样。

意识到离组织安排换岗的日子越来越近，思绪总是停留在无数个跋涉过的昨天……现在的我

张维刚的生活照片

到底发生了什么变化？两年扶贫生活，我又体会到了什么？当我站在田间地头用脚踏踏实实丈量土地时，当我看到一户户改造后的新屋时，当我看到拿到助学金后那闪亮的眼睛时，似乎和两年前只是转了个身，却发生了很大变化。一路走来，我发现改变最大、收获最多的是自己，扶贫让我变得更加踏实，学会了生活上用减法，工作上用加法，遇见了更深刻的自己。

扶贫，亦是扶己。

何当山花烂漫时

在红星村驻村的那些日子，时隔多年还总浮现在我梦中，就是诗人所说的『铁马冰河入梦来』。想念一起奋斗的同志，挂怀脱贫的群众，心系求知的孩子们。相信未来：希望你们在新时代有新的收获，希望你们有灿烂的前程。

常　超： 现在中央台办工作。2017 年 8 月至 2019 年 10 月，在甘肃省广河县红星村任第一书记。2019 年，被评为"甘肃省脱贫攻坚帮扶先进个人"；2020 年，被评为"中央和国家机关脱贫攻坚优秀个人"。

这里有如《平凡的世界》中那样真实而具体的生活，在这里，我感知到中国大地上如血脉偾张般向上的力量。

这是不平凡的乡村

常　超

刚刚经过撰写博士学位论文的种种磨炼，我又面临着另外一篇更重要的"论文"，这篇论文撰写起来更难，却更快乐。

2017 年 8 月的一次偶然机会，我与西部深度贫困地区的一个小山村结下不解之缘。两年的驻村扶贫实践，让我开始阅读脱贫攻坚这本大书，阅读最淳朴、最基层老百姓的人生点滴。在这里，我真正感受到了一种叫作不平凡的平凡。

一

"召集'两委'班子、各队队长，常书记要给大家布置近期入户工作，商量商量过冬物资分配。"伴随着红星村会计马启虎的张罗，村委会开始了入冬后第一周的例会。在我两年多的驻村记忆中，群众的脱贫之路就是在这样的工作点滴中凝成的，刚出机关、基层经验严重不足的短板，就是在这样的实践中慢慢补足的。

我所驻的红星村，地处甘肃省临夏回族自治州广河县庄窠集镇中南部，距离县城约 20 公里，平地少、山地多，山大沟深，自然条件差，经济基础弱，贫困发生率高，系属国家"三区三州"深度贫困地区。全村耕地面积约 2047 亩，人均 1.37 亩；无霜期短，农业结构单一，以玉米、马铃薯为主，可供开发的自然资源不多，群众收入以种植、养殖与外出务工为主。全村百姓民族成分为回族、东乡族，普遍信仰伊斯兰教。全村共有 331 户，2014 年确立的建档立卡贫困户有 201 户，贫困发生率逾 50%。

到村任第一书记，首先面临的是三个难关，即语言关、饮食关

广河县红星村鸟瞰

和海拔关。首先是语言关。这里是西北腹地，交通不太便捷，群众高度聚居，与外界联系较少。唐代以来的穆斯林向东赶赴长安，走一路留一路，留在当地的就形成少数民族聚居圈。因此，时至今日，老百姓的方言都颇有"古韵"，十分难懂；加之大家见面问候和常用句子也偶尔保留了阿拉伯语词汇，使得我这个"外来户"很难跟当地干部群众沟通，遇到了语言关难题。为了解决问题，我坚持每天入户，尝试跟会一点普通话的老乡攀谈，一方面"实操"方言，另一方面也了解村情。之后，就试着多参加村镇的工作会议，结合工作要点，摸索重点词汇，私下里还跟村镇干部练几句。三个月下来，我就大概是个"四六级方言"的水平了。不但跟大家熟识起来，也逐步树立了信心。本身腼腆的我，也能够在各种工作会议中独当一面了。

其次是饮食关。我老家吃米饭较多，在江浙一带求学多年，口味偏甜偏清淡。这次挂职所在地口味重亦极具特色。全县皆为清真餐，老百姓主食为土豆、玉米、炒面和面片子，肉类就是牛羊肉和鸡肉。我和村干部、驻村工作队员一道，常吃的就是水煮玉米和烤土豆。玉米直接啃着吃，烤土豆蘸着盐吃。偶尔能吃到羊肉，大家最喜欢的做法就是盐水煮的肋条，没有什么复杂工序，配上蒜头味道就很美。绿叶菜比较少见，大家主要靠绿茶补充维生素。水质也比较硬，一杯水往往半杯"雪花"。刚开始，我是真难习惯这种"粗犷"的吃法，但大伙都比较热情，我也只好勉为其难。久而久之，倒是习惯了清真口味和粗加工做法，觉得比较养人，偶尔还挺怀念外皮烤得焦黄的土豆和略带膻味的羊肋条。直到现在，我都觉得村里的饮食比较养胃，大家都戏谑地称我是半个西北人。

最后就是海拔关。全县平均海拔 2000 米左右，村里多山，海拔达到 2200 米，最高处能超过 2600 米。刚开始，走几步会不自觉地想喘，走多了还有脑子放空的感受。晚上睡觉往往失眠，睡着了也多在四五点醒来，深度睡眠时间不过两三个小时。可能是我在北京的时候经常游泳，肺活量大，所以在当地总比其他人更难适应这种海拔。改变还是需要时间的。刚开始，我试着放缓步伐，渐渐地也多朝山上走，走村入户净拣那些迂曲的路，调整好呼吸，也尝试放松自己紧张的心情。半年下来，基本上能健步如飞了。只是睡眠时或不佳，慢慢便习惯了。

过了这拦路的"三关"，接下来的路便好走了。我逐渐有了游刃有余的感觉。上山入户，与村干部、老百姓打成一片；操着还算地道的方言，对群众所思所想感同身受。由于我在本科阶段攻读过宗教学专业，系统修习过相关专业课程，因此在与大家打交道时能较好地做到尊重当地风俗习惯，获得群众信服，为各项工作开展奠定良好基础。

二

我所在的这个村，致贫原因十分复杂。地处西北山区，区位优势不佳，招商引资难度大。自然资源匮乏，经济基础薄弱，贫困人口基数大，山居群众多，脱贫致富的客观环境较差。更为困难的是，学生失辍学情况多发，村里的青年囿于饮食习惯和生活习俗不太愿意外出务工，客观上造成贫困人口脱贫内生动力不足。此外，村里干部文化水平普遍较低，工作能力有待提升，在移风易俗、树立新风方面缺乏动力，在有效推进乡村治理方面存在一定困难。

要想脱贫，就得结合当地实际为百姓谋划适当的脱贫路子。脱贫攻坚关键要有产业，有产业才能实现经济"造血"，困难群众才能增收。为了解决这个难题我煞费苦心。

我开始尝试依托派出单位优势资源，广泛为台商台企牵线搭桥，多渠道协调台商团组赴村考察。这样一来，驻村帮扶的一项重要业务就是为有爱心、有责任心、有实力的台企入村修桥铺路。经过不懈努力，天津康农食品集团的台湾企业家来到了村里，为当地带来先进的种植技术和种植理念，还投资帮助乡亲们改变旧有的生产模式。4个智能温室大棚建在了村委会对面的田里，台企留下专家组为大家辅导有机蔬菜瓜果种植。我跟村里几个脑子活的年轻人商量，希望他们首先加入学习中，好给全村百姓做个示范。

为了强化管理，我和村委会主任还专门跑到退休的老支书家里，请他"出山"，督促这几个后生跟着专家好好学。功夫不负有心人，几个月下来，本村年轻人对于台湾高效农业关注度越来越高，这场"生产更新运动"简直成了村中的一景，七里八乡的朋友都想来看看这来自宝岛台湾的种植盛况，看看能为大家带来怎样的实惠。于是，色泽诱人的台湾冬草莓成为远近闻名的"网红"水果，不施农药的盖菜、生菜也走进了县里的知名饭店，成为当地老百姓可以一尝的佳肴。

有了具有社会责任心的台商参与帮扶，最困难的环节还是如何想办法让他们多来我们这个山沟沟里"遛遛"，让台湾同胞也真切感受困难群众所需，感知党和政府的魄力和作为，进而襄赞一臂之力。派出单位的有力支持和当地政府的组织配合，是我协调台商助力脱贫攻坚的强大动力。通过覆盖大西北的两岸文化交流、经济交流和基层代表交流等形式，台企、台胞走入贫困县，来到这个村。目睹老百姓易地搬迁、就业增收的故事，亲耳听闻锲而不舍、勠力同心的脱贫经验；在此过程中，找到可以合作的节点，为当地群众培育产业办实事。这样一来，闻名遐迩的呷哺呷哺过来了，为老乡带来销售绿叶菜的可靠渠道；康农食品集团进驻了乡村，为百姓带来先进种植技术和管理模式；安佑生物科技来到了山里，为农户饲养牛羊提供了高效饲料与科学养殖技术；"康师傅""统一"走进了山沟沟，为生活困难的群众输送了生活物资，真是雪中送炭。

我们村五队队长马俊华是这些帮扶事件的亲历者，他常说，"常书记心念着百姓，天天都在琢磨着如何让大家有事干，有钱挣；百姓们做梦都没想到台商们能组团进了咱山沟沟。眼看着一座又一座大棚盖起来，一车又一车好饲料运进农户家里，大家脱贫致富就有了指望。"

中央台办常超（左一）为群众讲解在电商扶贫点就业的好处

三

脱贫攻坚要重视教育扶贫。平时走村入户,我最念念不忘的就是让娃娃们多读书,为村里基础教育协调更多的优质资源。经多方协调,成功推动台商捐资建成的村级幼儿园良性运转,修缮村镇年久失修的小学,协调县教育局配备专职教师;协调台资企业、相关单位为村小学生、幼儿捐赠图书玩具、学习用品等。

村民马玉海家里有三个上进的学生,都在上大学,但因家庭经济状况一般,一度面临辍学危险。得悉情况后,我和村委会的同志经常跑到马玉海家里做工作,让他坚定培养孩子的信心,还尽可能协调打工增收的机会给他,让他有能力培养子女上大学。年长的子女毕业后,我鼓励他们报考公务员、扶贫专干等岗位,承担起养家的责任,并以所学回馈社会。我常对马玉海讲,"家里有仨大学生,脱贫的事儿你还愁啥"。事实证明培养孩子求学自立是正确的道路,村民马玉海很感激,"多亏常书记和村干部做我工作,想办法帮助我三个娃娃上大学,现在两个孩子毕业了,都有了工作,脱贫的事早就不发愁了"。

四

2018年汛期,红星村遭遇40年不遇的洪涝灾害,群众的财产和人身安全遭受严重威胁。我和村干部在第一时间成立了抗洪抢险指挥部,不畏艰险,身先士卒,前往各户勘察灾情,了解山体滑坡、房屋坍塌、人畜伤亡情况,指挥并参与疏通河道、救援百姓。

当时，村里有两座桥面临坍塌危险，且是几个大社百姓往来的交通要道。为尽量减少群众损失，我和乡镇干部一起协调县相关局派出挖掘机疏浚河道，尽快排除险情，并在现场参与指挥。暴雨连绵的几日，我跟村干部接续勘察河边几个危险户，确保群众、财产、牲畜安全；及时转移高危地区群众，在村民文化广场搭建临时救灾帐篷，做好安置工作；有效安抚大家情绪，鼓励大家齐心协力抗洪救灾。

我们连续半个月就住在抗洪抢险指挥部，轮番值夜班，24 小时不间断关注灾情，协调民政局、交通局为救灾工作提供支持。此外，为帮助群众顺利渡过难关，我们还协调台企顶新集团、统一集团捐助矿泉水、方便面及其他救灾物资，极大地缓解当地救灾压力。洪水过后，全村干部、群众更加团结，村"两委"班子也更有执行力。洪水无情人有情，脱贫致富路不阻。救灾工作告一段落，我面容憔悴，然而看到群众的生活逐渐回归正常，我就深切感到，这些付出都值得！

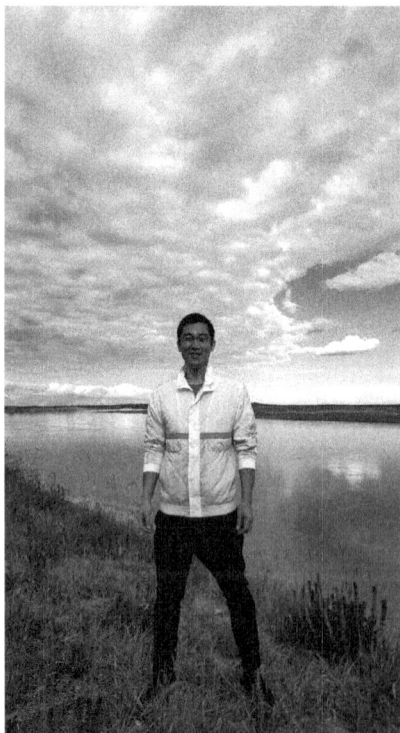

两年下来，刚 30 岁出头的我也两鬓苍白了。但我丝毫没有后悔，用《论语》里的经典表述，这叫作"求仁得仁"。回到派出单位后，我常常念及村里的孩子们，念及群众灾后重建的住房，念及

常超生活照

日益走上正轨的产业道路。村里的干部、群众也时常给我打电话，谈谈家长里短和乡村变化。我觉得，能够在决胜全面建成小康社会的关键时间节点，与困难群众一道打赢脱贫攻坚战，是一笔宝贵的人生财富。这将时时激励着我不忘初心，牢记使命，继续为党和国家的伟大事业而奋斗。

何妨岩花烂漫时

回望来路，摆脱贫困是一个点，终结了延续千年的贫穷；展望前程，乡村振兴是台阶，拾级而上定然风光无限。那些支撑我们跨越艰难险阻的勤劳、质朴、勇敢的品质，也定是前行路上的动力源泉。乾落村，我的第二故乡，明天一定更美好！

韩锁昌： 现在西北农林科技大学工作。2015 年 6 月至 2019 年 8 月，在陕西省合阳县乾落村任第一书记。2017 年，被评为"陕西省优秀第一书记"。

> 4年多的驻村生活是自己从有围墙的学术大学进入没有围墙的基层大学的一次刻骨铭心的深造，这4年实践能力的提升远不是课堂里4年、6年能够达到的。

捂得住眼睛捂不住泪

韩锁昌

4年的任期到了，自己却沉浸在完全投入的状态中停不下来，直到新一届第一书记到村交接时，我才匆忙收拾腾出宿舍和办公室。离开的日子，久雨见晴，乡亲们带着热腾腾的鸡蛋、剥好皮的核桃、牛奶和红艳艳的锦旗，拉着手、流着泪、敲锣打鼓扭着秧歌送我出村，那一刻我才意识到自己真的要离开了。接任的孟书记偷偷问我："你怎么忍得住不流泪？"走出一公里，乡亲打来电话让等一等，追着送来一副字：情系百姓，一心为民。

一

2015年6月，被组织部抽调参与处级单位研判的我无意中看到了《中央组织部、中央农村工作领导小组办公室、国务院扶贫开发领导小组办公室关于做好选派机关优秀干部到村任第一书记工作的通知》。三部门联合发文让我意识到这件事情的重要性，想到一望无际绿油油的麦田，久在机关工作的我不由得心往神驰。当组织征询我的意见时，我很快和家人达成共识，6月30日，我将3岁多刚上幼儿园的儿子留给5月刚到新岗位的妻子，背上行囊进了村。

到村不久我就迎来了第一场考验：水。乾落村所在合阳县位于关中平原东北部与黄土高原接壤处，俗称旱腰带，水是最大的制约。2016年初，我和村干部开始为"水"奔走。农业局、水务局、扶贫办，移民局……一次、两次、三次……在合阳这样一个水资源严重短缺的国家级贫困县，水是所有村子共同的瓶颈。在我们一次次努力下，2016年4月7日，乾落村机井项目终于开工建设。其间，井

乾落村三八妇女节活动

架倒塌导致工人受伤，我们第一时间联系工队负责人表示关心，他的回答我至今记忆犹新："韩书记你放心，这是我们工队的事情，我们不会纠缠村上；你给村里办好事，我全力支持，我安排医院这边的事情，工队不停工、工期不受到影响！"他用行动践行了他的承诺：5 月 10 日，310 米深、出水量 25m^3/h 的机井落成。干部和村民们第一时间接上照明电源，让白花花的井水欢快地流进果园、农田，庄稼和果树拧紧的叶子舒展开了眉头，在渭北旱塬的微风中轻快地摇曳……那一刻，我的心也随着果树和庄稼的叶子温柔地荡漾，对自己的选择和努力方向的信心更加坚定。

随后，我们陆续争取到电力局架设的 100kVA 专用变压器、移民局支持的 15 米高水塔、西北农业大学支持完成的井房围墙地面硬化等配套、水务局支持的灌溉管道 4000 余米……

在各方认可支持下，其他建设项目也陆续落地动工：村部完成改造扩建，垃圾坑变成了文化广场，整村排污管道全部完成，100兆光伏电站投入运营，巷道生产路硬化即将竣工，600 亩扶贫产业园完成近 200 亩设施冷棚搭建，文化大礼堂紧张收尾，1000 吨冷库正在调试……每一步的推进都赢来一片赞叹，在一步一步的推进中，我的信心也更加坚定，步伐越来越沉稳，协调事情越来越游刃有余，得到认可的我越来越热爱第一书记这个身份。

二

到村第一个月做的事情是通过走访和逐户摸底调研产业发展现状——从开始到最后我始终固执地坚持着产业是"造血"的核心这

一理念。还记得当时调研的结果是苹果、核桃、桃子、葡萄、花椒、中草药等种植业分散不成规模，群众还坚持着以量取胜的传统观念等。出身农业高校的我深知市场经济条件下产业方向的选择至关重要，在带着村干部咨询了村里所有的种植品种后，根据乾落村自然条件优势，结合县域经济发展规划和村级产业基础，最终确定了设施红提的发展方向。方向一旦确定，剩下的就是"干"。

第一步我就受到了打击：2016 年春，为了引导鼓励大家进行葡萄产业升级换代提升产值，我们动员乡亲们去参观邻村的设施冷棚红提——按照 2014 年、2015 年的行情，冷棚红提比露天红提市场收购价格高出 2 元/斤，而且病虫害少、劳动强度低。但经过广播宣传、组长动员却没有人愿意去，最终采取中午请吃羊肉泡馍的办法也只组织去了 7 户。

这让我意识到在大家风险抵抗能力低、从众心理普遍的现实下，必须有身边的人带头干，让大家看到实实在在的效益才能推动产业升级。于是我找到了村里最早种植红提的老冯，结果一拍即合。说干就干，老冯用了 2 个月时间完成了 6 亩露天红提的冷棚搭建，在后期的病虫害防治中，老冯的冷棚种植比露天种植减少防治 10 多次，秋天卖完葡萄一算账：毛收入 12 万元，比露天种植翻了一番还多，这一下子在村里炸了锅。

2016 年底，趁着老冯的轰动效应，我们趁热打铁，及时动员大家建园和进行老园改造，并争取到学校以"先栽后补"的方式提供全额种苗补助和选派专家全过程技术指导。但乡亲们还是不踏实："韩书记你别把我们忽悠起来建了园子，你的政绩出来了拍屁股走人，到时候出了问题我们找谁去呀？"为了彻底打消群众的顾虑，我动员在昆山打工的哥嫂返乡与表哥一起到乾落村种葡萄。2017 年，元宵节一过，我的哥嫂就卷着铺盖进了村，一个月时间完成 30 余亩土地流转清表，开始挖坑栽树。看着我从来没种过葡萄的哥嫂到村发展，大家终于行动起来，2017 年当地新增种植面积 90 余亩，2018 年新增种植面积 200 余亩。学校作为坚强后盾提供全方位支持："先栽后补"，先后发放苗木补贴款 20 余万元，赠送 19 个市场主流品种，建立品种储备繁育园，选派一线经验丰富的张宗勤教授驻守合阳葡萄试验示范站开展全过程田间技术指导，土壤专家每年下地采样测土配肥，水肥专家把最好的产品送到田间地头手把手指导使用，测试中心在每年葡萄上市前提供质量检测服务……地方政府也积极提供支持，完成红旗库水源覆盖、滴灌管道铺设、产业路硬化亮化，并发动银行落实贴息贷款 260 余万元。

截至 2019 年 8 月，乾落村红提种植面积突破 600 亩，成了村里的主导产业，第一批冷棚、避雨棚建设完成 200 余亩，亩均商品果 3000 多斤，冷棚栽培比露天栽培亩均增收 6000—8000 元。学校员工每年都能吃到娇艳欲滴、香甜可口的乾落红提，绿色安全、串行整齐、颗粒大、糖度高的乾落红提也得到越来越广泛的市场认可。

回望来路，产业的发展就像孩子的成长，先后经历了各种的考验，但每一次考验都成为大家成长提升的契机，意识在一次次考验中强化，技术在一次次考验中提升，最终形成今天主导产业的格局和品牌。

三

老刘是我联系的帮扶对象之一，人高马大，魁梧壮硕，近两米的身高，200多斤的体重。老刘家从他父亲那时日子就不好，欠了一堆债，导致老刘现在还在银行的"黑名单"里；老刘年轻那会儿媳妇因为日子紧张和他离了婚，带着闺女改嫁他人；老刘二婚的媳妇一身病干不了活，他自己意外摔坏腿落下残疾。困苦的家境让老刘彻底没了心劲儿，过一天算一天是我对他最深的印象。

对老刘的第一项帮扶措施是2016年春节的特困户慰问。大家对将他定为特困户没有意见，但对改变他破罐子破摔的状态不抱任何希望——也因此没人愿意做他的帮扶人，最终我成了他的帮扶人。在特困慰问金发放的第三天，有人给我反映：老刘前脚领了慰问金后脚就上了麻将桌，用了半天时间就把1000元的慰问金输掉了800元。我当时气得将老刘叫来一顿数落，他不好意思地傻笑解围，但我从他的羞涩中看到了希望，我暗下决心要走到他的心里去。

随着2016年脱贫攻坚数据清洗工作的开展，我到老刘家填表签字的次数日渐频繁，老刘也从开始的客气逐渐变得失去了耐心。在一次夜间入户时，酒后的老刘没能再克制住自己的情绪对我吼了起来："你以后不要再来了，这个破贫困户老子不当了，整天填表签字，影响我干活，老子不干了。"他一边吼着一边将我从屋里推了出来，关上了门。该如何缓和与老刘的关系并取得他的认可呢？这是我那一段时间思考最多的问题。经过一段时间观察，我发现老刘对他的小孙女特别上心，这个孩子是唯一能点燃老刘心里希望的火种！于是我就有事没事和孩子一起玩玩，入户走访给娃带点好吃的，联系志愿者给她送书包、玩具等，同时在人多的地方夸夸老刘的优点，提醒干部和乡亲们说话做事要给老刘留面子。慢慢地，老刘对我的态度有了转变。一天晚上，老刘来到宿舍非拉我上街喝啤酒，我欣然前往。几瓶啤酒下肚后，老刘的话多了起来，低下头来给我讲他父亲的事、他自己的婚姻家庭、儿子的情况等。其实这些事我都知道，但是从他嘴里说出来表明他从心里开始接纳我了。

随着与老刘关系的缓和，我们有针对性地制定了帮扶措施：争取资金落实危房改造，联系工队创造就业机会，联系学校党支部结对帮扶，用 2017 年特困慰问金补交了他们一家拖欠的合作医疗费用。当一系列帮扶政策落实后，看着干净整洁的屋子、平整的地面，在一次入户时老刘再次咧开大嘴挠着头不好意思地笑了，他甚至一度戒掉了一天两包烟的烟瘾，整天满身酒气一说话就粗喉咙大嗓子的现象也很少见了。

要改变一个人几十年养成的秉性需要一个耐心的过程，这个过程同时也是自身认识深化、能力提升的过程。老刘的转变就像人类社会的发展在反复中螺旋上升，我也在一次次安慰鼓励中越来越了解他和他的家庭，越来越清楚怎样去化解他的情绪低潮。2018 年 7

能带出一批本土的干部，才能留下一支带不走的工作队

月，老刘又迎来了一个低谷：久病的妻子脑梗发作不能行动，老刘只得辞掉工地的工作照顾妻子。为了帮助老刘渡过难关，我们及时到医院看望，商定让老刘的老母亲帮忙照顾他的妻子、老刘继续打工缓解经济压力的方案，并联系学校党支部捐赠医疗善款和轮椅，同时隔三岔五地约老刘撸个串儿鼓个劲儿，确保他不要再次失去信心。2018年底，老刘的妻子撒手而去，我们发动老刘本家帮忙处理后事，学校党支部也再次第一时间送来善款，一切从简安葬了老刘的妻子。

经此事后，老刘的情绪反倒平稳许多，做事也认真起来。2019年开春入户时，老刘已经将家里的事情安排妥当：托人介绍儿子和儿媳出国务工，老母亲帮他照看年幼的孙女，自己到附近的工地开推土机，每天早出晚归生活很有规律。

我离开村子的时候没有告诉老刘，他后来打来电话埋怨我不辞而别，却又爽朗地邀请我有空多回村。后来，我在新闻里看到了学校领导到村看望老刘的照片，他很精神。

好日子谁不想过呢，关键是有没有不服输的心劲儿，而帮扶的关键在于给予充分的理解和尊重，重塑生活的希望和做人的尊严。要实现这个目的，则需要设身处地换位思考，用真心赢得信任，精准施策地解决实际问题，用行动赢得认可。

四

驻村4年多的时间里，马婶的事情是我遇到的最难的问题之一。

马婶是个倔强的老太太。老伴过世早，她跟小儿子共同生活，住在旧房子里，后来小儿子失联了，近十年来，她住在白天能看见太阳、晚上能看见月亮的旧房子里头，想着她老汉、盼着小儿子回来，就是不愿意搬家。小额贴息贷款的政策出来后，老太太要以她的名义给大儿子申请贷款，因为不符合条件没办成。为了彻底解决老太太的问题，让老太太老有所养，同时发挥政策的最大帮扶效果，我和村干部们认真商讨，决定以儿媳妇为切入点，从他们在村里的影响和口碑入手做工作，多次沟通后老太太同意与大儿子合并户口。

但老人就是不愿搬离墙歪土掉、四处透亮的土木结构的老房子。在一次走访中，老太太拉着我的手说出了她的真实想法：

"韩书记，我知道你是好人，你给我把这个房子盖了，我等着我小儿子回来娶媳妇，你要不帮我，我就死在这房子里，老天爷可在天上看着哩。"

当时差点把我弄得没办法回答，我呵呵一笑对她说："婶子，老天爷在天上看着哩他咋不帮你？反倒是党给你发养老金、低保金、米面油，让你吃饱穿暖，给你贴钱看病保障你的健康，你可要记共产党的好呢。"

老太太再不说啥，拍着我的肩说："你这娃还会说话得很。"

后来，在一次暴雨后，村干部在大儿子的支持下拆除了马婶的危房，老人搬到了大儿子家。随着时间的推移，老人也慢慢与儿媳从对立变得融洽。现在，大儿子的葡萄园里，经常能见到马婶和儿媳一起干活的身影。看着老人一天天变得红润的脸，我们坚信这件事情做得对、做得及时。

我们的民族有着 5000 多年优秀文化和传统美德积淀，这些公序良俗在无形中引导着大家的方向，规范着大家的行为，维护着大家生活在一个积极的、正能量的、和谐的社会环境中。每一个人都在从这个环境中汲取营养，同时也应当和必须自觉遵从公序良俗的约束，为维护良好的道德秩序做出自己的贡献。

4年多的驻村生活是自己从有围墙的学术大学进入没有围墙的基层大学的一次刻骨铭心的深造，这4年实践能力的提升远不是课堂里4年、6年能够达到的。在离开村子后，想起村里的一人一户、一草一木，我都能讲出一大段生动的故事，而这些故事所见证的成长、增进的阅历必然是此生最可宝贵的财富，如灯塔般照亮自己后半生前进的路！

乾落村，我铭记的第二故乡，期待你的明天更美好！

韩锁昌生活照

待到山花烂漫时

多少次，梦回那熟悉的地方。南山脚下，弥漫泥土的芬芳，二道河的碧波萦绕着，青砖黛瓦，漫山遍野的牛羊。孩童们端坐在窗明几净的教室里，热烈的威风锣鼓隐隐在文娱广场奏唱。乡村振兴的号角，正在这里吹响。永远祝福你，我的第二故乡。

黄　莹： 现在国家中医药管理局工作。2018 年 9 月至 2021 年 4 月，在山西省五寨县中所村任第一书记。2020 年，被评为"中央和国家机关脱贫攻坚优秀个人"。

两年的时间，从刚来时入户听不懂村民说话，开会听不懂领导讲话，到现在跟北京的朋友聊天还时不时冒出几句五寨土话；从刚开始吃莜面豆面胃会难受，到现在几天不吃想得慌；从刚开始一提政策就要先翻书或者百度，到现在讲党课开大会各种政策也能自如引用，像是经历了一番"战火洗礼"后的成长。

原乡情浓

黄 莹

人们常说，驻村工作要"入百家门、察百家情、解百家难"。中所村地域不大，村南到村北，村东到村西，走路不超过半小时，每星期我都会专门抽出一两天的时间，去到村民的田间炕头，一起话话家常，听一听他们对村里工作的看法，哪怕是一些委屈或气话。这种方式不仅促进了感情的沟通，对于工作本身也裨益良多。

贫困户夏大娘前些年因生活特殊遭遇患上抑郁症。为了让她经常接触外界，保持心情舒畅，村里为她协调了街面保洁员的工作，加上低保金、养老金等收入，生活有了充足的保障。通过服用药物和外界环境的疏导，她的病情控制得很好，脸上的笑容也越来越多。有一次我去村附近的一条街买早餐，被她看到了，拉着我的手走进一间包子铺，说这里好吃，然后颤巍巍地从兜里掏出年久到看不出颜色的手绢，打开后是一把零散的人民币就要付钱，我连忙自己用手机支付了，跟老板使眼色说手机交的钱退不了。老人很生气，"你这娃娃，我现在不缺钱，给你买个包子怎么了"！看着她急了，我连忙保证，下次一定吃她买的包子。虽然那间包子铺确实美味，但因那里是她工作的"辖区"，我再也没敢去过。

夏大娘的家临近村委会，每次去她家，都会给我沏一大搪瓷杯的"橘子粉"，那个杯子太大，我实在是喝不完，又不忍心浪费。我劝她别弄这么多，她只是笑。直到有一次，她告诉我，你慢慢喝，这样你就能在我家多待会儿。那一瞬间我的眼睛湿润了，她现在虽然生活条件不错，但内心依然空虚寂寞，期盼着能时常有人陪着说

中所村女子威风锣鼓队文艺表演

说话。村里有很多这样的老人，入户的时候，有的偷偷塞给我珍藏了好久的饼干，有的执着地问我什么时候带女儿来五寨，说按照习俗要给包红包，有的会嗔怪为什么别人的玉米我就吃了，他给的就没要。我心里明白，在这些老人眼里，我不只是一个扶贫干部，他们是把我当成自家的小辈来看待和心疼的，每次离开时看着老人依依不舍的眼神，我的心也在备受煎熬。

2019年，在国家中医药管理局的帮扶下，村里终于建成了老年人日间照料中心，紧邻村委会，老人们有了一个舒适的公共场所，可以看看电视，打打扑克，下下象棋，听一听别人插科打诨，尝一尝村里自产的保健茶，一片其乐融融的景象。每次看到这样的场景，我都十分感慨，脱贫攻坚是场硬仗，在思想上尊重群众，情感上贴近群众，行动上深入群众，才知道群众需要什么。可能只是一些细微的举动，一项不算太大的工程，就可以极大地优化他们的生活质量，提升幸福指数。

村北有一片野生中药材引种驯化试验田，村民乔书荣的家就住在试验田的对面。我去田里照看药材的时候总能遇见他，有时候天还未大亮，就看到他骑着电瓶车赶去工地，虽满面风霜，跟几年前因生活压力精神萎靡、寡言少语的他相比却已判若两人。他说以前的穷都是因为缺技术没头脑，现在要抓住各种学习机会，趁年轻多攒些本事。通过技术培训，他学习泥瓦工技术、学习农机修理技术、利用金融扶贫贷款建起了蔬菜大棚，不仅实现了脱贫，还成为远近闻名的"多面手"。有一次村里进行厨师培训，我又看到了他的身影。我问他，难道现在不够忙，还打算开饭馆吗？他笑着说，技不压身。现在日子越过越好，学个做饭手艺，就算不靠这个赚钱，在家给老人做点好的饭菜也不错。说这话的时候，乔书荣脸上洋溢的是对现在生活满满的幸福感、满足感。"扶智"与"扶志"的结合，不只富了农民的口袋，也充实了他们的头脑，激发了他们对美好生活的憧憬与向往。

任克祥大爷的大棚紧挨着乔书荣家。时至冬日，本应该是农闲季节，这位年过七旬的老人却仍然忙碌着，他在自家搭建的鹅棚里，一边撒着饲料和菜叶，一边观察着即将上市的鹅群。前些年，因为夫妻二人均已年迈且体弱多病，村里为其办理了低保，加上养老金、土地补贴等，足以维持基本生活。但作为一名党员，任克祥主动提出"光靠吃低保过日子没有希望，还是要力所能及地干点事情"。他在自家小院里尝试养了 4 只鹅，喂的都是粮食加工后的下脚料和菜叶子。在精心饲养下，短短 6 个月的时间，每只出栏的鹅就让任克祥赚到了 80 元。尝到甜头的任克祥，戴着老花镜自学智能手机，在网络上下载有关农产品生产销售的小程序，了解养鹅技术和市场行情，进一步扩大养殖规模，摸索适合当地的养殖技术。现在的他可

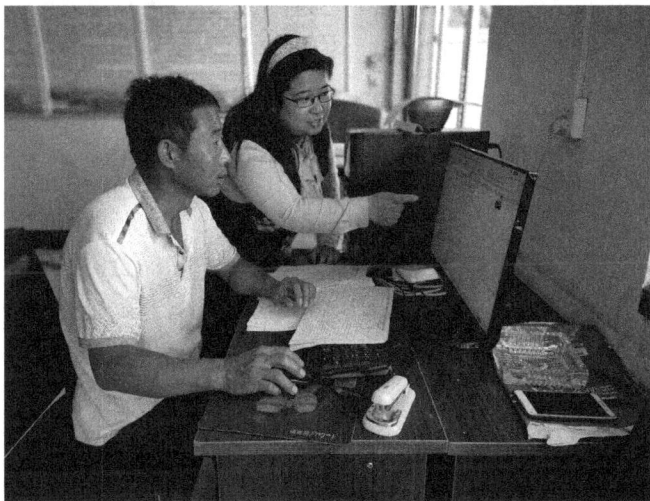

工作照——黄莹（右一）指导村干部使用电脑进行办公

以熟练通过手机软件购买鹅苗，操作熟练程度让年轻人都叹为观止，每年养鹅收入更是高达上万元。村民看到养鹅利润可观，纷纷向他请教养殖技术，任克祥说："等我把养殖技术搞清楚了你们再养，养不好损失我来担，养得好大家再一起赚钱。"他常说自己就像一头老了的耕牛，没剩多少力气了，但有多大劲就想使多大劲。在任克祥的带领下，有4户贫困户加入了肉鹅特色养殖行业。老牛亦解韶光贵，不等扬鞭自奋蹄。我从这位老党员身上看到了共产党员不畏艰难，敢为人先的风采。

脱贫致富，产业是关键。过去，中所村以种植玉米、小杂粮为主，种植模式单一，收入微薄。这里全年雨水少、光照充足、土壤沙性，经专家考证十分适合中药材黄芪的种植。但是村民们对于黄芪种植缺乏经验，对前景也充满忧虑。当时，是村干部和村里的几名党员率先把自己家的耕地拿出来发展中药材种植产业。村党支部请来中药种植专家进行培训，逐户做动员工作，掰着手指头一项一项给村民讲解成本收益，并向农户承诺，由村集体兜底收购所产中药材。经过几年的发展，黄芪种植规模一年比一年大，农户的收入也一年比一年高。但由于场地限制，村里集中收购的黄芪只能暂时堆放在邻村一个废弃的羊圈里，附近道路有运煤的货车穿行，满是散落的煤灰。每次邀请企业来考察收购药材时，我都满心忐忑，为这个"不雅"的环境心虚不已。有一次，一位药企的老板现场察看药材时，突起一阵旋风，卷起的煤灰扑到每个人脸上，风过后互相对视，"脸色"都有了明显变化，实在尴尬。

2019年，中所村中药材初加工基础设施建设项目成功立项，困扰多时的"心病"终于解决，老支书和村主任站在丈量好的土地上，商量着这块地可以做晾晒场、那里可以做地窖，还计划好了建个榨油坊，大家都是满脸的兴奋。2020年9月，中所村自己的企业——润昌昇农业服务有限公司建设项目正式完工，办公、仓储、初加工都有了专业化的场地。与此同时，野生中药材引种驯化试验田也传来喜讯，5亩党参试种成功，来年有望开展大田种植，已经有好几个农户主动咨询，想跟着一起种党参，还有一些农户有意入股集体企业，为壮大村集体经济贡献一份力量。中所村的老百姓不再把目光局限在"两不愁三保障"上，更是开始规划起自己的致富梦。伴随着国家"决战脱贫、决胜小康"的时代强音，中所全村上下齐心协力，一茬接着一茬干，一棒接着一棒跑，为实现业兴、家富、人和、村美的美丽乡村而努力。

时至今日，我的驻村工作进入倒计时，走在中所村的阡陌小巷，看着日渐整齐的灰瓦白墙，听着此起彼伏打招呼的乡音，闻着空气中特有的中药材的芬芳，离家的忧愁不经意间已被即将离开这里的乡愁代替。我想，驻村工作有终时，但与中所村的情谊已经牢固缔结，这里有我热爱的土地、有我共同奋斗的战友、有视我为亲人的乡亲们，即使回到北京，回到原来的工作岗位，我也愿意做他们眺望远方的一双眼睛，继续把能看到、想到、学到的其他地区的先进理念和典型经验传递给他们，同他们继续奋斗在乡村振兴之路上。

（本文中出现名字均为化名。）

向往的生活——读万卷书行万里路

放眼商南县脱贫攻坚的丰硕成果，回首自己曾经驻点帮扶、付出辛勤汗水的地方，我由衷地为之感到高兴和自豪。希望商南的父老乡亲，在乡村振兴的大潮中，砥砺奋进，再创辉煌。我坚信，有党中央的坚强领导，有全县干部群众的共同努力，商南的明天一定会更加美好！

李红霞： 现在长安大学医院工作。2016 年 11 月至 2018 年 12 月，在陕西省商南县挂职任副县长。2018 年，被商洛市评为"脱贫攻坚先进个人"。

> 刚去商南时，校党委组织部就委托我带去了 150 万元党费。送别我的领导开玩笑说，这是给你的"嫁妆"，去了商南一定要当个"好媳妇"。

如是我儿时的故乡

李红霞

2016 年 12 月 1 日，我来到陕西省深度贫困县之一的商南县，挂职任政府副县长。

两年扶贫时间，感觉每一天都在马不停蹄地上山下乡、走村串户、内引外联，加班加点地工作，协调解决了一个又一个问题。我的皮肤变黑了，脸上的皱纹增加了，与来时相比，似乎变了一个模样，但看到老百姓日子一天比一天好，我的心里感到莫大的快乐。

现在回到了原单位，两年扶贫工作中的一幕幕画面，仍不时地在我的脑海中闪现。扶贫工作地，就像儿时的故乡，在那里经历的人和事，永远留在了记忆的深处，让我难忘，让我感动，并时时激励着我。

一

商南县委、县人大、县政府、县政协四套班子的办公楼在一个小院子里，显得有些拥挤。院子里的楼都不高，楼体干净朴素，院子道路两侧的红斑石楠充满生机，朵朵火红的伞状果在冬季显得格外耀眼。大门口飘扬的国旗，县委楼前白底红字的牌匾，县人大、县人民政府大楼正中悬挂的国徽，使这个有些简陋的院子显得格外肃穆庄严。发展蓝图在这里擘画，脱贫攻艰战略战术在这里制定，信访矛盾在这里化解。每天早上还未到上班时间，领导们就早早走进各自办公的大楼，开始一天忙碌的工作。夜幕降临，市民们都在林荫漫步、静享悠然幸福时光之时，灯火通明的办公大楼里，决策者们还在回顾昨天、总结今天、部署明天，一切总是那么紧张而有序，繁忙又祥和。这里的领导干部看起来很朴实，有的年龄虽然不

和商洛市委张礼进副市长、长安大学教授研究花园村规划

大，似乎饱经风霜，但个个脸上充满自信和激情。会场上为了解决某个问题经常会唇枪舌战，直言不讳，发表各自的意见和建议，语言直白生动，直击问题的要害，甚至还带着几分幽默，毫无装腔作势的感觉。平时，无论在机关食堂的餐桌上，还是院子里碰面的交流中，谈得更多的还是工作。在这个"四合一"的院子里，各部门领导不仅协调工作、交换意见、凝聚共识，还有互致问候与生活上的关心，这里如同一个大家庭，显得其乐融融。有这样的"指挥部"及"指挥员"，脱贫攻坚战必然会取得胜利的战果。

二

商南县把脱贫攻坚作为第一民生工程，全面打响产业增收、移民搬迁、基础设施、生态脱贫、教育脱贫、社会兜底、医疗救助、环境整治"八大战役"。全面推行第一产业"四借四还"，第二产业"四加四动"，第三产业"四建四带"的"三产联动"脱贫模式，坚持"把支部建在产业链上，把贫困户拴在产业链上"，干部吃住在村组，结对帮扶到户到人，勠力同心，向贫困宣战，形成了以党建引领、县委书记、县长亲自抓，主管领导具体抓，社会各界广泛参与、齐抓共管的强大合力，展现出了一个热火朝天的战斗场面。

我参加的青山镇脱贫攻坚战，就是众多战斗中的一例。青山镇位于商南县城东南18公里处，全镇平均海拔1056.5米，下辖6个村（社区），83个村民小组，3651户11396人，其中5个村为贫困村，脱贫任务十分艰巨。首先成立以县委常委任团长，两名副县长、镇党委书记任副团长的脱贫攻坚团队，压实工作任务和责任。经过艰苦的努力，2017 年 4 个贫困户实现了脱贫，2018 年最后 1 个村完成脱贫。青山镇成为全县首个全镇脱贫的乡镇，干部群众无不感到欢欣鼓舞。这些成绩的取得，来自中央的好政策，来自商南县各级领导精心谋划和冲锋在前，来自当地百姓的自立自强。我作为副团长，参与和目睹了青山镇脱贫的全过程，自始至终与其他干部一样，经历了"五加二、白加黑"的常态化生活，每周到镇、村与镇、村干部研究解决难题，边学边干、边干边学，为青山镇如期脱贫尽了自己最大的努力，感到无比欣慰。

三

与农村基层干部群众广泛地近距离地接触，对我来说，这是自从参加工作几十年来的头一次。商南县多数地方处于山区，当地的老百姓因各种原因经济上较为贫困，但他们一点也不自卑，个个脸上洋溢着乐观和自信，他们质朴善良，懂道理，明事理。两年来与他们的亲密接触，所见所闻，无不令人感念。

记得第一次走访一家贫困户，接待我们的是一位老大娘，老大娘 60 多岁，身患重病，我们一行刚一走进院子，老大娘便热情地迎上前来向我们打招呼，要给我们端茶倒水，我们赶紧让老大娘坐下，了解她家的近况。听着老大娘的介绍，环视着老大娘的家，除几间低矮简陋的房屋外，几乎没有什么，与我居住和工作的城市反差实在是太大了，此时此刻，我的心中涌现着莫名的酸楚和同情。临别时，我们几人纷纷从自己的包中掏出一些钱要送给老大娘，可老大娘坚决不要，她说："你们那么忙，大老远来看望我们，已很感谢了，不是自己劳动获得的钱我不能要。"面对老大娘的执拗，我们只好作罢。可老大娘"不是自己劳动获得的钱我不能要"这句话，却一直在我的耳边回响。

青山镇花园村的老韩一家，是我定点帮扶的建档立卡贫困户，老韩75岁，老伴长期患病卧床，唯一的儿子患阵发性精神分裂症，35岁了仍未婚，家里的收入很少，除了政府的补助，再就是老韩给村里打扫卫生的工资。了解老韩家的情况后，我先征询老韩的意见，问他愿意做什么产业，他说想养鸭子，由于他家紧邻一条小河，养鸭子应该是一个好想法。我和村、镇干部进行了论证，大家都认为可行，于是帮助老韩盖起了鸭舍，又筹集了5万元在小河上修了一个便桥，使老韩家与周围的7户人家方便往来。每次去老韩家，他们一家人总是热情地要留我吃饭，要给我他家鸡蛋，似乎不这样不

和包抓贫困户研究产业发展

足以表示他们的感激之情，当然这都被我婉言谢绝。突然有一天清早，我接到了老韩的电话，告诉我说他已在县政府门口，让我出来接他，我一时不知发生什么事，焦急地询问，原来是他家刚研磨了新玉米碴，还有他老伴做的一双鞋垫要送给我，我赶紧到大门外迎接，并让他进办公室坐坐，他说什么也不愿进去，说怕耽误我的工作。青山镇到县城有好长一段山路，年过七旬的老韩专程来看我，此时此刻，我的脑海立即出现小时候父亲在学校门口给我送吃的的景象。当然按规定任何东西都是不能收的，可这些东西在我心中却是那样的珍贵，我收下了老韩送来的东西，问了问他家的近况，然后目送老韩远去。随后到老韩家看望时送给他 200 元，作为礼品的补偿。我在想，只要一心为群众着想，即使做再小的事，群众心中也会充满感激。

富水镇桑树村有一家养猪户，养了 60 头猪，一年能带来不少的收入，一家 5 口人生活得不错。由于生态环保园建设，政府决定关闭环保园区内的小型养猪场，一开始，政府对养猪户们能否接受这一政策还有疑虑，准备逐户了解情况，做疏导工作。当年 7 月，我陪商洛市领导来到这家养猪户，到了养猪场，见到的是一位大姐，她上身穿一件花短袖，腿上着一条中裤，简朴干练，两手捧着一个很大的猪食盆，正在忙着喂猪，看见我们一行人，马上迎上前来，笑吟吟地说："这么热的天，你们领导到我这么脏的地方来，谢谢你们呀！"当我们详细说明来意后，问她对关闭养猪场有什么意见，她没有多考虑，爽快地回答道："只要政府安排的我们就执行，说实在的我这 60 头猪的养殖场养着这一家 5 口人呢，关闭了养殖厂，我们转产种植香菇，现在国家对我们这么好，还能有啥意见呀。这养殖厂还是多年前政府支持办的呢！"听到大姐的话，我心中暗自感动。

人民群众之所以信任党和政府，就在于党和政府始终把人民利益放在第一位，战争年代这样，和平建设时期也是这样。

四

广泛动员全社会力量共同参与扶贫开发，是中国特色扶贫开发工作的重要组成部分，也体现着中国特色扶贫道路的重要特征。在商南两年中，我参与和目睹了社会各方的爱心和对扶贫的热情参与。他们的实际贡献或多或少，但展现出来的大爱之心令人感动和难忘。

我所在的单位定点扶贫点之一就是商南县，从一开始，上到学校领导，下到各个处室、二级学院，无论是党务部门还是行政部门，都高度重视扶贫工作，甚至学校的一般员工，也关心扶贫工作，一些以前不认识的离退休老职工，正因为我去了商南扶贫而认识了我。刚去商南时，校党委组织部就委托我带去了150万元党费。送别我的领导开玩笑说，这是给你的"嫁妆"，去了商南一定要当个"好媳妇"。后来这笔党费在开发产业带动贫困户方面发挥了不小的作用。每当我有机会回到学校时，学校各方面的人都会积极主动地询问当地的情况，问他们能给商南做点什么。在这一方面，我又充当了牵线搭桥的角色。商南地处山区，农特产品较多，但因农户分散种植，销路一直不好，校工会领导得知情况后，立即奔赴商南考察，决定定期购买商南农特产品，作为全校职工福利，学校后勤处也在职工生活服务中心开设了商南农产品的展销区。学校继续教育学院的领导得知商南需要对农民工进行技能培训，马上在学校设置了培训基地，一期又一期的农民工走进校园，扩大了视野，增进了就业能

479

力。青山镇要搞一个镇域发展规划，学校建筑学院的院长得知情况后，立即放下手中的其他研究项目，组织专家团队，奔赴商南勘察调研，过了不久，为美丽乡镇建设献出了一份完美的规划方案。为了帮助建好村图书室，学校图书馆馆长组织人力，详细了解商南的实际情况，精挑细选了真正对农民有用的 2000 册实用书籍，亲自送到商南。商南有着丰富的旅游资源，其中金丝峡山谷属 5A 级景区，为了扩大宣传，学校团委、国际教育学院组织国际留学生、大学生艺术团精心排练，到金丝峡为旅游宣传日表演助威。商南地处山区，人口居住分散，农村孤寡老人看病较为困难，当我把这些情况告知校医院领导后，校医院立即组建医疗团队，带上药品器械，在村设点为群众义诊，同时为乡镇医院带去了病床等医疗设备，与当地乡镇医院的医生交流业务，传授经验。高考前夕，学校理学院、外语学院的几位资深教师，主动打电话联系我，要为商南的学生作考前辅导，以尽他们的微薄之力，当我把这一消息告知当地中学时，师生们十分高兴。记得那天大礼堂内，坐满了考生，还有校长和老师，专家们在台上传授知识，学生们聚精会神，又不时爆发雷鸣般的掌声。

除了我的所在单位，社会各界对商南的帮助和支持更是数不胜数。从国有企业到民营企业，从政府机关、学校、医院到各种民间组

旅游文化推介

织，都络绎不绝地奔赴商南，源源不断地送上他们的爱心，或物质援助，或技术服务，大到扶持一个产业项目，小到设立一笔奖学金，千方百计地表达着他们对扶贫事业的责任担当。我在想，正是社会各界的涓涓细流才汇聚成了扶贫事业的江海。

两年的挂职工作虽然结束了，有付出，但更多的是收获。两年中，锤炼了我的党性修养，磨炼了我的意志品质，增强了我的工作能力。同时，在记忆深处埋下了许许多多令我感动的人，感动的事，这些将使我终身受益，无奈情长笔短，难以和盘托出。现在只能祝愿商南的明天更美好，也坚信商南的明天一定会更美好。

陇槐花烂漫时

陇槐啊陇槐，是我曾经数百个日日夜夜生活、战斗的地方，也是我今天依然魂牵梦萦的地方！直到今天，我还跟曾经并肩作战的村『两委』战友们、帮助过的村民们保持联系。陇槐村的乡村振兴步伐屡屡勾起我关注的心弦——给予它力所能及的支持？必须滴！

李清利：现在中国广核集团广西防城港核电有限公司工作。2017年1月4日至2019年3月3日，在广西壮族自治区凌云县陇槐村任第一书记。2018年，所在村党支部被广西壮族自治区评为"四星级党组织"，其个人被评为"百色市优秀贫困村党组织第一书记"。

> 我和村民们一样，每天使用的都是水柜里的水。我和村民不一样，我要改变现状，帮助他们解决吃水难的问题。这是我当时的想法，坚决而强烈。

陇槐啊陇槐

李清利

陇槐村不小，有26个村民小组、75个自然屯，居住着汉、瑶两个民族3500多口人，分布在方圆约26平方公里、海拔800—1100米的群山中。

2017年1月8日，我来到陇槐村任第一书记。

一

报到第一天，简陋的宿舍让我一惊。那是老村部一间十余平方米的房子，里面只有一张简易床，没有书桌，没有椅子。当时我就心凉半截，真正体会到了什么叫"家徒四壁"。

由于村部没有食堂，随身带来的一口电饭锅和一口电炒锅便成了我驻村生活的主要家当，解决了我一日三餐吃饭问题，好长一段时间，我的主食就是连餐的方便面和面包等速食品。为了采购一周甚至一个月的日常用品，我常常往返于山上的村部和山下的镇（或县城）之间。陇槐村距加尤镇约 12 公里，距县城约 40 公里。

　　生活上的苦我不怕，吃水问题最让我发忧。这里严重缺水，平时村民都是使用水柜里收集的雨水。所谓"水柜"，就是用混凝土砌成的一个有底中空的圆柱体容器，大多无盖，天长日久，里面落着枯枝烂叶、尘土和废塑料，甚至能看到死去的虫子、老鼠等小动物的尸体，没有消毒灭菌措施，饮用时只是烧开而已。而且，由于当地头年晚秋至次年早春时节连续三四个月都属于旱季，水柜里的水用光了，村民只有到山下自然水源处挑水。

　　我和村民们一样，每天使用的都是水柜里的水。我和村民不一样，我要改变现状，帮助他们解决吃水难的问题。这是我当时的想

陇槐村屯

法，坚决而强烈。民以食为天，食以水为天。吃水问题解决不了，扶贫工作从何谈起。

二

驻村第二天，我就和村委韦主任一起，自驾从村部出发，驶出宽约 4.6 米的镇级道路，转弯驶上一条大约 3.5 米宽、弯弯曲曲、坑坑洼洼、尚未硬化的砂石路——这条路开凿在半山崖壁上，一侧是石壁，另一侧是悬崖，在这样的山路上驾驶，心里不免有些紧张。我紧握方向盘，左转右转开了十来分钟，望着高低不平、沿着山体扶摇直上的山路，我倒吸一口凉气，赶紧急刹车，把方向盘交给了韦主任。下车的时候，我感觉一阵腿软脚麻……

韦主任以一二十码的速度开了二三十分钟才抵达一个山口，这里一侧是砾石路，另一侧则是泥土路，在弯弯曲曲的路上又行了五六百米，来到一个叫"洞子坡"的小山坳，里面或集中或散落着十来户人家，住房少数是砖混，多是木瓦结构。不远处三面环山的半山腰上，还住着零零星星几户人家。

我们沿着窄窄的泥土路走了十几分钟，来到半山腰一户低矮的木瓦结构的农户家里。主人名叫韩齐大，40 岁出头，一脸沧桑，一只眼睛失明，一双儿女上中学，老婆前些年受不了穷离家出走。

走访就这样开始了。我们正说着话，不知什么时候围上来几个人，看样子应该是同屯的村民，大家热情地看着我，直接坦率地回答我提出的一个个问题，也发出一声声抱怨。

他们首先抱怨的最大问题就是上山下山出行不便，尤其是进出山口这一段泥土路，一到雨雪天就泥泞不堪，根本无法行走，如果能将道路拓宽硬化就好了；其次是山上缺水，每到缺水季，村民们不得不下山挑水吃，人员伤亡事故经常发生，安全隐患极大；最后是山上少土缺地，不能大面积耕种……

大家七嘴八舌，我一一记下，心情越来越沉重。

接下来的日子里，我先后走访了村里多名贫困户、老党员等具有代表性的村民，了解村情现状。全村人均耕地仅0.62亩，上年度全村人均年纯收入仅4262元。除了6个村民小组分布在相对富裕些的土山区外，另外20个小组都在荒漠化石灰岩山区，占全村人口的72.6%，收入来源主要为种植玉米和劳务输出就业。村里留守"老人＋小孩"家庭比较普遍，相当一部分贫困户家庭劳动力不足。

结合每个贫困家庭的实际情况，按照脱贫标准，在镇党委的支持下，我配合村两委制定了"陇槐村贫困户脱贫摘帽两年对策"和"一帮N"的对口帮扶方式，将包括村干部在内的县、镇、村所有帮

接待凌云县致富带头人来村参观桑蚕产业

扶力量整合起来，对全村贫困户进行对口帮扶。起初，有个别村干部对这个帮扶方式有抵触情绪，认为村里的状况是历史形成的，没必要现在如此拼命帮扶。也有人说我一个外来人员，来村里多半是为了镀金，何必这样"劳师动众""搞得跟真的一样！"经过走访，我了解到村干部产生这种情绪有客观原因：平时他们所承担的日常村务较为繁重，由于缺乏有力抓手且感召力不够，经常得不到村民的支持和配合，加之待遇偏低，一定程度上影响了他们的工作积极性。

为了激发村干部的工作热情，我逐个交心，了解他们的难处并积极帮助解决，向后援单位募集办公经费。最终，我的诚意打动了村干部，他们纷纷表示："李书记真是想在村里干些实事的。一个外来人都这样关心陇槐村，我们却对本村的发展无动于衷，实在不应该啊！"

三

干实事，就要解决群众关心的事情。为此，我和村两委干部跑遍了全村各屯组，一家一户核查、勘测，研究饮水设施、进出道路及危房改造的可行性，向帮扶单位申请有关项目资金并得到了鼎力支持。

起初，项目沿线村民抱着观望的态度，认为我们不过是做做样子，根本不相信事情能办成。在扩建硬化道路和修建水柜过程中，由于要占用群众田地，有的村民不但不配合，甚至阻拦、堵路、破坏施工机械等。为使项目早日开工，我和村干部苦口婆心解释说明，一次次上门好言说尽，甚至自己花钱送上小礼物，有的村民仍不松口。一边是工程"遥遥无期"，一边是村民阻挠破坏，我又气又急却无处发泄，只有喝酒解愁。喝着喝着，突然眼前一亮：村民们不是也喜欢喝吗？尤其是那个"刺头"阳常全更是嗜酒——主意有了！

第二天上午，我买好酒和菜放在车后备厢里，和工作队员小龙、村委韦主任一起来到反对声最大的阳常全家，磨嘴皮子开展"攻心战"。说到口干舌燥时，我故意弱弱地说："给口水喝吧？"

"没水！"阳常全没好气地用不标准的普通话回我。

"知道缺水，这不给你们修建水柜来了嘛，还反对?!"我怼他。

"哼！又不是给我一家修路、建水柜，凭啥只占我家地？"他愤愤不平。

"这条路通过你家的地最经济，这个集体水柜不也占了别人家的地了嘛。"我的嗓子的确有些冒烟儿，"没水给口酒喝也成。"我知道他好酒故意这样说。

"哟，李书记还会喝酒啊？不是说你就怕喝酒吗？"他这是激将我。我将计就计，也激将他："没办法，水不让喝，只好跟你讨杯酒润润嗓子喽，你不会小气不给喝吧？"

"切！谁瞎说的？"他起身进屋，很快出来，提着一个脏兮兮的大可乐瓶子和几个塑料杯子，倒满一杯酒递给我，又递给了韦主任和小龙各一杯，小龙连忙说："我开车，不能喝！"阳常全咧着嘴说："就这水平还做群众工作？上次吃逻楼的婚酒，我喝了两斤还开车回家哩！"

我连忙帮小龙打圆场："这两天小龙身体确实不舒服，来！喝我带的酒。"

"那他的酒你和韦主任喝！"他仍在激我。

看着他，又看看眼前满满一杯酒，我心里暗暗叫苦，但还是装作豪爽的样子一饮而尽。

这顿酒，我们从上午 11 点 30 分一直喝到下午 3 点 30 分，"刺头"酒量果然好，他越喝越高兴，拍着巴掌对我说："我知道你来这里想做点事，不就是占点地嘛，我家地多得是，占一点不碍！不过，能不能顺便把我门前这一小溜道路给硬化了呀？"

看了看他家门前不到 10 米长、2.5 米宽的进出道路，我和韦主任交换了一下意见，"行，追求双赢！"我们对他说，"可是还有你们家的阳常军和阳上练家不配合。"

"干吗不配合？李书记是为我们屯修路修水柜，这是好事，包我身上，谁敢不配合?！"他瞪着眼睛大声说。

那天我喝断篇儿了，都不记得是怎么回到宿舍的。虽然喝得够呛，但是值！第二天下午 1 点多，韦主任就带着施工队开工了，道路硬化扩建和集体水柜建设再也没人拦阻了。

此次道路硬化扩建和集体水柜项目的成功实施，让我在陇槐村声名鹊起，开展工作也顺利了。

四

俗话说，火车跑得快，全靠车头带。针对陇槐村党员队伍严重老化且断层的问题，加强支部建设和党员队伍建设是关键。我秉持"总揽但不包揽"原则，协助支书履行党建第一责任人职责，因地制宜开展支部"党员活动日"，唤醒党员权利和义务意识，发挥支部凝聚力；开展"一个支委一面旗帜"活动，一个支委牵头一项村集体产业；采取走出去请进来、支部共建等多种方式，加强村两委与外部的联系、针对村干部和小组长知识技能开展培训，开拓视野、增长见识，丰富、提升大家的履职能力和工作积极性。

经过大半年的努力，至 2018 年初，陇槐村形成了一支以村干为骨干、以村民小组长为有生力量、以其他群体为补充力量的干事创业带头人队伍。在此基础上，组织队伍参观、学习先进经验，结合陇槐村实际，反复研究，最终确定以辐射带动力强、符合县镇产业发展大局的种桑养蚕作为村里优先发展的"龙头"产业，采取村民自愿，按照既定标准选定与村集体合作的贫困户。同时，动员种桑养蚕能人张万传牵头，组建村民种桑养蚕专业合作社，重点吸收种桑养蚕贫困户加入，辐射带动其他农户。中广核集团出资建设村集体大蚕房，出租给村里种桑养蚕户，租金作为村集体经济收入统一管理。

陇槐村石多土少，本着立足村民长远产业发展的目的，在反复考察和论证的基础上，村里决定发展豚狸养殖产业。豚狸是国家鼓励饲养、经济价值较高、回报快的项目，非常适合家庭劳力不足的贫困户养殖。

这个项目的开展也是一波三折。最初，听说村里发展豚狸养殖的消息后，村民韩超俊与村委合作引进 300 只种豚狸，饲养近一年，人力物力和财力付出，最终因病死较多损失惨重而放弃。首次尝试失败。

返乡贫困户黎书亮一直关注豚狸养殖产业，并在 2017 年末提出养殖申请。当时我就给他讲了第一个养殖豚狸户的遭遇，问他怕不怕失败？

黎书亮说："当然怕。但是不尝试干，哪能成功？"

信心就是动力，黎书亮的信心也给了我信心。说干就干，种牧草，盖豚舍，具备条件后，黎书亮毅然购入首批 300 只种豚，凭着一股子吃苦耐劳和善于学习总结的劲头，豚狸试养成功，繁殖了几百只幼豚。一鼓作气，他决定再次购进 200 只种豚。就这样生产积累，一年半后，黎书亮的豚狸存栏超过了 2000 只，走上了边养殖边销售的发展之路，影响带动三户村民加入养殖。

种桑养蚕，豚狸养殖，陇槐村产业发展步入正轨，村民收入普遍提高。

五

村里有个别贫困户闲暇时常以喝酒、遛鸟、打牌为乐，"等靠要"思想严重。为激发大家脱贫致富的内生动力，营造健康向上的文化氛围，我们组织了一次"陇槐村纪念建党 97 周年合唱比赛暨文化扶贫宣讲会"。

那天上午，陇槐村舞台上彩旗飘飘，歌声嘹亮，把村民从酒桌、牌桌和闲聊中吸引了过来，在家的男女老少欢聚一堂，看演出展才艺，沉浸在欢乐的氛围中，其中穿插的"两不愁三保障"脱贫攻坚知识有奖问答更是让全场气氛活跃，掌声、欢呼声一浪高过一浪。

为举办这次活动，颇费了一番心思。首先是策划活动内容，既要喜闻乐见、健康向上，又能通俗生动地进行政策宣传；其次是动员村民参加合唱比赛，让大家意识到这是"今生第一次或许也是唯一的一次登台赛唱机会"，以此激发其参与积极性。为保证活动效果，我和几个村干部提前一个月就开始行动，走屯串户，田间地头，不分男女老少，见人就说，动员村民上台表演节目，参与有奖问答……磨破鞋，说烂嘴，一家家动员，一个个鼓励，终于得到村民的响应。全村以屯组为单位，组建了十几支代表队，队员最大的 82 岁、最小的 4 岁，其中不少是贫困户，他们利用农闲时间自发地排练了一个月，虽然是第一次登台，但是个个精神十足，表演得惟妙惟肖。

有活动才显活力。后来我们又多次组织开展各项文体活动，村民们踊跃参加，集体主义荣誉感增强，村里好吃懒做的现象看不到了，勤劳上进的人多了，感恩进取的人多了，脱贫致富的劲头足了，精神面貌焕然一新。

两年时间，虽短犹长。扶贫过程是艰辛的，成果却是甘甜的：陇槐村集体产业从无到有，路通了，水通了，村民收入提高了，贫困发生率由 36.11% 降为 10.43%，为脱贫摘帽、全面奔小康奠定了

李清利生活照

坚实的基础。

2019 年春节后，我两年任期结束。即将离开陇槐村时，村两委为我举行了送别仪式，村民们自发赶来，用他们自酿的"土茅台"玉米酒——和我干杯。

那天，望着一个个朴实的村民，听着一句句不舍的话语，我又一次喝断了篇儿……

何如山花烂漫时

横峰是一个山美水美，人杰地灵的江南小山城。匆匆四年，深踩沃土，是我一次贴地的行走；深入群众，收获了一份沉甸甸的感恩！深感『老区不老、小县不小』，感谢横峰这片红土地，孕育了一批挑担工，成就了一群奋斗者，这里有一群热爱幸福新横峰的建设者。

柳　飞：现在江西省就业创业服务中心工作。2015年8月至2018年12月，在江西省横峰县朝堂村任党总支第一书记。2018年，被评为江西省2015—2017年度脱贫攻坚先进个人；2019年，被评为江西省脱贫攻坚奖"贡献奖"、江西省第一届新时代赣鄱先锋。

> "爸爸，您最近好吗？工作还是那么忙吗？您答应暑假带我们出去玩还算数吗？最后我想对您说，工作顺利，身体健康！"

最牵挂你的人是我

柳　飞

"省里来了驻村干部，你知道吗？"2015 年 8 月，在横峰县岑阳镇朝堂村，这句话成了村民见面打招呼的问候语。

村民口中的这个驻村干部就是我，来自江西省人社厅，任驻村第一书记兼扶贫工作队队长。

一

驻村第一天晚上，我到村党总支副书记家里走访。听说省城来了干部，村民们三三两两围在门口观看，我赶紧招呼大家进屋坐下，面对面唠起了家常。说是唠家常，大多是我在说，村民在听。白炽灯下，看着村民朴实的面容和热切的眼神，我暗下决心要为他们做点事。

我被安排到一个片区开会收取卫生保洁费。另外三个片区都是几个乡镇干部在一起，而这里四个村小组共150多户只有我一个人负责。经验告诉我，这是镇村干部在考验我。

我决心迎接这一场考验。我叫村小组长通知村民开会，按时到达会场后，却看到村民们三五成群，坐的坐、站的站，闲聊的、嗑瓜子的、起哄的，什么都有。还没等我开口，就听有人说："你看，省里来的干部还是个毛头小子，能为我们做什么事啊？"立刻就有人附和："走！还是打牌去。"人群开始骚动起来。

看到这种情况，我想，群众的问题，说到底是干部的问题。如果这个时候我败下阵来，老百姓和镇村干部怎么看我？今后工作怎么开展？我得让村民留下。于是，我站到一块围墙上，大声对村民说："你们真是目光短浅！别看我才30岁出头，戴个眼镜，可我不是一个学生娃，我是来给你们送钱的。送钱你们都不要吗？你们还想继续穷下去吗？"

我这激将法有效，村民们果然不走了。我又提高声音说，耽搁大家几分钟，不会耽误你们打牌……

2019年初朝堂村新貌

接下来，我告诉村民们，我是"三农"干部，生于农村，长于农村，在考入省人社厅之前，在乡镇基层摸爬滚打了许多年，担任过村支部书记助理、代理村支部书记和镇蹲点干部。所以，我熟悉农村工作，也与乡村百姓有天然的感情。

当时的我皮肤黝黑，身体壮实，俨然一副农村干部的模样。

自我介绍后，我又讲了几个问题：一是上级为什么派我们来当第一书记；二是派我们来是干什么的；三是我会待多久；四是接下来我会怎样开展工作。这时，一位姓江的老人说："柳书记啊，你不是来收保洁费的吗？怎么一直不收啊？"我说："我刚来，你们都不认识我，怎么会把钱交给我呢，我得让你们相信我啊。"他说："你的话很实在，很真诚，像是来干事的，我们就相信你。"

于是，江老伯带头，村民们开始自觉交费，当场就收了一百零几户。不仅如此，村民们还向我反映了一些村干部问题、道路问题和土地纠纷等。

后来我了解到，这个片区是村里最复杂的片区，就在我来之前三个月，村支部书记到这里来调解土地纠纷，被村民追打着赶了出来，汽车轮胎也被扎了，最后公安民警赶到才得以解决。

越是复杂的环境，越是需要保持清醒。接下来，我利用两个月时间走村串户，深入田间地头，走遍全村9.6平方公里所有农户，对朝堂村的精准识别工作做到了"三个全覆盖"，即20个村小组和所有贫困户走访全覆盖；党员、干部、致富能人结对帮扶贫困户全覆盖；对所有贫困户进行再识别再排查全覆盖。

为做好精准识别，我们披星戴月，摸查村民家底，了解村情民意。走访中，我了解到一位村干部的妻子也在贫困户序列，就和这个村干部谈话谈心，耐心做工作。这个村干部当面同意退出，可转身又以其孙子的名字申报贫困户。为此，我又找到他，吼嗓子，甚至拍桌子，动之以情，晓之以理，最终让他心悦诚服地退出贫困户。

工作局面打开，最后村里的贫困户由 256 户减少到 70 户，又根据实际情况动态调整新增 29 户，低保户由 159 人减少到 53 人，根据实际动态新增 38 人，从根源上杜绝了识别不准的问题。

精准识别工作的开展让我心里有了谱。在此基础上，我坚持"摸清底数、区分类型、找准问题、分类施策"的思路，抓小抓细，通过"1+N"帮扶、干部包片、"三会三送"等举措，逐户落实帮扶责任人、帮扶项目和帮扶资金，以"秀美乡村"创建为抓手，精心设计，统筹布局，带领村干部在最短时间内制定完成了朝堂村2015—2017 年脱贫规划、产业规划和发展规划。

二

朝堂村有超过三分之一的人在外务工，村里没有一项支柱产业，带动不了就业，在家的村民都是靠种植几亩水稻生活。作为人社部门的扶贫干部，我更加重视民生，明白发展产业、带动就业的重要性，深谙产业发展是脱贫的根本之策，是精准扶贫的核心动力，是加快推进扶贫方式由"输血式"向"造血式"转变的必由之路。

一次偶然的机会，我在村民陈根仔家吃饭时发现米饭的口感不同，好奇心驱使，就追问缘由，没想到在他这里挖掘出了一个宝贝——富硒大米。我带着大米，驱车赶赴省农科院分析检测中心，检测的结果令我兴奋，虽然这个品种产量不高，但硒的含有量却是普通大米的三倍！

这不就是脱贫致富的"金疙瘩"吗？真是长在身边无人识！

我决心在村里种植富硒水稻，加工销售富硒大米。但是说给村民听却没人响应，因为其产量低，全村没人愿意种。怎么办？我把目标投向村书记，耐心给他做工作，分析市场，连说带劝，动员他以个人名义与种植户签订保底价协议，我负责销售兜底，又是承诺，又是打保票，最终找到两户村民签订了50亩的种植合同。当年，风调雨顺，水稻喜获丰收，大米一个月就销售一空，富硒大米由每斤1.6元卖到了15元一斤。

村民们尝到了甜头，就有了盼头，纷纷要求种植，2018年种植规模达到了300亩。

现在，朝堂村富硒大米实现了统一管理、统一加工、统一包装、统一品牌和统一销售，村里有26户种植富硒水稻，水稻保底收购价翻了一倍多。同时，带动横峰县10多家公司合作社发展特色大米产业1万多亩。

走访中，我了解到村里山坡地多，比较适合种植耐旱型水果。但是种植水果需要考虑采摘、仓储、加工、运输和销售等因素，为此，我找到认识的水果经销商，带着他看山地、选择水果栽种品种等，通过反复考察，最后确定栽种马家柚。为吸引投资，我们向县乡争取优惠政策，帮助联系种苗，做通100多户村民工作出租荒山荒地。我们的实干和真诚感动了投资商，建设规模由最初的800亩增加到投资4000多万元建成3500亩，2018年成为市县农业龙头企业、省级示范合作社。

产业发展，改变了村民的生活。

48岁的村民江朝和，妻子因病去世，家庭负担本来就重，他又被检查出血脑瘤。孙子读幼儿园，儿子为照顾家无法外出务工，一

2016年12月在村马家柚基地指导做好防冻防病工作

家人断了收入，生活十分困难，通过精准识别程序被列为建档立卡贫困户。马家柚产业园开建后，我们帮助江朝和把规划内的山地出租给了产业园，在闲置土地种上了马家柚，又给他儿子联系在产业园务工，这样既能收租金，自己种植的柚子又可以卖钱，看病也有了保障，外债也还完了。日子一天比一天好，江朝和的脸上有了笑容。

江朝和的经历也是朝堂村许多贫困户产业脱贫的真实写照。

与老党员付良先的交谈中，我得知十几年前这里有人种过白莲而且收成不错。种白莲、干手工，必须找到带头人。为解决产业发展中的资金问题，我就做村干部工作，让他们集体带头参与，村支部书记出资40000元，其他四位村干部每人出资20000元，其中两位村干部和带头人一时拿不出钱，我就到农信社为他们担保办理创业贷款。

启动资金有了，如何种植、如何管理？我多次开车奔波千里，拉着种植户选种苗、请专家指导、开拓市场等。努力没有白费，2016年，白莲亩产90斤3500余元，不但投资全部收回，而且村集体分红20000元。2018年，白莲亩产达到了130多斤5500余元。

如今，在产业发展带动下，朝堂村投资75万元建起0.1兆瓦集体光伏发电，每年可为村集体增收80000多元；为23户贫困户安装屋顶光伏，户均年增收3000元以上；投资100多万元，建起就业扶贫车间，带动50多人在车间务工，家门口就业，帮助村民实现了"土地租、门口干、跟着干、有分红"。

一个产业创建一个品牌、成立一个合作社、带动一批人就业，现在全村有7家合作社、2家公司、2家微商、3家手工加工点、注册了3个商标，每个产业都成了村民致富、村集体经济发展的长青树，村民年人均收入由2015年的3900元提高到2018年底的12300元，贫困发生率由10.7%降低到0.36%，2019年全部脱贫摘帽。

三

常言道：百姓富不富，关键看支部。刚到朝堂村的时候，我面临的是一个"软弱涣散"的基层党组织。村部门口杂草丛生，办公桌椅布满灰尘，墙角挂满蜘蛛网……当时村里有60多名党员，但是召开全体党员大会时，到会的党员只有十几位。面对稀稀拉拉的会场，我意识到基层党组织在党员心中已经缺乏该有的向心力、党员干部缺乏对村党总支委和带头人的认同感。这一现状必须改变，不然，什么事情都做不起来。

几年来，通过抓基层党组织建设，完善各项制度机制，将村级党建与脱贫攻坚同研究、同部署、同督查、同推进，实行"挂图作战"，推动党建与扶贫"两手抓两手硬"，打造了具有战斗力的最强支部；坚持"村党总支＋产业基地、支部＋产业协会、党员能人＋示范项目"的"党建＋"产业工作新模式，走出了一条"抓好党建强产业、依托基地促党建、做强党建早脱贫"的新路子，打造了一支带不走的扶贫队伍。

一幅画面印证了朝堂村的变化：2016年7月1日朝堂村党员大会座无虚席，与一年前稀稀拉拉的会场形成了鲜明对比。

一组数字彰显了朝堂村党建工作成效：几年来，共培训村民154人次，13人返乡创业，带动周边112名贫困户实现就业增收。发展6名积极分子，4名预备党员，3名预备党员如期转正，培养4名村干部及多名带头人。村干部平均年龄由54岁降至38岁，增强了干部队伍活力，连续两任村支部书记转为事业编干部。

2017年12月村马家柚基地丰收图

　　一系列活动折射出朝堂村和谐向上的氛围："六一"开展"童梦同享、同筑未来"系列主题活动，为朝堂村孩子们完成"圆梦微心愿"；重阳节开展文艺会演暨文明家庭评选活动，看表演、颁奖牌、送奖金、给老人发长寿红包；文艺会演、农民运动会、广场舞大赛、包饺子比赛、卫生大评比、最美人物评选……三年多时间，20多场丰富多彩的活动得到了群众的赞誉和好评。2016年，朝堂村被评为全县先进基层党组织，多项党建工作模式在全县推广，先后被评为省级生态示范村、省级"一村一品"示范村和全国乡村旅游重点帮扶村等。

四

　　村里有一家余姓贫困户，他的儿子残疾，2015年生下的双胞胎孙女又患先天性心脏病。这个家庭让我牵挂，就想着怎么帮助他们解决困难。与国土部门协商，帮他搭起了临时用房；与就业局联系，帮助他争取到就业补贴和小额担保贷款；与邮政局联系，帮他在临时用房里开起"e邮超市"。另外，又争取就业局支持，送他儿子参加就业创业培训，安排扶贫就业岗位；又给他儿媳安排在家做手工加工。在大家的帮助下，超市开业当年就赚了10000多元。

　　贫困户余阿姨先天性失明，是村里公认最困难的，靠低保度日。前几年丈夫因病去世，儿子没有工作，还负债累累，一家人住在不到90平方米的一层平房里，下雨漏水，夏天就像在蒸笼里一样，生活十分艰苦。了解到这一情况后，我就将余阿姨作为自己的帮扶对象，一步步为她家制订脱贫计划。先是和阿姨的儿子谈心，通过县就业局帮助他在上海找到一份合适的工作；又协调资金为余阿姨家加盖一层房子，解决了居住问题；帮她落实产业分红和医疗费报销……2017 年，余阿姨家实现了脱贫，日子一天天红火起来，我的心终于放下了。

朝堂村里，每一个贫困户的情况我都了然于胸。可以说，每一户都是我牵挂的对象。

朝堂村离南昌很远，交通不方便。村委会是很旧的二层小楼，条件很差。驻村那年，是我从乡镇到省厅工作的第三年，爱人刚到南昌工作，女儿刚办理转学，一家人刚要团聚，我却又离开。当时女儿还小，学校离家又比较远，爱人工作忙，只请了两天假帮助女儿熟悉周边环境，后来，女儿就一个人上下学了。

乡下交通不方便，爱人把只开了 7000 公里的小车给了我，她自己每天坐两个小时公交上下班。我在村里三年多，行车里程就蹿到了 10 万多公里，车胎换了 11 个。

之前妻子检查出来有腺瘤，医生建议她抓紧时间做手术，但几次确定手术都因为我没有时间回去而被迫推迟。2016 年 3 月 19 日，在医生的催促下，爱人自己住进了医院，手术要求家属签字时，我正在一个村民家谈白莲基地水田租赁的事，而且又和广昌县的农户约好，19 日必须到广昌县购买种苗。18 日晚上，做通最后一名村民的工作后，我连夜开车 3 个多小时赶回南昌医院，找到值班医生补上了手术签字。因为家人都不在南昌，半夜我又把同学叫来帮我照顾妻子。19 日凌晨 5 点半，我从医院直奔广昌县，那天我走了三个村，开车上千公里，选了 32000 株白莲种苗，又连夜开车回到了村里……

2018 年 6 月 17 日晚上 11 点多，妻子发来两张图片，是女儿写的作文《爸爸我想对你说》:"爸爸,这么长的一段时间都是我和妈妈在南昌。妈妈也很忙,没有时间陪伴我。爸爸我想对您说:在这段时间里,我学会了独自上下学,独自去练琴,我还学会了煮饭,帮着妈妈一起包饺子。这些您可能都不知道吧?爸爸您总是那么忙,没有时间陪我和妈妈。您回来总是不停地接电话,我想和您说说话都插不上嘴……"

在作文结尾,女儿说:"爸爸,您最近好吗?工作还是那么忙吗?您答应暑假带我们出去玩还算数吗?最后我想对您说,工作顺利,身体健康!"

那一晚,反复读着女儿的信,我失眠了。

最牵挂我的人是你们,而我最牵挂的,还有朝堂村的老百姓。

何以山花烂漫时

感谢这个伟大的时代！真心祝愿我们院坝村能够用足用好五年过渡期政策！真心祝愿我们院坝村的父老乡亲，老年人老有所养，中青年积极干事创业，小朋友快乐成长！我的心永远和你们在一起！

田　通：现在中国科学院工作。2018年9月至2022年1月，在贵州省六盘水市水城区院坝村任第一书记。2019年，被评为"贵州省脱贫攻坚先进个人"；2020年，被评为"中央和国家机关脱贫攻坚优秀个人"；2021年，先后被评为"贵州省脱贫攻坚先进个人""贵州省最美劳动者"。

> "难啊!"我不由得出了一口气。撇开伞,让雨打在身上和脸上,这样更清醒一些;耳边有风,风就是方向。

此心安处是吾乡

田　通

时维九月,序属三秋。

院坝村人民广场从筹备建设到现在已经两个多月了。雨季已来临,施工进度与预期还是存在差距,资金还存在一部分缺口。周末傍晚,下着雨,我又到施工现场看了看。已不记得,这是第几次去施工现场了。

"难啊!"我不由得出了一口气。撇开伞,让雨打在身上和脸上,这样更清醒一些;耳边有风,风就是方向。

天黑,我才走回宿舍。

两年前,我平生第一次踏上了贵州的土地。自己主动报名来到国家级贫困县水城县院坝村担任第一书记。现在任期已满,为确保脱贫攻坚圆满收官,我主动向组织申请了驻村工作延期。还记得刚来时,前往院坝村途中,雾气朦胧,透过车窗,看着窗外的风景飞快地闪过,风景由县城的繁华,变成了连绵不断的山和朴素的房子。

山是主角，看似雷同的山，但是每一座都有着独特的力度与美感。对于平原长大的我，感觉很是新鲜。一路憧憬着我未来工作的样子，忐忑、紧张，还有一丝小惊喜。

两年多来，也是我与基层干部群众相互学习、相互成就的一个过程。我们并肩作战、冲锋陷阵，结下了牢不可破的战斗友谊。

2019年6月，全村党员群众怀着对美好生活的向往，计划修建占地近5000平方米的广场，涵盖老年活动中心、休息长廊、篮球场、停车场等，供村民活动休憩之用。经向镇党委、镇政府请示，镇领导非常支持，这更加坚定了我们的信心。我们通过几次会议，进行项目选址，论证项目实施的可行性，成立了13人组成的院坝村公益事业筹备委员会，一致推举退休老党员老朱，作为筹备委员会主任。大家分工明确，各司其职，信心满满，积极性和热情都非常高。

说干就干！7月，广场建设正式启动。

院坝村人民广场篮球比赛

广场计划投资 50 万—60 万元，首要解决的是资金问题。作为第一书记，我统筹协调资金 7 万元用于支持该项目建设，给大家吃一个定心丸。几位在外经商的村民得知家乡修建广场，每人捐款 1 万—5 万元，给村民起了非常好的带头示范作用。他们能舍得拿出数万元无偿捐赠给家乡，确实令周围群众，也包括我自己感到诧异。我问他们怎么舍得捐这么多钱的时候，在外做生意的老蔡说："党的政策好，我们才能致富，现在家乡需要我们，我们当然要反哺家乡啊。"县城开饭店的老郑说道："院坝村的村民，有两个特点，一是苦得，二是舍得。大家肯吃苦，肯付出，村里建广场是对全村村民的好事，我们当然要捐钱了。"说完大家哈哈大笑。

"是啊，还是党的政策好啊，大家富了才是真的富。"我不禁感叹道。

习近平总书记曾说过："脱贫致富不能等靠要，既然党的政策好，就要努力向前跑。"

我与筹备委员会共同起草了《广场筹建倡议书》，将项目基本情况进行了详细介绍，将印制好的倡议书在全村主要路段进行张贴，动员群众积极捐款。可是过了一个多月，除了开始筹集的 20 余万元，其他群众捐款积极性与我们的预期还是存在差距。

其实并不是群众积极性不高，而是我们开展群众工作的方法需要改进。部分群众虽然很有捐款意愿，但还是持观望的态度：这么大的工程，要花好几十万元呢，让一些没有经验且"业余"的人干，自己捐完钱能干成吗？干不成钱不白捐了吗？捐的钱使用会公开透明吗？

我一看，不行，得重新调整工作思路。组织筹备委员会成员开会讨论，大家群策群力，商讨下一步工作计划。我们建立微信工作群，每天将施工进度、经费支出等，在群内以照片及文字形式向广大群众进行宣传；组织全体驻村干部、村干部、村民小组长开展广泛宣传动员，与群众面对面，宣传广场建设。大家齐心协力，心往一处想，劲往一处使，都奔着一个共同的目标：一定要把院坝村广场建好。

随着宣传工作的到位，施工进度逐步推进。群众看到了广场的雏形，再对比以前的脏、乱、差形象，大家啧啧称羡，慢慢地对广场建设有了信心，积极捐款。两个多月后，捐款累计已达 50 万元。这也极大地提振了我们的士气，坚定了我们完成广场建设的信心。

看着广场建设一天天变化，路基平整，沥青铺设，景观树木移植，长廊及老年活动中心主体框架已完工……我心里很是欣慰，感慨道"还是群众力量大啊"。

筹备委员会主任老朱，70 多岁，身体不是特别好，每天还要吃药，定期还要到镇里针灸。但是作为一名老党员，他每天和其他几名党员坚持在施工现场，义务监督施工进度及施工质量，对施工经费支出严格把关，确保每一分捐款花到实处。

我对他讲："老朱，注意身体啊，别把自己累着。"他叼着烟袋，嘬了两口，笑着说："田书记，这算是我对组织做最后的贡献了，老了，以后没机会了。我不干就不干，干就一定干好。中科院帮扶，上级领导和村里都支持，群众也信任，就是累坏了也一定要把广场干好。"

我们的榜样和典型就在身边，他们践行着共产党员的初心使命，发挥着老党员的政治优势、经验优势、威望优势，是我们学习的榜样，他们是最可爱的人。我们正是因为有这些发挥模范先锋带头作用的党员，我们党的事业才能一直向前发展。

在广场铺设沥青当天，几十名群众自发来到广场，义务打扫卫生，就像给自己家里干活一样，打扫得特别认真。望着大家，我也不由得加入了清扫队伍。大家有说有笑，内心的喜悦写在脸上。

我一边打扫一边问旁边的村民老彭，"你家养的猪快下崽了吧?"他擦了把汗，咧开嘴笑着说："快了，还有三五天吧。下一窝又能卖不少钱。"说完，看了看远处的山，美好地憧憬了一下。

"加油啊，一定把小猪照顾好。"我说。

"田书记，放心吧。镇里今年给母猪免费买保险，我都没花钱，镇里还定期派人给我们指导养殖，我一定好好干，照顾小猪肯定就像照顾我自己孩子一样。"说完，突然低着头有些不好意思地笑了起来。

驻村两年多以来，我明显地感受到，我们党的惠民政策越来越好了，民生实事看得见摸得着，老百姓获得感越来越强了。还是党的政策好啊!

田通驻村扶贫期间工作生活照片

广场，一天一个样。但一些始料未及的问题接踵而来。

广场中心处有一个变压器，不挪位置会影响广场美观，而且还存在安全隐患;挪动位置需要协调电力等相关部门，而且费用不详，是否需要挪动位置筹备委员会成员意见难以达成一致;在修建篮球场的问题上，老朱想着篮球场一定要标准化，铺设塑胶，这样可打正式比赛，这个想法也很合理，但是造价相对较高，超出了经费预算，会导致施工经费出现缺口。但其他部分成员建议广场先主体完工，篮球场就用水泥地面，以后有机会、有经费了再对篮球场进行改造。大家意见出现了分歧。

变压器挪不挪位置？篮球场怎样修建？

时间就这样一天一天过去，广场施工暂时停滞了。

回到宿舍，已经晚上8点多了，我把伞收好，拿毛巾把头发擦干，全身湿透，不禁打了几个喷嚏。不能这样拖下去了，思索许久也想不出其他好的办法来。

想到两年多前，自己致力于将党和国家的关于脱贫攻坚战的政策方针从"最初一公里"深入到"最后一公里"来贯彻执行。临行前，领导对我谈话并讲道："要依靠组织，要依靠群众。"

"对啊，要依靠组织啊。"我突然惊喜地想到了什么。

细雨中，此时院坝村的夜显得分外漆黑。我也不顾已经晚上10点多，立刻给镇党委黎书记拨通了电话。讲出了广场建设目前存在的困难，黎书记详细了解情况后表示："明天现场办公。"

第二天一大早，黎书记就到施工现场与大家现场解决问题。老朱详细向黎书记汇报了目前施工情况，以及存在的困难，其他成员也相互补充着，期待地看着黎书记。

黎书记对广场建设高度肯定，并对大家所付出的努力表示感谢。当即表示为了全村老百姓对美好生活的向往，一定要千方百计想办法，要把困难解决掉。

镇领导雷厉风行抓落实的精神，着实让我们大家敬佩。老朱说："我们基层有这样肯担当、善作为的领导，真是我们老百姓的福分啊。"

几天后，县电力部门进驻施工队，在政策允许下，将变压器挪动到适宜位置，保障了广场建设并消除了安全隐患；镇领导协调某体育用品公司，以成本价格，对篮球场进行标准化修建。

广场建设又恢复了往常。每天都有群众自发来到现场，出主意、打下手，大家一同规划着广场建设，憧憬着以后美好的生活。

在上级关心支持下，在大家齐心协力共同努力下，全村 300 余人，共捐款 60 余万元。2021 年 12 月，院坝村广场圆满竣工。广场竣工了，大家说："田书记，你识字多，看给广场起个名字呗。"

回想起广场修建的点点滴滴，自己很是感慨。我对大家说："我们党是以人民为中心的执政理念，建设广场体现了我们院坝村人民群众对美好生活的向往，展现了新时代我们人民群众团结协作、不怕吃苦的良好精神面貌。咱们就叫'院坝村人民广场'吧？"大家一致同意，都说这个名字"安逸"（贵州方言，好的意思）。

12 月 19 日上午，院坝村举行了简朴而又隆重的"人民广场竣工总结大会"。近千名群众自发地来到了现场。大家深情诉说感党恩，聊着家乡的变化，憧憬着家庭美好的未来。大家最真实的笑容，定格成欢喜的长镜头；笑声碰撞在一起，都是幸福的声音。

大道至简，实干为要。

随着脱贫攻坚工作的深入推进，院坝村的水电路讯有了极大的改善，村容村貌以及村民生活习惯有了极大的改观。用多名党员、群众的话讲，"多年没有修好的路和水，这一两年就搞好了，还是脱贫攻坚好，还是共产党的政策好"。

在水城县减贫摘帽第三方评估中，院坝村作为考核村以"零问题"通过，为水城县减贫摘帽退出贫困县序列贡献了"院坝力量"。2021 年 10 月，院坝村所有建档立卡贫困人口全部实现稳定脱贫，贫困人口清零。院坝村"两不愁三保障"问题也得到了扎实有效的解决，脱贫攻坚取得关键性胜利。

两年多来，驻村工作也许艰苦一些，冬天湿度很大，被子褥子都有些湿漉漉的；与家人聚少离多，也不能陪伴女儿成长……但是我感恩党、感恩这个伟大时代，我能有机会在中国脱贫攻坚主战场贵州，亲历、见证和参与脱贫攻坚这一伟大事业，感到无比光荣。

两年多来，我遍访了全村建档立卡贫困户，认识了村里的每一户群众。我学会了贵州话，虽然讲得不好，但是能听懂村民的贵州方言。行走在院坝村田间地头，村民的朴实和热情深深打动着我。我最欣喜和骄傲的，并不是获得相关表彰，而是水城县退出贫困县序列，以及我能帮助院坝村村民都过上好日子，被村民当成了"家里人"。走在路上，孩子们叫我"田叔叔"，熟一些的村民直呼"老田"，不管称呼怎样，我心里都暖暖的。这山、这水，已深深熔铸在我的血液里，成为难以割舍的心之所系，我已深深地爱上了这里的山山水水、一草一木和父老乡亲。

最好的扶贫是双方相互成就。

别了！贫困；您好！小康。

凡是过往，皆为序章，此心安处是吾乡。

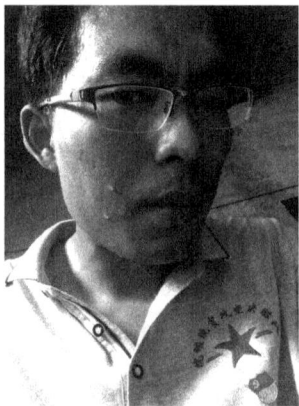

田通驻村扶贫期间工作照片

待到山花烂漫时

度过了一千四百多个日日夜夜仍让我魂牵梦萦的脱贫攻坚阵地——会昌县高排乡南田村，在过去的几年里，村里环境更好了，村民生活更富裕了，笑容更灿烂了！我希望将来我们村的产业发展更壮大，村民钱袋子更鼓！

王　震：现在中国日报社工作。2017年8月至2021年5月，在江西省会昌县南田村任第一书记兼扶贫工作队队长。2020年，被评为"中央和国家机关脱贫攻坚优秀个人"。

> 我有太多的未完之事，太多的乡情牵挂，因为直到今天，才真正感受到了扶贫工作带来的成就感。

太多的牵挂

王　震

我是一名技术部干部，从事技术维运工作多年，曾派往美国、英国等海外分公司工作。回国后，我耳闻了报社优秀驻村第一书记的事迹，"精准扶贫"一词第一次进入了我的视野，也让我心生触动和向往，并向朋友和家人吐露了自己的想法。报社领导了解情况后，也主动与我交流谈心。一番推心置腹的暖人话语，给予了我极大的期望和鼓励。尽管仍有不少人对我的选择并不理解，认为到扶贫一线会"吃苦头"，但我还是毅然决定放弃北京早已熟悉的工作环境。

2017年8月2日，我带着新的身份——驻村第一书记，从北京来到了江西省会昌县高排乡南田村。习惯了部委机关的工作环境，见惯了大都市的繁华，这个赣南山村的面貌着实让我吃了一惊。村庄脏乱，好多土坯房；道小路弯，坑洼不平；田里屋外，看到的都是老人小孩，没几个年轻人。

南田村共1904人，其中贫困人口68户347人。村里不仅基础设施落后，集体经济基础也很薄弱。面对现状，一个人生地不熟的外地人，一个毫无农村生活工作经历的人，怎样才能开展好工作？扶贫工作没有捷径可走。入户调研，与村民交谈，向乡村干部学习，向其他村的第一书记取经……我的裤脚，常沾满了泥巴，挨家挨户上门走访，扑下身子与村民同吃同住同劳动，逐渐熟悉了全村 68 户贫困户的家庭情况，掌握了他们的思想动态。通过村民代表大会、村民户长会等，听取村民的意见建议，共同探讨制订脱贫计划。

在走访的过程中，我了解到有一户贫困户，最初在广州打工，生活条件还算不错，由于后期在医院检查出鼻咽癌，高昂的医疗费用给他戴上了贫困户的帽子。后来，通过健康扶贫等帮扶，这户贫困户的生活渐渐好转。

"从小在城市长大的我，如何适应基层生活，与老表（江西方言，老乡的意思）打成一片，对我来说是个不小的挑战。"刚接触基

南田村风光

层工作时，我确实不知从何处入手。

"王震书记很谦虚、很亲切，是我们的贴心人，他对村里的每户村民都熟悉，帮助我们解决实际困难很上心。"村民钟章圣说。这两年来，无论阴晴下雨，南田村的田间地头、街头巷尾，总能见到我的身影，村民们远远看见我会上前打声招呼，热情地唠上几句家常，这已经成为村里大家最熟悉的场景。

我深知，精准扶贫，只有开对"药方子"，才能拔掉"穷根子"。扶贫关键要让群众有增收致富的产业。南田村原来的主导产业仅有水稻和脐橙，大大制约了村民增收，青壮年都纷纷外出打工赚钱。为拓宽贫困户增收渠道，我在入户走访中，积极鼓励贫困户自主发展产业，继续扩大脐橙种植面积，发动亲朋好友购买脐橙，千方百计解决农户脐橙种植技术和销售问题，了解扶贫产业发展和贫困户本地就业情况，为贫困户实现充分就业和收入增加创造条件。同时又与村"两委"班子抓好产业发展，引进小龙虾养殖、贝贝小南瓜、灵芝种植等产业，通过组建产业合作社，采取"基地＋合作社＋贫困户"模式，构建扶贫产业利益联结机制，让贫困户实现充分就业和收入增加。还积极争取"娘家"中国日报社的支持，在村里建成了一个700平方米的养殖扶贫基地。针对产业链发展的瓶颈，我又帮助顺得利脐橙专业合作社开拓了贝贝小南瓜的储存、分拣、销售业务，实现合作社年均分拣、销售贝贝小南瓜1500万斤以上。

在我的努力下，发挥村里致富能人的示范带动作用，鼓励在外打工的青壮年回村创业。目前，全村脐橙种植面积3500多亩，并建成了300亩小龙虾养殖基地、100亩贝贝小南瓜大棚种植基地、50亩灵芝种植基地。带动近百名村民务工，尤其是贫困户务工收入，比2017年人均增收近万元。

摆脱贫困，必须通过教育斩断贫困的代际传递。我得知大部分义务教育阶段的贫困学生都在本乡接受教育，便萌生了引入北京优质教育资源到村里的想法。

在我的沟通和协调下，中国日报社捐资在高排中学设立了奖教奖学基金。同时还开展了"双师课堂"英语远程教育的扶贫项目，让海外的专业外教通过远程视频互动进行英语教学。通过数年的持续帮扶，提高了学生们的英语听读能力，开阔了他们的视野，学校教学质量也显著提高，2019 年和 2020 年连续两年的中考成绩跃升到了全县第 4 名。为了达到以点带线，以线带面的帮扶效果，我还促成了中国日报二十一世纪英文报和会昌二中、高排中学的三方帮扶支教协议。二十一世纪英文报"双师课堂"、英文报教学、教师培训等帮扶项目前后落地会昌二中，也辐射带动了县城其他中学和高排中学的发展，达到了互帮互学、共同发展的效果。

小南瓜种植基地和农户一起劳动

村民富不富，关键看支部；村子强不强，要看领头羊。在抓好精准扶贫工作的同时，我没有忘记村第一书记的职责，把强班子、带队伍贯穿驻村帮扶工作全过程。

面对党支部堡垒作用发挥不明显、党员意识不强等现状，我切实担起建强基层党建的任务，带领南田村党支部抓实基层党建标准化规范化建设，扎实推进"两学一做"学习教育，认真落实"三会一课""主题党日"等制度，探索实施了"党建＋队伍建设""党建＋宣传引导""党建＋互联网""党建＋精准扶贫""党建＋作风建设"为主要内容的"党建＋"工作模式，调整村党支部书记，新增 2 名年轻的村干部，确定入党积极分子 5 人，发展预备党员 2 名，为打造一支政治过硬、本领高强的村级干部队伍奠定了基础。通过组织党员开展志愿服务活动、参与项目建设、疫情防控等各项工作，增强党员意识，发挥党员模范带头作用。在珠高线、石陂水库等项目建设中，我带领村里的党员，耐心调解群众矛盾，做好征地工作。定期组织党员志愿者开展义务劳动活动，积极投身到村庄环境整治中。

一心为扶贫，一刻不停歇，一直在坚守。我告诉我自己："我来到这里，不是虚度光阴的，就是要实实在在为村民百姓做些事情，帮助他们早日走上富裕道路。"

在入村的主干道上，有一座两侧无围栏的小桥，桥面仅有 3.5 米宽，桥两端落差比较大，轿车通过时很容易碰撞到底盘，极大地妨碍了村民的安全出行。驻村伊始，我了解情况后，雷厉风行，从报社争取到资金对桥梁进行了扩建加固。经过加固后的桥梁，不但桥面扩宽到 6.3 米，增加了人行道，在桥两侧还新装了两盏路灯，修建了一个水陂、三个便民洗衣台。每当提起这座桥

上户做贫困户思想工作

时，村民无不竖起大拇指赞不绝口。

两年来，我积极向中国日报社、省市县有关部门争取直接投资200多万元，完善村里基础设施、开发种养扶贫产业基地、实施教育扶贫项目等；引进客商投资发展灵芝种植、小龙虾养殖、贝贝小南瓜种植等；2019年村集体经济收益达到10万元；2020年南田村实现了贫困人口全部脱贫，人均可支配收入从3000多元增长到现在的5000多元。南田村2018年顺利整村脱贫，2019年经江西省脱贫验收通过，原本是国定贫困县的会昌也实现脱贫摘帽。

2019年8月，在会昌县高排乡南田村担任第一书记两年期满时，我向中国日报社提出申请延期，选择了留任。我有太多的未完之事，太多的乡情牵挂，因为直到今天，才真正感受到了扶贫工作带来的成就感。

南田脱贫了，留任的我没有放慢工作节奏。2019年底是会昌县脐橙、桔柚和贝贝小南瓜丰收时期，我通过各种渠道帮助销售脐橙3万余斤、橘柚4万余斤、贝贝小南瓜8万余斤，销售额60万元以上；新冠肺炎疫情期间，第一时间返岗，带上方便面，参与和组织值勤值守、防病抗疫宣传等；疫情过后，帮助村民复工复产、销售滞销农产品、复耕开荒……

真正扎下根来、扑下身去、蹲到村里，摸清底子、找准路子、迈开步子，为村民办实事、解难题，这是我在做的事。作为从北京来到会昌县高排乡南田村的扶贫第一书记，我将自己的根深深扎进会昌这片红土地，用激情与深情逐梦在扶贫路上。

何当山花烂漫时

农村地区是片『蓝海』，金融帮扶大有可为，乡村振兴关键在人，内生驱动稳定长久。相信在焦裕禄精神的激励下，在上级党委政府的坚强领导下，在社会各界的关怀帮助下，村民们的辛勤劳作必能换来更加幸福美好的明天。

王晓楠： 现在中国证监会工作，2017 年 11 月至 2021 年 6 月，在河南省兰考县张庄村任第一书记。2019 年，被评为"全国金融青年服务明星"；2020 年，荣获"全国金融五一劳动奖章""中国证监会脱贫攻坚先进个人"；2021 年，被评为"全国金融单位定点帮扶先进个人"。

来村第一天，我就走进了 68 岁的村主任翟茂胜家。他在村委工作了 40 年，堂屋正中悬挂着一副字："要做人民的先生，先做人民的学生。"

我们都是人民的学生

王晓楠

河南省兰考县东坝头镇张庄村坐落在黄河岸边，是一个既普通又不普通的小村庄。普通的是，她和千千万万个村子一样，存在产业基础薄弱、公共服务不足、留不住年轻人等种种问题；不普通的是，这里曾是焦裕禄书记工作过的地方，一种强大的精神力量成为推动其发展的不竭动力，也成为其独有的优势。我来驻村的时候，这里已经脱了贫，经过几任挂职干部的接续努力，村里的状况比电视里看到的一些贫困景象要好得多，没有尘土飞扬的土路，没有破败倾颓的房子，路面硬化、路灯、自来水等基础设施都已经建好，甚至村里还有一处堪比"星巴克"的地方，那里外面看起来并不起眼儿，里面却装修得颇有些情调。

来村第一天，我就走进了 68 岁的村主任翟茂胜家。他在村委工作了 40 年，堂屋正中悬挂着一副字："要做人民的先生，先做人民的学生。"翟主任说，55 年前，焦书记为查风口来到张庄村，偶遇翻淤压沙护坟的村民魏夺彬，正是受其启发，找到了"贴膏药扎针"的治沙良方。焦书记常说，群众是真正的英雄。这给我非常大的触动，我开始慢慢走近他们，试图多了解一些他们的日常、他们的所思所想。

"要不是孙书记，我家奎儿都不想活了，奎儿说，就冲孙书记对俺这么好，俺也得好好活下去。"李兰花说起孙书记，混浊的眼里泛起了泪花。她的儿子许建奎身患尿毒症几欲轻生，是孙书记重新点燃了许建奎生活的信心。李兰花口中的孙书记，就是证监会会计部派驻张庄村的第一任驻村书记孙兴文。2015 年来村时，孙书记还不到 30 岁。听村民们讲述，当时孙书记背着个包，拿着个记录本，准

张庄村是焦裕禄精神发源地

备走村串户同村民拉拉家常，了解情况。然而村民对这个大机关来的"第一书记"并不怎么热情，甚至有村民嘀咕着"还不是来走走过场，干满就拍屁股走人"。孙书记却不急不躁，在房前屋后、在田间地头、在羊舍猪圈前、在树荫路灯下，与村民聊近年的收成、聊家里的学生、聊生活的环境，农民手上有活儿，他就帮着干，每逢节日，就买些生活用品到最需要帮助的家里探望。一来二去，群众从这个热情的小伙子身上找到一种家人和朋友的温馨，便愿意把掏心窝子的话讲给他听。孙书记白天调研，晚上回宿舍归纳整理。随着调研的深入，孙书记不但帮助村里选出了政治素质好、致富能力强的新任支部书记申学风，还厘清了"党建引领、产业支撑、政策保障、旅游带动"的总体发展思路。后来，我们就是照着孙书记描绘的这张蓝图，在上面不断添砖加瓦。2015年8月，"梦里张庄"旅游区开始动工兴建；2019年7月，张庄村上榜全国首批乡村旅游重点村名录。从零基础，到全国性荣誉，张庄村仅用了四年时间。相信群众、依靠群众、服务群众，善于从群众中汲取工作智慧，就能闯出最适宜的发展路子。

2016年，证监会市场部王卫同志从孙书记手中接过脱贫攻坚"接力棒"后一刻也不松懈。王卫是个山东大汉，一米八几的个头，原则性强，行事果断，善抓重点，大家都喜欢他直来直去的性格。他和村支"两委"反复碰撞，把工作重心放在"夯实产业基础、培育壮大集体经济、构建村民脱贫致富的长效机制"三个方面。

张庄村在早期规划中，确立了规模化养殖的方向，但是由于农业天然的风险性，再加上与乡村旅游发展的冲突，规模化发展并不是十分顺利。就在举步维艰时，2016年9月12日，中国证监会发布《关于发挥资本市场作用服务国家脱贫攻坚战略的意见》，吹响了集结全系统扶贫力量的号角。王卫书记和当地干部共同研究政策，大胆提出设想，能否吸引一家经营规范、实力雄厚、带动能力强的上市公司来村里投资建厂。王卫带领村"两委"干部先后六次到目标企业进行实地考察、洽谈合作，与县、乡领导一起宣讲证监会扶贫政策，最终将新三板挂牌企业奥吉特菌业公司引进张庄村。2016年12月，公司将注册地迁至张庄，次年3月开工建设，投资1亿元修建现代化食用菌种植工场，占地115亩，解决了地方留守妇女就业200余人，成为证监会定点扶贫工作在基层开花结果的生动注脚。

证监会扶贫办的杨志海同志曾在兰考县挂职副县长近三年时间，他常说，当好驻村第一书记，不仅要给予真金白银的支持，还要上几个好项目、留下一套好机制、带出一个好班子，要为贫困村探索出一项包村帮扶的长效发展机制。他借鉴上市公司信息披露制度和"三公"原则，建立"村决策、乡统筹、县监督"的扶贫资金运行机制，要求资金分配公平，资金决策民主，资金成效公开，让群众充分讨论，"一户一策"定项目，最终确定的项目、资金分配情况在村内上墙，向全村公开，在县内上网，向社会公开。同时，为加强扶贫资金的阳光化管理，县里每天通过短信、网络公布监督电话"12317"，做到了资金使用精准、项目安排精准、措施到户精准、脱贫成效精准。《人民日报》以《兰考尝试精准脱贫新办法》为题，进行了着重报道。张庄村高效使用扶贫资金，助推兰考蜜瓜、南美白对虾等村集体产业快速投产见效，即是得益于此。

焦裕禄书记当年治沙的泡桐很适合制作乐器音板，兰考县堌阳镇"乐器小镇"制作的古筝、古琴，在市场上认可度很高。如何利用资本市场将产业做大做强？2016年，证监会选派杨晓东同志接替杨志海同志挂职兰考县副县长，他指导证券公司依托堌阳镇设立民族乐器产业发展基金，帮助改变当地乐器产业小、散、乱的局面，设计整合重组方案，拟通过整合后的平台公司走资本市场发展道路。他还指导成立由多家上市公司、证券公司出资的兰考焦桐共享经济研究院，以此为载体为兰考产业金融发展提供持续性智力、资源支持，并将兰考经验向更多贫困地区传播。2018 年，证监会孙昊接替杨晓东成为选派兰考县挂职第 3 任扶贫干部，他亲自指导协调兰考县发行全国首单脱贫地区扶贫债，还以系统工程化思维推动兰考县社会扶贫事业发展。

接过前任的重担，我接着先做人民的学生。

做好人民的学生，首先是关注人民的学生。产业发展需要与之相适应的人力资源升级，乡村振兴更需要人本身素质能力的提升。所以当我 2017 年接过扶贫接力棒时，更加关注智力资源向农村的融入。贫困群众思想比较保守、文化基础薄弱，再加上智力扶贫周期长、见效慢，不可能一蹴而就。这项工作并不容易，但必须坚定地做下去。

党的十九大报告明确指出，努力让每个孩子都能享有"公平而有质量"的教育，清晰指明了未来教育发展的方向。由此，我们将义务教育均衡发展工作与脱贫攻坚工作同步规划、实施、考核。张庄小学位于张庄村幸福路上，随着旅游业的发展，幸福路成了张庄最为繁华的地段，每天都有大量的观光游客，教学区和旅游区相互影响，教学环境和学生安全问题越来越突出，再加上学校建筑不达标、义务教育标准化程度不达标，村里一直有重建的愿望，但资金是个难题。当地希望得到帮扶单位——证监会的支持。很快，通过反复沟通、论证，证监会决定资助 1500 万元用于张庄小学重建及优质教育资源对接。兰考县政府根据地方实际需求及建设经验，承担项目建设主体责任。河南省扶贫基金会受证监会委托承担资金管理职责，依靠其资金、工程管理经验，保障资金的拨付效率及过程公开，更好接受社会监督。在几方的紧密沟通配合下，现代化的义务教育标准化小学"张庄小学"拔地而起。

兰考县是全国首个普惠金融改革试验区。我们在直接实施帮扶措施时，也努力向老百姓传授金融知识，希望帮助他们开阔发展思路、降低创业风险。实践发现，老百姓有超乎想象的学习能力。闫春光是当年习近平总书记看望的贫困户，后来靠养蛋鸡脱了贫。2017年初，鸡蛋价格坐了过山车，一度跌破两元钱，伤了不少养殖户的心。为帮助村民规避价格风险，2017年底，在首创京都期货公司的帮助下，我们将"期货+保险"项目引入村里。原本以为期货二字离村民太遥远，没想到项目研讨会上，村民不但对"期货"概念一听就懂，有十余年养鸡经验的翟进喜还胸有成竹地说："鸡蛋价格变化有规律，都给我脑子里嘞，选明年3月到5月当保险期，中！"于是，2018年春，河南省首单"期货+保险"鸡蛋帮扶项目在张庄村成功落地。解决了后顾之忧，养殖户们不但成立起合作社准备扩大规模，还把期货行情存进了手机里。2019年初，我们在前期项目经验基础上，进一步引入银行合作，成功撬动银行贷款，"期货+保险+银行"鸡蛋帮扶项目在张庄落地，再次成为全省首单。在春节刚过的那个行情不好的月份，项目触发理赔10余万元，直接受益的村民对期货有了更进一步的了解。易碎的蛋成了引"金"的蛋，养殖户们说："这法儿中，自己花钱上保险也愿意。"闫春光用养鸡赚来的钱又开了间香油坊，满街飘香。"以前养鸡，臭，都叫我臭春光；现在卖香油，我变成了香春光。"2019年7月1日，闫春光主动向党组织递交了入党申请书，他感激地说："是党帮我脱贫致

推动落地全省首单"期货＋保险＋银行"鸡蛋帮扶项目

富，我也要成为党组织中的一分子，帮助我身边有困难的人。"

为了激发贫困群众发展生产的内生动力，自 2016 年起，在证券公司、上市公司的帮助下，我们连年开展"消费扶贫"采购活动，一定程度上激发了村民发展生产的积极性。但是，村里经济基础薄弱，村民虽然有了创业和发展生产的意愿，但创业能力依然薄弱，初创小微企业风险很高。该如何发挥资本市场作用，给小微企业一些企业经营能力、风险管理能力提升、信息资源等对接方面的支持呢？经过与证券公司的交流探讨，我们认为，"四板市场"是可行的路径。

2019 年 12 月 16 日，张庄村很热闹。"以前只在电视上看过企业上市在证券交易所敲锣庆祝的画面，没想到，今天这个锣能在张庄村敲响，敲锣的还都是本村企业。"村党支部书记申学风激动地说。当天，由中原证券推荐的张庄村 22 家村办企业敲锣庆祝后，成功登陆河南省政府批准设立的唯一区域性股权交易场所（俗称"四板市场"）——中原股权交易中心的"扶贫板"，实现与资本市场对接，挂牌企业涉及水产养殖、食用菌加工、教育、文化旅游等行业。中原股权交易中心总裁史红星说："中原证券、中原股权交易中心结合自身业务特点，主动关注贫困地区，不断扩大服务半径和深度。此次以行政村为对象，一次性挂牌企业 20 余家，在该中心尚属首例。为最大限度减轻农村地区小微企业财务负担，中心对该批企业挂牌及辅导费用合计 99 万元实行全部减免。"利用"四板市场"为贫困地区小微企业提供融资、融智服务，是资本市场服务脱贫攻坚的具体措施之一。22 家村办企业的集体挂牌也反映出近年来张庄村金融产业发展活力的不断增强。

记得来驻村前，同事们好奇地问，你一个女同志到村里去，哪来的勇气？经与乡亲们朝夕相处的这 700 多个日日夜夜，实践让我更多感受到的是"知屋漏者在宇下，知政失者在草野"。当我们摘下有色眼镜、放下所有自以为的"优越感"，以平等心走近村民、走进村庄时，会发现这里是最生动、最丰富的学堂。资本市场，看似与

在即将完工的张庄小学前与校长沟通建设使用事宜

贫困乡村风马牛不相及，实践却成功架起了两者之间的桥梁，也许还只是星星之火，相信在持续探索中必能形成燎原之势，让资本活水精准滋润乡村大地，为农田增绿，农业增效，农民增收。

如今的张庄村，建档立卡的贫困户212户792人已全部脱贫，村民人均年收入接近12000元，较5年前提高近1万元。村里产业多、机会多，村民不但能"就业"，还能"择业"，外出务工人员逐渐有了返乡意愿和行动。

2018年10月30日，改革开放与中国扶贫国际论坛召开前夕，来自全球100多个国家的专家、大使专赴张庄调研，认为张庄实践为世界减贫提供了宝贵经验。

2019年6月28日，"中国共产党的故事——习近平新时代中国特色社会主义思想在河南的实践"专题宣介会在兰考举行，来自30多个国家的近300名政党领导人和代表考察张庄后，感叹地说，在这里看到了习近平总书记倡导的乡村振兴战略在中国农村的落地生根，看到了中国共产党对普通百姓的人文关怀，看到了中国百姓更加自信。

有一种生活，你没有经历过就不知道其中的艰辛；有一种艰辛，你没有体会过就不知道其中的快乐；有一种快乐，你没有拥有过就不知道其中的纯粹；有一种收获，是你真正去拜人民为师，争做一名好学生。

一段经历，一生情系。兰考是我们的第二故乡，那里有许许多多的家人。有幸走上脱贫攻坚的一线，是组织的重托，是天赐的福分，尽己所能做实事、做善事，就是在积攒最大的福报。吃亏吃苦为群众，老百姓听党话、跟党走，其实，不吃亏。

何日山花烂漫时

十年扶贫路，一生不了情。人虽离开了阳高，但心始终牵挂着我的第二故乡，牵挂着这里的父老乡亲。我会不遗余力，尽己所能，为阳高县的发展继续献出光与热。衷心祝愿父老乡亲的日子过得更富庶，阳高县的明天更美好！

谢留强： 现在应急管理部工作。2011 年 7 月至 2021 年 7 月，在山西省阳高县挂职任县委常委、副县长。2014 年，被评为"中央国家机关等单位定点扶贫先进个人"；2018 年，被评为"中央和国家机关脱贫攻坚优秀个人"；2021 年，被评为"全国脱贫攻坚先进个人"。

情感的话语中，人们常说在最好的年纪遇见最美的你，而我何其有幸，生于这个伟大的时代，在人生最年富力强的十年当中参与了脱贫攻坚这场彪炳史册的伟大事业。这十年，每每回想，总会让人热泪盈眶；每每回想，也总会催人不断奋进。

我这十年

谢留强

至今，我还记得 10 年前到阳高挂职第一天时的心境。

2011 年 7 月 10 日，一脚跨进这个县，一首老歌不由得在耳边想起："低矮的草房苦涩的井水，一条时常干涸的小河，依恋在小村的周围……"

站在刚刚住下的宾馆窗前，望着外面那条他们说是县城最繁华的主干道，两侧是一大片一大片的破旧平房，我的内心中却怎么也"繁华"不起来。原来以为贫困县的县城至少还会有一些现代的气息，尽管来这里之前做了大量的功课，了解了不少社会经济发展状况和风土人情，但面对眼前现实状况，想一想农村该是个啥样啊，老百姓的生活该是个啥样呢，不由得心里有些发紧！接下来的工作该怎么开展，扶贫工作先从哪里抓起，两年的任期能够完成好哪些事情……一个又一个问题不断地在我脑海中涌现。

那一夜，我失眠了。

一

躺下想，不如走着干。

为了能尽快了解掌握实情，到阳高的前三个月里，我几乎是天天下乡，所有的乡镇、所有的村我都去过。

有时候为了彻底了解一项工作，别说是乡镇，就是有的村去的次数我自己都记不清了，不过下乡调研中我也发现，刚开始那会儿到村里跟乡亲们聊天，虽然我是想尽力融入他们当中，跟他们打成一片，但我始终觉得跟他们是有距离的。

情感这东西骗不了人。乡亲们虽然跟你有说有笑，但在他们心目当中，你是县里的领导，况且又是挂职来的外地人，下乡调研或许也只是例行公事，走走看看，过了就算。那时我深深认识到，想真正融入乡亲们当中，并非易事。

日后的工作中，为了能够消除这种"距离感"，下乡调研中，我最大限度减少县直部门、乡镇相关随同调研人员，有时候，对于村里一些德高望重的人、致富能手、乡亲们中口碑好的，我都会刻意去记一下，有的还要个他们的联系方式，哪方面工作上想起来了，会主动给他们打个电话探讨。碰上饭点，就在乡亲们家里吃顿农家饭，想的是以拉家常的方式听听乡亲们对于农村发展、农民增收致富的好点子、好办法。

不过一开始那会儿，我在沟通交流上不是很方便，乡亲们讲方言，有的我听不懂，乡亲们想表达清楚，不仅得重复讲好多遍，有时甚至都用手比画着，好多次的结果都是话听清楚了，彼此的笑声也溢出来了。这笑声中，有时候也会闹出个笑话。有一天中午，到一位农民家里，他家只有他和妻子两人，都50多岁。他拿起一块黄糕问我："吃梨不？"我很纳闷儿，这不是梨呀，便对他说："我不吃梨。"说完，大家都笑了。政府办的同志在我耳边轻声说："'吃哩不'是'吃不吃'的意思，和梨没关系。"一下子，我哭笑不得。这样的事情多了，感觉跟乡亲们的距离却是越来越近了。

还有就是在乡亲们家里吃饭，一开始那会儿，都是走的时候给留些钱，但不论钱多钱少，他们怎么都不会要，而且是真心不要的那种，在被乡亲们这种憨厚纯朴之情感动的同时，我也有了我自己偿还人情的方法，日后只要是在乡亲们家里吃饭，条件允许的，吃饭之前我都会到村里的那些小卖部买些花生米、香肠、鱼肉罐头之类的，条件好的村，能买到熟肉的就再买些熟肉，这样一来，就成了当地乡亲们说的"蓬锅吃饭"了。有次我拿了二斤花生米跟一些熟肉到一户乡亲家中吃饭时，家中那位老哥吃惊之余更是表现得有些不知所措，说吃上一顿饭还买上这些东西，这做成啥了！我说不光你们吃，我们也吃呢，赶快张罗吧！最后那老哥突然想到似的，说过年时女婿给他拿了两瓶酒，这正好拿出来喝了，我说不喝酒，但那老哥头也没回地就到隔壁取了，拿过来之后就要拆包装，我忙着上前劝阻，我说我们工作规定，上班期间不能喝酒，见我这么一说，那老哥有些半信半疑地看着我，问我真不能喝，我点头说真的不能喝，他老伴笑着说，不喝酒就好好吃，我就讨厌那喝酒，喝完身子难受不说，还误事儿。那一次，我是真的吃好了，朴实的人，朴实的饭，吃得舒服，聊得舒心。当然，也有吃完难受的时候，阳高南面这一带的村子，人们普遍喜欢吃糕，而且吃糕在当地都是上讲究的，像是逢年过节、家里办个什么事业，都会吃糕，特别是油炸糕，而且像"三十里的莜面四十里的糕""鸡蛋碰糕""贼走了拿出刀了，讨吃走了拿出糕了"的俚语、故事有很多，类似的"糕文化"我还专门了解过。那次下乡，我就吃了顿糕，没想到在当地讲究的饭，对于我这肠胃不好的人来说，吃完后竟成了负担，一顿饭吃得我难受得住了好几天医院，输了好一阵子的液。不过虽然身体是难受的，但我心里是幸福的，我知道，阳高这片热土上的乡亲们把我融入他们当中，不把我当外人了，还是那句话，情感这东西骗不了人，我深切地感受到，我真正融入阳高这片土地，融入乡亲们了。

二

与乡亲们感情处深了，工作开展起来也就显得顺畅多了。

根据前期调研掌握的情况和县里部分乡村生产条件差的现状，我大胆提出了"实施基础扶贫"的建议。想法是不错，大伙儿也很支持，但关键是缺钱，贫困县财政吃紧，根本拿不出，乡亲们自筹，肯定是杯水车薪。无奈之际，我想到了回去找"娘家人"。这一趟回京求援，说实话，到现在一想起来也是感动不已！在部里的大力支持和一些朋友的帮助下，我第一次一下子筹集了 500 多万元，我真的感动到落泪了，而且内心中也有了一种无比强大的信心，有党和政府做后盾，有这么多人参与，脱贫攻坚这场硬仗，我们一定能打赢！

有了钱，一些困扰乡亲们发展的问题随之就解决了，我用筹集到的钱为东小村镇实施了集中供水站水源补充工程，在秋林、东团堡、柳家泉等贫困村实施了人畜饮水解困项目，新打机井1眼，配套机井4眼……特别是像柳家泉村这类盐碱地较重的，旱地变成水浇地后，玉米每亩能多收500斤以上，有次下乡调研，乡亲们当中有人笑着说："谢县长，人们都说吃水不忘挖井人，你也是我们村里的挖井人！"我笑着回应乡亲们："党的好政策才是我们大伙儿的挖井人！"

  我身体不是太好，下乡工作中，对于身患疾病的乡亲们，总是有种"同病相怜"的亲切感，一次在罗文皂镇陈家堡村了解到，村民常有富患上脑瘤，手术花费8万元，除花光家里的积蓄，还欠下3万元债。一盘点，全县有5253个这样的家庭。时间久了我发现，乡亲们患病，除非是难受得扛不住了才去检查，否则的话，绝不轻易去医院，而很多情况都是，扛不住了才去检查，但检查出来已经晚了。我跟乡亲们聊过，难受为什么不早点去检查，乡亲们说，也不

民俗照（谢留强看到当地农民丰收后的喜悦）

是不懂得，只是不舍得，只要去检查，有病没病总得要花钱……乡亲们的话听得我心里难受，因病致贫，形势严峻！针对这种情况，我又想到了我的"娘家人"，我主动联系应急总医院，请他们帮忙。自那之后，应急总医院每年都会来阳高开展义诊活动，免费发放药品，尤其是到那些边山峪口的偏僻村，最多的一回，义诊完之后一次性发放了2万多元的药品，十多年了，从未间断过，到现在，也仍在继续着。

农村穷，但再穷不能穷教育，再穷不能穷孩子，特别是看到乡村孩子那些有着强烈求知欲的眼神时，我总会有所触动，而且我也坚信，未来的乡村，那些孩子们就是希望与力量。为了能够让贫困家庭的孩子们顺利完成学业，我积极争取，在"娘家人"的帮助下，为200多名家庭困难的大学生每人一次性发放助学款6000元，部里领导还结对帮扶5名家庭困难的大学生，直到他们大学毕业。

看着孩子们离开村子踏上求学路的那种兴奋与喜悦，我心里十分欣慰。

三

要想早日脱贫，必须壮大产业。

阳高县是农业县，矿产资源匮乏，工业发展滞后。实现阳高脱贫做大做强产业发展是绕不开的课题。县委、县政府早有重点发展龙泉工业园的想法，将阳高龙泉工业园区建成安全产业园区。我便主动请缨负责筹建，2013年初，原国家安监总局批准阳高龙泉工业园区列入安全产业示范园区试点单位。之后的几年间，我积极对接同煤集团，协调引进了同煤氯丁橡胶输送带、同煤热电联产等项目落户园区；多次往返北京参与承接首安通可探测 PE 警示保护板等雄安新区溢出产业项目。过去的园区是"一个企业半条路"，自从成了"国字号"，主动上门对接的大企业越来越多，经济效益逐年增加。2018 年底，阳高龙泉工业园区工业产值首次突破亿元大关。阳高大泉山是全国水土保持治理先进典型，是集红色、绿色、古香于一体的好旅游资源。但由于交通不畅，周边 16 个村的群众抱着"金饭碗"守贫。打通了制约发展"中梗阻"的旅游扶贫路，使人们有期盼，县里有想法，那我就给他们找办法，一次次跑市场、进北京，硬是帮助争取回了建设资金，促成了项目建设，也促进了区域整体脱贫。

狮子屯乡发展日光温室扶贫产业园，令村民们苦恼的是缺乏专业技术，我了解了这一情况后，遍访高校教授，遍寻专业能人，诚心打动硬是把专家团队请到了村里担任技术顾问，在田间地头手把手为农民授课，一段时间下来农民不仅腰包鼓了，还培养出了一批本地"土专家""田秀才"。以此为契机，我积极组织协调，连年开展贫困群众技能培训，扶助贫困群众就业创业 1500 余人次。鳌石乡是一个传统农业乡，长期以来主种玉米，困在增收无望的泥潭。我记不清多少次深入该乡，和当地干群一起寻出路。分析乡情的"长与短"、论证市场的"供与求"，有效开出了一服脱贫的"方子"：量身定做建起的 2100 亩林药套种扶贫产业园，实现了 247 户 560 名贫困人口脱贫。如今，在这一项目的带动下，该乡林药套种产业快速发展，规模已突破 5000 亩，成为当地的新兴支柱产业。"致富果"长势旺，"扶贫牛"又进村。我针对侯官屯村实际，为贫困户购进了 40 头奶牛，并协调由当地的瑞清奶牛养殖场托养，一条绿色循环可持续发展的新路，在阳高县中部黄土丘陵区渐次拉开。贫困户薛明财高兴地说："俺们除了享受奶牛养殖分红外，还可进场务工挣钱，又可无偿获得牛粪肥田发展青贮玉米卖给牛场，一头牛带出多重效应！"

边远贫困村庄的饮水难、灌溉难、防汛难、出行难，我想方设法筹集资金开展基础扶贫，先后完成了长城乡护村防洪堤坝修复加固、东小村镇集中供水站水源补充、4个贫困村的人畜饮水解困、和富移民新村道路建设及机井配套等工程，有效解决了一大批多年困扰群众生产生活的闹心事、烦心事。引进了山东惠发食品加工项目促成4000多名贫困群众就业，有效缓解了疫情影响造成的就业压力，消除了一大批脱贫户返贫风险。积极开展消费扶贫，一大批特色农产品走向了中央机关和各大超市，撑大了贫困户腰包。

我深知抓好贫困村党建工作，积极培养农村致富带头人，为贫困村建设一支"不走的扶贫工作队"的至关重要性。在村"两委"

工作照（谢留强与奶牛养殖场贫困户亲切交谈）

换届期间，通过请回本土精英、乡镇干部兼职村党支部书记等办法，助力农村"两委"选齐配强班子，全县 42 个贫困村"两委"组织由弱变强。同时，先后帮扶建设了长城乡便民服务中心，帮助狮子屯乡、友宰镇修缮村级组织活动场所 10 个；引进碧桂园农村基层党组织"新时代中国"VR 思政教育平台项目，对阳高县龙泉镇 11 个行政村的组织活动场所进行改造升级，提升农村基层党组织战斗力、凝聚力、向心力。还组织乡村基层干部赴中国煤矿安全技术培训中心接受培训，开阔基层干部视野，拓宽基层干部思路。

四

时至 2017 年，是我在阳高扶贫的第 7 个年头。7 年来，我早已把阳高当成了第二故乡，越是深爱这片土地，越是把心搁在了这儿，越要探寻一条普惠群众的好产业。

一次偶然的机会，让我认准了一个适合阳高农民致富的好产业——西红柿。理由：一是当地土壤多属火山熔岩地质，保障了所种植的产品营养高；二是昼夜温差大，天然造就了所种植的产品病虫害少，品质好；三是每年 7—9 月，南方高温梅雨季节无法种植西红柿时，而阳高却是公认的黄金地带，可巧利用季节差；四是消费市场对西红柿的需求量很大……

谁来种？动员农民我下了大功夫。记得有一次坐在农民家里做工作，半个晚上的引导好不容易动了心，谁知第二天又变了卦："一根秧 9 毛钱，一亩地的秧就要 2000 块钱，还有地肥、管道……一亩地下来，就得五六千块钱。这个数字对我们老百姓来说，太冒险了。"

人叫人干人不干，示范带动看一看。我托关系、找企业，硬是找来了海南佳伟农业发展有限公司、上海江桥市场客商等几家企业来做示范。不出所料，产品质量好得很，糖度能达到11点多甚至更高，比普通西红柿高6个至7个点；产品市场也卖得俏，每斤西红柿能卖四五块钱，比普通西红柿多四五倍！

典型引路引来了出路。农户发展西红柿的信心倍增。我乘势而上，引导他们发展。愿意和企业入股合作的，我给当"红娘"；愿意自己干的，我给当"保姆"。2020年3月，正是各地疫情防控的关键阶段。我心急如焚，西红柿苗急需选定。有人善意劝我说，疫情危险！等过去了再外出选种苗吧。我说，做好防护，疫情就不危险。如果耽误了村民按时种植西红柿的时令，伤了老百姓的心，那才危险。于是我和相关人员连夜驱车，赶往山东潍坊。一路上，因为疫情饭店关门，我们就三餐并两餐、两餐并一餐，吃泡面几乎是天天的主食，硬是在3天内赶了4000里路。在离开潍坊的当晚，因劳累和饮食不规律，我的肠胃病又犯了，身体发烧，腹痛难忍，在同行人的帮助下就近找了家诊所输完液后，便又撑着虚弱的身子赶往山东寿光。他们都劝我别那么拼命，但我想的是好不容易找到了西红柿这个致富的好产业，豁出这条老命也值得。

基地建起来后，我

谢留强父子亲情生活照

最操心的是往哪卖？最大的批发市场在河南郑州，最高端的批发市场在浙江嘉兴，小而精的是上海的江桥批发市场，北京大洋路农副产品市场是水果高端市场，还有北京的新发地……我跑遍了全国，对国内大型批发市场不仅心中有了底，更有了路：牵头成立了阳高特色蔬菜驻京销售服务中心，与北京、上海、郑州等 50 家商户建立了供销关系，上海市政府还将阳高县定为上海市"菜蓝子"工程延伸基地。此外，我还带头对接电商企业，与京东云、易居乐农、北京食迅网、北京锦益网络、老乡严选、太原乐村淘等电商企业建立了供销关系，实现深度融合，不仅保障了西红柿有销路，而且拓宽了阳高蔬菜的销售渠道。这些年来，每年推动外销阳高蔬菜 6400 万斤，占全县外销蔬菜的 20%；外销的阳高特色农产品收入突破 1.4 亿元。

卖产品更要卖品牌。我大力推动当地的蔬菜商标先后注册，阳高特色农产品在全国蔬菜市场日益叫响，销售链不断巩固、完善、延伸。2020 年 3 月，我又从浙江宁波引进西红柿塑料筐加工技术，设立大白登塑料编织厂。同时还设立了西红柿分拣车间和预冷冷库，方便西红柿交易。

通过几年来的工作，"阳高红"西红柿红了阳高：一是圣女果种植从无到有，种植面积逐年扩大，2018 年达 438 亩、2019 年达 984 亩、2020 年达 1926 亩、2021 年种植面积近 5000 亩；二是大棚利用率从低到满负荷运转，全县再无大棚闲置现象，呈现出"一棚难求"异常抢手的现状；三是农户种植从拉动变为主动，每棚圣女果近 3 万元的利益驱动，极大地鼓起了农户自己发展种植的劲头，据统计 2021 年已有本地三家合作社与农户组团发展种植圣女果，新增种植面积 1300 多亩。

五

当初，我来挂职时，挂职期限是 2 年 700 天。

2013 年，我挂职两年的任期到了，在回与留的选择上，我也徘徊过，但面对着阳高同志们想让我留下来继续共同搞建设的希望，面对着我正在开展着的扶贫工作，面对着两年来接触过的那些乡亲们对于我的信任，最终，在部领导的支持下，我毅然决然地选择了继续留在阳高搞建设。

而这一留，就是 10 年 3650 天。

10 年扶贫路，给我留下了太多的忘不了：忘不了鳌石乡东马营村村民贾廷军种植西红柿因缺少几根种苗正在发愁时，我却早已料到拎着种苗意外而至后，贾廷军抿嘴一笑的样子；忘不了和农民们一起比赛种田的情景，尽管我体力劳动的成绩稍差一点，但种田技术的分值却令老乡们折服；忘不了我在马官屯村讲农业技术课时，全村的男女老少都来了，村支书说还从没见过这么多人来参会，刹那间感到 10 年的磨炼我已从"外行"转向了"行家"；忘不了县委常委会时常开到深夜，脱贫是始终没变的话题；忘不了我走过的每一个村庄，熟悉的每一寸土地，还有那想听的乡音……

春种秋收，十年不够。风霜雪雨品生活，塞外情深心富有。夜晚的天空犹如白昼，星星月亮挂枝头。弹指十年知天命，躬身为民情未犹。日出日落说真情，缘去缘来叙乡愁。劳动的人儿纯朴、憨厚，空旷的大地朗朗欢笑处处有。勤劳的人儿心无忧，为谋善事、好事、益事、群众事、积德事，劲头儿，足够，足够，足够。不负韶华无他求，不忘初心往前走，问君哪寻好岁月？漫步绿垠青畴。

何事山花烂漫时

亲爱的廖厝村父老乡亲们，虽然已离开大家，但今后无论身处何方，我的心中永远都会牵挂着廖厝，我的各种联系方式都会保持畅通，并在新的工作岗位上为廖厝村的发展加油喝彩！真诚地祝福廖厝的未来越来越美好！祝福全体廖厝父老乡亲身体健康、家庭幸福、工作顺利、万事如意！

徐军辉： 现在福建宁德核电有限公司工作。2017 年 12 月至 2021 年 3 月，在福建省古田县廖厝村任第一书记。2019 年，廖厝村党支部被评为"古田县先进基层党组织"，廖厝村被评为"第五批国家传统文化村落"。

他紧紧握住我的手，泪水在布满血丝的眼睛里打转，我感受到他长满茧子的双手强劲有力。"太感谢村委会了！娃终于有学上了！"从村民黄期珍家里出来，我感到从未有过的轻松和愉快。

都是我的"娘家人"

徐军辉

2017年12月14日，对我来说是个难忘的日子。在公司食堂吃过早饭后，7点30分我们准时出发，一路辗转高速、省道、县道、乡村山路，先后去古田县组织部、卓洋乡政府报到，晚上7点30分到达村里。整整12个小时。

天空飘着蒙蒙细雨，站在路边望着渐渐消失在夜色中的送行车辆，那一刻，我的心底闪过一丝不舍、犹豫，甚至后悔。但在接下来的时间里，我迅速调整心态，走访入户，到田间地头找村民聊天，了解村情民情，学习"三农"政策。

一

2018年9月28日中午，福建省宁德市古田县卓洋乡廖厝村的稻田里，十几名"核电郎"正挥汗如雨，帮"老杠头"家收割水稻。

这时，有位老乡也慌里慌张地往这边赶。有人问他去干吗，他说来帮"老杠头"收水稻。村民取笑说："前几天你俩不是刚干完架嘛。""哎呀，你不知道，那个'老杠头'前天病了，人家徐书记带了一帮人帮他收割水稻，你说徐书记都带头了，咱还计较个啥啊……"

金秋时节，田野里是一片繁忙的秋收景象，村里百姓的脸上都洋溢着丰收的喜悦。但就在秋收开始前，老党员黄传我（村民都称他"老杠头"）突发脑血栓，被紧急送到福州住院治疗。眼看村里家家户户的水稻都快收割完了，黄传我家的五亩多水稻却还颗粒未收。作为驻村第一书记，我看在眼里急在心里，大家都很忙，请谁帮忙都不合适，我一个人也干不过来呀！我只得向"娘家"——宁德核电公司请求帮助。公司得知后，第一时间开展内部动员，要求在不影响公司正常生产经营的前提下，公司各支部立即组队，前往廖厝村参与秋收。

就这样，由宁德核电公司十多名党员组成的"红色秋收队"到达廖厝村，他们简单吃了一点泡面，顾不上休息，便投入到忙碌的秋收工作中。他们有的卖力地挥舞着镰刀，有的抱着稻秆来回运送。火辣辣的太阳晒得脸颊生疼，如雨的汗水浸湿了他们的衣服，田里的蚊虫叮咬着他们的皮肤，但是秋收队里的每一位党员都没有丝毫退缩，他们一心想着尽快把庄稼收完。

干了一下午，大伙儿累得够呛。第二天早上，天刚蒙蒙亮，村庄还一片寂静。这时，这支秋收队已经下田割稻了。他们还没有吃早饭，想趁早晨凉快早点把稻子收割完。村民们看见后，纷纷竖起大拇指，称赞道："中央企业就是不一样""现在的党员干部真是好样的"。

二

在村里待久了，我有时感觉不到自己身在异地——就像在自己的老家一样。

那天，我像往常一样在村里"转悠"，发现村民黄期珍站在门口

廖厝村第一书记徐军辉联系派驻单位党员帮助突发重病老党员收割水稻

闷不吭声地抽烟。我慢慢走上去，开玩笑地问道："怎么了，跟嫂子吵架啦？"

村民黄期珍 50 多岁，为人正直，天生乐观开朗，勤劳肯干，平时在村子周边打零工。家里有 3 个孩子，老大刚大学毕业，老二正在读大二，老三今年参加了高考。黄期珍苦笑着说："这不，老三被集美大学录取了，通知书今天收到了，各项费用全部加起来要 1.3 万元啊。"我瞬间明白老黄为什么发愁了。这个数对于贫困村的农家，是个大数目，何况 3 个孩子都在读书。再穷也不能穷教育，一定要想办法让孩子上大学！我心里一边下决心，一边安慰着老黄，然后回到了村委会，准备召开每周一次的村"两委"碰头会。我的心情有些沉重，由于廖厝村位置比较偏僻，交通不便，再加上村里人对孩子的教育不重视，觉得孩子能长大成人就行，读书也没什么用，这么多年能考上大学的孩子也寥寥无几。

扶贫先扶智，我们应该对村里孩子的教育做点什么。在例行议题讨论之后，我临时增加了一个议题。我提议："应该采取措施，慢慢扭转大人们落后的教育观念，为孩子们读好书、好读书创造良好的环境氛围。""这个主意提得好！早该改变一下大家的思想了……"村支书首先发表意见，紧接着大家你一言我一语地展开热烈讨论，最后全票通过对考上大学的家庭给予奖励的提议。私下里，我先自己拿出 5000 元钱悄悄地给老黄应急。

当村里把钱送到黄期珍家里时，他紧紧地握住我的手，泪水在布满血丝的眼睛里打转："太感谢村委会了！娃终于有学上了！"从黄期珍家里出来，我抬头看看村上的天空，天蓝蓝的，风轻轻的，我感到从未有过的轻松和愉快，身上充满了力量。

三

很久没有陪儿子了，期末考试快到了，我想抽时间多陪他一会儿。这时，一位老乡打来电话："喂，徐书记，是我黄车溪，这段时间天天下雨，西瓜快烂在地里了，这可是娃下半年的学费哦……"孩子好奇地问谁这么晚还打电话。我告诉他："一个伯伯种的西瓜卖不出去了，这事对他来说很重要！"辅导完孩子的作业，我躺在床上再也没有了睡意，一边听着孩子熟睡的呼吸声，一边想着怎么帮村民把西瓜卖出去。

我想得最多的还是"娘家人"。第二天一大早，我把老乡为西瓜犯愁的事向公司综管党支部作了汇报，支部书记立刻想出了解决

把西瓜钱交给村民

帮助村里贫困户销售因连续下雨而滞销的西瓜

方法。没过两天，公司的后勤主管就领着大卡车一路冒雨来到村里。车子一进村，天空突然放晴，大家欢欣鼓舞，立即摘瓜、装车。一个多小时的工夫，4000多斤西瓜迅速装车完毕。西瓜送到公司后，综管党支部党员志愿者在公司各餐厅和超市进行销售，又是短短1个小时，4000多斤西瓜销售而空。

"西瓜终于换成钱了，我还以为要烂在地里呢，太感谢你们啦！"当我把卖西瓜的钱送到村民黄车溪手里时，黄车溪开心得眼泪都出来了。

何香峋花烂漫时

我在基层工作 20 年了，和老百姓同吃同住同劳动，结下深厚的鱼水之情。看到他们一个个脱贫了，致富了，我心里非常高兴。我要继续扎根基层，在乡村振兴的道路上，和乡亲们手牵手，心连心，拓展致富之路，贡献自己的力量。

杨启卫： 现在陕西省吴起县吴仓堡镇政府工作。自 2003 年起一直在基层工作。2017 年，先后被陕西省评为"三八红旗手""优秀第一书记"。2021 年，被评为"全国三八红旗手"、第十四届全国运动会火炬手。

> 早上的太阳还未露出半个脸，小儿子却早已满脸泪水，紧紧抱着我的腿，久久不松开，嘴里还嘟囔着："妈妈，别走，再陪我玩一会儿。"

我们都是一家人

杨启卫

2015 年的一天，天刚蒙蒙亮，我急急忙忙收拾好孩子的备用品，开车把正在吃母乳的 10 个月的小儿子送回老家。虽然心里不是滋味，但是我和老公商量后，还是决定把 10 个月大的孩子交给老家的公公来照顾。回到家，公公二话没说，从我手里接过哇哇哭个不停的孩子，还语重心长地说："娃娃交给我，你就放心搞扶贫工作吧！只要贫困户脱贫了，过上好日子，我老汉也光荣。"我俩看着一瘸一拐的公公抱着正在撕心裂肺哭泣的儿子，一边给孩子嘴里塞奶嘴，一边唠叨着孩子听不懂的安慰话。随着车子越走越远，孩子的哭声也渐渐听不见了，我的眼睛湿润了……

下午回到林业站，我觉得这一天日子过得特别慢，整理好自己洗了好多次的迷彩服，背起沉甸甸的行囊前往白豹村……

一

那天正是端午节，我正在家做饭，贫困户老谢气喘吁吁地打电话给我："杨书记，大山缝里下来水，把我家快淹没了，咋办啊？"我放下锅铲就往马路上跑。一边电话联系原村主任马生春，一边着急地在马路上雇车。我见车就招手，有的司机停下车，把车门打开喊我是个"疯婆娘"，有的出口喊我"傻媳妇"，还有人讥笑我"先人手里没当过第一书记，大暴雨天往哪里跑"。我先后叫了10多辆车，所有司机都摇头拒绝，就像提前商量过一样，都说："不去，那里路太难走了，多掏钱也不去！"直到有一辆车，那个司机才勉强同意去。距离老谢家还有两公里土路时，这个车也不去了，我只能步行。

村道崎岖，雨水淹没了道路，我摸索着，一走一滑。头顶雷声隆隆，脚底稀泥拦路，急性子的我索性把鞋脱了提在手里，赤脚加

查看建档立卡户产业

速前进。走着，走着，我不小心被村道上的石头擦破了脚，硬物插进了趾甲缝里，疼得我脸部肌肉不停地抽，龇牙咧嘴，眼冒金花，但我顾不上停下脚步查看，忍着痛一瘸一拐地走向老谢家。

我到时，老谢家已被水淹没了三分之一。我急忙挽起裤腿，拿起水桶，一桶一桶帮着清理屋子里的水。收拾完临走时，我再三叮嘱老谢，不要住危房了，尽快搬进村里安排的临时帐篷里。忙完后，我才发现我的脚已肿得像个面包，用手在脚面上轻轻一按就有个杏子大的坑。我又急忙去乡镇医院看脚，医生叹气道："这娃娃工作也太认真了，端午节，不好好过节，抗洪救灾，这脚指甲里的东西插得太深，现在没法取出，只能去县上的医院看了……"

天近傍晚，一条彩虹挂在天边。我忍着疼痛一瘸一拐往家里走。刚走到大门口，大儿子急忙跑过来说："妈妈，您怎么了？"又急忙说："妈妈，您中午走得急，忘记关火了，菜全部烧焦了，邻家阿姨来咱家时才发现的，要不，咱家就要遭火灾了。我和爷爷一天都没吃饭了。"那一刻，我才发现我的全身被雨水淋透，泥巴裹满了裤腿，肚子饿得咕咕叫……

二

原王元沟村是我扶贫的第二个村。它是全镇"挂上号"的低收入村。

那些日子的早晨，往往天刚蒙蒙亮，月亮还在半山腰，我就会醒来。我翻开枕头底下的扶贫日记，看着清晰记录下来的那些贫困户的问题：牛、驴、猪养得怎么样？贫困户收入能不能增加？长短产业能不能有效结合？贫困户家的孩子上学有没有问题？安全住房有没有保障？老百姓饮水又如何？……村上的事急得我如热锅上的蚂蚁，瞬间合起扶贫日记本，一骨碌从村部床上爬起来，穿上迷彩服，火速洗漱完毕，带着扶贫资料出门工作。

贫困户老刘肢体残疾，家有4口人。妻子十年前因一场车祸离世，母亲年迈，儿子上大学，女儿未嫁，一家人的主要经济来源仅靠养5头牛。了解情况后，我与镇党委领导和帮扶干部商量，给老刘预借5000元，小额贷款30000元，并劝说老刘再购买7头牛，8只猪崽。老刘修圈舍时家里没钱，工人怕欠工钱，7天叫了3拨2人都没把地基打好，最后全部掉头走了。此时正处6月暴雨季，我看在眼里，急在心上，多少个晚上因为这件事而失眠。最后，我拿出我的工资做担保，跟工人们说："老刘不给你们工钱，我拿我的工

查看果树长势

资给你们付，我来给你们做饭菜当厨师。"工人们笑眯眯地说："杨站长，有您这句话，我们马上行动起来。"就这样，只用了7天时间，标准化牛圈、猪圈就建好了。老刘感激地竖起大拇指连声夸赞："杨站长，您真是好人，要不是您帮我，我的牛、猪都要打野了。"如今，老刘的养殖业越来越好，日子也越来越好了。

还有一次，我在村部桥头碰见了贫困户王阿姨，她脸色非常难看，手里拖着个男孩子。见到我，她两眼泪汪汪，伸出一双长满老茧又冰冷的手，拉着我激动地说："听说咱村里来了个好干部，今天终于见到你了，我儿子因一场车祸离世已5年，媳妇改嫁了，老伴也去世得早，我今年65岁了，得了脑瘤，什么也干不了。孙子李小伟（化名）在吴仓堡小学上四年级，我也不识字，每个周末回来，娃的家庭作业都完不成。活成我这个样子，不如死了算了！"说着说着，眼泪流了出来。

听到这话，我当时心里特别难过，一边帮王阿姨擦眼泪，一边握着她冰凉的双手满口答应："阿姨，您孙子的家庭作业交给我，我每周末来辅导他完成。"有一天，我去帮李小伟辅导作业，发现他的作文本上写着这样一句话："我见到杨阿姨，就像见到我的亲妈妈一样。"瞬间，眼泪模糊了我的视线……

前些天，我又在路上碰见了王阿姨婆孙俩，她两眼炯炯有神地看着我，热乎乎的双手轻拍着我的肩膀说："杨站长，你知道我干啥去了？"我说："阿姨，我不知道，你领低保了吗？"她笑眯眯地说："不是。"说着，从兜里拿出一张成绩单。我急忙接过来打开一看，啊！好样的，李小伟的数学竟然考了85分，以前及格都很难啊！王阿姨说："这都是杨站长的功劳！"我摸着李小伟的头，心里顿时暖洋洋的，说道："这都是孩子努力的结果，还要继续努力哟。"

三

前些天，我在帮贫困户小黑管理果园的路上不幸出了车祸，导致我的左腿半月板严重损伤，医生让我卧床休息3个月，但是我躺在医院病床上的日日夜夜，心里总是牵挂着我们村贫困户果园管理的情况：剩下那几棵果树是否拉枝到位？贫困户是否把豆子卖了？那几头母牛预产期也到了，母猪也快产崽了，是否能顺产？看着输液管一滴一滴往下滴，我感觉时间过得太慢了，恨不得一下子把药喝进肚子里。我每天只能靠手机和贫困户打电话或者视频，了解贫困户的情况，但是，这怎么够，我在医院住了5天后，再也住不下去了，不顾医生的劝说，硬是出了院。回到家里，母亲不停地唠叨："不敢让你去扶贫了，小心腿感染了！村上缺你一人工作照样开展，但是家里不能没有你。"我一边点头回应，一边穿上迷彩服，又一瘸一拐地去了贫困户家中。

在扶贫路上，总有人这样说："杨站长，还是身体重要。你去看贫困户养的猪比看你家的娃娃次数都多，去搬迁的贫困户家比去你妈家次数多得多，去关心贫困户的吃水比关心你老公身体的时间都多得多。"每每遇到这样的好心相

帮助小黑管理果树

劝，我都是一边忙着手里的活，一边笑眯眯地附和着。

在我的积极努力下，原王元沟村老百姓的钱包鼓起来了，短短一年多时间，村里的牛群越来越多，猪圈的猪崽越来越多，苹果园管理一家赛一家。全村人都喝上安全的天然窖水了；贫困户都住进安全、舒适、干净、漂亮的新房子了；帮贫困户办理的小额扶贫贷款也落地生根了。

四

时间如流水，一晃扶贫两年多过去了，小儿子在公公的精心呵护下也渐渐长大了，开始牙牙学语。

想起扶贫的日子里，有时候，早上的太阳还未露出半个脸，小儿子却早已满脸泪水，紧紧抱着我的腿，久久不松开，嘴里还嘟囔着："妈妈，别走，再陪我玩一会儿。"每当这时，我的眼泪总是不由自主地滴在迷彩服上，又总是依依不舍地松开儿子那嫩小的双手，一步三回头地看着他向我招手的可爱动作。每次坐在颠簸的长途班车上，似乎五脏六腑都要跳出来了，我的心里老是感觉空荡荡的。

母亲节那天，大儿子在自己的日记里写道："妈妈，你虽然不在家，我依然祝你节日快乐！"深夜，我躺在床上，怎么也睡不着，眼泪打湿了整个枕头。

我一直忙于脱贫攻坚，错过了爱人病情的最佳治疗时期，一直说，你吃点药，再坚持几天，等我把这几户贫困户的牛圈和猪圈建起来，就陪你去大医院查病。结果，非常惊险的是，爱人十二指肠大出血，送到省医院时，大夫认真地说："再迟来几个小时，就有生命危险了……"但是我在医院只陪了爱人两天，就又换上迷彩服走上了脱贫工作第一线。

作为母亲，作为妻子，作为儿媳，我对这个家总是心怀愧疚，可是我不能落下一个贫困户，不能落下一个乡亲。因为，我们都是一家人。

何故山花烂漫时

我因这片热土而不一样，也许这片热土也会因我、因我们而不一样。奋斗和明月总是一起随君万里，乡村振兴的欢歌中，玉米地与旅游业态发展共鸣着。作为蒙古族人，我的第一故乡是草原；作为挂职干部，我的第一故乡是乡村。

杨一枫： 现在人民日报社工作。2018 年 7 月至 2021 年 6 月，在河北省滦平县挂职任县委常委、副县长。2019 年，被承德市记二等功一次。

时光荏苒，回首扶贫路，只觉得踏实、充实，而这踏实、充实的感觉就来自那一个个细节、一个个瞬间，在那一个个细节中、一个个瞬间里，汗水像雨水一样滴落。

记忆里的汗水透着缕缕阳光

杨一枫

2018 年，我来到人民日报社定点帮扶的河北省承德市滦平县挂职扶贫。走进乡村，走进山沟，走近贫困，一路上风风雨雨仿佛并不是很激烈，没有波澜壮阔，只有平淡真实，所经历的一个个故事都是细微和具体的，没有跌宕起伏，但却意味深长。

一

2018 年底，省检结束，正在干劲十足的当口儿，一天夜里，我突然右侧腰腹部剧痛。赶到协和医院，又耽误了 6 个小时，疼痛难忍，我又被救护车拉到北京普仁医院接受抢救。之后动了两次手术和一次小手术，3 个月里一共经历了 3 次全身麻醉。

有一次全身麻醉前，我正在对接报社外联的阿里巴巴集团的扶贫项目。阿里巴巴的扶贫项目当时共有五大类，其中"女性脱贫项目"是针对贫困地区女性普遍存在的难增收、无保障、轻抚育的特点，通过"产业扶持、保险保障、培育教育"等举措帮助她们脱贫和发展。

麻醉即将开始，"叮咚"，来了一条微信：杨县长，相关部门提供的贫困女性是8000人，通不过项目审核啊，很遗憾，看来这女性脱贫在滦平落不了地了。

阿里巴巴"女性脱贫项目"落地有一项前提条件，就是建档立

滦平的一山一水都是杨一枫的牵挂，这条小路就是
通往乡村振兴的光明之路

卡贫困女性要超过 20000 人。我一急，赶紧回微信让他们先等等。

"手机收起来啦，要注射了。"护士厉声叫道，一边给我的手腕缚上固定带，一边对我说，"你是挂职干部呀，我河北老家有个亲戚和邻居发生纠纷，现在满脑门儿官司……对了，你在河北哪儿挂职？哎，我和你说话呢。"

"啊！"我愣了一下，发现自己一直在琢磨 8000 这个数字，没有听见护士说了什么。

手术室里，雪亮的灯在上方围着我，左上方是输液架，从右下方能瞥见医生、护士忙碌的身影。我总觉得哪儿有点不对劲儿，8000 人？8000？怎么才 8000？全身麻醉不像睡觉，而像突然掉进一个无意识的空间，一个什么都不知道的空间。但是在掉进去之前，我就是觉得哪儿有点儿不对劲儿。

眼前突然亮了起来，我睁开双眼，先是输液架，然后是忙碌的身影，接着是走廊，我被推出了手术室。接下来的一个小时，我越来越清醒，头脑也渐渐灵活起来：滦平建档立卡贫困户共 17979 户 55590 人，其中怎么会只有 8000 个贫困女性，五分之一都不到，从常识上也说不通啊！

完全清醒后，我马上拿起电话联系相关部门，请他们重新核查，重新申报。

果然是不对劲！经过核查，相关部门重新申报了数据，滦平贫困女性 20000 多人，完全符合该项目的落地条件。原来，相关部门对申报要求的理解发生了一点儿小偏差，认为 18 岁以上 50 岁以下具有完全劳动能力的女性才符合条件，本着认真负责的态度，报了 8000 人。有时候，工作中的偏差，并不一定都源自疏忽。所以我们更应该多问几个为什么，多一些不对劲儿的感觉。

到滦平挂职加入扶贫队伍后，我不断加强学习，从培训中学、从实践中学、从别人身上学。学习不只是上上课、开开会，还要知行合一，以行促知。周围同事真抓实干的精神感染了我，对于关系到贫困户切身利益的问题立志要反复琢磨，反复推敲，真抓实干。

"抓工作，要有雄心壮志，更要有科学态度。"合上《习近平扶贫论述摘编》，闭上眼睛，这句话还在我眼前显现。

室内昏暗，窗外春雨淅淅沥沥。医院里没有掌声，也没有鲜花，我心里却充满自豪和喜悦，因为有 20000 多人将得到脱贫项目扶持，虽然这只是扶贫洪流中的一滴水珠。而这自豪和喜悦，正源自最初那不对劲儿的感觉。

二

于营村离县城不远。过了公共汽车站再走一段，往坡下一拐，便进入两旁全是田地的乡间小路，经过偏岭村，便是于营了。

路两旁，是风一吹就婆娑作响、"窃窃私语"的玉米地，有小河，有野花，有随处点缀的树，再往远看便是绿油油的林子，再往上看，那是湛蓝得一丝不苟的蓝天和几朵随意飘过的白云。

就是这里，将要打造乡村振兴示范区。

提起文化，这里是古驿道的所在地。悠悠岁月中，那颠簸的马队、风尘满面的行旅曾从这里经过，或是勇奔茫茫的塞北，或是喜归繁闹的京都。这里有深厚的历史文化背景，但提到打造文化品牌，人们却有些不知所措。

"从细节入手，从文化切入点辐射，会起到四两拨千斤的效果。"

说到如何在文旅方面做文章，滦平县委书记赵振清举了个例子，他指着河道旁的一块巨石说："在石头上就可以刻下这片区域的前世今生：明朝之前曾有无数行旅路过这里，而明朝这里人烟稀少……"这样既尊重自然，又为乡村增加了文化氛围。

文化的细节，让人们在发展求索的路上一下子有了着力点，就仿佛徒步当中看到了路标。而工作生活中的细节，则给人以发自内心的力量。

有一次，我去一个村子调研，驻村工作队正在推进乡村卫生环境维护工作。一条干净的上坡路两旁，房屋错落，干净有序，一位大嫂正在辩解为什么经常往自家门前扔垃圾，工作队员说得口干舌燥，大嫂理由万千条。旁边的人悄悄对我说："农村工作不好做呀。"我也有些焦躁，这时，心底知行合一的念头突然浮起，我一句话也

挂职期间，杨一枫扎根 20 个乡镇，遍访 199 个行政村，这是他在看望贫困居民

没说，便走过去开始捡垃圾，其他人也纷纷动手捡。接下来的场景就是，没有一个人说话，都在默默低头干活。大嫂愣了一会儿，也赶紧过来帮忙，门前很快就干净了。

回去的时候，大伙儿都在讨论工作方法，我没有作声，因为我获得的不只是这些。当我走上前去捡垃圾的时候，心里想的不只是如何推动工作、如何劝说大嫂，而是怎样做才会使自己感到心安、感到充实、感到果敢。其实，人生当中，无论工作还是生活，我们内心深处都有一种渴望，渴望自己具有某一种状态，这就是我们内心深处的良知。正如王阳明先生所认为的，良知会告诉我们怎么做。

而细节就有这样的魅力。当我们遇到问题的时候，当我们感到棘手的时候，我们就可以马上依据自己内心的良知，从某个小事做起，立即动手。这样做，你就会发现：问题不但可以迎刃而解，而且自己内心会感到充实、安然，充满力量。

三

阳光下，两侧山峦依然如黛，蜿蜒向远方。站在戚继光广场，背后倚着沧桑，眼前一尊雕像立在红绸幕里，初夏的风徐徐而来，吹起红绸的一角，此时国歌响起，激荡起我们的雄心，溢满山川大地。

中国滦平田汉基金会爱国主义教育基地揭牌暨田汉铜像捐赠仪式让每一个国人都熟悉的歌声又一次在长城脚下响起。

据史料记载，1933年长城抗战在滦平青石梁打响的时候，滦平县老百姓纷纷走出家门抬担架、救伤员、运弹药、捐粮食，有的拆下自家的门板冒着敌人的炮火运送伤员，有的老人劈了自己的棺材点火让中国军人们取暖……

送走基金会一行人，我绕道去了付营子乡金鸡沟村调研。金鸡沟村在群山怀抱之中，一条干净整洁的村路蜿蜒向上。这个村的第一书记比较"酷"，不爱说话，一进门就指着座位道："坐，坐下说。"我抢在其他人前面说："我们还是去村子里，到贫困户家边看边说吧！"一路走来，我发现整个村的情况都在我们的谈话里。

走访结束，已是黄昏，路过村口，看见十几个老人坐在那里聊天，我们走了过去。"你们第一书记特别羡慕你们经常坐在村口聊天，今天终于实现啦！"我和大爷大妈们开着玩笑，一开始的陌生感没有了，我们开始畅所欲言。

第一书记也开始"接受"我了，幽默地对老人们说："没错，平时太忙，路过也不知道你们聊些啥，今天终于知道了，以后别背着我啊！"大伙儿都笑了，笑声是那么爽朗，笑得天边的夕阳都红了脸。

我坐在木板条凳上，谢绝了身边一位大爷递过来的烟，两手扶凳，微微向前欠着身子，听大爷讲他的生活。

这个大爷家有两个儿子，现在都有出息了。可是大爷闲不住，他的地一半种着药材苍术，一半种着梨树，前一段时间感冒了，可他每天还要到地里去，用他的话说，好日子是"刨"出来的。"苍术的根儿我留着，只卖籽儿，告诉你，钱儿可不少挣，收获时怎么着也卖个万儿八千的。""你说得太少了吧？"旁边一位大娘打趣，笑着对我说，"他可是我们的大户，是我们村的带头人！"

大爷脸上竟然掠过一抹红色，那是青春、奋斗的亮色，比天边的斜阳还要动人。他说："这里的沟适合种中药材，适合种啥我就种啥，大伙儿帮衬着，拉着手一起往前奔!"

每次下乡，正式的走访督导结束后，我都喜欢去村口或巷尾转转，坐到大爷大娘中间，听他们唠唠家常，唠唠生活。因为这"唠唠"里有线索、有方法、有实干。

四

走进一户人家，先看院子：干干净净，整整齐齐，方方正正的一小块儿地里种着西红柿、尖椒、豆角、韭菜，菜种齐全，基本够自家吃一季了。

再看房：房屋改造后"一水儿"崭新的红瓦白墙，红色的屋顶在阳光里闪着耀眼的光。

进屋看：堂屋宽敞明亮，墙角有一袋面、一袋米，鼓鼓地"看着"进来的人；打开冰箱，最上一层有两碟中午吃剩的菜，一碟是红烧肉，一碟是芹菜炒肉，下面两层放着牛奶和鸡蛋。冷冻室里有一大块肉，另一格里放着五六块雪糕。

右手屋子是老人的卧室，一面大炕上整整齐齐放着两床被子，老人坐在炕上，曾患脑血栓的她如今生活能够自理，红色的帮扶手册上记录着她享受的各项政策。

掀开门帘，穿过堂屋，进到左手的屋子，一个小男孩正在看电视，电视里演的是"奥特曼"。

临走的时候，我又看了看压水井，问了问用水情况，了解到大家缺水季节也能喝上安全饮用水。

以上只是一个例子。对于一户已脱贫的人家，这是一种政策落实的普遍性描述。

每次开干部交流会和学习交流培训的过程中，扶贫第一线的干部，尤其是扶贫挂职干部、驻村第一书记、驻村工作队员都纷纷表示，初到一地展开扶贫工作时会有千头万绪、无从下手之感，这时就要紧紧抓住"两不愁，三保障"去开展工作。

"两不愁，三保障"，就是不愁吃，不愁穿，义务教育有保障，基本医疗有保障，安全住房有保障。这是整个扶贫工作的核心和基础。

有时候，驻村工作可以通过时间慢慢深入，而挂职干部要走几百家甚至几千家贫困户，就需要心里有数，眼里有事。其实最直接的方法就是换位思考：如果我们自己是贫困户，我们需要啥？是不是有牢固的房子住？能不能吃饱、吃好？屋角的粮袋是不是一直满着？冰箱里有没有鸡蛋和肉？家里的孩子能不能上学、病人能不能看上病？有没有能挣钱的活儿干、收入稳不稳定……这些就是最实在、最关乎老百姓切身生活的事。所以，扶贫有"五必看"：一看房，二看粮，三看劳动力强不强，四看有没有读书郎，五看有无病人躺在床。

走近贫困，走入炊烟，走进堂屋，打开碗柜、打开冰箱看一看，也就打开了开展工作之门。我根据自己的经历编了一个顺口溜：走进院子看住房，地里有菜柴靠墙；水井能否常年淌，屋内八柱和四梁；墙角是否有满粮，家里是否有冰箱（不是要求一定要有冰箱）；冰箱里面蛋和奶，四季有肉尝一尝；孩子认真写作业，每天上学不负娘；老人身体可健康？大病是否有人帮；要看角落和细节，生活都在这里藏；翻看手册认真看，回首一路奋斗忙。

五

有一次到一个村里，听说农大教授正在现场培训农民果树剪枝技术，村干部问我："杨县长，要不要去看看，就是山路比较难走。"我说去，一定要去。

当时正是春天，路两旁的土地露出了黑黝黝的颜色，一辆拖拉机正静静地站在其中做着它自己的"准备活动"。田间地头的一切不但苏醒了，而且都在活泼地准备着——等农忙时节到来时大展拳脚。

开始登山了，这里的草比较少，一脚下去，会带起很多土，裤脚很快就看不出颜色了。继续往上爬，草开始增多，一派欣欣向荣的景象，地上的土少了，清新的花草香味儿增多了。绕过一道废弃的石墙，看到一排果树下，有一群人。

我们没有惊动任何人，悄悄地站到他们后面看。这时，戴着草帽和眼镜的农大教授正在给农户讲解剪枝技巧，他站在一株茶杯口粗细的梨树前，一手拿着一把很大的剪枝刀，一手握住枝条说："徒长枝、下垂枝、背上枝、过密枝是剪枝时的修剪对象，重点是让营养集中，集中在主枝上。"他讲解得很认真，一会儿蹲下，一会儿站起，讲到关键处干脆跪在地上，摘掉手套，把手从树干一直捋进土里。虽然是春天，但太阳很毒，汗水顺着他的草帽带儿不停地往下流。

直接接触到专业的农科知识让我很兴奋，我一头扎进了农业技术的暖流之中。但是教授讲的那些术语让我有些蒙，好像暖流中的一处处暗礁。我赶紧打开百度搜索，原来徒长枝说白了就是长得过快营养跟不上的枝条，表现为直立着的枝条，叶子很大却很薄；背上枝就是与主枝条平行生长而位置在主枝条下方的枝条；下垂枝和过密枝比较好理解。环顾左右，我发现身边几位村民也是一脸懵懂的样子，就悄悄地给他们解释了这几个词的意思，他们这才恍然大悟。

这位教授的敬业精神绝对可嘉，但采用的却是校园教学法，使用术语太多，培训效果可想而知。

那次现场观摩之后，我又接触过几个技术培训方面的专家，有些专家讲解时能深入浅出，不管是谁一听就能懂；而有些专家却运用大量术语，这样的方式讲给学生，或是经验丰富的菜农、果农还可以，如果讲给一般的农民或是初次种植某种作物的农民，就有些云里雾里摸不着头脑了。后来，我在很多场合都建议：专家学者甚至是记者，在基层授课或采访时，少用术语，尽量多用白话，多说通俗易懂的话，能说得有趣就更好了。

正如基层扶贫工作者，无论是第一书记还是驻村工作队员，抑或是帮扶责任人，要想和贫困户打成一片，就要说白话、说最接地气的话、说最生活的话，少说术语。因为频繁地使用术语并不能对我们的工作有所帮助，也不能让工作对象更好地理

挂职结束回到北京，与已经悄然长大的儿子同游动物园

解我们。

　　时光荏苒，回首扶贫路，只是觉得踏实、充实，而这踏实、充实的感觉就来自那一个个细节、一个个瞬间，在那一个个细节中、一个个瞬间里，汗水像雨水一样滴落。

何当岘花烂漫时

脱贫攻坚战已经完成，乡村振兴大幕徐徐拉开。希望未来的通江，乘着川陕革命老区振兴发展的东风，补上基础设施短板，加快产业发展步伐，找到绿水青山变为金山银山的有效路径，从天生丽质向治理提质转变，生态颜值向经济价值转变，山更美、水更清、天更蓝、人民更富裕。

张春根： 现在浙江省丽水市发改委工作。2018年4月至2021年6月，在四川省通江县挂职任县委常委、副县长。2021年，被四川省评为"2020年东西部扶贫协作先进个人"。

这些笔记真实生动地记录了我在通江扶贫的每一个脚印，见证了通江电商每一步的发展，造福通江的每一组数据，是我工作历程中难忘的回忆，每次翻看也能激励我不断前行。

无问西东，只求深耕

张春根

2018年4月，根据国家新一轮东西部扶贫协作安排，我跨越千里，来到川陕革命根据地首府通江县，挂职县委常委、副县长，分管东西部扶贫协作工作。

清晰记得在前往通江的路上，望着车窗外蜿蜒的山路、秀丽的景色（说实话，没来之前，我压根儿就不知道四川有个地方叫通江），面对这里陌生的一切，想到这又将是我三年工作的地方，内心还是有些忐忑。当时，我心里就在问自己：作为一名新时代的扶贫干部，我将以怎样的精神状态和行动来完成组织交办的扶贫攻坚任务，回应通江和遂昌人民的期盼？接下来，在通江做什么？怎样去做？离开通江后能留下什么？一连串的思绪和问号在我脑海里如潮水般不停地翻滚。

来自浙西南革命根据地遂昌县的我，从小便在红色精神的浸润下成长。到通江的第二天，我便拜谒了位于沙溪镇王坪村的川陕革命根据地红军烈士陵园，看着 17225 块呈扇形排列的烈士墓碑，想到 25048 名长眠于此的红军烈士，我深深地震撼了。我立志要：喝通江水、吃通江饭、讲通江话、干通江活、创通江业。通江不摘帽，挂职不结束；群众不脱贫，帮扶不停歇。向党和人民交出一份合格的答卷，将是我挂职三年的追求和奋斗目标。

通过多年在经济战线上工作，通过调研，我敏锐地感觉到，通江要想在 2020 年前打赢脱贫攻坚战，最便捷的途径就是尽快让普通农产品变成商品，直接产生经济效益。遂昌县是全国农村电商的"延安"，是农村电商"遂昌模式"的发源地。两地山水相似，人文相近，生态相仿，发展相通，借鉴遂昌电商经验发展通江电商切实可行。

空山镇位于通江县北部高寒山区，四面环山，交通条件落后，由于喀斯特地貌无法种植水稻，玉米和土豆是这里的主要口粮。68 岁的何元海是镇上的贫困农户，也是家里唯一的劳动力——要照料

东西部扶贫协作电商产业园

腿脚不便的老伴、双目失明的儿子、智障的儿媳妇以及两个年幼的孙女，独自撑着一个家，生活清贫。2018 年 7 月的一次走访中，我了解到何元海家有大量土豆卖不出去，于是牵头淘宝、云集、赶街等电商平台把土豆打造成网络爆款，让何元海一家为空山土豆代言，土豆的收购价从原来 0.8 元 / 斤左右提高到 1.2 元 / 斤，最高的时候甚至达到了 1.5 元 / 斤，涨幅 50%—90%，何元海通过电商平台销售土豆 4000 余斤，最终获益 4800 余元。在空山镇像何元海这样土豆滞销的贫困户还有 100 多户，短短几日，他们手上的 20 余万斤土豆通过网络销售一空，户均增收 2000 余元。镇上的老百姓尝到了电商扶贫的甜头，铆足了大面积种养的决心，发展土豆产业的积极性高涨。

2021 年我再去看何元海时，何元海一家已经迁到新居，日子也越过越红火。他拉着我的手说："感谢张县长，你带来了电商，我们的生活终于有了希望。"

"电商只是助力，是你们的勤劳改变了现状。"我高兴地对他说。

2019 年初，铁佛镇近十个村种植的洋姜，因原订单企业出了状况，出现大量滞销，销售收入居然不够采挖工资，农民宁可将其烂在田里。得知情况后，我积极联络云集、赶街、深山食恬等电商平台，将通江洋姜打造成云集电商平台 2019 "百县千品" 第一款产品，收购价从 0.3 元提高到 0.7 元，几天时间销售了 22 万斤，滞销洋姜变成网红爆款，惠及 8 个村 3200 余户。这个过程中，又出了一个状况。由于乡镇、村提供的基础数据有重大出入，洋姜缺口很大，加上天气又不给力，面临平台罚款的风险很大。万般无奈下只好请县委书记发动，我和商务局长坐镇乡镇指挥，组织 500 多名干部群众下地挖洋姜，一天时间就挖了 39000 斤，才解了燃眉之急。

贫困户何洪强家种植了2亩洋姜约15000斤，通过这次电商活动销售一空，增收10500元。每次谈起这件事，他都高兴得合不拢嘴，说道："我做梦都没想到，本以为会烂在地里的洋姜竟然卖出了一个好价钱，感谢政府和电商平台帮我们找到了销路！"销路不愁了，何洪强种植洋姜的积极性高涨，他的妻子每天在村里干活还能赚到80元的务工费。通过种植洋姜和务工，何洪强一家实现了脱贫致富。

后面我们陆陆续续推出了两河口麻花、青脆李、土鸡蛋等爆款，精准联系每一个贫困户。电商扶贫拓宽了通江农产品的销售渠道，进一步打响了通江农产品的知名度，促进了群众脱贫致富，带动了当地产业的发展。

有了之前的一些成功实践，通江的电商从业者的创业热情空前高涨，抱团发展愿望日益迫切，在通江建设一个高标准、高规格的电商创业园的想法在我脑海中日益强烈。在我的倡导下，县委、县政府积极筹划，快速推进，历时9个多月，全国首家设在廊桥上的电商创业园——璧州创谷建成并投入使用。目前已入驻企业50余家，孵化了蜀通传媒、深山食恬、巴山乡味等众多本土电商企业，培育了杨艳、张玲、苟兵贤等一批电商致富带头人，逐步成为川东北电商企业孵化基地和电商人才培养高地。

苟兵贤，通江三牛网络科技有限公司负责人，出生于1988年的他是互联网草根创业的践行者，曾做过销售、干过工地，吃过不少苦头。2017年，他结束了在外漂泊的日子，毅然选择回乡做电商。初回通江，他没有朋友，更没有背景和资源，创业之路举步维艰，只能一步步摸索。刚开始，他的网店的销量并不好，只有寥寥几单，但是他并没有放弃，因为他坚信，只要有梦想，谁都可以了不起。

2019年9月，壁州创谷的建成让苟兵贤看到了希望，他的公司是第一批入驻园区的企业，通过与浙江赶街公司的子公司——巴中赶街公司合作，得到了技术、人才、资源、渠道等方面的指导和支持，建立了具有通江特色的农产品网上直销店铺、稳定的网上供货渠道、食堂直供通道，他的公司也从个体微商、同城配送的小微公司，逐步成长为当地的电商龙头企业，销量也从最初每天20余单到现在的每天500多单，销售收入增长了6倍，直接或间接带动了500余贫困户脱贫增收。

许多电商从业者看到我都笑着说："张县长你来了以后，通江电商迎来了发展的春天，老百姓的农产品不愁卖不出去了。"

农民要脱贫，光有电商还不够，还得有持续增收致富的产业作支撑。

到田间地头选电商产品

以前，通江的主导产业种类多、规模都不大，在我的坚持和倡导下，县委、县政府整合资源，聚焦少数几个产业。2018年至2020年三年间，东西部扶贫协作投入帮扶资金1.1亿元，整合各项资金4.4亿元，实施项目30余个，集中发展蓝莓、青花椒、银耳、天麻、杜仲等几个主导产业，带动了一批百姓脱贫致富，真正实现产业可持续发展、造血式扶贫。

谈起蓝莓给自己带来的收益，通江县杨柏镇骡子坡村贫困户刘远寿欣喜地说："感谢党和政府，感谢遂昌县的帮扶，这两年村里大力发展蓝莓产业，光2019年我就通过贫困户保底分红和务工增加收入19100元，实现了脱贫。"

自2019年以来，县委、县政府立足本地网络、渠道、产品等资源禀赋，借助浙江资金、技术、人才等优势，转移浙江蓝莓优势产业落地通江，建成蓝莓基地10000亩，带动贫困户1500余人，人均增收800元以上。四川省第一家蓝莓加工厂已在通江开工建设，2021年6月底已投产运营，草莓加工使产品附加值大幅提升。

三溪镇桅杆坪村贫困户蒲雨是最早尝试种植青花椒并尝到甜头的椒农之一，2015年他种植青花椒2.5亩，2021年采摘了5000余斤鲜椒，收入25000多元。他时常感慨："要感谢党和政府，给了我们这么好的政策，不管行情如何，都是以5元/斤的价格保底收购，给我们吃了一颗定心丸，靠自己努力致富不远了。"两年多来，在东西部扶贫协作的支持下，全县新种植青花椒面积共6.3万亩，惠及贫困人口6770户26000余人。

看到这两年通江产业的快速发展、贫困群众满足的笑容，我由衷地感到，想要助农增收，实现乡村振兴，产业的健康可持续发展尤为重要。

在脱贫攻坚的鏖战中，我主动向县委、县政府申请担任涪阳镇脱贫攻坚战区指挥长，联系石龙寺村，帮扶贫困户。工作再忙，每周我都要挤出时间深入乡镇、村社、企业调研，与干部群众交心、交朋友，共谋发展之计。

我时常告诉自己，只要老百姓有需求，在不违背原则的情况下，必须尽己所能帮助他们。记得在 2019 年国庆期间，我接到石龙寺村一个农户老张的电话——他家里还有 30 余斤银耳卖不出去。我马上联系电商企业，把信息提供给他们，让他们按照银耳的成色和市场行情给予帮助。最终，老张家的银耳以每斤 200 余元（跟市场价差不多）的价格卖了出去，增收 6000 余元。

我习惯用 A4 纸把日程记录、会议记录、积攒的想法记下来，

四川省通江县县委常委、副县长手捧箩筐，为贫困户农产品代言，助力电商精准扶贫

我觉得这样方便实用，随处可取，积累到一定数量后可以打孔装订成册。两年多时间，我已经有六大本了，每本都有三厘米厚。这些笔记真实生动地记录了我在通江扶贫的每一个脚印，见证了通江电商每一步的发展，造福通江的每一组数据，是我工作历程中难忘的回忆，每次翻看也能激励我不断前行。

在很多通江人看来，我有时候很"方"，老是强调要讲依法行政、依规办事；有时候也很"精"，善于算账，面对复杂问题总能找到市场化解决方案；有时候也很"洋"，电商、抖音、直播都玩得很溜；有时候也很"土"，经常进村入户，与农民同吃、同劳动，下猪圈、钻耳棚、䅢锄头，弄得自己一身土一脚泥……

我的一言一行，通江人看在眼里、记在心里，影响了很多人，在当地掀起了一股"浙江热"。大批干部赴浙江学习交流，开阔视野，解放思想。通江县委、县政府做出乡村振兴全面向遂昌学习的决定，2019 年 5 月至 6 月分两批把全县 49 个乡镇的党委书记和乡镇长送到遂昌"取经"。

我叫张春根，父母给我取这个名字，就是希望我像一颗春天里播下的种子，在哪里都能够生根发芽。2018 年春天，我来到四川通江，撒下一颗东西部扶贫协作的"种子"，无问西东，把他乡作故乡，深耕援川事业。

何当岭花烂漫时

短暂的格当生活充满了美好，也有些许遗憾——总感觉自己对格当做得不够多。在此，我将遗憾化作衷心祝愿，愿格当人民乘着党中央的关怀，继续用自己的双手去开创更加美好的新明天……

郑文文： 现在最高人民检察院工作。2019年8月至2021年8月，在云南省富宁县格当村任第一书记。2021年，被评为"云南省脱贫攻坚先进个人"。

这一路简单、真实而又充满感慨，无需心灵鸡汤，因为无时无处不在的感动足以让你忘记辛苦，群众的一声"郑书记，来家坐"温暖着我，"郑书记，来吃饭啦"温暖着我，让我这个"异乡人"在格当有了"家"的感觉。

最淳朴的情谊

郑文文

时光飞逝，转眼新的一年又开始了，我在格当驻村工作也已经一年多了。

这一年多来，格当也有了很多新变化，看着村里的一砖一瓦一草一木越来越美，村民的生产生活条件越来越好，我的心里有说不出的开心。

2019 年 8 月，我受最高人民检察院选派，到云南省文山州富宁县新华镇格当村任驻村第一书记。虽不是临危受命，但仍是忐忑不安："两年的驻村生活怎么过？交流不畅，工作难以开展怎么办？第一书记怎么当？怎样才能帮群众脱贫？怎样才能让群众认可我？"

格当村是典型的喀斯特石漠化地区，耕地稀少，人均耕地仅有0.64 亩，发展水平不高，基础设施建设滞后，是块"硬骨头"。记得刚去报到时，有个村干部问我："你来到这个村里你觉得你能活下去吗？"这句话让一路上做过心理建设的我，瞬间又感觉没底了。而现在的我晒黑了，也能听懂方言了，和群众沟通交流更加顺畅了，也能笑着对当初那名村干部说："我活下来了，还挺好。"

驻村以后，我一个村一个村地走。来到大弯——这是唯一一个没有通硬化路的自然村，车开进不去，只能步行，走着走着，手机就慢慢没有信号了，当时我想打电话问问这个村修路的事情，但是手机信号实在太弱了，我就爬上了屋顶。我举着手机一边找信号，一边断断续续地打电话，画面有些滑稽，我从没想过从前在电影看过的桥段就这样发生在我身上。我永远都忘不了把我围成一圈的群众那充满渴望的眼睛，他们就那样安静地看着我，我当时特别心疼——他们离外面的世界太远了。打完电话下来，我跟老乡们说，

群山中秀美如画的格当龙哩村小组

我是新来的第一书记，我想帮助大家修路，虽然我不能保证什么时候能修好这条路，但是我会尽最大的努力争取这件事。

经过多方争取和协调沟通，这条1220米的路在2020年10月硬化完工了。群众还自发在路边栽上了整整齐齐的树，对于这条来之不易的路，他们十分珍惜、爱护。"这条路我们盼了好多年喽，今年终于修好了，不用再羡慕其他村，现在出门做工方便多了，钱也赚得比以前多，满意得很啊。""现在好啦，不像以前一下雨脏兮兮的。"现在一到大弯村，群众就向我表达他们的喜悦，看着他们的笑脸我的成就感油然而生。这让我切身地体会到精准扶贫关键要"项目安排精准"，"要致富、先修路"的深刻含义。

检验农村工作实效的一个重要尺度，就是看农民的钱袋子鼓起来没有。基础设施条件改善了，我想得最多的就是如何在喀斯特石漠化严重，人均耕地又少的格当，贯彻落实好"因地制宜""稳定增收""促进扶贫产业持续发展"这些习近平总书记针对产业脱贫提出的要求，让群众的钱袋子鼓起来。

在入户走访中，我了解到格当群众有栽种山豆根的习惯，附近也有很多野生的山豆根品种。于是我开始多地奔走、多方论证，根据格当村土壤、气候及野生中草药丰富的特点，结合市场需求、群众家庭经济情况，我最终决定让群众种植山豆根和莪术两个品种。现在全村种植山豆根231.5亩，涉及农户63户，可实现亩产2万元以上，又发展了10亩莪术种植试验基地，争取和整合各方帮扶力量给予中药材种植户每亩1000元的资金支持，并引进云南美康中药饮片有限公司与格当种养殖集体经济合作社签订了中草药回收合同，保障了销路。

我在走访时了解到，村内现有车间的可持续发展能力和带贫能力比较弱。我想既然有那么好的基础，千万不能关门大吉，否则群众又少了一项收入来源。于是，我开始与四川省司法厅对接帮扶事宜，在 2020 年 7 月将手套和电子产品生产两个车间合并转型为格当村毛绒玩具车间，先后组织村民 50 余人次到四川等地进行岗前培训，提高群众操作技能水平。

打造自主品牌是企业不断增强核心竞争力的有力手段。我认为，这也是让扶贫"小车间"提升市场竞争力，成为致富大舞台的有效措施。经过努力，格当村集体经济合作社创立了自主品牌——格格当，拥有格当娃娃系列专属民族特色的布毛绒玩具产品及包装的所有权，与毛绒玩具车间共同发展，为实现格当村农村集体合作社自主管理奠定了基础。目前，毛绒玩具车间为村民提供就业岗位 20 余个，群众年收入增加 3 万余元。60 多岁的老阿婆感慨道："没想到这把年纪还能靠手艺领上工资，国家的政策好啊！"留守老人、留守妇女在带孩子忙家务的闲暇时间，也能赚点生活费补贴家用。我明

第一书记郑文文在央视平安中国展示扶贫产品

白，通过劳动技能培训，让群众掌握一技之长，才能切实解决农村剩余劳动力就近就地就业问题，更好地推动脱贫攻坚工作。

我想用"心若向阳，无畏悲伤"来评价下面介绍的这位老汉再恰当不过。年近 50 岁的李兴宝，身带残疾、丧偶独居，你和他聊天，听不到充满激情的语言，也没有对困难生活的抱怨，给人印象最深的就是他淳朴的微笑。2014 年因为残疾、劳动力弱他被纳入贫困户，2016 年在扶贫工作队的帮助下他脱了贫。

2020 年初来到云南后，慢慢喜欢上普洱茶的我，在查阅普洱茶文化时无意中发现富宁县新华镇是普洱茶地理标志产品保护范围内的 639 个乡镇之一，便开始反复研究，决定在格当建设普洱茶厂。去选址时，我先来到李兴宝家。他主动找到我说："我这块自留地，我住的房子以外的地方，都给你们建厂，不要钱。"

对于人均耕地仅有 0.64 亩的格当群众来说，土地是多么的重要！他却因为信任我，愿意免费提供土地支持我们建设茶厂，这让我很感动。不过，考虑到他的实际情况，我们还是按照市场标准向他支付了土地租金。半年后，鸟王山普洱茶厂在格当开工了。开工第一天，到处飘着茶香，我感觉那天的茶香很特别，茶厂生产出来的"云品一号"普洱茶怎么喝都顺口好喝。我觉得，是因为茶里有信任、有感恩、有感动。现在，李兴宝也在茶厂做工，加上土地租金，每年能轻松收入两三万元。

通过产业的多样性发展，全村 102 户 500 人建档立卡贫困群众实现稳定脱贫。这让我深刻意识到，开展脱贫攻坚工作，群众是基础。要通过不断开展"感党恩、听党话、跟党走"等主题教育活动，充分调动贫困群众的积极性、主动性、创造性，培育贫困群众依靠自力更生实现脱贫致富的意识，要组织、引导、支持贫困群众用自

第一书记郑文文参加人民优选直播带货全国总决赛

己辛勤劳动实现脱贫致富，不断激发群众内生动力，从"要我脱贫"逐渐转变为"我要脱贫"，才能更好地巩固脱贫成效。

脱贫摘帽不是终点，而是新生活、新奋斗的起点。身处信息化时代，我们要运用互联网提升贫困户脱贫的信心，发掘当地脱贫攻坚内在潜能。

我没有做惊天动地的事情，只是在贯彻落实国家各项脱贫攻坚政策的同时，与贫困户走得近，靠得拢。这一路简单、真实而又充满感慨，无需心灵鸡汤，因为无时无处不在的感动足以让你忘记辛苦，群众的一声"郑书记，来家坐"温暖着我，"郑书记，来吃饭啦"温暖着我，让我这个"异乡人"在格当有了"家"的感觉。

何如山花烂漫时

祝愿吴东城村乘着乡村振兴东风，天更蓝，水更清，路更宽，民更富，村更美！

钟　良：现在中广核集团湖北分公司工作。2018 年 1 月至 2021 年 5 月，在湖北省阳新县吴东城村任驻村帮扶工作队队长。2021 年，被评为湖北省脱贫攻坚先进个人。

> 彩车上巨大的"2020，打赢脱贫攻坚战"字样格外亮眼。女儿兴奋地说："爸爸，你们上电视咯！"此刻的我仿佛也走在长安街欢快的队伍里，沉浸在如潮的欢呼声中，感受着伟大祖国的繁荣昌盛……

悄悄话，只说给贴心人听

钟　良

2019 年 10 月 1 日一大早，我早早坐在电视机前等待一场重要的直播——国庆大典。上午 10 点，五星红旗在庄严的国歌声中冉冉升起，拉开了庆祝活动的序幕。海陆空三军将士组建的方队踏着整齐划一的步伐从天安门城楼前经过，战士们一个个意气风发，气势恢宏。而我内心最期盼的还是群众游行队伍的"脱贫攻坚"方阵：脱贫攻坚彩车以日历为主题，结合联合收割机、农业大棚、农村公路、新民居等场景，展示贫困地区脱贫后的新景象，彩车上巨大的"2020，打赢脱贫攻坚战"字样格外亮眼。女儿兴奋地说："爸爸，你们上电视咯！"此刻的我仿佛也走在长安街欢快的队伍里，沉浸在如潮的欢呼声中，感受着伟大祖国的繁荣昌盛……

作为扶贫战线的一员，庆祝仪式刚结束，当绝大多数人还沉浸在国庆的喜悦中时，我已经坐上了前往扶贫点阳新县的火车，赶赴吴东城村扶贫现场。时值阳新县遭遇三十年一遇大旱，吴东城村山林防火、地间抗旱形势严峻，村里安排了村委和扶贫队轮流值班。白天，我步行数十里，和村委一起检查山林防火责任落实和苎麻产业抗旱工作的准备。晚上回来，我虽然疲惫却久久不能入睡，想起国庆群众游行和扶贫方阵，思绪又回到了吴东城村田间地头的种种情景。

2018 年 1 月，中广核湖北分公司选派我到阳新县白沙镇吴东城村担任驻村扶贫工作队长。吴东城村是国家级重点贫困村，集体经济年收入不足 2 万元，公司在 2017 年援建的光伏电站只运行了半年，暂时还没有形成收入；村里重点发展的杂柑产业由于没有掌握技术要领而荒废；全村 1509 亩耕地分布零散，既无自然资源，也无特色主导产业；村党支部原书记在 2018 年初辞职，村委、群众、贫困户脱贫信心严重不足。面对吴东城村缺人才、缺资源、缺产业、缺信心的"四缺"局面，在阳新县脱贫摘帽"攻城拔寨"的紧要关头，如何找到脱贫攻坚的突破口，成为当务之急。

为了尽快熟悉情况，我学习当地方言，了解贫困户困难，融入村民当中，与他们面对面交流扶贫政策精神。我多次组织村组干部一起学习习近平总书记脱贫攻坚重要讲话精神，从精准扶贫、党建、集体经济等各个方面听取大家的意见，尽可能全面地了解村里的真实情况，研究村级经济发展思路。我和村干部一起，从发展养殖业的黑山羊、麋鹿到种植业的香菇、中药材、苎麻，从气候条件、技术难度、资金需求、产品销路等逐一分析比较后，决定发展种植业。

阳新县属于亚热带季风气候，年均气温 16.8 摄氏度，无霜期263 天，年均日照 1897 小时，适宜种植苎麻。苎麻是我国特有途纺织农作物，具有抑菌、透气等诸多优点。20 世纪一位名叫陈森茂的村民，因种植苎麻业绩突出还获得过国家级劳模，村里有很好的种植基础。吴东城村降水、光照充足，适宜各类食用菌生长，发展香菇种植具有天然优势。经过反复对比，我们最终决定以发展香菇、苎麻和中药材三个产业为突破口，吴东城村脱贫攻坚的"作战图"逐渐清晰起来。

要发展香菇、苎麻、中药材三个产业，首先就要解决资金问题。香菇产业需要资金 80 万元，苎麻产业需要资金 20 万元，中药材产业需要资金 30 万元，三项总共需要资金 130 万元。当时村里可用的资金仅仅 30 万元，而地方政府拨付的产业基金只有在项目快建成时才能到位。如果同时启动三个项目，资金缺口是 100 万元。到哪里去寻找这笔资金呢？

我在家里从不管钱，不知柴米油盐贵，在单位也没有因为缺钱而发愁过。这次扶贫，让我深切体会到"巧妇难为无米之炊"的困

钟良帮扶吴东城村的苎麻产业丰收在望

窘。如果因筹措资金难度大而减少一个项目，不仅减少了一项收入，也错失了一个产业发展机会。

如何利用现有资金同时撬动三个产业呢？我反复思考，和村委多次商议，终于找到了一个资金梯级规划的办法：用20万元投入香菇产业，发挥中广核央企"金字招牌"优势，吸引承包商先行建设30万元的香菇大棚，大棚建设完成后申请政府50万元的产业帮扶资金。政府50万元产业帮扶资金到位后，订购菌棒15万支，总成本为42万元，先期支付30万元，剩余的12万元待产菇后通过销售返还；另外的20万元产业帮扶资金用于种植300亩苎麻。中药材产业的发展，则通过引进金鹰药材公司，村里提供闲置坡地和沙土地，种植300亩白前、薏仁、野菊花等，农户通过土地流转和务工获得收入。如此规划下来，我们利用20万元的启动资金发展了三项产业，大大减轻了扶贫资金的压力。

解决了资金问题，我总算松了一口气。

2018年6月，准备建设大棚。由于在当地无法找到技术工人，经与村委紧急商议，决定从外地高薪聘请。为了抢时间，在专业公司、村委和施工队还在反复商议具体细节时，我个人出钱租车，专程到几百里地外把工人先请到施工现场，让他们"边干边谈"。香菇基地，终于施工了。

施工期间，我每天都要到现场，仔细了解当天的施工进度。中广核是一个高度重视生产安全的企业，因此我特别留意施工安全情况。刚开始时，施工队伍的安全意识淡薄，高处作业不系安全带、电焊不戴护目镜等违规行为屡有发生，我在现场及时提醒，要求工人务必做好安全措施。经过一段时间的严格管理，施工队伍的安全意识慢慢加强，整个施工期间未发生任何安全事故。

开工后，每天的施工计划都无法按时完成，导致施工进度滞后很多。通过与工人们沟通后，我了解到以往工人们干活结束后经常拿不到工钱，他们都是以老板给一天工钱干一天活计算，拿工人们的原话说就是"工钱从来都不是干出来的，是靠打架打出来的"。找到消极怠工的原因后，我找村委商量决定，工钱由村里直接按工期拨付。解决了后顾之忧，工人们干起活来卖力多了，施工进度也慢慢赶了上来。

然而，事情并没有那么顺利。

香菇大棚建到一半时，吴东城村委突然要放弃香菇产业。他们给出的理由是隔壁青山村因为种植香菇亏损，镇里进行了问责，因此决定放弃以免步其"后尘"。想到好不容易筹集到的资金，看到建了一半的香菇大棚，面对打算中途退出的村委，我真是心急如焚。

我与村委深入探讨了青山村的案例，认真研究了失败的教训，分析我们在香菇销售方面与承包商签订兜底方案的优势，村委又慢慢打消了放弃的念头。但是他们对邻村的事例依旧心有余悸，工作热情明显降低，脱贫的信念也不如以前了。我又拿着合同，对村委说："大家的顾忌我能够理解，我们这个合同也是专业合同管理人员参与起草的，这个销售兜底合同能够最大限度地降低风险。请大家放心，吴东城村不脱贫出列，我们工作队不会离开。我们永远是你们最坚实的后盾。"一席话结束，我又看到村委们眼里的光。

工作队来村里一段时间后，工人和村民看到我们是真正帮村里发展产业拔穷根来的，开始敞开心扉给我们讲一些"悄悄话"。一次，有位工人提醒我关注天气，说起了他们在别处施工时，雨后的大棚由于顶部积水导致垮塌的事件。不久后的一天，吴东城村下了一场大雨，雨停后我照例到施工现场查看，发现大棚顶部有不同程度积雨，其中有三个积雨形成的水团直径超过一米，顶棚已经压弯，十分危险！我一下就想起了前些天那位工人的话，立刻通知村委组织工人进场处理。待晚上再听到淅淅沥沥的雨声时，我心里十分感叹：悄悄话，只说给贴心人听。

一波未平一波又起。2018 年 12 月 29 日，阳新县突降罕见的暴雪，县里多处农业大棚受灾，吴东城村亦未幸免，有八个大棚在暴雪中倒塌。看到倒塌的大棚，想到一步步走来的太多不易，我内心十分难过。那几天，我夜不能眠，不停思考后续的路该怎么走。那一刻，我真正体会到"脱贫工作不是一朝一夕就能完成的，更不会是敲锣打鼓、轻轻松松就能行的，需要久久为功"的深刻含义。

脱贫攻坚战就是一场没有任何讨价还价余地的战役，是一场必须打赢的战役。我们必须把倒塌的大棚架起来！

我们和村"两委"制定了救灾方案，成立了由工作队和村"两

钟良在检查吴东城村香菇产业

委"党员组成的抢险突击队，带领贫困户一起整理棚架、抢救菌棒，力争将损失降到最低。阳新县特产局也及时赶到村里，查看灾情，评估损失。当地爱心企业湖北中培电子科技公司总经理田绍安闻讯后，到村里了解情况并捐赠2万元生产自救款。专业公司湖北泉口生态农业公司对受灾的菌棒进行精心养护，提供技术支持。我利用省直工作队的有利条件，给村里争取了30万元的财政资金。在各方努力下，村里及时修复了倒塌的大棚，保证了香菇基地的正常生产。雪灾之下，工作队、村党员干部不畏严寒，冒着危险冲在一线救灾，大家齐心协力，让吴东城村变得更加团结了，群众、贫困户脱贫致富的决心更加坚定了！

　　事实证明，吴东城村扶贫产业发展的思路是正确的。2018年，吴东城村的香菇产业在受雪灾的情况下，不仅回收了30万元的成本，还为村集体带来6万元纯收入。15户务工贫困户在家门口学会了香菇栽培技术，人均有1万元的务工收入，大大增强了他们脱

钟良（左一）和家人在武汉东湖观赏夜景

贫的信心。苎麻产业通过土地流转和苎麻销售，带动 39 户贫困户脱贫，每户增收 12000 元。300 亩中药材产业，带动了 13 户贫困户务工，户均增收 3000 元。截至 2018 年 12 月，光伏电站累计发电达 18 万度，通过设置公益岗等方式带动贫困户 45 户，户均受益 1500 元。

2019 年初，吴东城村通过了湖北省脱贫出列省级联合检查组的验收检查。

吴东城村已脱贫出列了，但脱贫户返贫的因素依然存在，村集体发展产业的基础还需要进一步夯实，乡村振兴战略的落地还有很多工作要去做。习近平总书记的谆谆教诲告诫我们：对待脱贫工作，要有打持久战的心理准备；抓扶贫工作，要有科学的态度，要经得起历史的检验！

没有比人更高的山，没有比脚更长的路。

何如山花烂漫时

三年驻村历练，是一段难忘的经历，一场不悔的相识。今后不管到哪里，在哪个岗位上工作，我会时刻关注，静静等候我们村乡村振兴的那一天。我相信，我们村的明天一定会更加美好！坻坞贡米，中国的，世界的！

周建伟： 现在河南省渑池县政务服务和大数据管理局工作。2019年5月至2021年8月，在河南省渑池县南坻坞村任扶贫专干。

> 我暗自告诫自己，作为一名党员干部，一定要排除一切困难做好驻村扶贫工作，不一定要做思想、语言上的巨人，但一定不能是行动的矮子。一段驻村路，一生驻村情！希望若干年后，当回首这段驻村扶贫往事时，我依然清晰地记得——

我来过，我无愧，我无悔

周建伟

又是一个收获的金秋季节！时间晃得真快呀！掐指一算，这次从机关真正驻到村上参加驻村扶贫工作已经一年半了。在这说短不短、说长不长的时间里，我访遍了村里的家家户户，识遍了村里的老老少少，踏遍了村里的沟沟壑壑……这里的巍巍群山、花草树木、家长里短、乡土人情等都成了我驻村扶贫中最熟悉的记忆。怎么，非要听听我的扶贫故事？虽然我是个新兵蛋子，故事还是蛮多的呀。我想想……想想……事情做了不少，头绪真的太多，硬是不知道从哪讲起。嗯，好吧，印象最深刻的就是"扶贫专干"这个名号。那我就从"扶贫专干"讲起吧。

一

办公室主任都不干了，非要去当村里的扶贫专干，你说逗不逗？哎，小孩没娘，说来话长。这事还要从一年前说起。

记得那是 2019 年 5 月 6 日，县委要求全县贫困户超 10 户的非贫困村要下派扶贫专干，驻村人员实行"五天四夜"工作制，吃住在村、工作在户，真正做到尽锐出战、全力攻坚。

随后，局党组征求我的意见，让我到局扶贫帮扶村河南省渑池县南坻坞村担任扶贫专干。我沉默了一下没有作声。我深知脱贫攻坚责任重大。爱人在山村学校教书，担任班主任，班级、学校杂事一堆堆，一摞摞，每天早出晚归；两岁多的二宝无人照看，无奈把年过七旬的父母请来帮我照看孩子，每当看到满头白发的父母背着

漂亮大气的南坻坞村大门楼

孩子吃力上楼梯的时候，我深感自己的不孝；祸不单行，老岳父又患重病正在市医院住院，没人照料；作为局办公室负责人，办公室事多，工作人员又少，家里、单位这么多事，自己能不能离开？能不能胜任脱贫攻坚这么重要的工作？说实话，我心里真没底。

"你是咱单位成立以来第一个发展的党员，担任局办公室主任也10多年了，你是一个敢担当、善担当、能负责的同志，是一个对工作不肯低头、服输的同志，肯定能做好脱贫攻坚工作……"领导的一番话，我的心落地了，有底了。"放心，咱单位始终是你的坚强后盾，一定会全力支持你，做好你的后勤保障！"局领导及时给我吃了一颗定心丸。

从局会议室出来，我在驻村日记本首页写上："新时代的扶贫工作赋予年轻人新的历史使命，我愿意在南坻坞村这肥沃的土地上辛勤耕耘，绝不辜负组织的重托！让青春之花绽放在祖国最需要的地方！"

我的扶贫专干生涯就这样开始了！

二

中国有两座韶山，一座在湖南，一座在河南，据说都因上古时舜帝登临山巅赏景，令人演奏《韶乐》而得名。湖南的韶山在湘潭，因出了伟人而举世闻名，被称为"红太阳升起的地方"。河南的韶山在豫西渑池古城，这个与伟大领袖故乡同名的地方，不仅是一个风光旖旎的处所，更是一个底蕴深厚的圣地。"三皇五帝"时期，黄河文明之光就在这里闪烁。舜帝和他的两位妻子在这块土地上发明了箫和五弦琴，演奏出六律五声八音的《韶乐》，这里成了《韶乐》最初响起的地方，这座山因此被称作"韶山"。远在距今六七千年前的新石器时代，韶山脚下的南坻坞村，是一个很大的原始人部落。舜帝用《韶乐》把山下的村民召集起来，他和两位妻子一起教给人们陶器、石斧、石刀的制作方法，创造了辉煌灿烂的仰韶文化。舜帝因此受到万民的爱戴，他的两位夫人也在口口相传中千古流芳。南坻坞村，这个小山村，正是我要驻村的地方。

按照县委组织部的统一部署，在县直单位工作的我被派驻到全县最艰苦、条件最差的南坻坞村担任扶贫专干。工作环境从县直机关到一个小山村，我经历了诸多不适应，我不会开车，不会做饭，第一次得知一个村集体每年没有任何收入，第一次体验当地百姓靠雨水吃饭、人畜抢水吃的尴尬……从未见过"白+黑""5+2"工作模式。我几乎没有周末和其他空余休闲时间，每天的生活除了在村里还是在村里，驻村工作面临诸多困难和瓶颈。

"压力就是动力，组织考虑我就是给我最大的信任，要对得起组织和百姓。"想来想去，我的思路渐渐明朗起来：要想做好山里人的帮扶工作，就把自己先变成山里人。家底不清，情况不明，制定的脱贫措施就是一张废纸。第一步，还是从熟悉村情民情开始。我用时半个月，爬遍了坻坞川、蟠桃园、歇柴沟、白羊山、牛王岭、西安头、金灯河、燕门山、四龙庙等南坻坞村地名别具特色的沟沟坎坎，错综相连的大山。七零八落的近800户村民，10个村民小组、17个自然村的南坻坞村，硬是被我逐个走访了个遍，和群众拉家常、谈发展、理思路，随身携带的记录本，真实记录了每一个走访户的生活情况、存在问题，这让我真真正正地深入了解了群众的生活。

我坚持用真心、带真情、真扶贫，把最好的时光洒在脱贫攻坚的路上。每一个贫困家庭致贫原因不同，各有各的难处，对南圪坮村和村民了解得越深，我越能感受到当地生存条件的艰苦和群众对幸福生活的期盼，我陡然感到肩上的担子好重好重：

李小娃，一家4口人，李小娃肢体二级残疾，妻子患精神病，女儿在陕西中医学院上学，儿子今年考上四川大学。

肖六，语言一级残疾，哥哥肖四也是语言一级残疾，女儿肖娜患精神病，家中患有慢性病的87岁老娘，是家里的主事人。

肖文军，开过饭店，当过木匠，在农村那是响当当的手艺人，小日子过得让乡亲们羡慕呀。自从妻子得大病后，从县医院到市医院，最后在省城的大医院，花光了多年的积蓄，借遍了亲朋好友，妻子最后也含恨离开了人世，现在唯一的希望全寄托在正上大三的孩子身上。

周焕珍，41岁丧夫后，独自照顾公公，拉扯2个女儿，用单薄的脊梁撑起了一个4口之家。她十四年如一日无怨无悔地照顾公公。精准扶贫开始后，周焕珍全票当选村里的贫困户和低保户。然而，对于少数人眼里的此等"好事"，周焕珍不认可。她多次找到村党支部书记，说："还是把这个指标让给村里那些残疾人吧，我有胳膊有腿能动弹。"尽管周焕珍没有"辞去"自己的贫困户和低保户身份，但她脱贫路上不等不靠的精神影响着周围群众。如今，这个家在周焕珍的精心操持下，两个女儿长大嫁人，98岁的公公精神矍铄。

现年45岁的贫困户张小霞，看起来比实际年龄要苍老得多。丈夫因突发脑出血丧失劳动能力，她十年如一日不离不弃地照料，年少的两个孩子读书、生活。如今，丈夫能生活自理了，孩子懂得照顾自己了，经济压力小了，她主动提出退出贫困户之列。

杜小毛，1口人，患有糖尿病，最近刚从医院住院回来，生活不能自理，由70多岁的本家大姐帮助照料。为他的事，我多次向上级反映，村里还专门召开会议研究他的低保金由 C 级调整为 A 级。上次探望时，得知他有下床活动的想法，我便自己出资为他购买了一个新轮椅。这不，听说我送来了新轮椅，老人感动得流下了眼泪，连连称赞党的政策好！扶贫干部好！

扶贫工作无小事。对于贫困群众而言，也许我们不经意的一个微笑、一个动作、一次聊天，却如同照进他们内心的一缕缕阳光，给他们带来丝丝温暖和关怀。你帮助了别人，你从中也收获了感动与快乐，也许幸福就是这么简单。

三

在一个陌生的村庄，我该怎么开始我的工作？大家会相信我吗？我该怎样让大伙脱贫致富？……这些疑问萦绕在我的心头，有些忐忑。要做好扶贫工作，必须形成氛围，让群众知道我们来干什么、怎么干，一定要让群众了解扶贫攻坚到底有些什么样的政策。有了这个想法，我便开始了广泛深入地宣传。

农村工作错综复杂、千头万绪，面对群众你一言我一语，看似鸡毛蒜皮这样的事情，我并没有乱了手脚，而是沉着冷静，仔细认真对待。

一是绘制了高标准的村文化墙。为改善农村人居环境，让南坻坞村的文化载体"活"起来，我厚着脸皮，到处化缘，帮助村里建成了综合文化活动中心、党员活动室、农家书屋。近段时间，又在村主次街道墙壁上绘制了色彩斑斓、图文并茂的文化墙。这一面面以中国梦、社会主义核心价值观、最美家庭风尚、村规民约等为主题的文化墙，与南坻坞村雅致的房舍、整洁干净的街道融为一体，不仅扮靓了村子，带来良好的视觉感受，同时也展示了新时代美丽和谐农村的新风貌。"咬定青山不放松，万众一心向前进""幸福都是奋斗出来的"……这些为贫困户自力更生增添底气的字句跃然墙上，图文并茂、朗朗上口，将原本毫不起眼的"陋壁"变成了一道道既能美化环境又能发挥德育作用的亮丽风景。走进这样的小山村，你宛若走进了一座乡村风情画廊。

二是召开了4次贫困户大会和2次非贫困户代表大会，集中宣讲脱贫攻坚政策。

三是利用每次入户机会，有针对性、面对面地宣讲脱贫政策。

四是通过举办扶贫知识培训班，对建档立卡贫困户发放电动喷雾器等生产工具，全面落实对贫困户的奖励政策，对2016年精准识别以来已脱贫的贫困户和2019年、2020年主动提出脱贫申请，实现脱贫退出的贫困户，按政策进行奖励，调动贫困户主动发展、自主脱贫的积极性。

五是邀请由全县优秀脱贫光荣户代表组成的扶贫扶志宣讲团，走进贫困群众中间，讲述他们不向困难低头、不向命运屈服，依靠双手勤劳致富的励志故事。

六是每逢周末，如期举行乡村"快乐星期天"活动。文体活动展演、广场舞培训、扶贫政策讲解、医疗咨询服务、技能培训班……一系列丰富多彩的主题活动不仅让群众学到了知识，提升了技能，也丰富了精神文化生活。

七是树新风，引领乡村新气象。为弘扬社会正气，坚持将乡风文明建设与脱贫攻坚有机结合，在全村开展好媳妇、好婆婆、好姑娌、脱贫光荣户等评选，着力营造文明和谐的社会氛围。

八是将脱贫攻坚政策主要知识点制成100个抢答题，开展了4次有奖问答活动，增进群众对脱贫攻坚政策的了解。

九是印制、发放脱贫攻坚政策文件汇编100套，确保单位帮扶职工、村干部、驻村工作队员、贫困户人手一套。

驻村扶贫是一项艰苦的工作。虽说我生在农村，长在农村，但对基层工作还真的不太了解。"星期六保证不休息，星期天休息不保证"，这是基层扶贫干部的工作常态。

作为家里的顶梁柱，上有老下有小，要解决好工作和家庭之间的矛盾却是我心中最大的苦闷，而这种苦闷却无法向外人诉说。记得那次驻村，一个月时间没有回家，到家时想抱一抱才两岁多的孩子，小家伙居然不认识我了，哭着不让抱，当时心里非常内疚，但又无可奈何，谁让咱是一名共产党员驻村干部呢？

驻村期间有两件令我感动的事：夏日收麦期间，接到老父亲打来的电话，问我是不是单位忙怎么没有回家收麦。当听说我下乡驻村扶贫时，我能明显感受到电话那端有十秒钟的短暂停顿，随后传来老人沙哑的回话："没事，没事，服从组织安排。"我实在想不出年过七旬的父母是怎么收完那十余亩小麦的。唉，原谅儿子的不孝吧，谁让咱是扶贫干部呢？另外一件事是20年交情的三个好哥们，在我"失联"的情况下，意外得知我扶贫驻村后，他们三个家伙竟然开着私家车跑200多公里，拿着啤酒小菜，带着挚友间的牵挂和兄弟间的怨言，靠导航搜索去山村看望我。那晚，我们四个患难兄弟畅谈人生，彻夜未眠……

也有一件遗憾的事。2020年五一劳动节，是个特别的日子，也是我乔迁新居的好日子。本打算和家人们好好聚一聚，可谁知，自己又食言了。由于脱贫攻坚任务重，村里五一劳动节要召开"自身发展好、产业发展好、政策了解好、环境卫生好、邻里关系好、带贫效果好""六好"贫困户表彰会，作为村里的扶贫专干，我不可能不到场，我答应妻子中午11点前准到家。由于表彰会参加人员多，规模大，表彰范围广，奖品大，议程多，不知不觉会议结束时已快下午1点了。忽然想起当天是乔迁的日子，无奈连忙给家人打电话，说明歉意。为此事，一向通情达理的妻子竟半月时间没有理我，说什么"平时忙就算了，乔迁这么重要的事也不回来，太不像话了"。

不过，发生了一件令我欣慰的事。读高中的儿子，暑假期间非要体验一下农村生活。一向娇生惯养的孩子，来到山村后，东瞅瞅，西看看，熊孩子受不了农村的环境，尤其是农村露天厕所，不到俩小时非要回家，好说歹说才答应住一晚再回。我们父子两人晚上观看了《梁家河的启示》。第二天早上，儿子郑重地说："爸爸，昨晚我思考了一晚，习爷爷当年下乡当知青时，和我一样年龄都是15岁。习爷爷说，他人生的一所重要学校就是梁家河。七年知青生活，不容易呀！习爷爷用自己成长的经历告诉我们：幸福是奋斗出来的。爸爸，我为你驻村而自豪！"性格内向的儿子，竟然一下子说了这么多话，我顿时愣住了，忽然间，我明白了，儿子这趟驻村没有白来，真的长大了！

四

"脱贫致富终究要靠贫困群众用自己的辛勤劳动来实现。没有比人更高的山，没有比脚更长的路。要重视发挥广大基层干部群众的首创精神，让他们的心热起来、行动起来，靠辛勤劳动改变贫困落后面貌。"习近平总书记的这番话我印象最为深刻，并谨记在心。发展产业是脱贫致富的根本。我认为要让南坻坞村真正实现发展致富，必须狠抓产业发展。

  河南省渑池县作为仰韶文化发源地，早在 7000 年前就有了种植谷子的历史。南坻坞村坻坞川生产的小米曾作为朝廷贡品，这里十里长川，水源丰富、土质肥沃，养分独特，昼夜温差大，适合谷子的生长。所产小米天然金黄、香味悠长、米油丰富、保健功能极强，营养价值丰富，有"代参汤"的美称，被称作"坻坞贡米"。坻坞贡米又称仰韶贡米，相传，唐代德宗皇帝偶尔品尝了当地供奉的小米，食后大悦："清爽可口，真乃神米，何不为贡？"自此，坻坞贡米闻名遐迩，从而成为历朝历代的贡米。据渑池地方志记载，清乾隆帝

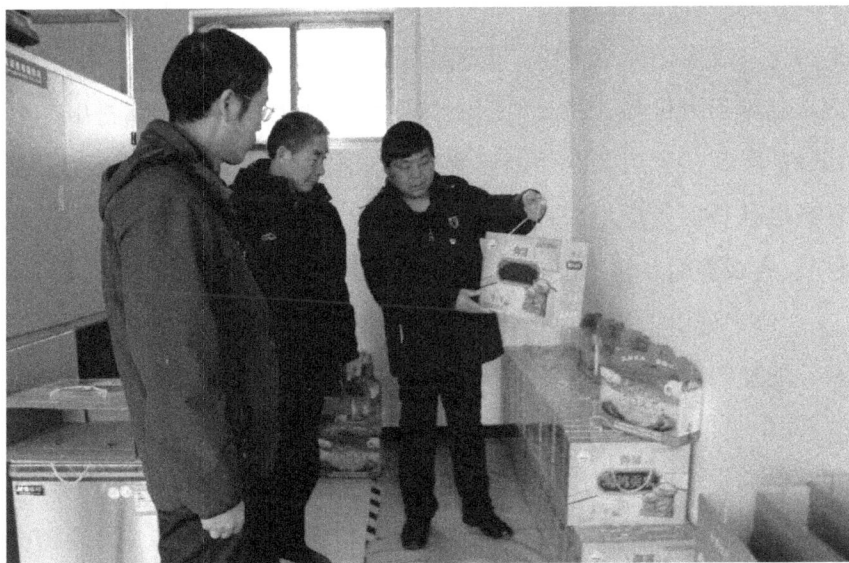

向客商宣传推介坻坞贡米（右为作者周建伟）

食用此米，龙颜大悦，夸其为神米，遂定为贡品，并赐御匾"敕赐义民"。目前，当地群众种植谷子的品种混杂，产量不高，包装不统一，市场混乱，农民卖不出好价钱，这真是守着金饭碗讨饭吃啊！

产业扶贫是稳定脱贫的关键，也是摆脱贫困的基本路径。随后，我和乡村干部一同到农业部门、科研院所、新农村建设明星村拜师学艺，决定从发展坻坞贡米产业着手。通过耐心地做思想工作，村民们的思想观念逐渐转变，群众种植特色产业的愿望迫切，尤其是尝到发展甜头后，愿意发展产业的贫困户一户一户多了起来。特色产业成为农民增收、致富的新路子，为乡村振兴增加了"底气"。目前，我们成立了河南省渑池县千钟粟农业科技有限公司，发展 200 亩贡米示范基地，辐射带动周围村庄农户种植谷子 6000 亩，采取以"股份经济合作社 + 特色产业 + 农户"的新型农业产业化经营模式，实行统一品种、统一耕种、统一收购、统一加工、统一销售和全产业链监管的经营模式，引导分散、小规模的谷子种植向标准化、集约化、规模化种植转变，实现农民人均增收 2000 元以上，真正把贡米品牌做大做强，拉动村级集体经济快速增长。南坻坞村生产的"坻坞贡米"，先后荣获中国国家地理标志产品认证、国家级无公害农产品认证。南坻坞村被农业农村部评为"全国'一村一品'示范村"、省级美丽乡村示范村。

"周书记，上次在郑州驻村第一书记扶贫成果展销会上订购的小米，朋友们吃了都说好，能不能在西安这儿弄个网点销售？"

"中央电视台《生财有道》栏目都报道你们坻坞贡米了，真厉害！你那贡米还有没？贡米哥，给老弟再留点吧！"

自 2020 年 10 月，在参加河南省驻村第一书记扶贫成果展销会后，朋友们见面后都亲切地称呼我为坻坞贡米的推广大使。

周建伟个人生活照片

如今，南坻坞村的路宽了，房新了，水净了，舒心了，处处是和谐的音符，乡亲们脸上的笑颜多了。看着每天都在变化着的南坻坞村，听着村民发自内心地谈论"没有脱贫攻坚，就不会有这么大的变化"，我既感受到从未有过的满足，又感悟出村民更大的期许。南坻坞村未来的路还很长，看着"亲戚们"感激的眼神，我读到了什么是幸福，更明白了什么是担当，瞬间身上有股说不出的成就感……

头顶蓝天白云，脚踏青山绿水，尽享乡趣韶华。这驻村扶贫的一年多，是我一段奢侈的记忆，在这个过程中，我非常荣幸也非常自豪地成为脱贫攻坚这千年惠民工程的见证者，更有幸成为一个小小铺路石般的参与者。这段人生阅历点缀的不仅仅是我生命的意义，更是一个家庭的荣誉感！所以我倍加珍惜！

郧阳是我长期关注的一个县域，缘起丹江口水库移民和定点扶贫，我与郧阳联系15年，又蹲点2年。作为曾经的『郧阳人』，祝福山水郧阳，保持定力，为战略水源地、美丽中国建设做出新贡献。

朱东恺： 现在水利部水利水电规划设计总院工作。2019年2月至2021年2月，在湖北省十堰市郧阳区挂职任区委常委、区政府党组成员，水利部湖北扶贫工作组组长。2020年，被十堰市记三等功一次。

我深深地爱上了郧阳。我时常在想，扶贫两年，700 多个日日夜夜，时间不算太长，留下的东西却很多。作为挂职干部，我们能留下什么？又能带走什么？

挥一挥手，什么也不带走

朱东恺

生于改革开放后的我，即将步入不惑之年，做出人生一个"冲动"而又重要的选择——离开北京，来到千里之外的湖北省十堰市郧阳区蹲点扶贫。

郧阳地处鄂西北，东连武当山，汉江穿境而过，是南水北调中线的核心水源区，是集老、边、山、贫、库于一体的国家级贫困县，是秦巴山片区脱贫攻坚主战场，贫困发生率高达 35%，贫困程度深，脱贫任务重。2012 年，在新一轮中央国家机关与贫困县定点扶贫对接时，国务院南水北调办与郧阳区结对；2018 年机构改革，水利部接续定点帮扶。

2019 年初，我来到郧阳，接过脱贫攻坚最后一棒。踏上郧阳扶贫路，转身即为郧阳人，我努力用言行回答好三个问题：为什么来？该怎么做？留下和带走什么？

一

到郧阳挂职扶贫，总有人有意无意问我为什么来这里？

我说，是情结，也是缘分。

我与郧阳的情结，可追溯到 2004 年，因为南水北调工程丹江口水库移民工作，我来到郧阳。那时郧阳只有一座跨江大桥，还没飞机场。那些年，为保证南水北调工程中线顺利蓄水和如期通水，为实现移民搬迁"四年任务、两年完成"，郧阳举全县之力，把移民当作天大的事，从规划编制、外迁试点，到内安动员、居民点建设，再到大规模移民搬迁、库底清理、蓄水验收等，众志成城，顺利地完成了 6 万多移民搬迁工作。2012 年 9 月 18 日，在柳陂卧龙岗移民安置点，我见证了湖北省宣布：南水北调湖北省 18.2 万移民安置任务圆满完成！当时的我，心里满是喜悦、激动，更多的是自豪。在参与工程建设，日日夜夜、点点滴滴工作中，我与郧阳山水结缘，

下乡郧阳库区随手拍

与郧阳干部群众结下了深厚情谊。

　　一切都是缘分。从 2012 年结对起，我就开始承担定点扶贫联络工作，参与、组织国务院南水北调办定点帮扶郧阳的工作方案、计划制定和推进等。2018 年，水利部接续帮扶郧阳后，始终坚持"把郧阳的事当家事办"，部领导亲自谋划、定期调度定点扶贫工作，到郧阳走村入户、调研脱贫攻坚，17 家帮扶单位组团推进"八大工程"，全方位支持郧阳的脱贫和水利事业。

　　我两历郧阳，深深感受到国务院南水北调办、水利部领导对郧阳的特殊牵挂、对郧阳扶贫工作的高度重视，深深感受到郧阳领导班子为打赢脱贫攻坚战的勠力同心、担当作为，感受到当地干部群众只争朝夕、奋力拼搏的精神。近年来，原南水北调办、水利部先后派出 5 名同志到郧阳蹲点扶贫，我是第 6 名。2019 年郧阳脱贫摘帽，2020 年全面巩固提升，在这个特殊的历史时刻，接过扶贫接力

参加联系贫困村主题党日活动

棒，我深感责任重大，使命光荣。也正因如此，身边许多人说来郧阳扶贫，我是最合适人选。郧阳留给我太多的记忆，有一种使命在召唤我：当初是你具体组织移民迁出来，有责任让这片土地和生于斯长于斯的人们生活得更好。

谈到去郧阳蹲点扶贫，上小学三年级的大儿子问我：爸爸，我想不通你们水利部和扶贫有什么关系？

我和他说起南水北调，说起与郧阳的缘分，告诉他："有些事，总要有人去做，爸爸想去更好地实现自己的人生价值。"

二

我来了，郧阳！

带着水利部领导的嘱托和厚望，带着对库区人民的深厚情谊，带着北方人民饮水思源的真挚感情，更带着脱贫攻坚的责任和使命，踏上这片熟悉的土地，我迅速转换角色，努力实现"两个转变"——从中央国家机关处长转变为郧阳区干部，从此前的参与扶贫转变到当下的投身脱贫攻坚。用"三员三好"定位角色，当好"三员"（联络员、服务员、宣传员），争做"三好"（谋划好、衔接好、落实好）学生，用"三真三力"（尽真心、用真情、出真劲，接力、借力、聚力）推进工作，为助力郧阳脱贫攻坚和高质量发展积极贡献力量。

刚来的时候，有人说："朱常委是中央、首都来的，镀镀金，比画比画。"两三个月后，有不少人说："朱常委比我们当地干部还扎实。"

这种扎实，不是来镀金，而是沾泥土。

出生于苏北农村的我，对农村有种天然的感情。郧阳话，我神奇般大多能听懂。进村入户，走访了解，我说走就走，不打招呼，随机走，随意看，看到了一些以前没看到的问题，听到了一些以前没有听到的事情，掌握了第一手精准翔实的扶贫情况。走着走着，我与当地群众的心就近了，一来二去，和许多干部群众成了老熟人。

源水村的王大妈，因为儿子的意外过世而心存质疑，对村干部积怨已久，18年来难以释怀，一直上访，成了区里有名的老上访户。多年来因为上访，无心照顾家里，无力耕种庄稼，家庭贫困，依靠低保救济。

了解到这一情况后，我找到村里和镇上的有关人员了解事情缘由，多次上门走访王大妈，和她聊天，耐心听她诉说，陪着她伤心落泪，帮助她分析事情的来龙去脉和解释法律政策。设身处地、春风化雨地打开了王大妈的心结。我的一言一行也影响到了村干部，他们主动上门帮助王大妈收拾庭院、发展生产，积极落实帮扶政策，积压了18年的问题得到解决。我用行动赢得了信任，化解了与老百姓之间的隔阂。

事情过去半年多，有一天，我又独自来到王大妈家，她正在喂猪，看见我马上放下手里的活，就像见了老朋友般大声笑着说："你又来了啊！"

我来过王大妈家许多次。以前，她每次看见我，说着说着都要忍不住流泪，每次看到她哭我也跟着难受。今天，她的笑声感染了我，望着她满脸笑容我打心底里高兴。院里有了新气象：猪圈里多了6只幼崽，6头大猪欢快嚼食，一头水牛闭目养神，40来只家鸡悠闲踱步，新修缮的土坯房干净整洁，前庭后院花红草绿，菜蔬青翠。

"你家脱贫了没有？"

"脱了，脱了，咋没脱贫？！"

"这么多家当，还上访不？"

"还上访干吗？！"

……

我随口一问，王大妈答得干脆，还安慰我："你从北京来，一个人在这，也怪不容易的！"

小院里欢声笑语，其乐融融。那一刻，我心里涌出一种感动。

脚下是泥土，心中有阳光。郧阳人感动、激励着我，郧阳的泥土，滋养、成就着我！

三

在郧阳，我是区委常委、政府党组成员。这种身份，在干部群众眼里是领导。来之前，我就告诫自己：守住底线、心中有道，但行好事、不问前路。时刻提醒自己保持清醒，保持谦卑和敬畏，不是来当领导，而是来当学生的。要当好学生，需要向身边的各级干部学习做人做事、识人辨事、聚人谋事的方法。对于不熟悉的领域，要处处留心，随时请教。要边学习边总结。所以，与其说我是来扶贫的，不如说是被扶贫的。

特殊的缘分，注定了我对郧阳的感情。从蹲点扶贫来到郧阳那天起，就对自己说，你不是过客，而是主人，是郧阳人。

主人就要有主人的样子，要更深地感知、更好地推介这片土地和它厚重的人文历史。

我自豪地宣传"我们郧阳"有历史的厚度：位于北纬30°附近，有亿万年的青龙山恐龙化石群，有百万年前的郧县人头盖骨化石，是恐龙的故乡、古人类的发祥地、汉文化的摇篮、楚文化的源头。革命战争年代，这里曾发生过南化塘战斗。我得意地介绍"我们郧阳"有担当的精神：不论是二汽建设，丹江口水库兴建，还是南水北调移民搬迁、水源保护，脱贫攻坚，都体现了郧阳人的担当精神。我也坦言"我们郧阳"有转化的难度：地处秦巴山区、移民搬迁区、核心水源区，三区叠加，在从绿水青山向金山银山转化的征程中，阶段性困难突出，实现高质量发展挑战巨大。

我对身边干部说：爱拼就能赢！因为，"我们郧阳人"有"三情"。

"三情"就是激情、感情和热情。在这里，我感受到区委、区政府主要负责同志用心用情、谋事干事的作风，他们用激情带动干部积极作为，用感情凝聚干群力量，用热情锻造郧阳精神，埋头苦干，实干出彩。

郧阳足以让我骄傲，我为能成为其中一员而自豪。我珍惜机缘、身体力行，带头贯彻落实区委、区政府的安排部署，无论是户户走到、易迁拆旧、防汛检查，还是讲党课、党建检查、隐患排查、污染治理等，全身心投入，乐此不疲。为此，身边经常有人调侃我入戏太深，说"朱常委比郧阳人更郧阳"。

我在心里说：我就是郧阳人！

在这里，我是郧阳与帮扶单位的桥梁，团结带领干部群众一起干、用心干。我明白，我仅挂职两年，帮着干是一时的，一起干、引导着干更有效，可以激发郧阳群众的内生动力，全方位提升能力。为此，我全力引导挂职干部三位一体，组团作战，协同发力，与北京市东城区选派干部、郧阳区到水利部挂职干部及时沟通，相互启发，精准对接。

在这里，我甘愿当基层党员干部成长的基石。2019年5月13日，天下着蒙蒙细雨，我来到包联村参加主题党日活动，和村里46名党员、驻村工作队员分享到郧阳的见闻和思考，探讨党支部、党员在三大攻坚战中该如何发挥作用。那天，面对党旗，全体党员重温了入党誓词。当举起拳头，铿锵誓言响起的时候，一种压力油然而生。在这大山深处的贫困村，我们的一言一行代表着什么？意味着什么？在老百姓眼里又是什么？我反复问自己，回来后写下八个字：我已非我，不负时代！

在这里，我是扶贫干部，是水利工作者。2019年8月6日，一场山洪灾害中，郧阳区出现了人员伤亡。接到报告后，我第一时间

朱东恺生活照（摄于中央党校礼堂前）

奔赴现场，查勘灾情，配合有关部门调查原因，协助做好救灾工作，多方努力，争取到防汛救灾资金1800万元。

这场洪灾，让我意识到了水利人的责任，更加深刻认识到防汛安全的重要性。我和有关人员坚持汛期带班，督促检查，落实整改，排查隐患。为根本解决部分乡镇频繁受灾的问题，结合郧阳水情雨情和汛情，我积极协调，编制马龙河水库可研报告，推进水库建设工作等。在帮扶组的支持下，我们将库滨带治理纳入全国水利发展"十四五"规划，协调帮助创建国家级水利风景区和国家级水土保持科技园。围绕劣Ⅴ类水体神定河治理，我提出了"做好自己，穷尽办法""上下左右共治、治污筑景同步"的工作思路，协调编制神定河管网评估和完善报告。我尽最大可能兼顾地方利益，为转型发展争取空间，用脚步丈量，用行动实践，用心、用情、用力，展示水利人、扶贫人的担当和作为，为人民群众生命和财产安全、为郧阳脱贫攻坚和水质保护、为绿水青山转化为金山银山贡献微薄之力。

四

栉风沐雨，我深深地爱上了郧阳。我时常在想，扶贫两年，700多个日日夜夜，时间虽短，留下的东西却很多。作为挂职干部，我们能留下什么？又能带走什么？

留下水利部对郧阳实实在在的支持，"两不愁、三保障"农村饮水安全彻底解决，河湖长"五长合一"系统治理水质有效提升，水旱灾害防御体系日臻完善；留下打基础、利长远的水利、水保项目，留下能力提升的水利系统干部队伍，留下保障郧阳高质量发展的水利支撑；留下新时代水利精神在郧阳的生动实践，留下中央国家机关干部的良好形象，留下水利部与郧阳的深情厚谊……

"两年郧阳行，一生扶贫情。"我把坚实的足迹留在大山深处，带走的是思考，是历练。

这是我挂职八个多月的所思、所想、所悟，也许肤浅，但却真实。扶贫扶己，扶贫永远在路上，我亦是一员。

以此记录脱贫攻坚心路历程，致敬伟大新时代。

何当山花烂漫时

山深茶源鲜人问，林茂石久几多逢。草木本心无须折，古茶一片留美名。感恩在普安两年的日子，让我触动于百姓生活的艰辛不易，激动于创业青年的热血干劲，感动于领导干部的担当有为！脱贫攻坚战打赢了，新生活新奋斗的起点开始了！祝福普安越来越好，也希望有一天再回普安，感受那「一杯普安红，满城茶飘香」的美！

牛少龙： 现在阿里巴巴集团工作。2019 年 5 月至 2021 年 4 月，在贵州省普安县任脱贫攻坚指挥部副指挥长。2019 年，所在扶贫工作队被贵州省评为"脱贫攻坚先进集体"；个人被黔西南州评为"脱贫攻坚先进个人"。

"老伍！给你家二女儿争取到去上海参加天猫'双十一'晚会现场的名额了！"当得知这个"喜讯"时，老伍并没有惊喜，反而直接拒绝："去不了，事情多，其他孩子小也没人照顾……"任凭你怎么说，老伍就是拒绝。

长大后我就成了你

牛少龙

脱贫攻坚，脱的是贫，扶的是人。人是脱贫的主体，也是扶贫的主体。在脱贫和扶贫的主体之间，在我和他之间，在父辈与我辈之间，有时候分得不能太清，但又不能分不清。因为，有些看不清，但早已融入血脉。

一

老伍 1981 年出生，家住贵州省级深度贫困村——普安县西陇村，是一名建档立卡贫困户。也许是岁月的磨砺，也许是贫困的负担，老伍看起来要比实际年龄大十几岁。在接连生下四个女儿后，孩子妈妈可能实在无法忍受家庭的贫困，于 2017 年外出打工至今杳无音信。老大 10 岁，老二 7 岁，老三 5 岁，最可怜的老四才 3 岁，连叫一声妈妈的机会都没有。

第一次去老伍家时，孩子们大老远看到有陌生人走近，就慌张地从院子跑回屋里躲起来。老伍喊了几声"快出来!"不一会儿，四个小女孩浑身褴褛，头顶着破旧不堪的厚帽子呆呆地站成一排。要知道这可是 6 月的大夏天，我很惊讶! 老伍木讷地笑着说："太忙了，我也不会打理，就把她们的头发都给剃光了，省事。"四个孩子怯生生地站着，衣服不是偏大就是偏小，甚至还有的穿着成人的鞋子。院落周边也脏兮兮的不成样子。我也是两个孩子的父亲，看到这情景心里很不是滋味，不禁问老伍为什么宁愿坐在那里发呆都不愿打扫一下院子，孩子们玩起来也干净些。他蹲在墙角，眼神呆滞，默默抽烟，无语。我又回头看看四个小女孩，蹲下来逗她们玩，许诺下次还会过来看她们，并且给她们带小礼物。

这次走访，我了解到年初在村里帮扶的驻村第一书记根据当地的自然地理条件，给村里建了乌鸡养殖场，老伍成了养殖户，但是乌鸡的销路却成了问题。于是，我联系了聚划算，还有沿海知名电商企业来共同帮扶，在村里也找到了一个懂电脑的回乡青年，他参加了为期一周的电商培训之后，村里的淘宝店也开了起来，乌鸡和鸡蛋通过网络、直播走进了千家万户的厨房。半年来，老伍的收入逐渐多了起来，也给孩子们买了新衣服，还带动了村里其他几个贫困户收入的提升。但是，最让我揪心的还是那四个小女孩。这个中秋节我原本要回家团圆，但是县里有紧急工作就退了票。中秋节前夕，我提了月饼和水果又去了老伍家，晚上跟老乡们一起吃农家饭，聊养鸡场的未来，聊勤劳致富。那一夜，天很冷，但大家的心很暖。

孩子们抱着我上次送她们的礼物开心地跑来跑去。那是四个色彩缤纷的小马宝莉毛绒玩具，我希望她们以梦为马，开心成长。

　　天猫"双十一"晚会就要开始了，晚会要在全国邀请15个贫困县的孩子代表到现场。我得到消息第一时间就想到了老伍的二女儿非常适合，却发生了文中开头那一幕。最后我和驻村第一书记一起劝说老伍："这个机会非常难得！你难道愿意孩子未来也跟你一样整天守在山窝窝里？难道你不希望孩子去看看外面繁华的世界增长见识？"在解决了老伍的后顾之忧后，他终于同意了，带着孩子第一次来到上海参加晚会，二女儿还在晚会现场当着全球观众表达了自己的愿望：家里比以前富裕了，希望妈妈能回来带她去一次游乐场。老伍只是众多贫困户的一个代表，一个孩子的改变，一个家庭的改

2019年中秋节前夕去探望乡亲，晚上跟他们讲如何通过网络卖乌鸡

变，一个村落的改变，也许很微小，但星星之火可以燎原。通过走访调研，我对"贫困"也有了自己的理解："贫"的不只是钱，懒是最大的"贫"；"困"的不只是智，志是最大的"困"。

二

2019年6月，在阿里巴巴工作13年的我以脱贫特派员的身份来到贵州省普安县，被任命为脱贫攻坚指挥部副指挥长。走进政府大院，首先映入眼帘的是会务中心旁的一块电子牌——普安县脱贫攻坚倒计时202天，我顿时感到脱贫攻坚战氛围浓厚。时间紧，任务重，压力大，领导干部们几乎没日没夜没休息。贫困的原因是多种多样的，我能做的也是有限的。经过20多天的走访调研，我结合普安县情和阿里资源写了一份助力普安脱贫的报告，得到了县委书记的赞许与认可，他在报告上直接书面批示交由脱贫攻坚指挥部以红头文件下发全县乡镇和县直机关，并请相关同志主动与我商议、落实。县长还亲自主持召开阿里帮扶工作推进会，对分管领导和各局干部强调：阿里巴巴的这些资源，如果不是他们人在这儿，我们是花多少钱都买不来的！有了主要领导的支持，分管领导的共同推进，基层干部的密切配合，各项工作开始有条不紊地开展起来。

针对因病致贫的群体，我引入了"加油木兰"保险项目，全县3万多名建档立卡女性获得170余万元额度的保障，不管是上学还是大病都有了帮扶。"受国家的情，我们农村人得到这点钱就是帮了大忙了！"提起"加油木兰"项目，普安县张娟（化名）的丈夫哽咽着说。一提起得了怪病，张娟也在尽量压低声音，不敢大声说话，多次请我们到屋里去坐，生怕被别人听见说闲话。

张娟，1978 年出生，有四个小孩，全部都在读书，丈夫常年在外打工，全家 6 口人的生活就靠丈夫一人支撑，家庭较为贫困，是普安县的建档立卡户。她说："今年（2020 年）3 月，在县医院参加宫颈癌筛查，检查出患宫颈癌后，自己天天哭，感觉生命已经到了尽头，肯定是活不下去了，丢下四个娃娃咋办呢？"当时丈夫在外省打工刚刚才五天，她每天打电话叫他快回来，她觉得自己要完了，要死了。当时心理压力很大，高血压，头昏也都出现了。丈夫回来后，向亲戚借了一点钱就到贵阳医学院做了手术。10 月初，县司法局帮扶责任人告诉她说，有一个项目叫"加油木兰"，是阿里巴巴和全国妇女发展基金会联合为普安县建档立卡贫困妇女购买的公益保险，今年检查出得癌症的贫困妇女可以得到两万元的救助资金，就帮她家申请了。过几天张娟去银行一看，果然增加了两万元，真是"天上掉馅饼"呀。一家人高兴得不得了，有了钱就可以看病了。11 月她又到兴义市医院复查，她高兴地说：现在国家的这些政策太好了，自己一定积极配合治疗，争取早日康复。

针对村里医疗设施匮乏的情况，我引入了爱德基金给 44 个贫困村共捐助价值 130 余万元的医疗设备。在 2020 年新冠肺炎疫情期间，我申请到了阿里云疫情防控大屏给到县里，并且在医疗资源最紧张的时刻申请公司捐助县里 1 万只 N95 级别口罩，让医疗一线人员得到抗疫物资，后续又捐助 10 余万只一次性医用口罩。这些点点滴滴，都是在脱贫攻坚路上我们能尽的微薄之力。我们不希望任何一个人在脱贫路上掉队，不希望疾病让一个本来就贫困的家庭雪上加霜。

三

　　普安的主打产业是红茶，也是这五年才开始重点发展的。但是，我深深地知道，一个县域贫困的重要原因是人才匮乏。普安县有 35 万人口，县里没有一家天猫店，刚成立不久的国企电商平台还只是最低等级（一颗红心）的淘宝店铺，更没有什么人搞直播了，电商氛围可见一斑。我来做的第一件事就是疯狂搞培训，干部、商家、电商创就业者还有职校学生，都开始接受系统的电商培训和直播培训。其中，有个叫小保的年轻人吸引了我的注意。他 1988 年出生，在北京某大学毕业后就返回家乡，做过很多行当都不见起色。但是跟他聊下来，我能感受到他内心对电商的渴望。县政府成立了国企电商平台，他出任总经理，但是他在电商运营、人员管理等方面还有很大的欠缺。跟他深聊一次后，我觉得如果把他打造成标杆，一

单身父亲老伍生活改善后，一家人其乐融融地吃饭

定能影响更多的年轻人相信电商、从事电商。各种直播资源我开始让他来承接，这中间也遇到了诸如产品包装、运送时效、美工设计、售后服务等各种问题，他被骂了无数次。有天晚上都快12点了，我看到他公司公众号上的一篇宣传文案有瑕疵，给他发信息没回，直接电话过去，把他骂了一顿，我感觉到他不理解，甚至已经有些情绪了。我说今天就先这样，明天一早你到我办公室来。第二天他来了，说他一晚上都没睡好觉，一直在反思，觉得那个文案确实不妥，会造成负面影响。我笑着说："发现问题是好事，说明咱们的进步空间很大。我在阿里是带团队的，如果你愿意，我会像带自己的员工一样培养你。"他坚定地点了点头。一年多下来，这个店铺的销量增长了百余倍，级别已经成了蓝冠。小保也当选了县里的工商联副会长，还被推举为贵州省青联委员。因为这一年里，他不仅自己的运营能力和管理能力有了很大的提升，而且还带动了一批年轻人跟着

2019年4月去奈良度假

他一起开始搞直播，很多人都去他们公司实习、工作，俨然已经成了县里的电商龙头企业。我对他说："做电商，绝不是你一个人的事，而是要一群人做才有氛围，才能长久。"他是个有格局的人，没有因为害怕竞争而排挤他人，没有故步自封。如今，他的公司又搬到了更大的地方，成立了电商公共服务中心、培训中心、数据中心。现在，他的公司每个月都会至少搞一期电商培训。培训期的四五十名年轻人一起学习，一起分享，一起进步。当下，一个知名主播几分钟可以卖红茶上万罐，回款上百万元，但这毕竟不是长久之计，无法持续。我希望的是越来越多的"村播"涌现出来，即使我离开这里，当地有了人才，就有了希望和未来。

四

人才是制约县域经济发展的核心要素，但人才从哪里来呢？答案是培训和教育！进行社会和职校人才的大量培养和培训的同时，我也看到了当地乡村教育的落后，而乡村教育是阻断代际贫困的有力抓手。我连续六天六夜跑了十个乡镇 50 余所乡村小学和教学点，了解到普安近百所乡村小学和教学点有一半是不足百人的，还有一部分教学点才二三十人，一个班只有三五个孩子。这样的学习氛围以及教师资源的匮乏，孩子怎么可能学习好呢？家长都想往外面转。老师也一样，心里不安定，感觉没有发展前途，有些青年老师在偏远的村里连对象都不好找，也想着有一天能够去镇里或县里教书。孩子们上学大部分都要往返一两个小时的崎岖山路，既不安全，也耽误时间，回家也没有人辅导作业，因为一半左右都是留守孩子。

最让我震惊和难忘的是一个地质灾害区的乡村小学，191 个孩子挤在两层破旧的民房里，犄角旮旯全是床铺，没有任何消防设施。我看在眼里，痛在心上，连夜写了一份调研报告，经过教育局和县政府认可后，寄给某公益基金会，申请以县为单位建设马云乡村寄宿制学校。经过一轮又一轮的实地考察和论证，终于确定了首批 5 所乡村寄宿制学校的建设，总资金不低于 3000 万元，这样就可以把一些偏远的规模小的学校和教学点并到规模相对大的学校，教育资源可以做优化整合。我心里的石头总算落了地。在今年第 36 届教师节活动上，县委、县政府给我颁发了"关爱普安教育突出贡献个人"荣誉勋章。虽然我获得过很多荣誉，但这次我尤为感动。我的父亲也是一名教了一辈子书的乡村教师，我给父亲发了获奖照片，说道："老爸，长大后我就成了你。"

何處山花爛漫時

平顺县是旅游大县，平顺县雄踞太行山之巅，晋冀豫交会处，凝太行之灵气，聚上党之雄风，素有『北雄风光最深处』之美誉。愿平顺以『古色，绿色，红色』为主题，弘扬平顺旅游文化，促进国际文化交流，给平顺人民带来更大的财富和文明。

宋保华： 现在人民美术出版社《中国美术》杂志社有限公司工作。2014 年 5 月至 2016 年 8 月，在山西省平顺县挂职任副县长。2015 年，被山西省评为"中央驻晋优秀挂职干部"。

> 离开山西平顺回京已有 6 年，每每回想起在太行之巅平顺的那山、那水、那人、那事，我的内心就激荡不已。每当我和朋友们讲起在平顺扶贫的故事，大家都说我是土生土长的平顺人。

这里是平顺

宋保华

2014 年"五一"前夕，我受组织选派到山西省平顺县挂职。

我先从北京西站乘高铁到河南安阳站，再乘汽车从安阳进入了群山连绵的山西平顺境内。

一

初到平顺，我就被平顺的大山震撼了。

平顺，位于太行山南端，是晋、冀、豫三省交界处的一个美丽山城。境内高峰林立，嶂壁连绵，古树奇木密布，飞瀑、险岩、深潭、怪石随处可见，连绵的大山中到处散落着古老的自然村落。这里有灵秀壮美的通天峡、名贯华夏的红色西沟、风景秀美的太行水乡、雄奇险峻的天脊风光、原始生态的神龙湾民俗、惊险刺激的华野漂流、世外桃源的岳家寨。这里承载着聪慧先人创造的古建群落，美轮美奂、韵味无穷的神话传说，平顺被誉为"华北平原天然巨型雕塑盆景"。

第一次到平顺，第一个看到的是通天峡。这是太行山十大峡谷之一，谷内的石灰岩、火成岩、玄武岩已经千百年风雨洗礼，激流涧溪与幽峡碧潭相连，峡谷、峰谷、隘谷共同构成了景区精彩绝伦的奇峡景观，景色四季宜人。这里有金龟湖、神指峰、逍遥谷、通天洞。到虹霓大坝峡谷泛舟，沿途风光令人叫绝，而这一切又深居于远离尘世的高原深处。这里有被称为"天下第一屏"的天然绝壁，有被称为"亚洲第一索道"的大角度斜式索道，有被称为"太行山第一峰"的仙人峰。

平顺岳家寨

第一次到平顺，第一次看到通天峡，也是第一次在这里参加首届"晋善晋美、诗画平顺"风光摄影大赛开幕式。

说实话，来这之前，我对平顺一无所知。当我听说组织安排我来平顺县挂职时，我的第一反应就是惊讶。在想象中，我认为平顺就如我的家乡冀中平原那般一望无际。到了才发现，这里的地既不"平"，路也不"顺"，却是八百里太行最雄奇、最壮美的一段。

我自小生活在平原，老家是河北清河县，17 岁前没有离开过清河，没有见过草原，没有见过海洋，更没有见过平顺这引人向往、钟灵毓秀的青山绿水。高中毕业后我有幸参军，来到了内蒙古"草原钢城"包头，与草原结下了不解之缘，后来因工作调动，常到海滨城市出差，随之对大海心生眷恋。而来到平顺，这里的大山深深地触动了我、震撼了我。我开始用心来读平顺的大山，读平顺大山的青绿、大山的沉稳、大山的胸怀、大山的宽容。

能够在平顺工作，我内心暗自庆幸：真是来对了。两年里，我在工作之余，陆续写了《山西平顺——风景美如画》《绿水青山就是金山银山》《平顺读山》等文章；为纪念抗战胜利 70 周年，写了在抗战时期发生在平顺县的红色故事，撰写了《岁月如河》和《和峪雾霓不消散》等文章。现在回想往昔，许多点点滴滴珍贵的记忆不觉涌上心头。

二

平顺是红色的平顺。1942 年 6 月 11 日，遭到八路军"百团大战"重创的日本侵略者，派遣大川桃杏挺进队 1500 人偷袭驻扎在和峪村的 129 师临时师部和抗日军政大学某分校。从和峪村的东山、西山，以及附近的黄坪、马塔、王家庄兵分五路包抄。日军用炮弹轰，用机枪扫，和峪村顿时陷入一片火海。驻扎在和峪村没有撤走、专门留下来组织群众转移的八路军战士，与敌人展开了激烈的战斗。

敌人把被捕的村民和战士分别驱赶到村上游前石门和寺沟的两处打谷场上。和峪村的主任王金庶也因叛徒出卖被带到前石门，他望了一眼倒在血泊中的横七竖八的乡亲们的尸体，大吼一声："住手，我就是和峪村干部王金庶，刘伯承师长就和我住在一个院里，八路的电台和仓库我都知道在哪里！"鬼子就叫王金庶带路，王金庶心中有底，答应了敌人的要求，条件是把老百姓全部放走。

王金庶在前面领着路，敌人在后面用枪顶着他。他走一步，停一下，借故拖延时间，以便群众脱离险境。行了半天，王金庶将敌人诱骗到六里地开外的一处叫楼岩崖的险峰峭壁处，他用手指了指山下，示意鬼子小队长八路的电台和战备物资就在这里。就在鬼子小队长急切地走过来往山下看时，王金庶紧紧抱着他跃下山崖，与敌人同归于尽。

王金庶的事迹始终激励我为平顺努力做事，这些文章先后被《山西日报》、《长治日报》、《解放军报》、军报记者网、《中国新闻出版广电报》等多家主流媒体刊登，大量网络新闻媒体进行了转载，受众达千万人。每当午休、深夜甚至凌晨，我还充分利用网络公众号为平顺绞尽脑汁，在微信朋友圈等客户端，发布平顺正能量的文字及图片上千条，吸引了福建、四川、辽宁、内蒙古等全国各地的朋友前来平顺旅游，不仅给平顺带来了社会效益，也给平顺带来了经济效益。

三

因为工作关系，我和画家接触较多，平顺的好山好水自然也吸引了他们。

记得那是在"中国梦·民族魂"中国美术太行论坛平顺会议时，画家们纷纷要求想去"石头城"岳家寨写生采风。岳家寨村位于比较偏僻的太行山深处，村庄坐落于山体断层平台之上，四临悬崖峭壁，被称作"太行空中村"。

据考证，这里的下石壕村村民是宋代抗金英雄岳飞的后代。当年岳飞被奸臣所害，其后人被迫从河南汤阴逃难于此，看到这里"山大沟深、人迹罕见、世外桃源"而定居下来，起名为"岳家寨"。对内叫"岳家寨"，传承英雄历史；对外称"下石壕"，作为掩护屏障。这里的百姓靠山吃山，百姓就地取石、用石，制作成了石墙、石街、石房、石磨、石碾、石缸等，呈现一片"石头世界"。

一到岳家寨，画家们就被岳家寨的美景惊呆了！那天老天真是作美，云雾缭绕，小雨淅淅沥沥。车子刚停下来，刘曦林老教授就披上雨衣，拿着画板，立即进入状态，在雨中开始写生。到了吃饭的时候，这些老先生们都露出了童颜，个个都像天真的少年，非要喝酒不可。我说临时没有准备酒，他们便要自己掏钱到处寻酒，说是有生之年能见到如此美丽的景色，并身在其中写生真是莫大的幸运。这次活动结束后，画家们对平顺的自然风光，仍然难以忘怀，他们回去后不久又联系我要再赴平顺，他们又从新疆、从成都、从北京、从昆明专程到平顺第二次采风，重新回味与领略这独特的平顺风光。

四

平顺不简单。抗战时期，毛泽东主席在《论持久战》中就专门写到了太行山平顺的李顺达。中华人民共和国刚刚成立，平顺就出了李顺达、郭玉恩、申纪兰、武侯梨四位全国劳动模范，现如今平顺又同时期出了宋建民、江雪等八位作家。"一方庭院深幽处，半卷闲书一壶茶。"地处太行山之巅，如此偏僻贫弱的平顺，是啥缘由出了这么多的作家？这在全国的县城中都是少有的。我想这和植根农家、土味浓郁、"铁笔书写农村事，圣手塑造庄稼汉"的中国现代小说流派之一山药蛋派创始人，著有《小二黑结婚》《李有才板话》的大作家赵树理有关。

和画家们在平顺神龙湾合影

在平顺县城青羊山南西沟乡有个小村落叫作三里湾，20世纪50年代赵树理曾在此居住，他根据这里的生活体验，创作了文学小说《三里湾》。我已经记不清有多少次陪同客人到三里湾村参观赵树理故居了。而我记忆最清晰、印象最深刻的是第一次来这里的场景。那是2014年5月，时任平顺县委书记的吴小华陪同我和总局的同志到三里湾村的赵树理故居参观，故居的门匾是山西省人民艺术家力群题写的，小华书记带着我们到三里湾赵树理当年的住所，并调研当地的村民，了解赵树理在这个村生活的具体情景。后来我每次都是怀着崇敬的心情，走进这古朴静穆的院落，感受那激情澎湃的岁月，感受著名作家赵树理的艺术人生，观阅赵树理先生的珍贵图片、生前使用过的生活用品、劳动工具、遗物等。每次听到讲解员的详细解说，我都能够重温赵树理先生的生平事迹和文学成就。回顾他一生的写作道路，我觉得现在大家最应该学习的就是他讲真话、做真人、办真事，追求真理的朴素情怀，学习他爱党、爱国、爱人民，为党和人民努力奋斗的革命精神。正因为有平顺这片红色热土，才造就出平顺的不凡，涌现出如此多的劳模、

战斗在平顺

作家和文化名人。

举目四望皆苍翠，身处山巅视野宽。这里的人、这里的景、这里的故事，我会永远铭记在心中。

何当山花烂漫时

两岁春秋，在黄河滨城抛洒汗水，在革命故里扶贫攻坚，我收获了太多成长和喜悦。不管身在何方，我心里永远记得那座小城，祝宜川的明天天天更蓝，水更清，山更绿，经济更繁荣，人民更幸福！

许　是：现在中盐辽宁盐业有限公司工作。2016 年 10 月至 2018 年 10 月，在陕西省宜川县挂职任县委常委、副县长。2019 年，被评为延安市优秀挂职扶贫干部。

> 在扶贫中，我常常有一种感觉：不是我改变贫困户的生活，而是贫困户改变了我。来到延安，我才真正明白了精准扶贫的意义。

那山那水那路

许 是

白露刚过，天气转凉。

这个周末，我准备再去集义镇看一看，因为路途遥远、道路崎岖难走，我便提前叮嘱小何准备好车、加满油。我已不记得，这是第几次去集义镇了。两年前，我受中盐集团公司委派，走进革命圣地延安，挂职宜川县委常委、副县长，参与扶贫工作。我常说自己是个"小学生"，是来学习如何扶贫的。记得初来延安，大风刮过，黄土飞扬，总给我一种莫名的荒芜。来这里为群众做什么，如何融入这个地方，怎样不虚度未来两年的光阴……我内心忐忑不安。如今，我学会了宜川话，认识了每个村的老乡，对宜川的村村落落，比那些地地道道的宜川人都熟悉，我已深深地爱上了这里的山山水水、一草一木和父老乡亲。

集义镇，距县城60多公里，其间要翻越老虎梁、乌岭山两座大山，路险弯多，车子蜿蜒而上，每走一个弯，你很难想象下一个弯是怎样的。老虎梁，就是形容路难走、事故多发，你随便问一两个老乡，他们都能讲出"老虎梁"发生的骇人事故。朝山顶放眼望去，能看到满山郁郁葱葱，但就在这郁郁葱葱中，住着许多贫困人家。乌岭山，又曰无量山，意思是无法丈量，形容山高路远。每逢冬季，大雪封路，数月不化，乡亲们就会与外界断了联系，条件十分艰苦，改善交通条件是当地扶贫重要任务之一。位于镇东部黄河沿岸的马树坪、舌头岭、李家岭、流湾头等一些偏僻的山村，车都无法到达。全镇 1.2 万人口，百分之八十以上住土窑洞。

我看望贫困户，了解他们有什么需要，特地为他们带去过冬取暖用的棉衣棉被和"火篓子"。经过一个多小时的路程，我到了崖底村。崖底村位于大山旮旯，非常隐蔽。

大山里的贫穷是惊人的，也是可怕的。当你来过，你就能真正明白，精准扶贫对他们来说意味着什么。贫困户尚百存是位盲人，

宜川胸鼓

有些腿瘸；80多岁的老母亲，又傻又聋，逢人就说她50多岁；大哥痴呆，时常说些别人根本听不懂的话；二哥憨厚，很少说话，智力低，常年负责照顾老母亲；他们一家四口住在破窑洞里，生活在大山深处，没有亲人往来，几乎与世隔绝。我第一趟走进尚百存家，内心被深深地震撼了，我不敢相信大山深处竟然还有这么贫困的人家，还有人过这么艰苦的生活，同时也感到了自己作为帮扶干部肩上沉甸甸的责任。我总以为大山里的窑洞冬暖夏凉，十分适合居住，但眼前的窑洞年久失修，存在多处安全隐患，黑暗潮湿，臭虫多，蚊子多，尘埃飘荡。

两年来，经过多方协调，我为尚百存一家盖起了三间平房，引进了自来水，装上了闭路电视，办好了低保，基本上解决了衣食、住房、安全饮水问题。我也体会到：落实好国家兜底扶贫政策，是解决"尚百存式贫困"唯一的有效措施。

"许县长好，感谢许县长帮扶！"尚百存虽然看不见，但每次去他家，他都能提前感知到，远远地喊道，拉着我一块坐在床上。

"要感谢党。"我会哈哈大笑，握着他的双手说道。

在扶贫中，我常常有一种感觉：不是我改变贫困户的生活，而是贫困户改变了我。来到延安，我才真正明白了精准扶贫的意义。没有精准扶贫，就没有人能真正关注到贫困山区人民的生活；没有精准扶贫，也就没有贫困山区的柏油路、自来水、休闲广场；没有精准扶贫，更没有成千上万的干部上山下乡，深入群众生活，把党的关爱送进千家万户。

贫困户吉保章的妻子身患重病，需要常年吃药，两个儿子外出务工。我通过协调，帮助他家搞起了鸡鹅养殖，每次去他家看望慰问，总是与他谈天说地拉家常。我认识到：扶贫先扶智，我们并不能从根本上改变他们的生活方式，帮助他们彻底摆脱贫困，只能帮助他们开阔眼界，树立生活信心，引导子女们发愤图强，彻底改变命运。

我离开了崖底村，走进了陈家庄。

陈家庄盛产花椒，全村保留着古老的青石板房。摘花椒、晒花椒是村民们一年中最愁的事情，因为花椒摘回来必须当天晾干，否则价值就会大打折扣。这件事我一直记在心里，两年来经过多方协调，争取到中盐集团公司扶持资金，先后为陈家庄、坡头、流湾头等村修建了广场，供村民闲暇时休息，忙时晒花椒。

集义镇原先有近百个自然村落，国家"合乡并镇"后成为十几个行政村，猴儿川河傍镇区而过，分为上川道村庄和下川道村庄，上川道人主要依靠挖"山货"为生，下川道人主要依靠种植花椒为生。为更好地走近群众，融入乡亲们中间去，我坚持深入群众中"侃大山"，听陕北民歌，学习方言。我利用周末、下班时间穿梭于大街小巷之间，了解宜川的文化、民俗、风土人情。

走进村庄，我能和老乡们像多年不见的挚友，入乡随俗，促膝长谈。正是靠着这种锲而不舍的坚持，两年来我走遍了集义镇川上川下大小村落，每到一个村落，村民都能亲切地喊句"许县长好"，村民都感叹我记性好，因为我几乎能记住集义镇每个村名、每条路、每个驻村干部的名字。曾有人开玩笑，说我每天晚上都默记人名、电话号等，其实还真是那样。

"许县长，不像领导，感觉很亲切！"

如意村，民风淳朴、山清水秀。村民每天起来第一件事就是打扫卫生，遇到外来人都会热情招待，但村里存在危窑危房现象。为彻底消灭农村危窑危房现象，我经常驻村推进村里移民搬迁安居房建设项目，在村民们眼中，我不像领导，像是村里人，更是可以和他们打成一片的亲人。我认为，这是我在农村开展好扶贫工作的基础。

新房建好后，安装水电是关键环节。在一次检查中，我发现施工队给村民安装的电线过于分散，不美观，而且存在安全隐患。我立即联系了施工方，经过协调，把原来的空中电线换装成电缆走地下，彻底解决了线路安装问题。

陕北的窑洞冬暖夏凉，但并不是人人都喜欢住。

集义镇原先数百个偏僻的自然村，村民90%以上都住窑洞，很多窑洞破烂不堪，安全隐患十分突出。当地政府每到下大雨或者连阴雨的时候都让人把住在窑洞里的群众搬出来，等天晴了再让他们搬回去，就是怕出安全问题。国家开展精准扶贫以来，随着移民搬迁安居工程在大山深处遍地开花，村民们世世代代居住窑洞的历史

指导群众秋收工作

也将一去不返。

村民们都真心实意地感谢共产党，感谢社会主义，感谢总书记！假如没有精准扶贫，这成千上万的贫困人口可能还世代居住在窑洞，过着没有自来水、没有通村路、没有安全住房的生活！看到大山深处两年来发生的变化，我常常慨叹说。

大山里也可以发展旅游。

跑泉村有"长寿村"之称。虽然偏僻，路途遥远，但盛产花椒，住着数位百岁老人，曾经有很多人前去探秘。当地群众说，花椒一旦遭遇倒春寒，基本上颗粒无收，前几年基本上就是十年九荒，所以收成有限，村民生活艰难。我认为随着沿黄公路、蒙华铁路的开通，集义镇借助临近壶口瀑布的优势，未来可以大力发展旅游业，并积极与主管旅游的县长、村民进行了探讨。

到集义镇下乡是一件非常辛苦的事情，因为很多村偏僻，几乎

生活照

没有一条像样的通村路。马树坪临近黄河，夹在山石之中，在沿黄公路开通以前，几乎没有一条能进村的路。听乡亲们讲，数百年来他们出山打工、置办货物、外出做生意等就靠两条腿翻山越岭，时常要走夜路，改善"路"成了他们的首要需求。

作为集义镇的帮扶干部，我始终把"改善交通"问题放在首位，记在心里，督促有关部门利用有效的施工期，全力以赴赶工期、赶进度。2018年9月，全面实现了村村通油路的目标。看到沿黄公路从村旁穿过，一位从未出过村的老人孙凤存激动得流下了眼泪。他告诉我，他念了几十年的壶口瀑布，从来没想过还能看到，现在道路通畅了，终于有条件看了。

每次去集义镇，我都行程满满。已是下午6点，我前往卓里村。该村是中盐集团公司选派第一书记陈建波驻扎扶贫的地方，此时，村上正组织给村民们派发中盐"爱心盐"。

历史上，宜川是个甲亢等地方病多发的地方。让宜川群众吃上"放心盐"，是自己应尽的一份责任，更是作为一名来自中盐集团的扶贫干部应尽的责任。经过一番协商和积极协调，中盐集团公司启动实施了三年"扶贫盐"计划，为宜川县免费提供优质碘盐1500吨，分期3年，每年500吨，12万宜川人，每人每年可领到4公斤中盐集团的"扶贫爱心盐"。这一举措，得到了全县干部群众的一致好评，走到宜川，就能听到百姓时常说："许县长给我们宜川县干了一件真真正正的好事，让每一名宜川人免费吃上'放心盐'。"

从集义镇回到县城，已是晚上8点。

我意识到自己两年的扶贫生活即将结束，但延安贫困山区——集义镇的山山水水、一草一木，父老乡亲的生活已深深烙在我心里。扶贫让我融入了农村，也认识了农村，和农民建立了深厚感情，真实地体会到：党中央的密切联系群众、以人民为中心、以问题为导向的工作原则，从不是一句空话，而是做好农村工作最有效的方法，也是我们做好其他工作的根本之策。

2019 年，延安告别绝对贫困，226 万老区人民开启小康路上新生活。精准扶贫不仅是彻底改变农村贫困地区落后面貌的一项伟大工程，也是将人民疾苦深深植入广大党员干部心田的一项有效措施。我想，党中央的精准扶贫政策，让许许多多像我一样的党员干部，深入农村，扎根农村，磨砺锻炼，必将对新时代中国特色社会主义未来发展产生广泛而深远的影响。

后 记

期待这春暖花开的季节，太久了！

从起意编写这本书到现在，不知不觉过了4个冬天。在这4个冬天里，脱贫攻坚胜利完成，乡村振兴业已推进。彼时，这本书里的作者大多都在脱贫攻坚的第一线；此时，他们的心里对曾经奋斗过的地方充满了美好憧憬。在这4个冬天里，我们一直没有停止步伐，从创意到统稿，从修改、修改，到修改，再修改，现在终于可以心安地拿出来结集出版。我想，迎接漫长冬天的春光一定更加明媚！

这是一本讲述扶贫故事的书。旨在集中精力讲故事，平实地甚至有点平淡地讲在扶贫工作中的故事，就像在扶贫干部身上装了一个摄像头，我们可以清晰地、直观地、真实地看到扶贫干部的工作日常，没有修饰，没有剪辑，没有包装，但我们可以看到他们看到的一切，可以听到他们听到的一切，可以感受到他们感受到的一切，细心些，还可以听到他们的脚步声，可以听到他们的心跳声，可以感受到他们的哀愁和喜悦。这就是本书的初衷：通过扶贫干部的日常，记录贫困群众脱贫的进展，通过扶贫干部的视角观察伟大脱贫攻坚精神的实践。

这不是中国扶贫故事的全貌，他们只是中国扶贫大军中非常普通的极少一部分。这本书里聚集了 70 位作者，虽然来自祖国的四面八方、各行各业，但他们有一个共同的身份，就是扶贫干部；他们曾经干着同样的工作，就是扶贫工作；他们都曾战斗在同一个战场，就是脱贫攻坚战的战场；他们身上有同一种精神，就是脱贫攻坚精神！

由于编者水平有限，书中难免有失误或者不准确的地方，敬请各位方家批评指正！同时，非常感谢研究出版社赵卜慧社长和张立明主任为这本书的出版提供的大力支持和帮助！

编者

2022 年 3 月 13 日